U0875436

全国高等教育自学考试指定教材
工商企业管理专业（独立本科段）

质量管理学

（含：质量管理学自学考试大纲）
（2018年版）

全国高等教育自学考试指导委员会　组编
主　编　焦叔斌
副主编　陈运涛

中国人民大学出版社
·北京·

图书在版编目（CIP）数据

质量管理学/焦叔斌主编．—北京：中国人民大学出版社，2018.10
全国高等教育自学考试指定教材
ISBN 978-7-300-26302-1

Ⅰ.①质…　Ⅱ.①焦…　Ⅲ.①质量管理学-高等教育-自学考试-教材　Ⅳ.①F273.2

中国版本图书馆 CIP 数据核字（2018）第 221983 号

全国高等教育自学考试指定教材
工商企业管理专业（独立本科段）
质量管理学
（含：质量管理学自学考试大纲）
（2018 年版）
全国高等教育自学考试指导委员会　组编
主　编　焦叔斌
副主编　陈运涛
Zhiliang Guanlixue

出版发行	中国人民大学出版社		
社　址	北京中关村大街 31 号	邮政编码	100080
电　话	010－62511242（总编室）		
网　址	http://www.crup.com.cn		
印　刷	北京市鑫霸印务有限公司		
规　格	185 mm×260 mm　16 开本	版　次	2018 年 10 月第 1 版
印　张	19.25	印　次	2021 年 12 月第 4 次印刷
字　数	450 千字	定　价	48.00 元

官方淘宝店　网址：http://shop136348527.taobao.com

组编前言

21世纪是一个变幻莫测的世纪，是一个催人奋进的时代。科学技术飞速发展，知识更替日新月异。希望、困惑、机遇、挑战，随时随地都有可能出现在每一个社会成员的生活之中。抓住机遇，寻求发展，迎接挑战，适应变化的制胜法宝就是学习——依靠自己学习、终生学习。

作为中国高等教育组成部分的自学考试，其职责就是在高等教育这个水平上倡导自学、鼓励自学、帮助自学、推动自学，为每一个自学者铺就成才之路。组织编写供读者学习的教材是履行这个职责的重要环节。毫无疑问，这种教材应当适合自学，应当有利于学习者掌握和了解新知识、新信息，有利于学习者增强创新意识、培养实践能力、形成自学能力，也有利于学习者学以致用，解决实际工作中所遇到的问题。具有如此特点的书，我们虽然沿用了“教材”这个概念，但它与那种仅供教师讲、学生听，教师不讲、学生不懂，以“教”为中心的教科书相比，已经在内容安排、编写体例、行文风格等方面都大不相同了。希望读者对此有所了解，以便从一开始就树立起依靠自己学习的坚定信念，不断探索适合自己的学习方法，充分利用自己已有的知识基础和实际工作经验，最大限度地发挥自己的潜能，达到学习的目标。

欢迎读者提出意见和建议。

祝每一位读者自学成功。

全国高等教育自学考试指导委员会

2017年6月

目　　录

质量管理学自学考试大纲

质量管理学

质量管理学

自学考试大纲

大纲前言

为了适应社会主义现代化建设事业的需要，鼓励自学成才，我国在 20 世纪 80 年代初建立了高等教育自学考试制度。高等教育自学考试是个人自学、社会助学和国家考试相结合的一种高等教育形式。应考者通过规定的专业考试课程并经思想品德鉴定达到毕业要求的，可获得毕业证书；国家承认学历并按照规定享有与普通高等学校毕业生同等的有关待遇。经过 30 多年发展，高等教育自学考试为国家培养造就了大批专门人才。

课程自学考试大纲是国家规范自学者学习范围、要求和考试标准的文件。它是按照专业考试计划的要求，具体指导个人自学、社会助学、国家考试、编写教材、编写自学辅导书的依据。

随着经济社会的快速发展，新的法律法规不断出台，科技成果不断涌现，原大纲中有些内容过时、知识陈旧。为更新教育观念，深化教学内容和方式、考试制度、质量评价制度改革，使自学考试更好地提高人才培养的质量，各专业委员会按照专业考试计划的要求，对原课程自学考试大纲进行了修订或重编。

修订后的大纲，在层次上，本科参照一般普通高校本科水平，专科参照一般普通高校专科或高职院校的水平；在内容上，力图反映学科的发展变化，增补了自然科学和社会科学近年来研究的成果，对明显陈旧的内容进行了删减。

全国高等教育自学考试指导委员会经济管理类专业委员会组织制定了《质量管理学自学考试大纲》，经教育部批准，现颁发施行。各地教育部门、考试机构应认真贯彻执行。

全国高等教育自学考试指导委员会

2018 年 6 月

Ⅰ 课程性质与课程目标

一、课程性质与特点

质量管理学是工商管理专业的必修课，也可以作为其他经济与技术管理类专业的选修课。质量管理学是研究质量产生、形成和实现过程规律，以提高组织绩效的管理科学。它是一门综合性的、实用性很强的学科，正发展为关注相关方特别是顾客的需求和期望，改进导向的管理学。

课程内容涵盖质量管理的理念、过程、系统及有关的工具、方法，形成相对完整的知识体系。其中包括：(1) 以质量管理七项原则为代表的质量管理的核心理念，它们确立了质量管理和思想基础。(2) 以 ISO9000 国际标准和卓越绩效准则为代表的体系架构，据此明确质量管理系统和关键领域的要求。(3) 质量管理的关键活动和系统化过程。教材以过程为主线，围绕质量产生、形成与实现的基本过程，按照质量管理七项原则提出关键领域和具体活动要求，同时介绍了代表性的管理方法如精准管理、标杆管理、流程再造、六西格玛管理等，为质量管理活动提供行动指南，明确方法。(4) 质量管理工具、技术和方法，即质量管理中广泛运用统计技术和方法，形成一系列简单、有效的管理工具和方法，以深化管理理论与实践，提升管理成熟度和管理能力。课程的核心是树立长久使命，关注顾客和市场，充分运用数据和信息处理工具及技术，持续改进组织总体绩效。

课程内容具有综合性与普适性。质量这个作为“满足要求的程度”，一方面，在这个世界上，只要有人的地方，就有需求和期望即有“要求”，就一定存在质量概念；另一方面，质量是与目标、绩效齐名的、通用的概念。简单地讲，“质量－目标＋度”，追求质量即通过改进，追求更高的目标；绩效是满足目标的程度，“绩效≈质量”，质量管理就是绩效管理。相应地，质量管理学是通用的管理学而不是专门的管理学，是在传统管理基础上强调改进的管理学；质量管理的理念、系统、工具和方法在所有领域都是相关的、普适的。

二、课程目标

通过本课程的学习，学员可以：

(1) 系统地掌握质量管理的基本理念、过程和方法，其中包括顾客满意的理念、持续改进的哲学和方法、全员参与的工作方式和基于过程的方法。

(2) 理解建立和改进质量体系、提高质量和劳动生产率的思想，把握质量管理即质量产生、形成和实现的规律。

(3) 了解统计技术在质量管理中的应用，掌握基本质量工具和方法，增强管理能力。

（4）综合运用理念、过程、工具和方法，建立和形成市场经济条件下质量管理的理念和框架，迎接“质量世纪”的竞争和挑战。

三、与相关课程的联系和区别

在经济管理类专业课程体系中，质量管理学与其他课程的联系和区别如下：

（1）从课程设置和知识发展看，质量管理学是传统管理学、管理学原理、企业管理学的延伸、丰富和扩展，其中包括管理理念的变革与发展，管理方法、技术和工具的深化与增强。课程还强调了顾客与市场、改进与知识管理等。通常在学习上述课程之后，再学习质量管理学会更有利于理解和掌握质量管理学的内容和精髓。当然，质量管理学完全可以作为一个管理知识体系来独立学习。

（2）从课程关注的管理职能和环境条件看，质量管理学的内容和关注点，除了作为通用的基础性管理知识体系外，还是介于营销管理、运营管理之间的管理知识体系，连接了市场管理知识、运营过程管理知识，形成了更加完善和丰富的组织管理知识体系。

（3）从质量管理的理念、过程、工具和方法看，质量管理学既可以作为其他管理知识体系的核心组成部分，解决“如何满足更高要求的问题”，也可以作为20世纪80年代以来，管理变革与发展的代表性模式，作为一种通过持续改进，让顾客和相关方满意，追求可持续经营的、系统化的管理模式和知识体系来学习。

四、课程的重点和难点

本课程系统地、简明扼要地阐述质量管理的基本理念和管理框架，介绍质量管理的过程、工具和方法。这些内容都是以追求卓越和持续经营为目标的现代质量管理中不可或缺的，从学习的角度，课程的重点、难点可区分如下：

课程学习的重点：（1）质量与质量管理的核心理念——质量管理七项原则；（2）质量管理系统框架与过程策划、控制；（3）以顾客为中心的理念和方法；（4）质量改进和系统化的方法；（5）质量管理的工具和方法，特别是质量管理不同于传统管理技术基础的统计过程控制、标准化等。

课程学习的难点：（1）质量管理原则与核心理念的理解；（2）统计技术和统计方法、质量管理工具和方法的应用，特别是控制图、直方图的应用；（3）可靠性的概念与度量等。

Ⅱ　考核目标

本大纲在考核目标中，按照识记、领会、简单应用和综合应用四个层次规定考生应达到的能力层次要求。四个能力层次是递进关系，各能力层次的含义是：

识记（Ⅰ）：要求考生知道本课程中有关名词、概念、原理和知识的含义，并能正确地认识和表述，属于最低层次的要求。

领会（Ⅱ）：要求考生在识记的基础上，能全面地把握本课程中的基本概念、基本原理、基本方法，掌握有关概念、原理、方法的区别与联系，属于较低要求。

简单应用（Ⅲ）：要求考生在领会的基础上，能运用本课程中的基本概念、基本原理、基本方法中的少量知识点，分析和解决有关的理论问题和实际问题，属于较高要求。

综合应用（Ⅳ）：要求考生在简单应用的基础上，能运用学过的本课程规定的多个知识点，综合分析和解决比较复杂的问题，属于最高层次的要求。

Ⅲ　课程内容与考核要求

第一章　质量与质量管理导论

一、学习目的和要求

通过本章学习，学员能够认识当代管理所面临管理环境的基本特征，理解质量管理相关的基本概念，了解现代质量管理演变历程及各个阶段的特征，为深入理解和掌握质量管理学这一专门知识体系奠定概念基础和建立背景。

二、课程内容

第一节　当代管理环境的特征

（一）日益剧烈的变化

（二）掌握主导权的顾客

（三）无所不在的竞争

第二节　质量的含义

（一）质量的定义

质量、要求、质量特性的内涵和外延。

（二）朱兰博士关于质量概念的辨析

（三）魅力特性和必须特性

魅力特性、必须特性和线性特性的含义；三者之间的关系；区分三个特性在管理中的意义。

（四）“大质量”观与“小质量”观

（五）促使质量受到重视的主要原因

第三节　与管理和质量管理有关的基本概念

（一）企业的经营、管理与治理

企业经营、管理与治理的含义；三者之间的关系。

（二）质量管理的概念

质量管理、质量计划、质量控制、质量改进的概念；质量管理基本过程（三部曲）的主要活动。

（三）全面质量管理的概念及原则

全面质量管理的概念；全面质量管理的特征；七项原则的组成。

（四）实施全面质量管理的主要成效

全面质量管理的主要成效；员工活性化。

第四节　质量管理的发展历程

（一）质量检验阶段

（二）统计质量控制阶段

（三）全面质量管理阶段

三、考核知识点与考核要求

（一）当代管理环境的特征

领会：(1) 变化的领域和趋势；(2) 顾客在市场经济中的主导地位；(3) 竞争的广泛性、3C 对经营的要求。

（二）质量的含义

1. 识记：(1) 质量、要求、质量特性；(2)“大质量”观与“小质量”观的差异。

2. 领会：(1) 质量、要求、质量特性的概念；(2) 朱兰关于质量概念的理解及其意义；(3) 魅力特性、线性特性、必须特性的含义及管理意义；(4) 促使质量受到重视的主要原因。

（三）与管理和质量管理有关的基本概念

1. 识记：(1) 经营、管理、治理的概念；(2) 质量管理、质量管理三部曲的概念、主要活动；(3) 七项质量管理原则。

2. 领会：(1) 经营、管理与治理的关系；(2) 质量计划、质量控制、质量改进的关系；(3) 全面质量管理的含义和特征；(4) 实施全面质量管理的主要成效。

（四）质量管理的发展历程

1. 识记：质量管理发展三个主要阶段的特点和主要事件。

2. 领会：质量管理的发展历程及其规律性。

四、本章重点和难点

本章重点：质量、要求、质量管理的概念；质量计划、质量控制、质量改进的概念和主要活动；全面质量管理的概念；全面质量管理的特征。

本章难点：魅力特性、必须特性和线性特性的含义；质量管理的发展历程及其规律性。

第二章　质量管理理念与框架

一、学习目的与要求

本章着重说明了现代质量管理的指导思想和框架模式。要求学员理解戴明、朱兰、休哈特和石川馨等质量管理大师的主要思想和理念；了解和认识三大质量奖及其所体现的卓越绩效模式，了解 ISO9000 族标准的构成、作用，理解质量奖标准及 TQM 的关系，深入理解质量管理七项原则。

二、课程内容

第一节　现代质量管理的主要代表人物及理念

（一）戴明及其管理理念

戴明的主要活动和贡献；戴明管理理念的 14 点核心内容及其关系。

（二）朱兰、休哈特及石川馨的贡献

第二节　三大质量奖与卓越绩效模式

（一）日本的戴明奖

（二）美国国家质量奖

美国国家质量奖的设立、目的；卓越绩效模式的核心理念和价值观、体系架构、条目要点。

（三）欧洲质量奖

欧洲质量奖的设立、目的；基本理念、体系架构。

（四）“卓越绩效模式”小结

卓越绩效模式的共同特点；卓越绩效准则的作用。

第三节　ISO9000 族质量管理体系标准

（一）什么是 ISO9000 族标准

ISO9000 族标准的含义、产生和发展；建立标准的目的；核心标准及其用途。

（二）ISO9000 族标准的过程导向

（三）ISO9000 族标准与质量奖准则和 TQM 之间的关系

（四）质量管理的原则

质量管理七项原则的含义、要求，遵循原则的益处。

三、考核知识点与考核要求

（一）现代质量管理的主要代表人物及理念

1. 识记：（1）戴明及其主要贡献；（2）朱兰、休哈特及石川馨的贡献。

2. 领会：戴明管理理念 14 点的含义及其内在关系。

（二）三大质量奖与卓越绩效模式

1. 识记：（1）日本戴明奖的设立；（2）美国国家质量奖的目的、价值观、条目要点；（3）欧洲质量奖的基本概念、促成因素和结果。

2. 领会：（1）美国国家质量奖的结构、模型；（2）卓越绩效模式。

（三）ISO9000 族质量管理体系标准

1_识记：ISO9000 族标准、核心标准的构成和用途。

2. 领会：（1）核心标准之间的关系；（2）ISO9000 族标准的过程导向；（3）ISO9000 族标准、质量奖准则、TQM 之间的关系。

（四）质量管理的原则

1. 领会：（1）七项原则各项原则的含义、要求、益处；（2）七项原则之间的逻辑关系。

2. 综合应用：七项原则各项原则的要求。

四、本章重点和难点

本章重点：戴明管理理念的 14 点核心内容及其关系；质量管理七项原则；ISO9000 族质量管理体系标准及其之间的关系；卓越绩效模式的体系架构、条目要点。

本章难点：戴明管理理念的 14 点核心内容；ISO9000 族核心标准之间的关系；卓越绩效模式的体系架构、核心价值观、条目要点；ISO9000 族标准、质量奖准则与 TQM 之间的关系。

第三章　以顾客为中心

一、学习目的和要求

本章要求学员了解如何识别顾客，如何对顾客加以细分，理解顾客需要的含义以及揭示顾客需要的程序，理解顾客满意、顾客体验、顾客忠诚、顾客参与等重要概念，掌握企业实现顾客满意的途径和具体的做法，掌握顾客满意度测量的用途、过程、注意事项以及顾客满意度数据分析与计算方法，了解顾客关系管理的含义和电子化的顾客关系管理系统的功能、作用和组成，掌握顾客关系管理的主要工作环节。

二、课程内容

第一节　顾客识别与细分

（一）顾客的识别

外部顾客与内部顾客；顾客-供方模型。

（二）顾客的细分

第二节　顾客需要、顾客满意和顾客忠诚

（一）顾客需要

（二）顾客满意

顾客满意的含义；顾客满意过程模型；顾客满意程度与情绪特征；顾客满意指数。

（三）顾客体验

（四）顾客忠诚

顾客忠诚的含义和特征；顾客忠诚与顾客满意之间的关系。

（五）顾客参与

（六）实现顾客满意的途径

实现顾客满意的过程；寻求顾客满意的举措。

第三节　顾客满意度的测量与分析

（一）顾客满意度测量的用途

（二）顾客满意度测评过程

（三）顾客满意度测评的主要工作

（四）顾客满意度数据分析与计算

基本数据分析；语义分析；图形化分析；高级分析；满意度指数计算。

第四节　顾客关系管理

（一）顾客关系演化与关系管理过程

顾客关系的演化过程；顾客关系管理的含义；顾客关系管理的一般过程。

（二）顾客关系管理的关键环节

（三）电子化的顾客关系管理系统

三、考核知识点与考核要求

（一）顾客识别与细分

1. 领会：(1) 内部顾客、外部顾客；(2) 顾客的类型。

2. 领会：(1) 顾客细分的目的和依据；(2) 顾客-供方模型。

（二）顾客需要、顾客满意和顾客忠诚

1. 识记：(1) 顾客的需要；(2) 揭示顾客需要的关键活动；(3) 顾客忠诚与顾客满意的区别。

2. 领会：(1) 顾客满意、顾客体验、顾客参与、顾客忠诚；(2) 顾客满意度；(3) 顾客满意度指数的用途，顾客满意与顾客忠诚的关系。

3. 简单应用：顾客忠诚的意义和价值。

4. 综合应用：(1) 顾客满意过程；(2) 实现顾客满意的举措。

（三）顾客满意度的测量与分析

1. 识记：(1) 顾客满意度测量的用途；(2) 顾客满意度数据分析；(3) 图形化分析的目标；(4) 满意度指数的计算方法。

2. 领会：顾客满意度测评的主要工作。

3. 简单应用：顾客满意度测评过程。

（四）顾客关系管理

1. 识记：(1) 顾客关系管理过程；(2) eCRM 系统的基本功能。

2. 领会：(1) 顾客关系管理；(2) 与顾客直接接触员工的要求；(3) 顾客关系的深化。

3. 简单应用：(1) 顾客关系管理的关键环节；(2) 有效的顾客投诉管理。

四、本章重点和难点

本章重点：顾客满意、顾客体验、顾客参与、顾客忠诚的概念；顾客满意过程模型；实现顾客满意的过程；顾客满意与顾客忠诚的关系；顾客满意度测评过程，顾客关系的演化；顾客关系管理的含义和过程；顾客关系管理的关键环节；顾客投诉处理。

本章难点：顾客满意与顾客忠诚的关系；顾客满意度测评过程与主要工作、顾客满意度数据分析与计算；顾客关系管理的关键环节；顾客投诉处理。

第四章　领导与战略计划

一、学习目的和要求

本章介绍了领导与战略计划的主要内容和活动过程。要求理解组织的使命、愿景和价值观以及企业的社会责任的含义，理解战略计划的含义和战略计划的基本过程，了解战略计划活动中常用方法和工具的原理、用途和应用程序。

二、课程内容

第一节　组织的基本方向
（一）组织的使命
（二）核心价值观
（三）愿景
第二节　组织的社会责任
（一）组织的社会责任的含义
社会责任的含义；社会责任的发展阶段。
（二）确保和促进组织的行为恪守道德规范
（三）履行公民义务
第三节　战略计划活动
（一）战略计划活动的含义与益处
（二）战略计划活动的过程
确立和沟通组织的愿景、使命、价值观和质量方针；将愿景分解为少数关键的战略；制定战略目标；目标的展开；用关键绩效指标来测量进展状况；评审进展状况；高层审核。
（三）战略计划活动中需要注意的问题

三、考核知识点与考核要求

（一）组织的基本方向
1. 识记：(1) 使命的概念；(2) 核心价值观的概念；(3) 愿景的概念。
2. 领会：(1) 使命的含义；(2) 核心价值观的含义；(3) 愿景的含义。
（二）组织的社会责任
1. 识记：履行公民义务。
2. 领会：(1) 社会责任的含义；(2) 组织社会责任发展的阶段及其特点；(3) 确保和促进组织的行为恪守道德规范的途径。
（三）战略计划活动
1. 识记：(1) 战略计划活动的益处；(2) 战略计划活动中需要注意的问题。
2. 领会：(1) 战略计划活动的含义；(2) 质量方针；(3) 目标的展开；(4) 高层审核。
3. 简单应用：战略计划活动的过程。

四、本章重点和难点

本章重点：组织使命、愿景、价值观的含义；社会责任的含义和发展阶段；战略计划活动的过程；确保和促进组织的行为恪守道德规范。

本章难点：战略计划活动的过程；确保和促进组织的行为恪守道德规范。

第五章　基于 TQM 的人力资源管理

一、学习目的和要求

本章介绍 TQM 环境下人力资源管理的主要工作及其特点，要求学员了解人力资源管理的系统过程，掌握职位设计的要求、演化过程、职位特征模型，了解员工的招聘、培育与评价过程，理解和领会 TQM 倡导的人力资源管理特点，领会知识经济时代人力资源管理和高效团队的特征。

二、课程内容

第一节　人力资源管理概述

（一）人力资源管理的提出

（二）人力资源管理的系统过程

（三）基于 TQM 的人力资源管理的主要特征

（四）知识经济时代的人力资源管理

人力资源管理的根本变化；资本所有者与知识所有者之间的关系。

第二节　职位设计

（一）职位设计的含义

（二）职位设计的要求

（三）职位设计的演化

（四）职位特征模型

第三节　人员的招聘、培育与评价

（一）人员的招聘

招聘的原则；招聘的程序。

（二）培训教育

培训的目的；培训的形式；培训效果的评价。

（三）职业生涯管理

职业生涯管理的含义；职业生涯的发展阶段；职业生涯管理的内容。

（四）人员的绩效评价

绩效的含义和特点；绩效评价的含义和功能；绩效评价的方法；绩效评价制度的要求。

第四节　团队合作

（一）团队的概念

（二）团队的类型

（三）高效团队的特征

三、考试知识点与考核要求

（一）人力资源管理概述

1. 识记：人力资源管理的概念。

2. 领会：（1）人力资源管理的系统过程；（2）基于 TQM 的人力资源管理的主要特征；（3）知识经济时代的人力资源管理。

（二）职位设计

1. 识记：职位的特征。

2. 领会：（1）职位设计的含义；（2）职位设计的要求；（3）职位扩大化、职位丰富化、职位轮换、工作团队。

3. 简单应用：职位特征模型。

（三）人员的招聘、培育与评价

1. 识记：（1）人员招聘的含义、原则和程序；（2）教育培训的形式；（3）职业生涯的发展阶段；（4）绩效评价的功能、绩效评价的方法。

2. 领会：（1）教育培训的目的；（2）职业生涯的含义；（3）职业生涯管理的内容；（4）绩效、绩效评价的含义；（5）绩效的特点。

3. 简单应用：绩效评价制度的要求。

（四）团队合作

1. 识记：团队的类型。

2. 领会：团队的概念。

2. 简单应用：高效团队的特征。

四、本章重点和难点

本章重点：人力资源管理的系统过程；基于 TQM 的人力资源管理的主要特征；知识经济时代的人力资源管理；职位特征模型；职位设计的要求；职位扩大化、职位丰富化、职位轮换、工作团队；职业生涯管理的内容；绩效的含义和特点；绩效评价的含义和功能；绩效评价制度的要求；团队的概念、类型和高效团队的特征。

本章难点：职位特征模型；高效团队的特征；职业生涯的发展阶段；职业生涯管理的内容。

第六章　过程管理

一、学习目的和要求

本章介绍过程与过程管理的概念、过程的类型、过程设计与控制。要求学员了解过程和过程管理的概念、过程的类型与过程管理的要求，了解设计与控制的主要工作，理解产品设计与设计评审的主要内容，掌握 QFD 方法的基本思路，理解如何把顾客的声音最终转换为产品和服务的过程。

二、课程内容

第一节　过程管理概述

（一）过程的含义

（二）职能与过程——两种组织观

（三）过程的描述

核心过程图；流程图。

（四）核心过程的类型

（五）过程管理的含义与特点

第二节　产品设计过程

（一）产品设计的阶段

（二）设计评审

第三节　过程的设计与控制

（一）过程的设计

（二）服务过程设计的特殊性

（三）过程的控制

第四节　质量机能展开

（一）质量机能展开及其用途

（二）质量机能展开的过程

三、考核知识点与考核要求

（一）过程管理概述

1. 领会：(1) 过程的含义；(2) 核心过程及其类型。

2. 领会：(1) 职能观点与过程观点；(2) 过程管理的含义与特点。

（二）产品设计过程

1. 识记：设计评审的含义。

2. 领会：(1) 产品设计的步骤；(2) 设计评审过程。

（三）过程的设计与控制

1. 识记：过程设计的一般思路。

2. 领会：(1) 服务过程设计的特殊性；(2) 过程控制的基本活动。

（四）质量机能展开

1. 识记：质量机能展开和用途。

2. 领会：质量屋、关系矩阵。

3. 简单应用：质量机能展开的过程。

四、本章重点和难点

本章重点：过程的含义；核心过程及其类型；产品设计的步骤；设计评审过程；服务

过程设计的特殊性；过程控制的基本活动。

本章难点：产品设计的步骤；设计评审过程；质量机能展开的过程。

第七章　质量改进

一、学习目的和要求

本章简要地阐述了质量改进的基本过程和典型的、系统化的改进方法。要求学员深入理解质量改进的含义，掌握质量改进的基本工作流程和实施中的关键问题，了解六西格玛管理、标杆分析、精益管理等的主要特点、实施过程和方法，理解业务过程再造的含义和特点。

二、课程内容

第一节　质量改进概述
（一）质量改进的含义与特点
（二）戴明环（PDCA 循环）
（三）朱兰质量改进程序
（四）成功组织的改进实践
第二节　六西格玛管理
（一）六西格玛的起源及其发展
（二）六西格玛管理的测量指标
（三）实现六西格玛目标的“六步法”
第三节　标杆分析
（一）标杆分析的含义与由来
（二）标杆分析的实施步骤
（三）标杆分析的效果
第四节　精益管理
（一）精益管理的含义与原则
（二）精益管理的益处
第五节　业务过程再造
（一）业务过程再造的含义
（二）业务过程再造示例
（三）业务过程再造的特点

三、考核知识点与考核要求

（一）质量改进概述
1. 识记：成功组织的质量改进举措。
2. 领会：（1）质量改进的含义和特点；（2）朱兰质量改进程序。
3. 综合应用：PDCA 循环。

（二）六西格玛管理

1. 识记：六西格玛的起源。

2. 领会：六西格玛管理的测量指标。

3. 简单应用：实现六西格玛目标的“六步法”。

（三）标杆分析

1. 识记：标杆分析的效果。

2. 领会：标杆分析的含义与由来。

3. 简单应用：标杆分析的实施步骤。

（四）精益管理

1. 识记：实施精益管理可带来的益处。

2. 领会：精益管理的含义和原则。

（五）业务过程再造

领会：（1）业务过程再造的含义；（2）业务过程再造的特点。

四、本章重点和难点

本章重点：质量改进的含义和特点；朱兰质量改进程序；PDCA 循环；六西格玛管理的测量指标；实现六西格玛目标的“六步法”；标杆分析的实施步骤；业务过程再造的特点。

本章难点：六西格玛管理的测量指标；实现六西格玛目标的“六步法”；标杆分析的实施步骤。

第八章　绩效测量与知识管理

一、学习目的和要求

本章介绍绩效测量、信息和知识管理的含义和典型做法，以及平衡计分卡的含义和构成逻辑，说明质量成本的概念、类型、计算方法等。要求学员理解绩效测量、信息和知识管理的含义和特点，掌握平衡计分卡的含义和构成逻辑，理解质量成本的概念、类型、计算方法，了解信息和知识管理的主要做法。

二、课程内容

第一节　绩效测量概述

（一）测量、数据与信息

（二）组织的不同层次对数据和信息的要求

（三）信息和知识管理

信息管理、知识管理的含义；改进信息质量的措施；知识管理系统的功能。

（四）成功组织在信息和知识管理方面的特点

第二节　平衡计分卡

（一）平衡计分卡的含义与由来

（二）平衡计分卡的构成逻辑

（三）平衡计分卡与卓越绩效准则

第三节　质量成本

（一）质量成本的含义及由来

（二）质量成本的分类

（三）质量成本分类的注意事项

（四）质量成本的计算方法

（五）研究质量成本对质量改进的促进作用

三、考核知识点与考核要求

（一）绩效测量概述

1. 识记：（1）组织的不同层次对数据和信息的要求；（2）知识管理的功能。

2. 领会：（1）测量、数据与信息的含义；（2）信息和知识管理的含义；（3）成功组织在信息和知识管理方面的特点。

3. 简单应用：改进信息质量的措施。

（二）平衡计分卡

领会：（1）平衡计分卡的含义；（2）平衡计分卡的构成逻辑；（3）平衡计分卡与卓越绩效准则。

（三）质量成本

1. 识记：（1）各类质量成本的构成；（2）质量成本分类的注意事项。

2. 领会：（1）质量成本的含义；（2）研究质量成本的目的；（3）内部故障成本、外部故障成本、鉴定成本、预防成本的概念；（4）质量成本的计算方法；（5）研究质量成本对质量改进的促进作用。

四、本章重点和难点

本章重点：信息管理、知识管理的含义；改进信息质量的措施；知识管理系统的功能；成功组织在信息和知识管理方面的特点；平衡计分卡的构成逻辑；质量成本的含义；内部故障成本、外部故障成本、鉴定成本、预防成本的概念和构成；质量成本的计算方法。

本章难点：成功组织在信息和知识管理方面的特点；内部故障成本、外部故障成本、鉴定成本、预防成本的概念和构成；质量成本的计算方法。

第九章　相关方关系管理

一、学习目的和要求

本章介绍相关方及相关方关系管理概念，供应链管理的含义、益处和供应策略模型，说明供应商关系计划与控制过程、供应商关系改进的举措。要求学员理解相关方及相关方关系管理的概念，理解供应链管理的含义、益处和供应策略模型，掌握供应商关系计划与控制过程，能应用供应商关系改进的举措。

二、课程内容

第一节　相关方关系管理概述

（一）相关方的含义

（二）相关方关系管理的主要举措

第二节　供应链及供应链管理

（一）供应链的含义

（二）供应链管理的含义与目的

（三）供应链管理的动因与益处

（四）供应策略模型

第三节　供应商关系管理

（一）供应商关系的计划

（二）供应商关系的控制

（三）供应商关系的改进

三、考核知识点与考核要求

（一）相关方关系管理概述

1. 识记：管理好相关方关系的好处。

2. 领会：（1）相关方的含义；（2）相关方关系管理的主要举措。

（二）供应链及供应链管理

1. 识记：（1）供应链管理的动因与益处；（2）供应链的含义。

2. 领会：（1）供应链管理的含义与目的；（2）供应策略模型。

（三）供应商关系管理

领会：（1）供应商关系的计划、概念和步骤；（2）供应商关系的控制概念、要求和步骤；（3）供应商关系改进的含义与合作层次。

四、本章重点和难点

本章重点：相关方关系管理的主要举措；供应策略模型；供应商关系的计划的概念和步骤；供应商关系的控制的概念、要求和步骤；供应商关系的改进与合作层次。

本章难点：相关方关系管理的主要举措；供应策略模型；供应商关系的计划和步骤；供应商关系的控制要求和步骤；供应商关系改进的合作层次。

第十章　统计基础与统计方法

一、学习目的和要求

本章介绍统计的基础知识，说明常用的统计技术和方法及其应用，作为后续学习的基础。要求学员理解统计及其相关概念，理解常用统计技术和方法，了解其应用领域和解决的关键问题。

二、课程内容

第一节　统计基础
(一) 统计量表与数据类型
统计量表；数据类型。
(二) 总体和样本
(三) 概率与随机变量
概率；随机变量；随机变量的分布；常用随机变量的分布。
(四) 常用统计参数
第二节　质量管理中的统计技术和方法
(一) 描述性统计
(二) 统计推断
参数估计；假设检验；实验设计；方差分析。
(三) 预测性统计
相关分析；回归分析。
(四) 简易的统计工具和方法

三、考核知识点与考核要求

(一) 统计基础
1. 识记：(1) 数据的类型；(2) 常用统计参数。
2. 领会：(1) 总体、样本；(2) 概率与随机变量；(3) 随机变量的分布；(4) 正态分布的特性。
(二) 质量管理中的统计技术和方法
1. 识记：常用统计技术和方法；描述性统计；简易统计工具和方法的种类。
2. 领会：统计推断、描述性统计、预测性统计；参数估计、假设检验、实验设计的应用；相关分析、回归分析。

四、本章重点和难点

本章重点：总体、样本；概率与随机变量；随机变量分布；正态分布的特性；统计推断、描述性统计、预测性统计；参数估计、假设检验、实验设计的应用；相关分析、回归分析。

本章难点：概率与随机变量；随机变量分布；正态分布的特性；统计推断、描述性统计、预测性统计；参数估计、假设检验、实验设计；相关分析、回归分析。

第十一章　质量管理工具和方法

一、学习目的和要求

本章介绍质量管理中常用的工具和方法。要求学员掌握各种质量管理工具和方法的基本功能、具体用途，了解各种质量管理工具和方法的应用程序，以及各种质量管理工具和方法在解决问题过程中的综合运用。

二、课程内容

第一节　质量控制与改进工具

（一）调查表
（二）分层法
（三）因果图
（四）排列图
（五）直方图
（六）散布图
（七）流程图

第二节　质量策划与改进工具

（一）关系图
（二）KJ 法
（三）树图
（四）矩阵图
（五）矩阵数据分析法
（六）过程决策程序图
（七）矢线图

第三节　解决问题的模式

解决问题的模式；各种工具和方法综合应用。

三、考核知识点与考核要求

（一）质量控制与改进工具

1. 识记：各种质量管理工具和方法的含义、用途、种类。
2. 领会：(1) 因果图应用及注意的问题；(2) 直方图的观察与分析；(3) 应用散布图注意的问题。
3. 简单应用：(1) 各种质量管理工具和方法的应用程序；(2) 直方图的观察与分析。

（二）质量策划与改进工具

1. 识记：各种质量管理工具和方法的含义、用途、种类。
2. 简单应用：各种质量管理工具和方法的应用程序。

（三）解决问题的模式

1. 识记：各种质量管理工具和方法的综合应用。
2. 领会：解决问题的模式。

四、本章重点和难点

本章重点：各种质量管理工具和方法的含义、用途、种类；因果图应用及注意的问题；直方图的观察与分析；解决问题的模式。

本章难点：因果图应用及注意的问题；直方图的观察与分析；各种质量管理工具和方法的综合应用。

第十二章　统计过程控制

一、学习目的和要求

本章说明统计过程控制的理论基础、工具和方法，包括变异理论、抽样检验、过程能力、过程可控性与控制图。要求学员理解变异理论及统计过程控制的基本技术和方法，理解质量检验、抽样方法和抽样检验的概念和知识，掌握过程能力、过程能力指数的计算以及控制图的概念和应用。

二、课程内容

第一节　变异理论

（一）变异的来源

（二）变异的类型

（三）变异与两类管理错误

第二节　抽样技术与抽样检验

（一）随机抽样

随机抽样方法；抽样误差。

（二）抽样检验

抽样检验的特点；抽样检验的类型；抽样特性曲线及抽样风险。

第三节　过程能力

（一）过程能力研究的内容

（二）过程能力研究的程序

（三）过程能力指数

（四）过程能力评级

（五）提高过程能力的途径

第四节　控制图

（一）控制图的原理

（二）控制图的用途

（三）控制图的类型和适用情况

（四）控制图的应用程序

（五）控制图的观察和分析

三、考核知识点与考核要求

（一）变异理论

领会：（1）变异；（2）变异来源；（3）变异的类型；（4）统计思想与两类管理错误。

（二）抽样技术与抽样检验

1. 识记：抽样检验的特点、类型。

2. 领会：（1）质量检验、抽样检验；（2）随机抽样及其种类；（3）抽样误差、随机抽样方法；（4）抽样特性曲线及抽样风险。

（三）过程能力

1. 识记：（1）过程能力研究的内容；（2）过程能力研究的程序。

2. 领会：（1）过程能力的定义；（2）过程能力评级。

3. 综合应用：（1）过程能力指数；（2）提高过程能力的途径。

（四）控制图

1. 识记：控制图的用途。

2. 领会：（1）控制图的原理；（2）控制图的类型和适用情况；（3）控制图应用中常见的错误。

3. 综合应用：（1）控制图的应用程序；（2）控制图的观察和分析。

四、本章重点和难点

本章重点：变异的概念、来源；变异的类型；质量检验；抽样检验；随机抽样及其种类；抽样误差；抽样特性曲线及抽样风险；过程能力的定义；过程能力评级；过程能力指数；提高过程能力的途径；控制图的原理；控制图的类型和适用情况；控制图的应用程序；控制图的观察和分析。

本章难点：抽样检验；随机抽样及其种类；抽样特性曲线及抽样风险；过程能力指数；提高过程能力的途径；控制图的应用程序；控制图的观察和分析。

第十三章　可靠性管理

一、学习目的和要求

本章详细介绍可靠性及其相关的基本概念，简要说明可靠性的度量和预测方法，介绍可靠性工程的主要工作和方法，重点说明故障模式与影响分析、故障树分析方法及其应用，还介绍了可靠性管理的过程、内容及要求，并引出了计算机软件可靠性管理的主题。要求学员理解可靠性及其相关概念，掌握可靠性度量与分析方法，理解可靠性管理、可靠性工程、可靠性设计、可靠性分析、可靠性试验的概念，了解可靠性工程和可靠性管理的活动内容。

二、课程内容

第一节　可靠性及其相关概念

（一）可靠性的含义

（二）可靠性的分类

（三）可靠性与维修性、可用性

第二节　可靠性的度量

（一）单元可靠性的度量

失效率（λ）与失效率曲线；可靠度函数［$R(t)$］。

（二）系统可靠性的度量与预测

串联系统；并联系统；串联-并联系统。

第三节　可靠性工程

（一）可靠性设计

可靠性设计的主要工作；提高可靠性的方法。

（二）可靠性分析

故障模式及影响分析；故障树分析。

（三）可靠性试验

第四节　可靠性管理

（一）可靠性管理原则

（二）可靠性管理的内容

可靠性目标的确立；设计可靠性管理；制造可靠性管理；包装、运输和防护可靠性管理；采购可靠性管理；使用可靠性管理。

（三）计算机软件的可靠性管理

三、考核知识点与考核要求

（一）可靠性及其相关概念

1. 识记：可靠性的分类。

2. 领会：（1）可靠性的定义；（2）维修性、可用性的含义；（3）可靠性与维修性、可用性的关系。

（二）可靠性的度量

1. 领会：失效率、失效率曲线、可靠度函数及其相互关系。

2. 简单应用：系统可靠性的度量方法。

（三）可靠性工程

1. 识记：（1）可靠性设计的主要工作；（2）可靠性试验的种类和用途。

2. 领会：（1）可靠性工程；（2）可靠性设计；（3）提高可靠性的方法；（4）可靠性分析；（5）故障模式及影响分析、故障树分析；（6）可靠性试验。

（四）可靠性管理

1. 识记：（1）计算机软件可靠性管理的具体方法；（2）计算机软件可靠性管理的特殊性。

2. 领会：可靠性管理的内容及要求。

四、本章重点和难点

本章重点：可靠性管理的原则；可靠性与维修性、可用性的含义及关系；失效率、失效率曲线的特点和应用；可靠度函数；失效率与可靠度的关系；系统可靠性的度量与预测；可靠性工程、可靠性分析；可靠性设计、可靠性试验的含义；可靠性设计的主要工作；提高可靠性的方法。

本章难点：可靠性管理的内容及要求；单元可靠性；失效率、失效率曲线及其特点和应用；可靠度函数；失效率与可靠度的关系；系统可靠性的度量与预测；故障模式及影响分析；故障树分析。

第十四章　标准化与认证制度

一、学习目的和要求

本章介绍在质量管理实践中，推进质量管理的重要举措：标准化、认证制度。其中包括基本概念、主要活动和要求，以及意义和作用。要求学员理解标准化的概念，了解标准体系和制定标准的过程，理解标准化的形式，了解企业标准化的任务和要求，了解认证制度的产生、总体解决方案和认证的类型，掌握认证制度的分类和现行模式，熟悉实行认证制度的作用，了解《WTO/TBT 协议》的目的。

二、课程内容

第一节　标准化

（一）标准化及有关概念

标准化；标准。

（二）标准化的作用和意义

（三）标准体系

我国的标准体系；国际标准体系；采用国际标准。

（四）标准化的途径

简化；统一化；通用化；组合化；系列化。

（五）标准的制定程序

（六）企业标准化的任务和要求

企业标准化任务；企业标准化工作的要求。

第二节　质量认证

（一）认证制度的由来

（二）认证制度的含义

认证；认可；我国认证制度总体架构。

（三）认证的分类

（四）认证的过程与认证模式

认证过程；认证模式；质量审核过程。

（五）实行质量认证制度的作用

（六）《WTO/TBT 协议》与合格评定

技术贸易壁垒（TBT）；《WTO/TBT 协议》的核心内容；《WTO/TBT 协议》的基本

原则。

三、考核知识点与考核要求

（一）标准化

1. 识记：（1）标准化的意义和作用；（2）标准的制定程序；（3）企业标准化的任务；（4）我国的标准体系；（5）国际标准；（6）采用国际标准的方法。

2. 领会：（1）标准、标准化的概念；（2）采用国际标准；（3）企业标准化的要求。

3. 简单应用：常用的标准化形式。

（二）质量认证

1. 识记：（1）认证制度的由来；（2）我国认证制度的总体架构；（3）认证的过程、质量审核过程；（4）《WTO/TBT 协议》的内容。

2. 领会：（1）认证制度的含义；（2）认证的分类和特点；（3）认证的模式；（4）质量审核的类型；（5）技术贸易壁垒的含义；（6）《WTO/TBT 协议》的基本规则。

3. 简单应用：实行认证制度的作用。

四、本章重点和难点

本章重点：标准与标准化的概念；标准化的意义；标准化的途径；标准体系；认可、认证制度；认证过程、认证的模式；质量审核的含义、类型和过程；我国认证制度的体系架构。

本章难点：标准化的途径；标准体系；技术贸易壁垒的含义，《WTO/TBT 协议》的基本规则。

Ⅳ 关于大纲的说明与考核实施要求

一、课程自学考试大纲的目的和作用

本课程自学考试大纲是根据质量管理学专业自学考试计划的要求，结合自学的特点而确定。其目的是对个人自学、社会助学和课程考试命题进行指导和规定。

本课程自学考试大纲明确了课程学习的内容以及深度和广度，规定了课程自学考试的范围和标准。因此，它是编写本课程自学考试教材和辅导书的依据，是社会助学组织进行自学辅导的依据，是自学者学习教材、掌握课程内容知识范围和程度的依据，也是进行自学考试命题的依据。

二、课程自学考试大纲与教材的关系

课程自学考试大纲是进行学习和考试的依据，教材是学习掌握课程知识的基本内容与范围，教材的内容是大纲所规定的课程知识和内容的扩展与发挥。课程内容在教材中可以体现一定的深度或难度，但在大纲中对考核的要求一定要适当。

大纲与教材所体现的课程内容是基本一致的，大纲里面的课程内容和考核知识点，教材里一般也要有。反过来，教材里有的内容，大纲里就不一定要体现。如果教材中的内容有与大纲要求不一致的地方，应以大纲规定为准。

三、关于自学习教材

1. 指定教材

《质量管理学》，全国高等教育自学考试指导委员会组编，焦叔斌主编，中国人民大学出版社，2018 年版。

2. 主要参考书

(1)《改善——日本企业成功的奥秘》，今井正明著，周亮等译，机械工业出版社，2010 年 3 月。

(2)《质量管理常用统计技术和方法》，廖永平著，机械工业出版社，2002 年 12 月。

(3)《朱兰质量手册》(第五版)，朱兰等编，焦叔斌等译，中国人民大学出版社，2003 年 11 月。

(4)《戴明论质量管理》，爱德华兹·戴明著，钟汉青等译，海南出版社，2003 年 7 月。

(5)《管理的 12 个问题》(第二版)，焦叔斌著，中国人民大学出版社，2013 年 12 月。

(6)《顾客满意管理理论与实践——现代市场竞争与信息时代企业管理模式研究》，陈运涛著，金琅学术出版社，2017 年 8 月。

（7）GB/T 19001 - 2016 idt. ISO9001：2015《质量管理体系——要求》，中国标准化研究院，中国标准出版社，2016 年 9 月。

（8）GB/T 19000 - 2016 idt. ISO9000：2015《质量管理体系——基础和术语》，中国标准化研究院，中国标准出版社，2016 年 9 月。

（9）GB/T19580 - 2012《卓越绩效评价准则》，中国标准化研究院，中国标准出版社，2012 年 9 月。

（10）2017—2018 Criteria for Performance Excellence. NIST，Baldrige Performance Excel lence Program. 2017.

四、自学要求与自学方法的指导

每个学员都有最适合自己的学习方法，从自学方式与自学学员特点的角度，需要注意以下几个问题：

（1）正确处理全面和重点、理解与记忆的关系。要在全面系统学习的基础上掌握重点，先了解内容的内在逻辑和体系结构，先总体后细节，在理解的基础上加强记忆。切忌猜题、押题和死记硬背。

（2）正确处理理论与实际、学习与运用的关系。要理论联系生活和工作实际，学以致用，提高分析问题和解决问题的能力。

（3）明确学习与实践的关系。质量管理的理念、过程、工具和方法，是以追求卓越和持续经营为目标的现代质量管理中不可或缺的内容，必须全面掌握并明确其中的内在关系。成功的管理是系统方法，缺一不可。从学习范围、理解难度和考试要求的角度，课程的内容可以区分为重点、难点，但是在实践中，对于一个具体的组织，质量管理理念、体系、工具和方法及其细节，缺少什么，什么就重要，哪个方面没做好，哪个方面就更重要，必须重点解决问题。

（4）运用有效的学习方法、工具和技巧。第一，明确人生的目的和意义，树立长远的学习目标，确定各个具体目标，拟定可行的计划，恰当分配时间和精力；经常对照目标，检查自己的学习效果，发现偏差，分析原因，制定改进措施。第二，运用适当的学习方法和工具提高效率，包括网络资源和社交媒体资源，通过适宜的方式增强学习兴趣和学习动力，激发和调动学习积极性等。第三，把课程内容与个人、组织或社会现实联系起来，加深理解和认识，并努力应用，体会学习的意义和价值；把本课程的内容与其他课程的内容联系起来，适当对比和关联，以更准确、更深入地理解相关知识，同时减少重复，纠正理解偏差，做到真正融会贯通。第四，学习过程中应该做笔记，做批注；经常与他人讨论所学内容，讲述给身边的人听；对质量管理过程中的过程、步骤和方法，通过流程图的方式进行总结；实际计算几个计算题，掌握基本方法；通过做练习检查学习效果等。第五，在复习时，勤于归纳、总结、比较，广泛使用图表等直观形象的辅助手段，对一个问题的几个方面或几个相近的概念进行要点对比；运用树图系统地展开各个层次的内容要点等。

五、对社会助学的要求

（1）社会助学者应根据大纲规定的考试内容和考试目标，研究指定教材内容，明确课程的特点和学习要求，对自学应考学员进行有效的辅导，引导学员把握自学的正确方向，促进知识的掌握和技能的培养。

（2）要正确处理基础知识和应用能力的关系，努力引导自学学员将识记与领会联系起来，在理解概念和原理的基础上识记和进一步应用，把基础知识和理论转化为应用能力，在全面辅导的基础上，着重培养和提高自学学员分析问题和解决问题的能力。

（3）要正确处理重点和一般的关系。课程内容有一般与重点之分，重点内容试题比例相对较大，不过考试内容是全面的，而且从掌握的角度看，重点与一般是相互联系的，不是截然分开的。社会助学者应指导自学应考学员系统地学习教材内容，掌握考核内容和考核知识点，在此基础上再突出重点。总之，要把全面学习和重点学习结合起来，切勿孤立地抓重点，走向猜题和押题的误区。

六、对考核内容的说明

（1）本课程要求考生学习和掌握的知识点都是本课程考核的内容。课程中各章的内容均由若干知识点组成，在自学考试中成为考核知识点，因此，本课程自学考试大纲中所规定的考试内容是以分解考核知识点的方式给出的。由于各知识点在课程中的地位、作用以及知识点自身的特点不同，自学考试对各知识点分别按四个认知（或叫能力）层次确定其考核要求。

（2）在考试之日起6个月前，由全国人民代表大会和国务院颁布或修订的法律、法规都将列入相应课程的考试范围。凡大纲、教材内容与现行法律、法规不符的，要以现行法律、法规为准。命题时也会对我国经济建设和科技文化发展的重大方针政策的变化予以体现。

七、关于考试命题的若干规定

（1）本课程采取闭卷笔试考试方式，试卷满分100分，60分及格，考试时间为150分钟。

（2）本大纲各章所规定的基本要求、知识点及知识点下的知识细目，都属于考核的内容。考试命题既要覆盖到章，又要避免面面俱到。要注意突出课程的重点、章节重点，加大重点内容的覆盖度。

（3）命题不应有超出大纲中考核知识点范围的题，考核目标不得高于大纲中所规定的相应的最高能力层次要求。命题应着重考核自学者对基本概念、基本知识和基本理论是否了解或掌握，对基本方法是否会用或熟练。不应出与基本要求不符的偏题或怪题。

（4）本课程在试卷中对不同能力层次要求的分数比例大致为：识记占20%，领会占30%，简单应用占30%，综合应用占20%。

（5）要合理安排试题的难易程度，试题的难度可分为易、较易、较难和难四个等级。每份试卷中不同难度试题的分数比例一般为2∶3∶3∶2。必须注意试题的难易程度与能力层次有一定的联系，但二者不是等同的概念。在各个能力层次中对于不同的考生都存在着不同的难度。

（6）本课程考试命题的主要题型一般有单项选择题、多项选择题、简答题、论述题、计算题、案例分析题等。

在命题工作中必须按照本课程大纲中所规定的题型命题，考试试卷使用的题型可以略少，但不能超出本课程对题型规定的范围。

附录　题型举例

一、单项选择题：在每小题列出的备选项中只有一项是最符合题目要求的，请将其选出。

1. 在销售和使用过程中发现产品缺陷而产生的由制造企业支付的一切费用的总和是（　　）。

A. 内部故障成本　　B. 外部故障成本

C. 鉴定成本　　D. 预防成本

2. 在 ISO9000：2000 族标准中，用于质量管理体系认证审核指南的标准为（　　）。

A. ISO90001　　B. ISO9004　　C. ISO9000　　D. ISO19011

二、多项选择题：在每小题列出的备选项中至少有两项是符合题目要求的，请将其选出，错选、多选或少选均无分。

1. 在质量改进的组织实施过程中，阻力的主要来源包括（　　）。

A. 错误的认识　　B. 落后的改进方法

C. 既得利益集团的存在　　D. 高层领导的参与

E. 习惯和惰性

2. 下列各项中，与顾客满意度水平有关的因素是（　　）。

A. 顾客的预期质量　　B. 顾客的感知质量

C. 产品和服务质量　　D. 价格

E. 满意度的计算方法

三、简答题

1. 简述质量改进的特点。

2. 简要说明标高分析的过程。

四、论述题

1. 试论实现顾客满意的途径和方法。

2. 试述质量管理七项原则之间的关系并举例说明。

五、计算题

1. 设某螺栓直径的设计要求为 10 ± 0.023mm，从某车床加工的 2 000 支螺栓中，随机抽取样本 100 件，测得其直径平均值为 9.997mm，标准偏差为 0.007mm，试求该工序能力、工序能力指数，并说明工序状态及必要的措施。

2. 某零件直径的设计要求为 3.8 ± 0.01mm，生产过程中，运用控制图实施控制时，抽取 50 个容量为 3 的样本进行计算，该加工件的某个质量特性值的平均值为 3.8mm，极差的平均值为 0.02mm，经查控制图系数表可知相关系数为：$A_2=1.023$，$D_4=2.575$，D_3 为负值，$E_2=1.772$，$d_2=1.693$。

试计算平均值和极差控制图（$\overline{X}\sim R$）的上下控制限、中心控制限，并简要画出平均值-极差控制图的示意图。（注：画控制图时，要求构成完整，关系正确，标注清楚）

六、案例分析题

糖果厂运用直方图分析所生产重为 10 克的 A 牌糖果的重量分布情况，绘制直方图（如图 a 所示），质量改进小组认为工序中存在问题，故采取了以下三条措施：（1）调整计重设备，使其准确设定规格值为 10 克；（2）换用精确的糖果成形模，提高准确性；（3）减少糖果成形过程中的其他干扰因素，减少生产过程波动。措施实施后，又用直方图验证效果，所得直方图如图 b 所示。

（1）请问该小组采取的措施中，正确的是哪些？为什么？

（2）根据图 b，你认为下列说法正确吗？为什么？

A. 工序满足公差要求　　B. 工序不满足公差要求

C. 操作过程应考虑减少波动　　D. 工序充分满足公差要求

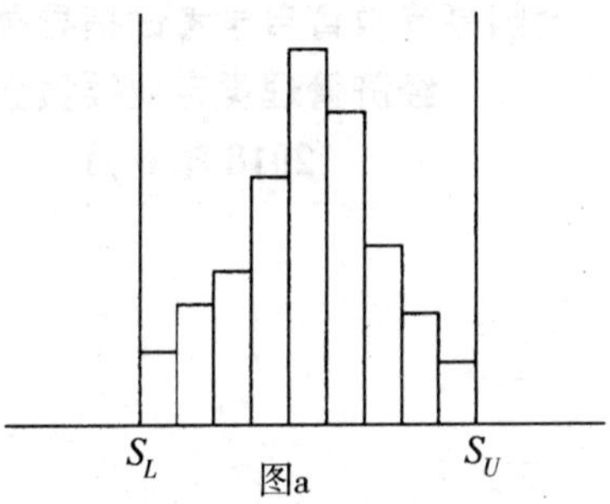

图a

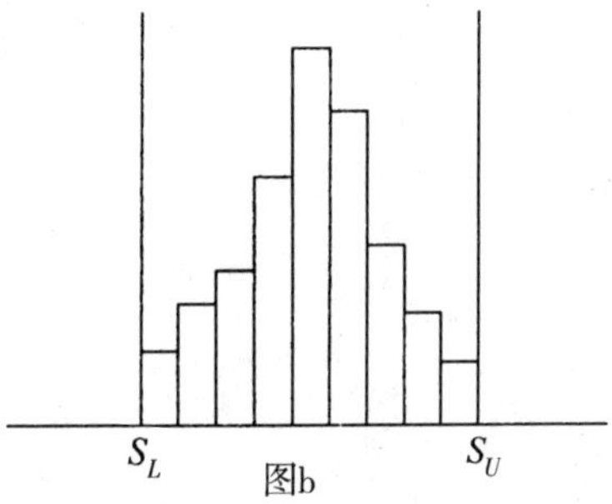

图b

大纲后记

2017 年 4 月由全国高等教育自学考试指导委员会办公室召开了全国高等教育自学考试课程大纲、教材编前会，会上确定了“质量管理学”课程自学考试大纲编写的指导思想、基本原则和要求。

本大纲由北京交通大学陈运涛副教授在 2004 年版本的基础上重新编撰。大纲完成后，国家行政学院李雪峰教授、中国人民大学徐京悦副教授完成审稿工作，由全国考委经济管理类专业委员会审定。

全国高等教育自学考试指导委员会
经济管理类专业委员会
2018 年 6 月

质量管理学

第一章　质量与质量管理导论

理解质量管理中的一些最基本的概念，认识当代管理所处环境的基本特征，了解现代质量管理演变历程中的主要阶段及相应的特征，是掌握质量管理这一专门知识体系的前提，是认识当前质量管理实践的基础。

第一节　当代管理环境的特征

组织是一个开放系统。只是关注组织的内部不足以实现有效的管理，组织的管理者必须对组织所处的环境有清楚的认识，必须时刻明智地对周围环境的变化做出反应。

当今世界的经济与社会环境正在发生前所未有的变化，深刻地影响着各国的经济活动和企业经营。顾客的需要、产品的生命周期、技术变化的方向与程度、竞争的性质、市场的成长等各个方面都成了难以预测的变数。对这一环境用简单的几句话是很难描述的，但在这一环境中存在着驱动和影响组织和社会经济活动的几种最为重要的力量，这几种力量便是被人们称为3C的变化（Change）、顾客（Customer）和竞争（Competition）。通过对这些主要力量的了解将有助于把握当今经济和社会环境的基本轮廓。

一、日益剧烈的变化

变化是当今环境的最主要的特征。正如人们时常所言，当今的工商企业界除了变化本身之外，没有什么东西是不变的。变化成了司空见惯的现象，变化的速度和频率在不断提高，变化发生在政治、经济、技术、社会文化等几乎所有的领域。

在政治方面，全球的两极体制崩坏之后，不同的政治力量与经济力量纠合在一起进行着新一轮的角逐和重新组合，全球的政治局势变得比以往任何时候都更加波诡云谲，难以把握。总的来说，各国在世界范围内政治力量的对比是以经济力量的较量为特征的，经济实力的强弱从根本上决定了各国在政治舞台上的地位。

在经济方面，全球性的市场正在逐步形成。国际贸易持续增长，跨国公司的力量日益上升，跨国经营已成为大公司发展的重要战略。跨国投资不断增加，资本在世界范围内的流动速度加快。知识和信息成为战略性资源，个人和组织的知识处于不断更新之中。与全球化并行的还有区域性的经济合作的迅猛发展。

在技术方面，当今世界的技术发展呈现出日益加速的趋势，并对企业的生产、经营及管理造成了深远的影响。尤其是近年来飞速发展的信息技术、自动化技术以及互联网技术更是极大地改变着企业存在及活动的方式。电子、通信、能源、材料、生物、航天等领域的技术正在不断取得突破，这些突破无疑将会带来生产力的新的飞跃，也必将会对组织、社会的经济活动以及其他各方面造成更大的冲击。

在社会文化方面，工业社会中形成的人是自然的主宰这种信条已经日渐动摇，取而代之的是一种人与自然和谐共生的新的社会价值观。保护人类所赖以生存的环境如今已成为一个全球关注的热点问题。可持续发展模式已成为世界上绝大多数国家的企业界和人民的共识，大多数国家对世界环境的未来做出了承诺。这意味着今后将有更多的绿色条款出现在各种国际条约中，绿色经济和绿色贸易将成为 21 世纪经贸关系的重要原则，绿色产业也将成为 21 世纪的主导产业。

二、掌握主导权的顾客

除了这些深刻而广泛的变化外，顾客与提供产品和服务的组织之间力量对比的逆转成了当今企业经营环境的另一主导性特征。曾几何时，在厂商的眼中，顾客只不过是千人一面的大众，他们对厂商提供的产品和服务只有诚惶诚恐的接受而已，厂商似乎永远是高高在上的主宰者。但这种情况已经发生了根本的改变，买方与卖方之间的力量对比关系发生了一百八十度的转变。主导权已经转到了顾客的手中。平均意义上的顾客已经不复存在。每一个顾客都是具有特定的需要、爱好和性格的个性化的主体。顾客明确地知道自己需要什么，清楚自己应当为这种需要付出什么价钱，也懂得如何使卖主按照自己的意愿就范。在当今的交易中，王牌捏在顾客的手中。顾客用钞票投票来决定企业的兴衰存亡。有一句话说得好：如果你不能关照好自己的顾客，别人会的。因此，能否满足顾客的需要成为企业生存与发展的关键。

三、无所不在的竞争

无所不在的竞争成了变化与顾客之外的第三种重要力量。当今的市场竞争无论是从规模、范围还是从激烈程度上来看都是前所未有的。竞争覆盖了几乎所有的社会领域，从传统的工商业，一直到金融、服务、教育、医疗卫生、大众传媒、通信等，同时也超越了地区、国家，而越来越呈现出国际化的特征。最低的价格、最高的质量、最优的服务和最快的速度成为所有企业的标准。在价格、质量、服务和速度方面处于劣势的企业将会被逐出竞技场外。在这种格局下，或者成为最优，或者被打败，除此之外别无选择。如果因抱残守缺、故步自封而不能跟上形势，无论过去曾经多么辉煌，企业在激烈的竞争面前都会变得不堪一击。

由于上述各种因素的影响，组织及其行为方式正在发生着各种深刻的变化。从组织的目标来看，将从以往单纯的"股东（Shareholder）利益最大化"目标转向综合考虑利益相关者（Stakeholders）各方利益的目标。所谓利益相关者，指除了股东之外，包括政府、供应商、顾客、社会公众等在内的各个方面。从企业的组织来看，组织的结构将日益扁平化，部门间的界限将更加模糊甚至消失，自我导向的团队将成为组织活动的核心。横向的过程联系将取代纵向的部门分割而成为管理的核心。从组织间的关系来看，组织间将出现一种新型的竞争与协作的关系，在竞争不断加剧的同时，协作也在不断加强，从而形成一种共生共荣的生态系统。战略联盟、网络企业、外包经营等形式的出现将使得企业概念本身变得更加丰富。经济活动的日益全球化以及技术的飞速进步极大地促进了创新的发生。产品和服务的生命周期从以年为单位变成了以月为单位。仅仅质量高、价格低和服务好还远远不够，速度还必须快。失去了先机，常常就意味着落了后手，就会受制于人。

顾客、竞争及变化这三个 C 使得工商企业界变成了一个新的世界。在这个新世界中，传统上所信奉的规模、秩序、正规等信条反而成为企业生存和发展的桎梏，一个组织要适应环境的要求生存下去并在竞争中取胜，就必须成为学习型组织，这意味着必须具备所谓的 FFII 特征，也就是必须快速（Fast）、灵活（Flexible）、勇于创新（Innovation）并能够持续不断地改进（Improvement）。应对迅速的变化已经成了组织及其管理者所面对的最普遍的问题。变革已成为近十几年来全球企业管理领域中的最强的呼声。企业的管理者们所承担的责任比以往任何时候都更为重大。他们必须清楚地理解所处的局面，必须有明确的方向感，必须能够审时度势，必须能够最大限度地与人们同舟共济。唯有如此，才能够到达胜利的彼岸。

第二节　质量的含义

质量是质量管理中最基本的术语。在我国的有些地区或有些场合，人们常常也使用“品质”这一词来表达同一含义。这里的质量不同于物理学中的质量概念，也并非哲学意义上的“质”与“量”的组合。人们对这一术语的认识经历了一个不断发展和深化的历史过程。在各种文献资料中，存在着大量的关于质量的定义。不同的质量定义反映了人们观察和认识事物的各种不同的角度和立场，反映了人们所处的不同的“参照系”，因而不能简单地用“对”或“错”来加以判断。在本书中，我们以国际标准化组织（ISO）所给出的质量术语为依据来加以讨论。同时我们还将讨论与质量密切相关的一些其他基本术语的定义。

一、质量的定义

国际标准化组织在 ISO9000：2015《质量管理体系——基础和术语》这一国际标准中给出了有关质量这一术语的定义。

质量：客体的一组固有特性满足要求的程度。

这一定义看上去高度抽象而概括，但只要把握了“特性”和“要求”这两个关键词就很容易理解。这一定义是从“特性”和“要求”这两者之间关系的角度来描述质量的，亦即某种事物的“特性”满足某个群体“要求”的程度，满足的程度越高，就可以说这种事物的质量就越高或是越好，反之则认为该事物的质量低或差。

上述定义中的“客体”是“特性”的载体，亦即质量术语所描述的对象，早期只是局限于产品，以后又逐渐延伸至服务，现今则不仅包括产品和服务，而且还扩展到了过程、活动、组织乃至它们的结合。这里的特性指的是“可区分的特征”，ISO 的质量定义中特别强调了用于描述事物质量的特性是“固有特性”，就是指某事或某物中本来就有的，尤其是那种永久的特性。“固有”的反义是“赋予”或外在，事物的“赋予”特性如“价格”等，不属于质量的范畴。通常，质量特性可以区分为以下几类：

（1）技术性或理化性的特性。这些特性可以用理化检测仪器精确测定。例如机械零件的刚性、弹性、耐磨性；汽车的速度、牵引力、耗油量、废气排放量；手表的防水、防震、防磁等。科学技术的进步使得许多原来无法测定的特性可以进行精确的测定，从而使得人们对质量进行更加客观的判断成为可能。

(2) 心理方面的特性。例如服装的式样、食品的味道、汽车象征的地位和气派等。这些特性反映了顾客的心理感觉和审美价值，一般很难用准确的技术指标来加以衡量。

(3) 时间方面的特性。例如耐用品的可靠性、可维修性、精度保持性，电力供应的及时性等。产品使用过程中的及时性、可靠性、可维修性以及使用费用等都极大地影响着顾客的质量评价。

(4) 安全方面的特性。产品的使用不仅要可靠、及时，更加重要的是不能给顾客造成伤害和事故，因此，产品必须有保证条款，有各种安全措施。

(5) 社会方面的特性。仅仅考虑对应顾客需要是不充分的，还必须考虑法律、法规、环保以及社会伦理等有关社会整体利益方面的要求。

上述质量定义中的"要求"是由各种不同的相关方，亦即与组织的业绩或成就有利益关系的个人或团体，如顾客、股东、雇员、供应商、银行、工会、合作伙伴或社会等所提出的。"要求"反映了人们对于质量术语所描述的对象的需要或期望。这些"要求"有时是明确规定的，如产品购销合同中对于产品性能的规定；也可以是隐含的或不言而喻的，如银行对客户存款的保密性，即使人们没有特别提出，也是必须保证的；还可以是由法律、法规等强制规定的，如食品的卫生、电器的安全等。

与质量术语密切相关而又常常引起混淆的一个术语是对于"等级"的认识。当人们在习惯上用质量这一术语来表述卓越程度时，例如将五星级酒店同小旅馆相比较时，有时会引起歧义。在这种场合下，使用档次这一术语将有助于避免分歧。档次反映了同一用途或功能的事物为了满足不同层次的需要而对质量要求所作的有意识的区分。不同的档次意味着不同的购买能力或消费层次。质量的比较只有针对同一档次时才是有意义的。从这个意义上而言，酒店的星级并不等同于服务质量的卓越，小旅馆同样也可以提供非常优质的服务。

二、朱兰博士关于质量概念的辨析

上述的ISO的质量概念固然具有权威性，但也并非无懈可击。例如，"提高质量会导致成本的增加还是降低?"这一命题常常会导致人们的争论。美国质量管理专家朱兰博士认为，事实上争论的双方讨论的常常并非同一个问题。根子在于"质量"这个词，往往有两种理解：

一种理解是，"质量"意味着能够满足顾客的需要从而使顾客满意的那些产品特征。这等于说，"质量"就是具有"好"的产品特征。按照这种理解，这种高质量的目的旨在实现更高的顾客满意，从而以此来实现收益的增加。但提供更多或更好的质量特征常常要求增加投资，从而导致成本的增加。

另一种理解是，"质量"意味着免于不良，亦即没有那些需要返工或会导致现场失效、顾客不满、顾客投诉等的差错。这等于说，"质量"就是没有"不好"。按照这种理解，提高质量通常导致成本更低。

第一种“质量”是顾客满意的源泉，第二种“质量”则是顾客不满的原因。有些产品只是招致了很少或几乎没有不满，其表现与生产商宣称的一致，但这些产品却并不好销，因为一些竞争性的产品具有能够提供更大的顾客满意的产品特征。例如自动电话交换系统，早期是电磁模拟差转方式，现在则普遍应用了数字化差转方式。因此，模拟差转系统即使绝对没有不良，也仍然是无人问津。

对应这两种理解，便有了两种性质不同的“质量改进”：其一是“提供更多或更好的质量特征”；其二则是“减少或消除不良”。

三、魅力特性和必须特性

日本质量管理专家狩野纪昭根据不同类型的质量特性与顾客满意之间的关系而对质量特性进行了分类。质量特性与顾客满意之间并非都是简单的线性关系，不同的质量特性对于顾客满意有着不同的作用。狩野讨论了三种主要类型的质量特性，即魅力特性、必须特性和线性特性。

魅力特性指如果充足的话会使人产生满足，但不充足也不会使人产生不满的那些特性。例如，民航航班上向旅客提供酒类饮品就可看作是魅力特性。有了这项服务会使顾客感到喜悦，但如果没有一般也不会有人提出投诉。显然，在其他条件相同的情况下，具有充分的魅力特性的产品或服务无疑会更容易吸引顾客的注意，从而形成竞争优势。

必须特性是指即使充分提供也不会使顾客感到特别的兴奋和满意，但一旦不足却会引起强烈不满的那些质量特性。这类特性是顾客认为理所当然应当具备的特性。例如，火车卧铺车厢应当保证开水供应和提供清洁的卧具，乘客并不会因为享有这种服务而特别兴奋，但如果做不到这一点却肯定会使乘客不满甚至愤怒。在竞争性市场环境中，缺乏必须特性的产品和服务是很难有竞争力的。

线性特性是指那些提供的越是充分就越能导致满意，而越不充分就越使人产生不满的那些特性。商场售货员的服务态度、餐馆菜肴的味道等均可以看作是这类特性。上述几种特性中，必须特性比魅力特性更容易决定。另外，随着时间流逝，由于竞争的结果，魅力特性会逐渐演变为必须特性。

四、“大质量”观与“小质量”观

20 世纪 80 年代以后，人们对质量的认识变得更加深入和广泛。如果把以往的质量认识称作“小质量”观的话，这后来形成的便是所谓的“大质量”观。这种“大质量”观日益为越来越多的人所接受，且成为不可逆转的趋势。质量经理和高层管理者们是“大质量”观的忠实信徒。技术领域和职能部门的主管们则显得相对保守一些。表 1－1 显示了“大质量”观与“小质量”观在诸多问题上认识的差异。

表 1-1　“大质量”观与“小质量”观的对比

条目	小质量	大质量
产品	制造的有形产品	所有类型的产品，无论是否供销售
过程	直接与产品的制造相关的过程	包括制造、支持和业务在内的所有过程
产业	制造业	包括制造、服务和政府机构在内的所有产业，无论是否是营利性的
质量被视为	技术问题	经营问题
顾客	购买产品的主顾	所有受影响的人，不论内外
如何认识质量	以职能部门这种文化为基础	基于具有普遍意义的三部曲
质量目标体现在	工厂目标之中	公司的经营计划当中
不良质量的成本	与不良的加工产品有关的成本	若每件事情都能够完美的话，将会消失的所有那些成本
质量的评价主要基于	与工厂规格、程序和标准的符合性	与顾客需要的对应
改进针对着	部门绩效	公司绩效
质量管理培训	集中在质量部门	全公司范围
协调者	质量经理	高层管理者构成的质量委员会

五、促使质量受到重视的主要原因

在过去的一个多世纪中，科学、技术出现了爆炸性的增长，人类的安全、健康以及环境受到了进一步的威胁，这导致了消费者保护运动的高涨以及各国政府的质量管制的强化。同时，在质量方面的国际竞争也日益增强。这些因素均对质量提出了新的要求。

科学技术的增长为人类带来了无数的福音，从根本上改变了人类社会的存在方式，同时也要求更为复杂的设计和精确的实施。沿用以往的经验方法使得过程的产出很低而现场失效却很高。试图通过检验、担保和顾客服务来解决问题的办法代价昂贵而效果不佳。真正需要的是，从一开始就预防缺陷和现场失效的发生。

科学技术带来了福音的同时，也使得人类的安全、健康以及环境受到了前所未有的威胁。人类的生活质量日益依赖于服务的连续性。但许多产品很容易发生故障，从而常常导致服务的中断，有些中断是严重而可怕的，威胁到了人类的安全和健康，也威胁到了环境。质量因此而成了关键的需要，按照朱兰博士的说法，人们日益“生活在质量大堤之下”。

各国政府对于质量的管制。随着质量重要性的增大，各国政府对于质量的管制日益加强。最初的管制主要集中于人身安全方面，制定了法律来惩罚那些因提供不良质量而致人伤亡的责任者。以后的管制开始趋向于“防患于未然”。在有关人类健康的领域，人们制定法律来保证食品、药品以及医疗器具的质量。从事特定行业的许可管理得到了强化，还制定了许多有关产品安全、公路安全、职业安全以及消费者保护等方面的法律。技术的提高使得复杂而危险的产品流入对技术所知甚少的社会大众手中。而政府管制则要求产品设计应避免这些危险。政府的这种干预是企业必须认真面对的力量。

消费者权益运动日益高涨。随着产品种类的日益丰富，产品的复杂性也达到了前所未有的程度。人们能否安居乐业在很大程度上受到了产品的安全性和可靠性的影响，但广大的个人消费者对于现代产品的判断能力极其有限，这使得消费者受到损害的事例屡见不鲜。消费者个人的力量在强大的厂商面前是微不足道的，他们唯有组织起来才有可能保护自身的权益。在这种背景下，产生了消费者权益运动，这使得消费者能够更有效地应对这些问题。这一运动对促使政府在保护消费者方面立法也取得了成功。

在质量方面日益增强的国际竞争。人类社会自从国家制度诞生以来就一直存在着国家与国家之间的竞争。军备方面的竞争是最古老也是最主要的竞争形式。20 世纪在两次世界大战的压力下这种竞争达到了登峰造极的程度。冷战结束之后的竞争更多地表现在经济领域。跨国公司的兴起是使竞争加剧的另一因素。大公司为了克服贸易壁垒对其产品输出的阻碍，纷纷在海外建立分支机构，以其作为基地来参与海外市场的竞争。质量方面的表现构成了国际竞争力的主要内容之一。

上述各种力量所形成的合力使得质量受到了人们前所未有的重视。

第三节　与管理和质量管理有关的基本概念

在管理领域中，经营、管理、治理、企业的职能、管理的职能等这些术语使用得十分频繁，但也常常会发生混淆。本节将对这些概念加以辨析，同时也将阐明关于质量管理的若干基本概念。

一、企业的经营、管理与治理

经营活动指的是所有营利性的经济活动，它涵盖了工业、农业、金融、服务等所有的领域。企业是从事经营活动的社会经济组织。经营一个企业涉及一系列的具体活动或职能。管理先哲法约尔将经营的职能区分为了六个方面，即技术、商业、会计、财务、安全和管理。在现代企业管理中，运营、财务与营销通常被认为是企业最主要的三项职能。

管理就是指一定组织中的管理者，通过实施计划、组织、领导和控制来协调他人的活动，带领人们实现组织目标的过程。计划、组织、领导和控制这些活动被称为管理的职能。管理的职能也就是管理所包括的具体的活动。计划就是要确立组织所追求的目标以及实现目标的途径。作为管理职能的组织活动指的是对于群体活动的分工和协作。领导意味着对人们施加影响以使人们全心全意地去实现组织目标的过程。控制就是随时纠正实施过程中的偏差，确保事情按计划进行。

企业管理就是企业的管理人员运用其知识、技能、经验和所掌握的信息，通过对企业的人、财、物资源的计划、组织、领导与控制，来实现企业的各项目标，保证企业的生存与发展。对企业各项职能的计划、组织、领导、控制便构成了相应的职能管理。生产管理就是对企业生产活动的计划、组织、领导、控制；财务管理则是对财务活动的计划、组织、领导和控制；等等。

企业的管理是为了实现企业的目标而存在的，是实现企业目标的手段。著名管理学者德鲁克指出，“管理如果脱离了它所服务的机构就不是管理了。人们所理解并正确地加以谴责的官僚主义就是那种误认为自己是目的而机构是手段的管理。这是管理当局特别是那些不受市场考验约束的管理当局容易犯的一种退化性毛病。预防、制止并在可能的情况下治疗这种毛病，应该是任何一个有效的管理者以及一本有效的管理著作的首要目标”。德鲁克认为，管理必须完成三项同等重要而又极不相同的任务，即“确定本组织的特殊目的及使命（不论本组织是一个工商企业还是医院或大学）；使工作富有活力并使职工有成就；处理本组织对社会的影响和对社会的责任”。

企业的治理主要解决的是企业经理层的激励与约束问题。在现代企业中，资本的所有权与经营决策权发生了分离。股东选举董事会，由董事会行使经营决策权，并聘任专业经理人员来管理公司的日常经营活动。由此在股东、董事会、经理层之间产生了一种所谓的委托-代理关系。通常认为代理人的行为原则是使其自身的效用最大化，委托人必须设计一种契约或机制，以对代理人提供某种激励或制约，从而使代理人在自身效用最大化的条件约束下，使委托人的效用趋于最大。有关这种委托-代理关系的制度安排方面的问题通常被称为企业的治理。企业要取得成功，就必须有一个完善的治理结构。

二、质量管理的概念

质量管理就是为了实现组织的质量目标而进行的计划、组织、领导与控制的活动。

朱兰博士认为：“要获得质量，最好从建立组织的‘愿景’以及方针和目标开始。目标向成果的转化（使质量得以实现）是通过管理过程来进行的，过程也就是产生预期成果的一系列活动。在质量管理活动中频繁地应用着三个这样的管理过程，即质量计划①、质量控制和质量改进。”这些过程被称为“朱兰三部曲”。

这也就是说，质量计划、质量控制和质量改进这三个管理过程构成了质量管理的主要内容。

质量计划指旨在明确组织的质量方针和质量目标，并对实现这些目标所必需的各种行动进行规划和部署的过程。质量控制也就是实现质量目标、落实质量措施的过程。广泛应用统计方法来解决质量问题是质量控制的主要特征之一。质量改进是指实现前所未有的质量水平的过程。

在质量管理的三部曲中，质量计划明确了质量管理所要达到的目标以及实现这些目标的途径，是质量管理的前提和基础；质量控制确保组织的活动按照计划的方式进行，是实现质量目标的保障；质量改进则意味着质量水准的飞跃，标志着质量活动是以一种螺旋式上升的方式在不断攀登和提高。“朱兰三部曲”的具体内容如表 1-2 所示。

---

① 计划（planning）是管理的首要职能，在 ISO9000 标准的中文翻译版中这一词被译作策划，故质量计划活动常常也被称为“质量策划”。

表 1-2　　质量管理的三个普遍过程

质量计划	质量控制	质量改进
• 设定质量目标 • 辨识顾客是谁 • 确定顾客的需要 • 开发应对顾客需要的产品特征 • 开发能够生产这种产品特征的过程 • 建立过程控制措施，将计划转入实施阶段	• 评价实际绩效 • 将实际绩效与质量目标对比 • 对差异采取措施	• 提出改进的必要性 • 做好改进的基础工作 • 确定改进项目 • 建立项目小组 • 为小组提供资源、培训和激励，以便诊断原因、设想纠正措施、建立控制措施以巩固成果

应当指出的是，上述三个管理过程要能够有效实施需具备一个前提，这就是组织必须建立一个完善而有效的质量管理体系。

三、全面质量管理的概念及原则

全面质量管理是现代质量管理发展的最高境界，是以质量为中心的一种企业管理的方式或道路。全面质量管理是质量管理三部曲得以有效实施的框架或基础。

人们对"全面质量管理"（Total Quality Management，TQM）这一概念有着各种不同的理解。日本科学技术联盟（JUSE）将 TQM 的特征概括为如下几个方面：

（1）在强有力的最高管理层的领导下，建立明确的中长期愿景和战略；

（2）正确地应用 TQM 中的各种概念、价值观和科学方法；

（3）把人力资源和信息视为组织的至关重要的基础架构；

（4）在一个适当的管理体系中，有效地运作质量保证体系及其他的跨职能管理体系，如成本、交货期、环境和安全方面的管理体系；

（5）在诸如核心技术、速度和活力这类组织的基本能力的支持下，确保与顾客、雇员、社会、供应商和股东的健康关系；

（6）持续地实现公司的目标，目标的实现应当有利于促进达成组织的使命，使组织成为一种受人尊重的存在并能够持续地获取利润。

国际标准化组织在综合提炼当代质量管理的实践经验及理论分析的基础上，确立了七项质量管理原则，以帮助各类组织利用这些原则来建立质量管理体系并进行业绩改进。这些原则如下：

- 以顾客为关注焦点；
- 领导作用；
- 全员积极参与；
- 过程方法；
- 改进；
- 循证决策；
- 关系管理。

上述这些原则可以认为是对全面质量管理的基本特征或基本理念的最权威的概括。关于七项质量管理原则的详细理解和说明，将在第二章中讨论。

四、实施全面质量管理的主要成效

实践表明，开展全面质量管理可以取得多方面的成效。得到人们普遍公认的成效包括高质量、低成本、高收益、顾客忠诚和员工的活性化等几个方面。

高质量是全面质量管理最直接的成效。人们对于质量的认识已经变得越来越广义。质量不只是符合规格和要求，还意味着满足和超越顾客的需要和期望。质量包括具有适当特性的产品、正确的文件以及无误的发货单，包括关键业务过程的正确运行，即准时的交货、友好准确的技术支持和无故障，还包括降低所有的不良质量成本。

高质量会意味着更低的成本，因为它减少了差错、返工和非增值的工作。全球企业界的实践已经反复证明了更高的质量常常意味着更低的成本。在设计阶段所花费的预防差错的成本远低于在生产阶段纠正这些差错所需的成本，生产阶段预防差错的成本远低于最终检验之后纠正差错的成本，在最终检验中发现和纠正差错的成本远远低于在顾客接收了这些商品或服务之后处理这些差错所花费的成本。

高质量会带来更高的收益。因为高质量造就了更满意的顾客、更大的市场份额、更高的顾客保持力、更忠诚的顾客甚至还有更高的定价。顾客越来越期望和要求高质量的商品和服务。如果你能够超越竞争者的质量水平，你就可以增加新顾客、留住老顾客，以及进入新的市场。较高的质量水平意味着或者提供了新的有用的产品特征，或者减少了总的寿命周期成本，顾客通常愿意为此付出更高的价格。

全面质量管理为组织造就忠诚的顾客。忠诚的顾客是指那些一再重复购买的顾客，那些帮你推销的顾客，那些会首先考虑你是否提供他欲买的商品再决定到别处购买的顾客。忠诚的顾客常常会将他们的采购量增加到只向单一的供应商购买的程度。

全面质量管理还为组织造就了活性化的雇员（Empowered Employee）。雇员的活性化是指这样一种状态，即雇员具有做出决定和采取行动的知识、技能、职权和欲望。同时雇员对其行动的后果以及对企业的成功负有责任。雇员的活性化以往一直被组织视为实现更低的成本、更高的收益和忠诚的顾客的一种手段。而现在有许多领先的组织都认识到，创造这样的雇员本身就是全面质量管理的重要目标。这些组织不仅着眼于解决今天的问题，而且还希望创造一个能解决甚至避免明天的问题的组织。

活性化的雇员这个概念蕴含许多新的思想。活性化的雇员处于自我控制的状态。他们能够衡量自己的工作过程的质量，解释衡量的结果并与目标相对照，当过程与目标偏离时能够采取调整的措施。但活性化的雇员这一概念远不限于自我控制。这样的雇员还懂得如何变革过程和改进绩效。他们知道如何计划质量，清楚自己的顾客以及顾客的需要、欲求和期望是什么，懂得如何设计新的产品和服务来满足这些需要，懂得如何开发必要的工作过程，知道如何开发和使用必要的质量测量手段以及如何来持续改进这些过程。

近年来，质量正在日益成为全球范围内的关注重点。朱兰博士曾讲过，“正如 20 世纪是生产率的世纪一样，21 世纪将是质量的世纪”。在一个全球化的竞争性市场上，质量已经成了取得成功的最重要的因素之一。人们现在已经深刻地认识到，质量是企业竞争力和国家竞争力的核心。而全面质量管理也日益成为各类组织提升竞争力的强大武器。

第四节 质量管理的发展历程

质量是一个永恒的主题。人类社会从一开始就面临着质量方面的问题，质量活动可以追溯到远古时代，并伴随着社会生产力的发展和文明的进步而变得日益重要。但现代意义上的质量管理活动则是从20世纪初开始的。

根据解决质量问题的手段和方式的不同，一般可以将现代质量管理分为三个阶段。第二次世界大战以前可以看作是第一阶段，人们通常称之为质量检验阶段。第二阶段是从第二次世界大战开始到20世纪50年代的统计质量控制阶段。第三阶段是从20世纪60年代以后开始的全面质量管理阶段。

一、质量检验阶段

质量检验阶段一直持续到第二次世界大战之前，主要是通过检验的方式来控制和保证产出或转入下道工序的产品质量。手工业时代，产品大多是以作坊式的方式生产出来的。产品的质量主要取决于工匠个人的经验和技能。18世纪末工业革命后到20世纪初期，伴随着机器和机器体系的广泛采用，工厂制度开始逐步确立，企业仍然主要依靠经验来进行生产和管理。在质量控制方面，主要依靠手工操作者的手艺和经验来进行把关。20世纪以后，随着企业规模的进一步扩大和分工与专业化程度的日益提高，企业中大量设立了检验人员的职位，专人专职负责产品检验。这种做法只是从成品中挑出废、次品，实质上是一种“事后的把关”。

二、统计质量控制阶段

1924年，美国贝尔实验室的统计学家W.A.休哈特开始探索将统计方法应用于质量控制，并于1931年出版了《产品制造质量的经济控制》一书。与此同时，同属贝尔实验室的道奇和罗米格则进行了利用统计方法进行抽样检验的探索，先后提出了有关“产品检验批容许不合格品率（LTPD）的概念及其抽样方案”和“平均检出质量极限（AOQL）的概念及其抽样方案”，并于1941年正式公开发表了“道奇-罗米格抽样表”。英国的皮尔森也于1932年发表了在质量控制和标准化中应用统计方法的论文，并于1935年出版了其著作《统计方法在工业标准化和质量控制中的应用》。但这些方法的实际应用直到20世纪40年代才开始形成气候。

第二次世界大战爆发后，美国政府开始在军工生产中大力提倡和推广统计质量控制方法，以控制产品质量的波动，增加产量、降低成本并及时交货。1942年，美国国防部召集休哈特等一批专家，制定了三个运用数理统计方法的战时国防标准：Z1.1《质量控制指南》；Z1.2《数据分析用的控制图法》；Z1.3《生产中质量管理用的控制图法》。英国也于同一年在皮尔森著作的基础上制定了质量控制标准（BS600）。这一时期，人们对于在生产活动中应用统计方法的必要性具有了充分的认识。大量的实用统计方法，如抽样检验法、实验计划法等被开发了出来。

这一时期质量管理的重点主要在于确保产品质量符合规格和标准。人们通过对工序进行分析，及时发现生产过程中的异常情况，确定产生缺陷的原因，迅速采取对策加以消除，使工序保持在稳定状态。由于数理统计方法的广泛应用，这一时期的质量管理被称为"统计质量控制"（Statistical Quality Control，SQC）。SQC在战时应用中的显著效果，使其在战后获得了世界范围内的推广。

三、全面质量管理阶段

第二次世界大战以后，人类在科技上取得了许多划时代的重大突破，生产力获得了前所未有的大发展。战后物资生产的大发展使得人们对产品质量的要求越来越高，世界市场的竞争达到了空前的激烈程度，消费者权益运动呈现出日益高涨的局面，员工的能动性和参与对于企业的成功愈加成为不可或缺的因素。人们开始普遍认识到，仅仅依靠制造领域中的统计质量控制已经远远不能满足顾客对于质量的要求，也远远不足以应付日益严峻的挑战。在这样的背景下，美国的朱兰博士较早地投身到了这方面的研究中，他明确提出，为了对质量进行有效控制，除了SQC以外，尚有许多其他重要的质量职能必须予以关注。1951年问世的、由朱兰博士主编的著名的《质量控制手册》（第一版）便是这一领域的研究和经验的集大成之作。

1956年，美国通用电气公司的A. V. 费根堡姆发表了题为"Total Quality Control"的论文，首先提出了"全面质量管理"（TQC）的概念，并于1961年出版了同名的著作。费根堡姆主张解决质量问题不能只是局限于制造过程，因为制造过程中出现的质量问题不过是所有质量问题的20%左右而已，80%的质量问题是在制造过程以外产生的。解决问题的手段仅仅局限于统计方法也是不够的，而必须是多种多样的。这样，质量管理由制造过程中的SQC逐渐发展到了为了满足顾客要求所必须关注的各个方面。20世纪50年代后期，美国的一些银行、航空公司等开始应用质量管理的思想和方法来尝试解决各自所面临的问题，从而使得质量管理由传统的制造业领域扩展到了服务业领域。

第二次世界大战以后，全面质量管理的观点在全球范围内得到了广泛的传播，各个国家都结合自己的实践进行了各方面的创新，但质量管理的最优秀的实践者非日本企业莫属。成功的质量管理使得日本产品在全球成了高质量的代名词，对于日本的战后复兴起到了巨大的作用。质量管理在日本是按照所谓的"全公司的质量管理"（CWQC）的方式推进的。日本质量管理专家石川馨博士将其特点概括为："全公司的质量管理的特点在于整个公司从上层管理人员到全体职工都参加质量管理。不仅研究、设计和制造部门参加质量管理，而且销售、材料供应部门和诸如计划、会计、劳动、人事等管理部门以及行政办事机构也参加质量管理。质量管理的概念和方法不仅用于解决生产过程、进厂原材料以及新产品设计管理等问题，而且当上层人员决定公司方针时，也用它来进行业务分析，检查上层管理的方针实施状况，解决销售活动、人事劳动管理等问题，以及解决办事机构的管理问题。”

改革开放以后，全面质量管理在我国得到了广泛深入的推行。我国企业在实践中将全面质量管理概括为“三全”，即全过程、全员和全面的质量。全过程意味着质量产生、形成和实现的整个过程，这一过程是由多个相互联系、相互影响的环节所组成的，每一个环节都或轻或重地影响着最终的质量状况。为了保证和提高质量就必须把影响质量的所有环节和因素都控制起来。全员意味着提高产品质量需要依靠组织中的全体人员的共同努力，必须加强质量教育，强化质量意识，使每个人都树立起质量第一的思想，人人关心质量，全员参加管理。全面的质量指的是在全面质量管理中的质量概念是广义的，不仅仅是指产品和服务的质量，而且还包括工作的质量。

随着国际贸易和国际间经济合作规模的日益扩大，人们越来越认识到质量问题是一个超越国家和地区边界的问题，国际合作变得日益必要。经过长期而广泛的实践、积累、总结和升华，全面质量管理已经成为全球企业界的共同实践。一定意义上来讲，它已经不再局限于质量领域，而演变为一套以质量为中心的，综合的、全面的管理方式和管理理念。

随着我国改革开放的日益深入、我国经济与世界经济一体化进程的加快，我国一大批先进企业通过质量管理使得产品质量赶上或超过了发达国家产品的水准，树立了我国的民族品牌，确立和巩固了企业的竞争地位。有效的质量管理必将成为我国企业求生存、图发展和在竞争中取胜的强大武器。

本章小结

本章是整个课程的导论。第一节和第四节分别从现实和历史的角度讨论了质量管理的背景，以期为人们思考质量问题提供参照和前提。第二节对质量的含义进行了较为深入的探讨。根据ISO的定义，质量反映了事物的“特性”和人们的“要求”之间的相对关系。在此基础上我们进一步讨论了狩野纪昭的理论和朱兰博士对于“两种质量”的辨析，讨论了“大质量”观和“小质量”观的概念以及质量在当代社会日益重要的一些原因。第三节讨论了经营、管理、质量管理以及全面质量管理的概念，还阐述了开展全面质量管理的主要益处。

复习思考题

1. 当代管理环境有哪些主要特征？

2. 国际标准化组织（ISO）关于质量这一术语的定义是什么？它反映了哪两个要素之间的关系？

3. 质量特性通常有哪些分类？

4. 质量与等级有什么不同？试举例说明。

5. 朱兰博士认为质量这个词有哪两种理解？这两种理解对应着哪两种性质不同的质量改进？

6. 狩野纪昭讨论了哪三种主要类型的质量特性？

7. 如何理解“大质量”观与“小质量”观的差异？

8. 促使质量日益受到人们重视的主要原因有哪些？

9. 什么是管理？管理有哪些主要职能？经营有哪些主要职能？

10. 什么是治理？

11. 什么是质量管理？

12. 什么是“朱兰三部曲”？

13. 什么是全面质量管理？

14. 国际标准化组织提出了哪些质量管理原则？

15. 实施全面质量管理主要有哪些成效？

16. 现代质量管理经过了哪三个发展阶段？

17. 改革开放以后，我国企业在实践中将全面质量管理概括为哪“三全”？

案例

马云的左膀右臂

阿里巴巴的成功为马云披上了无尽的光环。但是，阿里巴巴能够攀上今天的高峰，除了马云居功至伟之外，还有两位重要的人物也不能不提，这便是蔡崇信与关明生。

“二号人物”蔡崇信

蔡崇信是阿里巴巴集团的联合创始人及执行副主席，拥有耶鲁大学法学博士学位。蔡崇信是阿里巴巴集团在财务、投资方面的总负责人。

1999 年 5 月，任职于香港一家瑞典投资公司的蔡崇信第一次见到马云就被其人格魅力深深吸引。他向马云提出了加入阿里巴巴的愿望。当时的阿里巴巴前途迷茫，只是一个域名为 Alibaba.com 的刚上线的网站。蔡崇信的“青睐”让马云一时间不敢接受，说只付得起人民币 500 元的月薪，哪请得起年薪 300 万港币的蔡崇信。

加盟之后，蔡崇信在杭州湿热的夏夜里，把阿里巴巴的员工集合在一起，拿着一块小白板，从最基本的“股份”“股东权益”开始教起，又帮创始的“十八罗汉”拟了十八份完全符合国际惯例的股份合同。阿里巴巴这家“公司”开始有了雏形。

蔡崇信加盟后，操刀了阿里巴巴几次重要的增资。据说当时的马云团队“根本没有钱”，他们唯一有的就是“看对市场，卡对位置”。蔡崇信必须在“引进资金”和“掌握控制权”之间充分权衡。在这一过程中，马云和蔡崇信一动一静、一外一内，他们天衣无缝的配合一步步把阿里巴巴带上了高峰。

“阿里妈妈”关明生

人称“阿里妈妈”的阿里巴巴前首席运营官关明生是香港人，早年在英国读书，曾在美国通用电气公司工作了 15 年，2001 年 1 月 8 日加盟阿里巴巴。马云虽说视野宽广、志向远大，但早期并不擅长管理，有关明生这样的人辅佐，简直是天作之合。

关明生是阿里巴巴通过猎头公司找到的，他比马云年长 15 岁。关明生回忆说：“我记得2000年11月我们四个人在北京第一次见面，我们谈了大概两个小时，而且饭都没吃，大家都好像是在大学寝室里面讲话一样，就像大学生讲我们未来怎么样。”马云对关明生赞赏有加，决定请他出任公司首席运营官。

2001年1月13日，马云等几位主要创始人跟关明生开了一整天会。会上马云滔滔不绝地在讲阿里巴巴的文化。其间关明生问了一句，这么厉害的文化，有写下来吗？马云一下子被问住了，沉默许久才承认道，这些东西从来就是在脑袋里，没有写下来过。在过去两年的创业之路上，大家充满激情，但缺乏章法。

此后，在关明生的推动下，阿里巴巴确立了公司的核心理念并将这套东西真正融入阿里巴巴的肌体中，成为公司文化的核心，还整合到了公司考核的KPI当中。

思考：

蔡崇信与关明生分别对阿里巴巴做出了什么贡献？

第二章　质量管理理念与框架

没有正确的指导思想就不可能有正确的行动。现代质量管理是在一定的理念的指导下进行的，这些理念构成了现代质量管理的精神实质，是组织成功实施质量管理的理论保证。此外，质量管理在一个组织中的实施并非只靠热情和勇气就能够取得成功，还必须遵循一定的章法，也就是要有一定的实施框架。本章首先简单介绍现代质量管理的主要代表人物及其理念，然后讨论现代质量管理的两大基本模式或框架，即由三大质量奖所体现的卓越绩效模式与著名的ISO9000族质量管理体系标准，最后阐释构成本书框架的质量管理七项原则。

第一节　现代质量管理的主要代表人物及理念

本节主要对戴明、朱兰、休哈特和石川馨这几位现代质量管理的鼻祖及其主要理念作一简单的介绍。

一、戴明及其管理理念

没有哪个人对现代质量管理的影响能够与戴明相提并论。戴明（W. Edwards Deming，1900—1993）是20世纪管理领域中最具有影响的人物之一，是一位全球公认的质量管理专家、统计学家、管理顾问。他早年曾到美国西方电器公司的霍桑工厂做过研究，在这里受到了包括后来被称为“统计质量控制之父”的休哈特在内的许多科学家的影响。从1946年起，他在纽约大学管理学院担任教授长达46年之久。

1950年，在日本科学技术联盟（JUSE）举办的讲习班上，戴明应邀向日本工商界人士讲授统计质量管理。此后又连续多次赴日从事讲学和咨询活动，对质量管理在日本的普及和深化发挥了巨大的作用。

1980年，美国全国广播公司为了促进国人对于质量的重视，推出了一个名为“日本人能够做得到，为什么我们不行?”的专题节目。节目对戴明在日本的传奇般的作用作了介绍。此后，戴明的理论在美国受到了广泛的关注和认可。福特、通用汽车、宝洁等一大批美国公司纷纷求教于戴明来指导本公司的改进。戴明主张的是一种系统的观念，主张采用科学方法来优化系统，从而实现质量的改进。他强调质量改进要着力于减少设计和制造过程中的变异性，变异性是质量问题的罪魁祸首。可以认为，自20世纪80年代以来，戴明的管理理念对全球的企业界有着广泛而深远的影响。

戴明于1986年在其《走出危机》一书中提出，为了向以顾客满意为宗旨的质量型组织转变，组织的管理者必须关注14个要点或必须承担14个方面的义务。戴明认为，接受这14点并采取具体的行动，是管理者对组织的生存及投资者和雇员的利益负责任的标志。这14点可以看作戴明管理理念的最概括的表述，其具体内容如下：

（1）树立改进产品和服务的长久使命，以使企业保持竞争力，确保企业的生存和发展并能够向人们提供工作机会。

（2）接受新的理念。在一个新的经济时代，管理者必须意识到自己的责任，直面挑战，领导变革。

(3) 不要将质量依赖于检验。要从一开始就将质量渗透或融入产品之中，从而消除检验的必要。

(4) 不要只根据价格来做生意，要着眼于总成本最低。要立足于长期的忠诚和信任，最终做到一种物品只同一个供应商打交道。

(5) 通过持续不断地改进生产和服务系统来实现质量、生产率的改进和成本的降低。

(6) 做好培训。由于缺乏充分的培训，人们常常因不懂得如何工作而不能把工作做好。

(7) 进行领导。领导意味着帮助人们把工作做好，而非指手画脚或惩罚威吓。

(8) 驱除恐惧以使每个人都能为组织有效地工作。许多雇员在他们不清楚自己的职责或不明白对错时，害怕提问或拿主意。他们或是继续用错误的方式做事，或者干脆什么都不做。由恐惧而导致的经济损失是惊人的。要确保质量和生产率，就必须使每个人都具有安全感。“最愚蠢的提问也胜于不提问”。

(9) 拆除部门间的壁垒。不同部门的成员应当以一种团队的方式工作，以发现和解决产品和服务在生产和使用中可能会遇到的问题。

(10) 取消面向一般员工的口号、标语和数字目标。质量和生产率低下的大部分原因在于系统，一般员工不可能解决所有这些问题。

(11) 取消定额或指标。定额关心的只是数量而非质量。人们为了追求定额或目标，可能会不惜任何代价，包括牺牲组织的利益在内。

(12) 消除影响人们发挥工匠精神和职业精神的障碍。人们渴望把工作做好，但不得法的管理者、不适当的设备、有缺陷的材料等会对人们造成阻碍。这些因素必须消除。

(13) 开展强有力的教育和自我提高活动。组织的每个成员都应不断发展自己，使自己能够适应未来的要求。

(14) 使组织中的每个人都行动起来去实现转变。

这 14 点所强调的内容可以归纳为如下 4 个方面。首先，为了组织的生存和发展，管理当局必须树立明确的使命或方向以领导整个组织进行变革，而顾客则是思考一切问题的立足点和出发点。其次，企业的管理应当以一个良好的系统为基础，要通过持续不断地改进系统来实现质量、生产率的改进和成本的降低，这个系统是超越企业的边界的，要通过与供应商和顾客的合作来实现系统的综合效应。这便是著名的“系统驱动行为”的观点。再次，重视企业文化和领导的作用，要营造一个“场”或一种氛围来积极地影响人们，充分调动人们的积极性和创造性，要使人们树立起主人翁精神，实现个人目标与组织目标的协调，使人们发自内心地承担起对于组织成败的责任和义务。最后，重视每一个个人的作用，要通过教育和培训来提升每一个人的能力，使人们愿意并且能够为组织的成败做出自己最大的贡献。

这几个方面存在着内在的逻辑层次。组织的管理当局能否明确组织的使命和方向构成了一个组织生存和发展的基本前提。在此基础上，一个构造良好的系统成为实现组织目标的基本手段或必要条件。优秀的企业文化对系统的有效运作起着巨大的促进作用。具有充分的能力和责任感的员工则成为组织取得成功的最有力的保证。

直至今日，戴明的这 14 点教诲依然没有过时，它仍然可以作为一个组织开展质量管理的基本指南。

二、朱兰、休哈特及石川馨的贡献

1. 朱兰（J. M. Juran，1904—2008）

朱兰出生于罗马尼亚，1912 年随父母移民美国，1917 年加入美国国籍。朱兰曾获得了电器工程和法学的学位。在他的职业生涯中，他做过工程师、企业主管、政府官员、大学教授、劳工调解人、公司董事、管理顾问等。朱兰的经历与戴明相似，20 世纪 20 年代曾在霍桑工厂工作过，也曾任教于纽约大学。

1954 年，应日本科学技术联盟的邀请，朱兰为日本企业界做了为期 8 天的讲座，从企业管理整体的角度，强调了质量管理的重要意义。以后朱兰又多次前往日本讲学和指导。如戴明一样，朱兰对日本经济复兴和质量革命的影响受到了高度的评价。1979 年，朱兰创办了“朱兰学院”，从事质量管理的培训、咨询和出版活动。一直到其耄耋之年，朱兰仍在世界各地从事讲演和咨询活动。

朱兰主编的《朱兰质量手册》是质量管理领域中最具有权威性的参考书之一。该书自从 1951 年第一版出版以来，已经被译成许多国家的文字。前四版的书名为《质量控制手册》，1999 年以后出版的第五版和第六版更改为现名。由于朱兰本人在质量管理领域中的大师地位，再加上这本手册所具有的包容性和权威性，这本手册具有极高的影响力，被人们称誉为“质量管理领域中的圣经”。

朱兰提出了质量即适用性的概念，强调了顾客导向的重要性。朱兰理论体系中的主要概念还包括质量管理三部曲、关键的少数原理等。

2. 休哈特（W. A. Shewhart，1891—1967）

休哈特是一位美国的统计学家，也是一位管理咨询顾问。他是现代质量管理的奠基者，被人们尊称为“现代质量控制之父”。

20 世纪 20 年代，休哈特在西方电器公司工作期间，成功地将统计学、工程学和经济学结合在一起，开创了统计质量控制这一新的领域。贝尔实验室仍然保存着休哈特在 1924 年 5 月 16 日提出的一份报告，他在这份报告中提出了控制图方法。休哈特于 1931 年发表的《产品制造质量的经济控制》一书全面阐述了质量控制的基本原理，是一部具有里程碑意义的著作，为现代意义上的质量管理奠定了坚实的理论基础，对以后质量管理的研究和实践产生了巨大的影响。

3. 石川馨（Ishikawa Kaori，1915—1989）

石川馨是日本著名的质量管理专家、日本东京大学教授，后任日本武藏工业大学校长。从 1947 年开始，40 余年中石川馨一直从事着质量管理的研究、教育和推广工作，为日本的质量管理事业做出了巨大的贡献。

石川馨注重企业实践，主张质量管理的工具和手段应当通俗易懂，以便为广大的企业员工所接受。他对日本质量管理小组（QC 小组）活动的开展起到了巨大的推动作用。他将日本式质量管理概括为“公司范围的质量管理”，突出了日本式质量管理的特征。他开发的因果图在欧美被称为石川图。由于在质量管理教育、普及和统计方法的开发和应用方面所做出的贡献，石川馨一生中获得了多项荣誉，在国际质量管理界享有很高的声誉。

第二节　三大质量奖与卓越绩效模式

卓越绩效模式即由国际上三大质量奖（日本戴明奖、美国国家质量奖和欧洲质量奖）的评价标准所体现的一套综合的、系统化的管理模式。卓越绩效模式的实质是对全面质量管理的标准化，是全面质量管理的实施细则。实施卓越绩效模式是近年来出现的又一波全球性的管理热潮。这一热潮表现为两个方面：一是世界各国或各地区的政府借助质量奖的形式来推动本国、本地区企业竞争力的提升；二是各国的企业以及其他类型的机构借助于质量奖标准（即卓越绩效标准）来进行自我评价、自我改进。

在我国，中国质量协会于 2001 年参照美国国家质量奖建立了“全国质量管理奖”，有成千上万家各种类型的企业通过创奖而实施了卓越绩效模式。此外，我国还于 2004 年 8 月正式发布了国家标准 GB/T19580—2004《卓越绩效评价准则》，此后又于 2012 年 3 月发布了该标准的修订版。

一、日本的戴明奖

日本科学技术联盟设立的戴明奖对全面质量管理的发展而言是一个重要的贡献。1951 年，为纪念戴明对日本的友谊和贡献，日本科学技术联盟提议设立了戴明奖，以促进日本质量管理的发展。

戴明奖的评奖准则及其运营方式经历了大量的修订和改进。戴明奖是非竞争性的，每一个申请被接受的公司都有可能获奖。审查人员由日本科学技术联盟从小规模的学者群体和一些非营利性组织的杰出专家中挑选，他们对质量管理有着深刻的且基本一致的理解。

每年有数百家企业申请戴明奖，能够获奖的公司数目不受限制。戴明奖注重统计方法的应用。戴明奖由参评公司自己决定何时接受一个客观的评估，以审查公司的活动是否达到戴明奖的审查合格水平。在接受正式审查之前，通常企业会提前聘请 JUSE 的咨询人员为自己提供持续的指导。

戴明奖的效果表现在经营结果和管理水平两方面。在经营结果方面，通过挑战戴明奖而改进了质量，促进了新产品的开发，提高了生产率，增加了销售和利润；在管理水平方面，改善了部门间的沟通，提高了工作质量，改进成为持续的活动，促进了经营计划的落实、经营方针的沟通，改进了综合管理体制。

二、美国国家质量奖

20 世纪 80 年代，在强大的竞争压力下，美国的工商企业界对质量活动呈现出了与日俱增的兴趣。有许多人都主张，建立一个类似于日本戴明奖那样的国家质量奖将有助于促进美国公司的质量活动。这最终促成了马尔科姆·波多里奇国家质量奖于 1987 年的诞生。

马尔科姆·波多里奇是当时的美国商务部部长。

美国当初设立国家质量奖具有四个方面的目的：(1) 促进美国公司为荣誉而改进质量和生产率，同时增加利润、获得竞争优势；(2) 表彰那些改进了产品和服务质量的公司的成就，并为其他公司提供榜样；(3) 建立指南和准则，以使企业、行业、政府及其他的组织可以用来评估各自的质量改进活动的成效；(4) 通过提供得奖组织是如何变革其文化并实现了卓越的详细信息，为其他的希望实现高质量的组织提供具体的指导。

在卓越绩效模式的知识体系中，最核心的是一套价值观和一套评价准则，分别体现了卓越绩效模式的"道"和"术"两个层次。以下依据美国国家质量奖 2017—2018 年的卓越绩效准则来对卓越绩效模式的基本构成作一简要说明。

从"道"的角度来看，卓越绩效模式是一套相互关联的价值观的载体。如果把这套评价模式看作一个注射器的话，则其所承载的这些价值观便是治病救人、强身壮体的"灵丹妙药"。卓越绩效模式的价值观共有 11 项，分别为：

(1) 系统的视野。

(2) 具有远见的领导。

(3) 聚焦于顾客的卓越。

(4) 对人的重视。

(5) 组织的学习和敏捷性。

(6) 聚焦于成功。

(7) 促进创新的管理。

(8) 基于事实的管理。

(9) 社会责任。

(10) 伦理与透明性。

(11) 提供价值与结果。

就"术"的角度而言，卓越绩效模式是由总分值为 1 000 分的七个类目的"要求"构成的一套评价准则，这七个类目分别是领导，战略，顾客，测量、分析和知识管理，员工，运营，结果。七个方面的内在联系如图 2-1 所示。

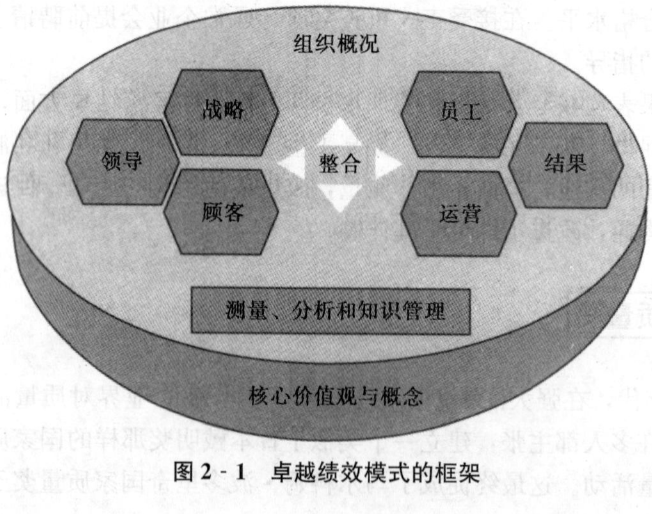

图 2-1　卓越绩效模式的框架

其中的领导、战略以及顾客代表着领导的三要素。这几个方面放在一起旨在强调聚焦于战略和顾客的领导的重要性。员工、运营和结果代表着结果的三要素。组织产出结果的工作是由组织的成员和伙伴通过其关键过程来实现的。组织所有的行动都指向结果，这里的结果是由顾客方面的结果、财务的以及非财务的结果所构成的一个综合体。测量、分析和知识管理则构成了组织绩效管理系统的基础。

卓越绩效准则的七个类目又可以进一步细分为 17 个条目（Items），其构成如表 2 - 1 所示：

表 2 - 1　　美国 2017—2018 年卓越绩效准则的结构

类目（Categories）	条目（Items）
1. 领导	1.1 高层领导
	1.2 治理与社会责任
2. 战略	2.1 战略制定
	2.2 战略实施
3. 顾客	3.1 顾客意见
	3.2 顾客联系
4. 测量、分析和知识管理	4.1 组织绩效的测量、分析与改进
	4.2 信息与知识管理
5. 员工	5.1 员工环境
	5.2 员工参与
6. 运营	6.1 工作过程
	6.2 运营效果
7. 结果	7.1 产品和过程结果
	7.2 顾客结果
	7.3 员工结果
	7.4 领导和治理结果
	7.5 财务和市场结果

多年来人们对 TQM 的认识可以说是“横看成岭侧成峰，远近高低各不同”，这种状况大大影响了开展 TQM 的有效性。而卓越绩效准则如此具体、详尽地勾勒出了 TQM 的轮廓，从而为人们更加有效地开展 TQM 提供了指南和依据。

三、欧洲质量奖

欧洲于 1992 年设立了欧洲质量奖（EQA），以表彰那些在实施 TQM 方面取得优秀业绩的榜样企业。这个欧洲卓越绩效模型提出了对一个榜样企业的综合要求。

欧洲质量奖的卓越绩效模型基于如下 8 个方面的基本概念之上：

（1）为顾客增加价值。

（2）基于愿景、激情和诚信的领导。

（3）通过发挥人的才能取得成功。

（4）构筑组织的能力。

（5）基于敏捷性的管理。

（6）促进创造性和创新。

（7）保持卓越的结果。

（8）创造可持续的未来。

欧洲质量奖的逻辑模型看起来一目了然，如图 2－2 所示。其第一要素是领导，它作为驱动力将战略、人员、合作伙伴和资源与过程联结起来，不仅产出了经营结果，而且在顾客满意度、雇员满意度和对社会的影响方面也产出了可测量的结果。欧洲质量奖准则从 9 个方面描述了组织走向卓越的过程，这 9 个方面分为促成因素和结果两类指标。促成因素是实现结果的手段。结果反映了某一特定的经营业务或业务领域做得有多么好。图中的箭头表示模型的动态特性。其中的创新和学习有助于改进促成因素，从而实现结果的改进。

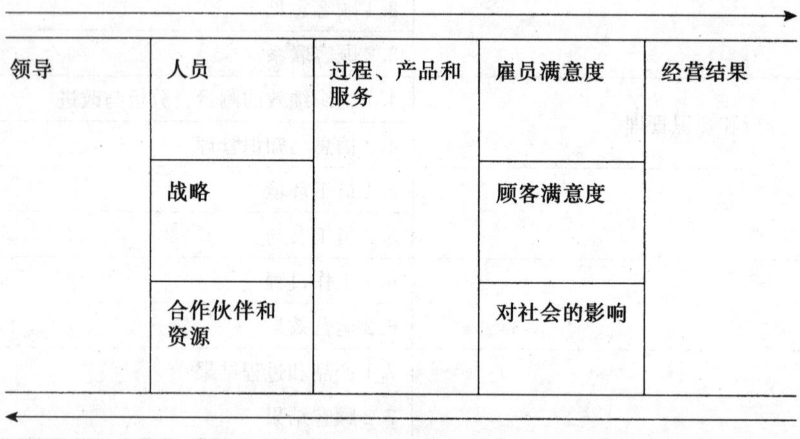

图 2－2　欧洲质量奖的逻辑模型

欧洲质量奖与美国马尔科姆·波多里奇国家质量奖有着许多相同的概念和准则，但在某些方面也有所不同。例如，美国国家质量奖是竞争性的，能够最终获奖的企业数量有着严格的限制。欧洲质量奖就其本质而言是非竞争性的，达标的每个公司都能够获得一个奖励，由最佳奖得主荣获欧洲质量奖。

四、“卓越绩效模式”小结

从对三大质量奖的具体内容的讨论中我们可以看出，“质量”这个术语在此处有了更为广泛的含义。这些奖项与其说是针对“质量”或“质量管理”，倒不如说是针对“管理的质量”或“经营管理的质量”要更为确切。正因为如此，这些奖项才被人们称为“卓越绩效”（Performanee Excellence）。这些评价标准构成了企业经营管理的框架。

各种奖项尽管在具体的条款和运作方式上有所差异，但它们的基本理念和关注的要点却有着惊人的相似。这便是彻底的顾客导向，重视领导的作用，重视人的作用，主张系统的和过程的方法论，强调营造合作、创新、学习、持续改进的文化等。

这些卓越绩效准则的作用可以从以下四个方面来理解：

首先，卓越绩效准则是将 TQM 的理念注入组织中的一种有效手段。卓越绩效准则犹如一个注射器，它承载了以各项价值观或基本概念为主要内容的 TQM 的核心理念。在实施准则的过程中，这些理念同时也被注入组织的机体中，渗透到了组织成员的思想和行为中。

其次，卓越绩效准则为指导组织的计划工作提供了一种框架。它是一种“卓越绩效”的设计图，为组织勾勒出了必须重视的各个主要方面。套用人们熟知的“木桶原理”来讲，组织的竞争力犹如盛放在由卓越绩效准则的七个类目为“木板”所构成的一个“木桶”中，组织要保持高的竞争力，这一木桶的每一块“板子”都必须足够长，而各块板子之间还必须严丝合缝。

再次，它是使企业以及其他各种组织认清现状、发现长处、找出不足并知己知彼的一个听诊器或诊疗仪。它有助于人们认清自身的强弱，使人们能够明确相对于他人的位置，明确需要改进的领域以及实施改进的效果。

最后，它还是在组织的管理中驾驭复杂性的一个仪表盘。组织是一个复杂的系统，其管理必须有一个系统的思路。卓越绩效准则有助于实现管理的重点突出与全面兼顾的结合，有利于正确地评价和引导组织中的各个部门和全体成员的行为，从而使得管理层的努力能够真正用到引导组织成功的正确方向上。

利用诸如卓越绩效准则之类的公认绩效准则，以外部认证或内部自我评价的方式，来评价组织的绩效状况并采取相应的改进行动，已经越来越成为一种常规的管理思路。

第三节　ISO9000 族质量管理体系标准

ISO9000 族标准于 1987 年的问世是多年来对全球企业界影响最为深远的事件之一。全球大多数国家和地区都等同采用了这套标准。这套标准发布之后产生了巨大的影响，连国际标准化组织自身都称其是“一个意想不到的成功”。我国将其等同采用为国家标准，即 GB/T19000 族标准。我国已有 30 多万家机构通过了 ISO9001 质量管理体系认证，这些机构除了各种类型的企业外，还有许多学校、医院以及其他类型的组织。

一、什么是 ISO9000 族标准

ISO9000 族标准是指由 ISO/TC176（国际标准化组织质量管理和质量保证技术委员会）制定的所有国际标准。这套标准于 1987 年问世，此后分别于 1994 年、2000 年、2008 年和 2015 年进行了修订。现行的标准为 2015 年发布的第五个版本。

ISO9000 族标准是关于质量管理体系的通用要求和指南。这套标准的问世为各类组织

实现有序、有效的质量管理提供了方法论的指导，为贸易中的供需双方建立信任、实施质量保证提供了通用的质量管理体系规范。

国际标准化组织推出 ISO9000 族标准的最主要目的是促进国际贸易，降低供应链上的成本。在 ISO9000 族标准问世之前，存在着众多的国家的和区域性的质量体系标准。这些标准有着许多的共同点和历史渊源。但是，由于它们在术语和内容上不完全一致，因而难以在国际贸易中得到广泛的应用，甚至在一定程度上形成了国际贸易的壁垒和障碍。ISO9000 族标准的问世对国际贸易和各国的各类组织实施质量体系的活动产生了巨大的影响。

ISO9000 族标准的主要核心标准如下：

ISO9000：2015《质量管理体系——基础和术语》，阐述了质量管理体系的基本概念、质量管理的原则以及与质量管理和质量管理体系有关的术语。

ISO9001：2015《质量管理体系——要求》，规定了质量管理体系的要求，用于证实组织具有持续提供满足顾客要求和适用法律法规要求的产品和服务的能力，帮助组织通过实施和改进质量体系来增强顾客满意度。通常人们所说的质量管理体系认证依据的便是这一标准。

ISO9004：2018《追求组织的持续成功——质量管理方法》，对组织提升其持续成功的能力提供了指南，该标准提供了一个进行自我评价的工具。

ISO19011：2011《管理体系审核指南》，提供审核各种管理体系的指南。

显然，ISO9000 是一个说明性的标准，ISO9001 主要用于体系的认证，ISO9004 则主要用于组织的持续改进。

二、ISO9000 族标准的过程导向

企业通过产品和服务来实现顾客的满意。在一个充满竞争的时代，企业为了维持其竞争地位，必须持续不断地改进产品和服务的质量，降低成本，提高生产率。而产品和服务是由过程来实现的，质量、成本和生产率等绩效因素都是过程的结果。通过对过程进行控制和改进来实现绩效的改进，是现代企业管理的一种最有效的途径。

从本质上来讲，ISO9000 族标准所确立的质量管理体系便是对实现质量目标所必需的过程的规定。质量管理体系是一系列的相关过程的集合。质量、成本和生产率等绩效因素是果，而过程是因。建立和实施质量管理体系就是要通过持续不断地识别、建立、控制和改进过程来实现组织绩效的改进。

三、ISO9000 族标准与质量奖准则和 TQM 之间的关系

实践中，对于上述各项之间的关系会有各种各样的误解。最常见的误解在于人们将它们视为彼此不相干的完全不同的东西。

在上述诸概念中，TQM 或全面质量管理是一个最大的概念。通过设立国家质量奖来提升企业竞争力的做法为许多国家所采用，其中最具代表性的便是日本的戴明奖、美国的

马尔科姆·波多里奇国家质量奖和欧洲质量奖。这些奖项均体现了全面质量管理的概念和原则。一定意义上讲，被称为“卓越绩效模式”的各种评奖准则可以看作 TQM 的具体实施细则。如果用土地的灌溉方式来类比的话，以实施卓越绩效模式的方式来开展全面质量管理的做法可以认为是一种“滴灌”的方式，每一分努力都能够用到最适当的地方。传统上的那些只是依靠精神、勇气或魄力的实施方式则是一种“漫灌”的方式，看似气势汹涌，却难以收到实际的效果。

卓越绩效准则与 ISO9000 族标准之间的关系实际上涉及两方面的问题，即与 ISO9001 的关系和与 ISO9004 的关系。就基本目的而言，ISO9000 族标准的目的旨在促进企业间及国际间的贸易活动。出于这一目的，ISO9000 族标准主要聚焦于供方组织中最直接地影响着产品质量的那些职能，期望得到绝大多数供方组织的实施。与此相对照，卓越绩效准则的目的则有两个方面：一是选拔代表质量管理最高成就的少数典范；二是为其他希望实现最高绩效水平的组织提供准则和指南。

ISO9001 是关于质量体系要求的一个标准，用于双方合同或第三方认证的情况。与这一角色相对应，ISO9001 只是关注那些最直接地影响着产品质量的职能。它不涉及经济效果和成本效率这样的问题，而只是涉及那些直接影响产品质量的特定方面。因此，ISO9001 的范围比卓越绩效模式或是质量奖的范围要窄。如美国马尔科姆·波多里奇国家质量奖的标准要审查七个方面的要求，即领导，顾客，战略，测量、分析与知识管理，员工，运营，结果。ISO9001 的要求对过程管理给予了最大的重视，而对其他类别的活动则关注不多。由于 ISO9001 与质量奖评奖准则的目的不同，故对于供方组织质量管理体系的审查深度也有所不同。ISO9001 认证在许多方面都是些适度的要求，更强调一致、规范和文件化的质量体系的必要性，强调定期的内外部审核以保持成果并使持续改进制度化。

ISO9004 是 ISO9000 族标准中指导组织实现持续成功的指南。它比 ISO9001 的要求所覆盖的范围更广，程度更深，因而更接近于质量奖准则的范围和深度。可以认为，ISO9001 为组织提供了有效运营和满足市场质量要求的基本准则。ISO9004 则为组织的持续改进提供了指南。

四、质量管理的原则

ISO9000 族标准中阐明了质量管理的七项重要原则。这些质量管理原则是对过去一个世纪中全球质量管理发展的经验和教训的总结，也是对戴明、朱兰等质量先驱们的管理理念的进一步提炼。可以认为，无论是由各国质量奖所体现的卓越绩效模式，或是其他各种形式的质量管理模式，如六西格玛管理、精益管理等等，均体现了质量管理的七项原则。质量管理的七项原则构成了现代质量管理的各种模式的精神实质。

本节将对这些原则作一简明的阐述。

1. *以顾客为关注焦点*

“质量管理的首要关注点是满足顾客要求并且努力超越顾客期望。”

关注顾客或以顾客为中心是全面质量管理的一个最基本的概念。组织只有为顾客提供产品和服务才能生存。从顾客的角度出发来思考问题，这是管理企业的一个立场问题，是思考其他问题的出发点和前提。现实中并非所有的组织都是以顾客为中心的。在每个行业演进的过程中，开始阶段关注的焦点通常只是最基本意义上的新产品的质量，目标只是使产品能够使用。早期的汽车、飞机和电话就是生动的例子。但是，为大众市场创造定制的产品正在成为在当今的经营环境中生存下去的必要条件。企业必须了解顾客对其产品的满意程度，并以此作为修正其行为的杠杆。

明确顾客的满意度与其实际行为之间的关系，这是企业界现在面临的最大挑战。知道顾客满意度是5并没有什么意义，重要的在于必须了解这个满意度是创造了商机还是丢掉了生意。越来越多的企业都已经认识到，留住现有的顾客远比获得新顾客更容易获得利润。有调查表明，对现有顾客的销售要比对新顾客的销售多获利20%以上。赢得顾客的忠诚正在成为企业经营战略的基石。

2. 领导作用

“各级领导建立统一的宗旨和方向，并创造全员积极参与实现组织的质量目标的条件。”

领导作用就是要在组织中形成一种“上下同欲”的状态，创造一个让员工为实现组织目标充分发挥作用的积极的内部环境。这意味着组织的领导者首先要确立组织的方向，要对诸如“我是谁”“我要到何处去”等这样一些最基本的问题进行思考并给出答案，要把思考的结果向组织中的全体成员进行有效的沟通，并在组织中营造一种能够让人们全力以赴的环境以动员整个组织的力量。在此基础上，还要明确地设定出为了实现组织的追求所必需的那些关键的少数目标。然后将这些目标分解到整个组织当中，使每个人都清楚自己的工作是如何与组织的目标相联系的。员工的广泛参与是这一过程的重要特点。参与不仅强化了人们执行战略的能力，而且使人们获得了更高程度的使命感。

明确的宗旨和方向有助于高层管理者面对困难的抉择时理清轻重缓急。组织中的每一位成员都必须同组织的目标一致起来，每一位成员必须能够理解组织的战略目标并且清楚自己应该怎样为此而努力。每一个战略目标必须分解为一系列的子目标，每个子目标又进而分解为年度目标。组织还必须确定具体的工作项目来支持这些年度目标，并且确定出明确的优先次序，建立专门的测量体系，为每个项目提供所需资源以实现预期的结果。

3. 全员积极参与

“整个组织内各级胜任、经授权并积极参与的人员，是提高组织创造和提供价值能力的必要条件。”

组织是人的集合。组织要实现向以顾客满意为宗旨的组织的转变，没有人员的转变是不可想象的。人力资源不同于诸如资金、设备这些硬性资产，其中蕴含着巨大的潜能，有效的管理能够使人力资源发生聚变和裂变，从而释放出巨大的能量。管理当局必须通过营造适当的环境来激发人们的热情和主动精神，使人们懂得并愿意高效地工作，从而极大地促进组织的彻底转变。员工的参与是全面质量管理的最基本特征之一。丰田公司每年从它的8万名雇员中收到的建议数为400万条。这些建议95%以上都会被采纳，这意味着每年每个雇员被采纳的建议数达47条之多。

员工参与的形式多种多样，如提出合理化建议、参与质量改进和质量计划团队、成为业务过程再造小组的成员、对自己的工作过程进行统计质量控制和自我控制等。许多先进的公司都强调使员工能够拥有所需的知识、技能、职权和愿望来决策和行动，为自己的行动结果负责，为公司的成功承担义务。

4. 过程方法

“将活动作为相互关联、功能连贯的过程组成的体系来理解和管理时，可更加有效和高效地得到一致的、可预知的结果。”

过程即一整套共同为顾客创造价值的首尾相连的活动。质量管理体系是由相互关联的过程构成的。只有充分理解体系的构成与所产出结果之间的关系才能够优化体系，才能够改进绩效。除非能够把所有的努力都整合起来，否则就很难实现企业所渴望的结果。自 20 世纪 20 年代的休哈特开始，对过程进行控制就一直是质量管理的一个基本信条。之后，戴明进一步发展了休哈特统计过程控制的思想，提出了著名的 PDCA 循环，朱兰则在其《管理突破》一书中率先提出了过程改进的概念。在 20 世纪 80 年代，随着那些领先的公司纷纷跨入迅速的改进活动中，过程管理的必要性也愈加明确起来。

人们已经认识到，组织就是一系列过程的组合。一个过程若没有向顾客提供价值，这个过程就是在产出浪费。几乎所有的关键过程都会贯穿组织的许多不同领域。要成功地管理这些过程，就必须采取一种团队的方式，要求团队成员具有新的技能，具有对公司的战略、目标和竞争者的新的认识，具有完成工作所必需的新的工具。组织要能够辨识那些关键的过程，要建立必要的测量指标，要真正地确实地来管理这些过程。这常常涉及改变组织结构，任命过程的主管人员，重新部署职权、责任和义务等。

5. 改进

“成功的组织持续关注改进。”

组织要保持当前的绩效水平，要能够及时应对内外部条件的变化并把握新的机会，就必须不断改进。改进已经成为当今企业界的一种生活方式。在传统的企业构造中并没有鼓励改进的土壤。厚重的手册、规章等操纵着企业。晋级提升的机会属于“循规蹈矩者”。坚固的层级制度控制着所有单位和个人的工作。职位说明书清楚地规定了一个人该做什么和不该做什么。第二次世界大战后，日本人为了生存而不得不进行迅速的改进，在这一过程中总结出了一套卓有成效的持续改进的方法论。日本人的成功促使许多国家的企业开始采用这些方法，有些因此而取得了巨大的成功。有关改进的文献可以说是汗牛充栋。这些改进发生在制造公司、医院、通信企业、政府机构、各种类型的服务性公司以及学校中。有关改进的各种方法已经日益为人们所熟悉，如跨职能团队、QC 小组、新点子建议制度、过程改进小组等。

6. 循证决策

“基于数据和信息的分析和评价的决策，更有可能产生期望的结果。”

“循”是遵循、依循，“证”就是证据。管理者的正确决策取决于对事实、证据和数据的分析，也就是人们常说的“一切用数据讲话”，这是全面质量管理的最主要的特征之一。为此就要求组织必须有一个用于测量（收集）、加工和分析数据的有效系统。这不是一件轻而易举的事情。“数据，数据，数据！我被淹没在数据当中。有谁能拿出我真正需要的信息?”最初由亚历山大大帝所发出的这一哀叹会让许多管理者为之共鸣。亚历山大手下的各种人员都在收集数据。但他们并非总是能够满足亚历山大对信息的需要。对于当今的企业经理们也同样如此，获取所需的信息是一件耗时、耗资且充满困难的事情。诸如“顾客到底想要什么？我们对他们的需要满足的如何？竞争者正准备采取什么行动?”这样的基本问题并不容易回答。无论具有多少令人眼花缭乱的测量装置、顾客调查、统计方法、数据库及网络技术，情况并不会有所改变。正如质量管理是一个永无止境的旅途一样，对所有能够有效利用的数据和信息加以了解、获取、选别、综合以及理解的这一工作也是如此。

7. 关系管理

“为了持续成功，组织需要管理与有关相关方（如供方）的关系。”

相对于只考虑股东利益的传统观念，今天的组织越来越认识到相关方的重要性，相关方也就是那些可能从组织的成功中获益或因组织的失败而遭受损失的个人或团体。一个组织就好比是由若干只蚂蚱绑在一起的一个命运共同体，一荣俱荣，一损俱损。一个组织的主要相关方通常包括顾客、供应商、员工、股东和社会等各个方面。

相关方与组织之间存在着一定形式的交换关系，为组织提供某种形式的资源或贡献，相应地要求组织满足他们的某种期望。顾客为组织带来收入和利润，他们希望得到高质量、可靠的产品；股东提供了资本，期望得到合理的投资回报；员工贡献了劳动和技能，期望得到适宜的收入、工作满意感、安全的工作环境；供应商为组织提供材料输入，期望得到可靠的买主并获得继续经营的机会；社会为组织的生存和发展提供了环境和空间，它期望获得可信赖的社会服务，并要求组织在环境保护和资源合理利用方面承担责任。组织失去了相关方的支持可能意味着毁灭性的打击。为了持续获得支持，组织就应考虑所有相关方的期望和要求，将这些要求反映到组织的战略中。只有有效地管理与有关相关方的关系，才能使组织以更加开阔的视野去从事活动，才有可能实现持续的成功。

8. 各项原则之间的逻辑关系

上述各项原则之间不是彼此孤立的存在，而是有着一定的内在的逻辑关系。要实现成功的转型，首先要确立以顾客为中心的立场，这体现了第 1 个原则的要求（以顾客为关注焦点）。在明确了立场的基础上，组织的管理当局要带领（原则 2“领导作用”）全体成员(原则 3“全员积极参与”）去实现这种转变。上下同欲的努力还必须有正确的方法论(原则 4“过程方法”)。因为存在着激烈的竞争，同时顾客的期望也在不断升高，因而必须对过程和由过程所构成的体系加以持续不断的改进（原则 5)。循证决策（原则 6)是持续改进的最有力的武器。仅仅局限于组织内部的努力所能够取得的成果是有限的，组织必须与自己的顾客、供应商以及其他的相关方紧密合作才有可能取得持续的更大的成功（原则 7)。

这些原则构成了本书的基本逻辑框架。

本章小结

本章着重讨论了现代质量管理的指导思想和框架模式。第一节介绍了戴明、朱兰、休哈特和石川馨这几位对现代质量管理最具影响的大师级人物的主要思想和理念。第二节详细讨论了对当今世界的质量管理乃至企业管理影响巨大的三大质量奖及其所体现的卓越绩效模式，指出了卓越绩效模式的实质就是全面质量管理的实施细则。第三节详细讨论了 ISO9000 族标准的构成、作用以及与质量奖准则及 TQM 的关系等问题，并重点阐述了构成现代质量管理理论基础的七个质量管理原则，这些原则构成了本书的逻辑框架。

复习思考题

1. 戴明的管理理念有哪些特点？
2. 戴明关于质量管理的 14 个要点是什么？
3. 朱兰在质量管理方面的主要贡献有哪些？
4. 休哈特在质量管理方面的主要贡献有哪些？
5. 石川馨在质量管理方面的主要贡献有哪些？
6. 国际上最著名的三大质量奖是哪些？
7. 日本的戴明奖有哪些特点？
8. 设立美国马尔科姆·波多里奇国家质量奖的目的是什么？
9. 美国国家质量奖所主张的价值观是什么？
10. 美国国家质量奖的卓越绩效准则由哪几个模块构成？
11. 欧洲质量奖的卓越绩效模型基于哪几个方面的基本概念之上？
12. 卓越绩效准则的作用有哪些？
13. 什么是 ISO9000 族标准？
14. ISO9000 族标准有哪几个主要的核心标准？
15. 试讨论 ISO9000 族标准与质量奖和 TQM 之间的关系。
16. 各项质量管理原则之间的逻辑关系如何？

案例

施乐公司的"质量领先"之路

施乐公司于 1959 年推出的第一款复印机标志着一个全新的行业的建立。独有的专利、成长中的市场以及寥寥无几的竞争对手，使得在此后的 20 年中，施乐公司迅速成长，所向披靡。

然而，20 世纪 70 年代，竞争对手的纷纷进入，再加上美国联邦商业委员会因质疑施乐垄断而迫使其开放了近 1 700 个专利，使得施乐的市场份额很快就被对手蚕食。到了 20

世纪80年代早期，施乐的市场份额跌落到了50%以下。返工、废品、过度的检验等问题耗费了施乐20%的收入，1983年浪费额高达20亿美元。与竞争对手相比，施乐的供应商数量是9倍，员工数量是2倍，生产周期是2倍，废品率是10倍，次品率是7倍。施乐陷入了岌岌可危的境地。

1983年，时任施乐总裁的David T. Kearns通过施乐日本子公司富士施乐公司的成功认识到了全面质量管理的威力，决定在施乐推进全面质量管理并对公司文化进行彻底变革。Kearns组织了一个团队，专门负责拟定施乐公司的质量战略，希望从一开始就设计出一个正确的思路。Kearns与25位高管首先拟定了施乐的质量方针：

施乐是一个重视质量的公司。

质量是施乐首要的经营原则。

质量意味着，要向我们的外部顾客和内部顾客提供创新的，能够让他们完全满意的产品和服务。

质量改进是每一个施乐员工的职责。

在这一方针指导下，他们确立了被称为“质量领先”的施乐全面质量管理模式。“质量领先”活动从根本上改变了施乐。

公司各个领域的活动都开始以顾客为中心进行。“标杆管理”成为施乐质量管理的重器，施乐学习了200多个非竞争企业的过程管理。比如，向康明斯公司学习生产进度计划，向L. L. Bean公司学习分销系统，向美国快递公司学习订单管理。

评估顾客满意度和培训是质量领先活动的重头戏。施乐每个月都向顾客发放40 000份调查问卷，一旦发现顾客不满的地方，公司迅速采取措施解决问题。包括管理人员在内的全体员工都要接受同样的质量培训。全员质量培训历时五年，耗资1.25亿美元。在1988年，施乐79%的员工加入了质量改进工作团队。

施乐还帮助供应商改进过程，参与其中的供应商包括产品早期的设计开发商。作为对他们参与质量项目的回报，施乐公司与他们签订了长期的合作协议。

施乐鼓励员工参与到质量改进过程中去。公司明确规定：每个员工都应该支持实施质量持续改进，并通过合作减少质量成本。

公司管理层成为推动质量管理的标兵。公司修改了奖惩制度以鼓励合作和质量管理。管理者变成了教练，工作职责就是带领员工在工作中不断进步。

通过开展质量领先活动，施乐公司的产品和系统部门于1989年荣获了美国国家质量奖这一美国企业界的至高荣誉。

思考：

试归纳施乐推行全面质量管理的基本思路。

第三章　以顾客为中心

当今的企业面对着顾客、竞争和变化这三个主要方面的挑战。在组织（卖方）与顾客（买方、消费者）的市场交易关系中，购买决定的权力掌握在顾客手中，顾客占据了支配地位，顾客的选择决定了企业的成败；企业竞争的焦点归根结底是对顾客的竞争；在动态的市场竞争和变革环境中，唯不变的是企业寻求满足不断变化的顾客需要。即企业经营的过程就是从了解顾客需要，提供相关的产品和服务，实现顾客满意的过程。以顾客为中心，明确谁是顾客，了解顾客的需要，满足和超越顾客期望，实现顾客满意，造就忠诚的顾客成为现代企业的核心使命之一。这几个环节便是本章所要讨论的主题。

第一节 顾客识别与细分

顾客这一概念是市场经济词汇中最常用的、最基本的概念之一。当前人们认为：顾客就是“接受产品的组织或个人”。顾客可以分为内部顾客和外部顾客。在市场关系中，顾客作为买方，是市场经济的主体之一。顾客这个角色的基本属性和存在的意义就是提出需要，而企业（组织）存在的价值就是满足顾客的需要，识别和细分顾客是企业经营的逻辑起点。

一、顾客的识别

一个组织有着多种类型的顾客，各种类型的顾客所具有的需要和期望也是不同的。企业必须首先明确自己的顾客是谁，才能够基于顾客的需要来提供产品和服务。因此，识别顾客及其需要是组织的质量活动中的重要的环节。

最终购买和使用公司产品的消费者，无疑是构成顾客的一个重要的人群。然而，消费者并不是企业唯一关注的顾客群体。组织在进行市场研究时，还必须考虑当前顾客以外的顾客。

识别顾客的最简单方法是按照如图 3 - 1 所示的顾客-供方模型来思考。每个过程是从供方接受输入并为顾客产生输出。反馈回路说明必须从顾客的角度考虑与供方的联系，供方也需要必要的信息才能满足组织的需要。根据这一模型可以将顾客分为外部顾客和内部顾客两种基本的类型。细分这一过程可以识别出更具体的顾客，也可以识别出遗漏的顾客，同时对顾客与过程之间的作用关系会有更精确的理解。

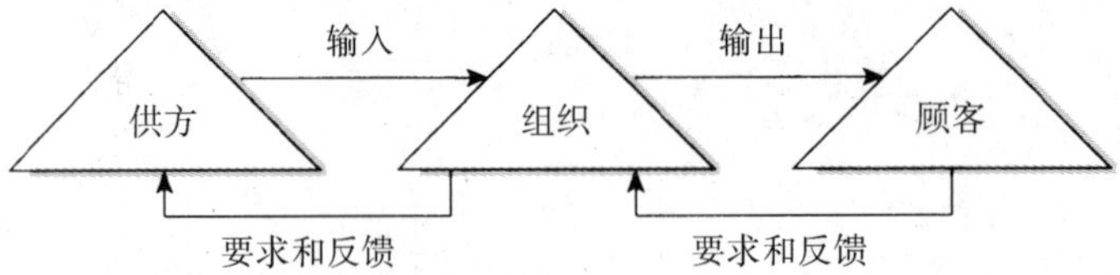

图 3 - 1 顾客-供方模型

1. 外部顾客

在组织层次上，一个企业有各种外部顾客（虽然不属于公司的一部分，但受到公司活动的影响)。外部顾客是那些在组织之外的组织或个人。外部顾客处于组织边界之外，接受组织的最终产品或服务，但可能不是实际用户。表 3 - 1 是关于外部顾客的一种分类。

表 3 - 1　广义外部顾客的分类

购买者	为自己或他人购买产品的组织或个人，例如为自己的家庭购买食品的人、签署订单的采购员
购买决定者	批准购买及影响购买决策的组织或个人，例如高层主管、技术专家
最终用户/终极顾客	最终从产品受益的人，例如去保健机构进行诊断检查的病人
中间商	为了再销售而购买产品的组织或个人、批发商、分销商、旅行社代理和经纪人，以及任何经营产品的人
加工者	用该产品或输出作为生产自己产品的输入的组织或个人，例如炼油厂收到原油，对其加工处理，为各种顾客提供不同的产品
供应商	为过程提供输入的组织或个人，例如为汽车提供火花塞的制造商，或者为公司的法律事务提供咨询的律师行。供应商也是顾客，他们有关于产品规格缺陷反馈、预测订单等方面的信息需要
原始设备制造商（OEM）	购买产品并集成为自己的产品，例如一个计算机制造商购买另一家生产者制造的磁盘驱动器，并装配到自己生产的计算机上
潜在顾客	那些目前不使用本企业的产品，但有可能会变成顾客的组织或个人。例如，一个租用汽车的顾客可能会购买一辆类似的汽车
隐蔽的顾客	这是一类常常为人们所忽略的顾客，但他们对企业的活动可以产生巨大的影响。这些顾客如管制者、批评家、观念领导者、测试服务机构、支付者、媒体、自由公众、直接或间接接受产品威胁的人、公司政策制定者、工会、职业协会等

2. *内部顾客*

内部顾客指组织边界之内，某个过程中的个人或团体。组织中的每个人都扮演着三重角色：供应者、加工者和顾客，每个人都会从他人那里接受某物，对其作某些加工，然后传递给第三个人。日本质量管理专家石川馨称“下道工序是上道工序的顾客”。在一个过程中工作的每个环节都有其顾客，如制造部门可以看作采购部门的顾客。

内部顾客这个概念在过程管理中很有价值，但它有可能会淡化对外部顾客的关注。因此，在运用内部顾客概念时必须首先加以明确的是，公司的最终责任是面向外部顾客，这才是过程或公司提供服务的目的。

有效地满足内部顾客的要求对服务外部顾客具有重要的影响。顾客-供方模型的建立使得个人、部门和职能之间的相互联系得以明确。这些联系构成了整个公司的“顾客链”，这一“链条”将个人、职能部门与外部顾客和消费者联系起来，使得每个人不仅明确了自己在满足内部顾客时的作用，而且了解了自己对满足外部顾客所起的作用。

二、顾客的细分

顾客细分这一概念假定有潜在的顾客群，共享呈现特定要求与需要的市场，并且这些群体客观上可以区分。顾客细分是企业市场经营的战略之一，细分市场对企业福祉特别重要，而没有探索出顾客需要和要求并细分市场变化方式的企业，将失去在该细分市场最大限度地满足顾客期望的机会。从企业在市场运行的情况看，市场上顾客的需要是多种多样的，相应地对产品和服务的需求也是多种多样的。一家公司通常不可能利用同一种产品满足市场上所有顾客的需要。事实上，企业一般追求满足和超越关键顾客和顾客群的需要。因此，必须按照顾客的需要和期望，将市场细分为特定的群体并定制所提供的产品和服务，才能够更好地反映顾客的需要，提供顾客满意的产品和服务，增强市场竞争力。

细分顾客的依据可以是地理位置、人口统计学因素、产品使用情况、采购方式（如零售店顾客与互联网顾客）、购买数量、预期的服务水平等。按顾客的偏好，市场可以细分为类似的偏好、分散的偏好、成群的偏好三种顾客类型。如果着眼于经营结果，可以通过测量顾客净现值（NPV，未来一段时期从顾客所获得利润的现在价值）即按照盈利潜力区分顾客。在顾客细分的基础上，企业可以确定不同顾客群体的重要程度，从而就能够据此来配置自己的内部过程，以确保最重要的顾客得到最优先的关注。

需要指出的是，细分和识别顾客主要是有助于企业满足顾客的个性化需求，有针对性地提供顾客满意的产品和服务，有利于顾客满意度的分析、测量和改进工具的运用，特别是针对不同的顾客，可采取有效措施满足和超越顾客期望，造就忠诚顾客。通过细分顾客，企业将其顾客特别是外部顾客的成分和结构与行业特点相关联，与企业经营状况相关联，有利于及时制定经营策略。

第二节　顾客需要、顾客满意和顾客忠诚

了解顾客的需要，提供满足和超越顾客期望的产品，实现顾客满意，造就忠诚的顾客是现代企业的生存之道。

一、顾客需要

顾客的需要是指顾客在生理和心理方面对于生存和福祉的基本要求和欲望。顾客的要求和欲望在有获得能力的情况下（比如有相应的购买能力）则形成市场的需求。

马斯洛把人的需要分为生理、安全、社交、尊重和自我实现五个层次，这一理论可以认为是有关人的需要方面的最具有影响的理论。朱兰认为顾客的需要呈现“金字塔”式层次结构，可以分为基本需要、次级需要、第三级需要。这三个层次是从初级的需要，逐步细分，发现顾客的具体需要过程。

在质量管理中，将顾客对产品和服务的需要，具体为性能、适用性、可信性、安全性、经济性、环境及美学等方面的质量特性，以便有针对性地设计和提供产品、服务，来满足顾客的需要。狩野纪昭又进一步讨论了三种质量特性，即魅力特性、必须特性和线性特性。其中细分了顾客预期的产品或服务的特性和绩效，将顾客的需要和期望分为三个层次。必须特性代表最低限度的期望，这些特性不能带来顾客满意，因为它们被视为是理所当然的，但这些基本特性的绩效不好却会招致强烈的不满。在线性特性方面更好的绩效会

导致更多的满意。在魅力特性更好的绩效将导致顾客的欣喜。

在理论上，可以合乎逻辑地区分顾客的需要，但在现实中，发掘顾客的需要是一个复杂的任务。顾客的需要是用其自己的语言表达的，顾客通常并不会用简单的词语准确地表达出他们需要什么，甚至不会提到他们某些最基本的需要。银行账单的准确性、医生的能力、计算机的可靠等无疑都是必需的，但若是没有调查他们绝不会表达出来。

此外，顾客所表达出来的需要未必等同于他们的真实需要。某人说他需要一包方便面，但其真实的需要却是“营养和味道”；另一位想要一张机票，但其真实的需要却是“快捷方便的旅行”。有些需要是被掩盖着的，甚至顾客在购买时自身都未意识到。顾客的需要可以是明确的，也可能是模糊的；可以是理性的，也可能不那么理性。要吸引和留住顾客，这些需要就必须被发掘出来并加以满足。朱兰主张，有效揭示顾客的需要包括如下一些关键活动：

(1) 策划收集顾客的需要和过程；

(2) 收集用顾客的语言表述的顾客需要；

(3) 分析顾客的需要并排出优先次序；

(4) 将顾客的需要翻译成“我们的”语言；

(5) 建立测量指标与测量手段。

组织必须根据主要业务要素，不断地以多种方式与顾客相互作用。常用的模式包括：关键顾客焦点小组、与关键顾客的业务密切整合、与流失顾客面谈其采购决策、利用顾客抱怨过程了解主要的产品和服务属性、对照竞争对手进行赢得/失去顾客分析、有组织调查或反馈信息包括在互联网上收集的信息。在倾听顾客的声音、发掘顾客需要时，经常提问和澄清的问题有：

- 顾客为什么购买该产品？
- 顾客希望从产品中获得什么服务？
- 顾客如何从中得到益处？
- 顾客如何使用该产品？
- 过去是什么使顾客产生抱怨？
- 顾客为什么选择竞争对手的产品而不选择我们的产品？

除了产品和服务的直接消费者之外，其他的外部顾客和公司内部顾客的需要也必须得到关注。

二、顾客满意

ISO9000 标准将顾客满意定义为“顾客对其要求已被满足的程度的感受”。该标准还指出，“顾客抱怨是一种满意程度低的最常见的表达方式，但没有抱怨并不一定表明顾客很满意”。国外的研究表明：

(1) 大多数顾客在遇到问题时都不会抱怨（50%的顾客遇到问题不抱怨；45%会就地抱怨；5%会向高层领导投诉）。

(2) 当问题给顾客造成的损失超过 100 美元且顾客投诉得到解决时，只有 45%的顾客会再次购买（如果投诉没有解决，只有19%）。

(3) 如果一个大问题得到解决且达到了顾客满意，顾客会将这一经历告诉大约8个人；如果顾客对解决结果不满意，有16个人会听说此事。

这些调查结果说明，顾客的满意与否，远非表面看上去那么简单。我们还可以从以下几个方面来加深对顾客满意这一概念的理解。

首先，顾客满意作为一种结果，是顾客对其需要、期望得到满足的主观感受程度，是“体验”和“感知”的结果，是一种心理感觉状态。其次，作为一个过程，顾客满意是一个感知和评价的心理过程。再次，顾客满意具有动态性，满意与否会随着时代的发展以及满意评价的参照基准或价值观念而变化。最后，鉴于顾客需要和期望的多元性，以及顾客认识、感知和反应的特点，顾客满意受到多种因素的影响，是多个变量构成的函数。

图3-2所示的是以消费心理分析为基础形成的顾客满意过程的模型。由这一模型可以看出，顾客满意度是由顾客感知质量、顾客期望和顾客感知价值这三个因素所决定的，不同的满意程度可以导致顾客抱怨和顾客忠诚两种结果。

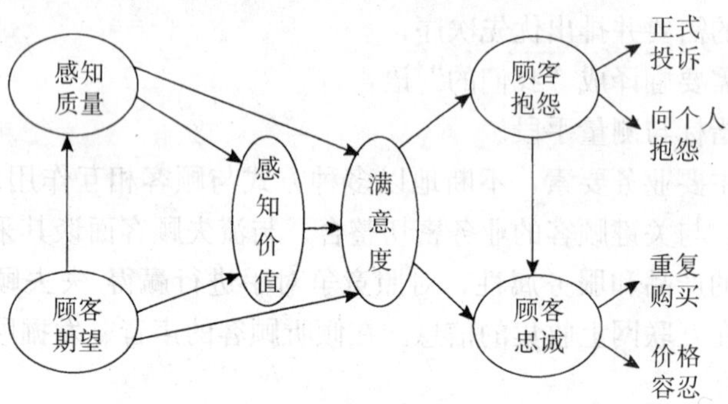

图3-2　顾客满意过程模型

具体来说，当感知质量超过顾客期望时，顾客会感到物超所值，则非常满意，很有可能成为忠诚顾客或常客；当感知质量低于顾客期望时，顾客会感到失望和不满意，从而可能会引起顾客的抱怨或投诉乃至失去顾客；当感知质量与顾客期望相一致时，顾客会感到物有所值，顾客的期望得到证实，可能满意或没有不满意，如果没有竞争者，顾客可能会继续使用该产品和服务，一旦出现更强劲的竞争对手，则将失去顾客。从该模型中还可以看出，满意的来源在于为顾客所创造的价值，顾客忠诚是顾客满意的直接结果；而顾客抱怨得到出色的解决，也有可能达到顾客满意甚至顾客忠诚。

不同的满意度水平会产生不同的心理和情绪反应，相应地会导致不同的行为，如表3-2所示。

表3-2　顾客满意程度及其一般情绪特征

满意程度	主要特征	含义
很不满意	愤慨、恼怒、投诉、反宣传	顾客在购买和消费了某种商品或服务后感到极大的失望，对厂商感到愤慨、恼怒、难以容忍，不仅找机会投诉，而且会利用一切机会进行反宣传以发泄心中的不满

续前表

满意程度	主要特征	含义
不满意	气愤、烦恼	顾客在购买和消费了某种商品或服务后感到气愤和烦恼。在这种状态下，顾客尚可勉强忍受，希望通过一定的方式进行弥补，在适当时候，也会进行反宣传，提醒自己的亲友不要去购买同样的商品或者服务
一般（无所谓满意不满意）	无明显的抱怨或赞同感	顾客在购买和消费了某种商品或服务后感到与期望值相比虽有差距但还可以忍受，感觉不到明显的好处也不觉得特别差劲
满意	称心、赞扬、愉快	顾客在购买和消费了某种商品或服务后产生的称心如意和赞美、愉快的心理状态。在这种状态下，自己的期望与现实基本相符，找不出大的遗憾所在。顾客不仅对自己的选择予以肯定，还乐于向亲朋好友推荐
很满意	激动、满足、感谢	顾客在购买和消费了某种商品或服务后所形成的激动、满足、感谢的状态。在这种状态下，顾客的期望不仅完全实现，没有任何遗憾，而且可能大大超出了期望值。顾客不仅为自己的选择而自豪，还会利用一切机会向亲友宣传、介绍推荐，希望他人都来消费同种商品或服务

为了定量地衡量顾客满意的水平，人们运用计量模型和抽样统计方法，通过评价顾客对一组项目因子或评价指标的感知和体验，得到一个总计性的或回归性的数量化指标来综合地反映顾客对某个对象的满意水平。这种数量化指标就称为顾客满意度指数（Customer Satisfaction Index，CSI）。根据衡量对象和范围的不同，相应地形成了国家、行业、企业、产品等各个层面的满意度指数。目前世界上有许多国家和地区都建立了国家级或区域级的满意度指数，如瑞典、美国、德国、意大利、新西兰、欧盟等。其中，美国顾客满意度指数是最典型的一种。

美国顾客满意度指数（ACSI）是顾客评价产品和服务的一个全国性经济指标。该指数是从约 5 万个电话调查回答中计算出来的，调查覆盖了 7 个经济领域中的 200 多家企业。对于大多数公司来说，针对每家公司调查了大约 250 名顾客。评分采用了一个从 0 到 100 的标准，0 最低，100 最高。ACSl 的基本模型如图 3 - 2 所示，由一系列等式所构成，这些等式描述了感知质量、顾客期望、感知价值、顾客满意、顾客抱怨和顾客忠诚这六个子模型间的关系，向顾客所提问题都是与这六个要素直接相关的问题。该满意指数可用于：

（1）比较不同的产业。

（2）比较单个企业与行业平均水准。

（3）进行不同时期的比较。

（4）预测长期绩效。越来越多的证据都反映出了顾客满意与公司内部指标和股票市场行情的关联性。

（5）回答具体的问题。利用适当的假设条件，该模型可用于评估具体的质量改进活动的效果，定量衡量改进活动对顾客满意、顾客忠诚以及未来销售收入（净现值）的影响。

显然，衡量顾客满意度本身并不是目的，目的在于通过对调查数据的统计分析，将反映顾客满意程度的统计调查结果用数字、比例、图形表示出来，发现影响顾客满意水平的关键因素，促进组织的改进行动。

三、顾客体验

顾客体验是顾客在和企业的互动过程中产生的一种心理感受。这种体验是个体受到特定刺激而产生的感觉与响应，是一种心理现象或状态，也是一个过程。根据心理学的知识，人们可以通过设计刺激物来影响体验。学界还没有形成一致的认识：经济学视角将顾客体验视为一种经济"提供物"；管理学视角将顾客体验理解为顾客对企业相关活动所产生的反应；心理学视角将顾客体验理解为顾客个体的感知、感受，也是一个由外部刺激到形成认知和反应的过程。2006 年温韬等研究顾客体验概念时，提出了顾客体验的特性"主观性、异质性、互动性、价值性、感知性、情感性、整体性"①。这些特性与顾客满意的特性是一致的。

关于体验的种类和维度，基于哲学、社会学、心理学、宗教领域的思想，进一步挖掘，探索人类的精神世界和精神诉求，还可以扩展和演化体验的维度，形成新的认识。相应地，可以将顾客体验分为感官体验（实物体验、过程或活动体验、功能体验）、情感体验、智力体验（思想、心智）、心性体验（信仰、智慧）等。

体验作为一个过程是认知形成过程，主要是表现在心理上的感觉和响应过程；体验作为一种结果，是满意的重要组成部分，是顾客心理需求的满足程度，相应地有积极的、美好的体验及其反面。在一定意义上，顾客满意是顾客体验的结果，顾客满意也是一种心理体验，只是体验表现得更丰富、更具体。

企业经营实践，特别是体验经济的崛起表明，心理体验和心性体验正是企业创新和提供物的新选择，是企业竞争的新高度，是顾客满意经营、顾客关系管理的核心和重要目标，增强客户体验成为重要的企业策略。

四、顾客忠诚

顾客满意当然十分重要，但仅此还不够。各公司要想真正具有竞争力，还需通过超越顾客的预期而给顾客惊喜和喜悦。企业要实现稳固的盈利和市场份额，更加需要的是顾客的忠诚。所谓顾客忠诚是指顾客对某种品牌的产品或某个企业做出的长期购买的承诺。顾客忠诚不同于顾客满意，满意体现在态度上，而忠诚则体现在行动上。

忠诚的顾客会给公司带来持续不断的附加值。比如忠诚顾客随着往来时间的增加，往往会增加在这些公司业务上的消费额；忠诚顾客的正面宣传是一种免费的广告资源；忠诚顾客的服务成本较小，吸引新的顾客则成本高昂；忠诚顾客对价格的敏感度较低，利润潜力更大；忠诚顾客与企业形成一种学习关系，相互了解，可以提高公司提供产品和服务的效率。但要使内部过程能够真正适应顾客的需要，从而建立起顾客忠诚，则需要付出比实现顾客满意更大的努力。

有许多研究都表明，高的顾客满意度未必意味着顾客的重复购买行为。原因在于顾客

① 温韬，侯铁珊. 顾客体验概念的溯源、界定和特性探析. 东北大学学报，2006，8（3）.

有夸大满意度的倾向。可以确定的是，目前的顾客满意度调查方法并不足以用来预期顾客的重复购买行为。这意味着满意并不等同于忠诚。满意的顾客会购买我们的产品，但也会光顾竞争对手，而忠诚的顾客则主要或只向我们购买。不满意的顾客很难会是忠诚的顾客，但满意的顾客未必就是忠诚的顾客。顾客满意和顾客忠诚的区别见表 3-3。

表 3-3 顾客满意与顾客忠诚的区别

顾客满意	顾客忠诚
顾客所说的——意见或态度	顾客所做的——购买与推荐
顾客期望有更多满意的供应商可选购	顾客期望只从一家供应商购买
企业力求使更多的顾客群满意	企业辨识关键的顾客并使之心悦诚服
企业衡量广泛的顾客群体对产品和服务的满意度	衡量与关键顾客互动的所有方面的满意度以及他们将来的购买意愿
主要测量现有顾客的满意度	分析和了解顾客流失（背离）的原因
强调针对广泛的顾客群体保持质量的竞争力	主张通过适应关键顾客的需要变化来开发新产品以不断增加价值

有时，顾客满意度尚可接受，但仍然会导致新增销售额的大幅减少。这意味着即使顾客认为质量“好”，但仍有相当比例的顾客将不再光临。因此，顾客满意是顾客忠诚的必要条件而非充分条件。一般而言，满意度的取值可以相差很大，不忠诚的顾客会因极度愤怒而公开抗议某一产品或服务，比如，我国南方城市一度出现的“砸名车”事件；而忠诚顾客会因心悦诚服而影响和劝说他人皈依。

顾客忠诚与顾客满意之间的关系还可以通过如下的等式表现出来：

顾客忠诚度＝吸引力×满意度×参与度

从上面的等式可以看出，满意是忠诚的前提，没有满意，则无所谓忠诚。而要实现顾客的忠诚，除了满意之外，组织还必须考虑另外两个重要因子，即参与和吸引力。参与意味着要使顾客参与到业务决策过程中，要求对待顾客像内部人或同事一样，要听取其意见并采取相应的行动。吸引力是顾客在与组织打交道过程中对组织产生的真诚的兴趣，这是联结公司与顾客的精神纽带。产生吸引力的关键是令顾客感到由衷的欣喜：“欣喜＝期望＋1”。

五、顾客参与（Customer Engagement）

Engagement 一词广泛用于社会学、教育学、心理学和组织行为学，在不同情况下有不同的含义和用词，如员工敬业、顾客参与、顾客互动、媒体参与、顾客品牌参与等①。在营销和顾客服务领域，顾客参与的代表性定义为：“消费者参与或关联组织提供物及其活动的程度。”“在与服务机构建立关系时，顾客身体、认知和情感方面投入的程

① Linda Hollebeek. Exploring Customer Brand Engagement：Definition and Themes. Journal of Strategic Marketing，2011，19（7）.

度。"① Customer Engagememt 的核心含义是指在顾客与企业的关系中，顾客的“参与活动”、“交互作用”或“全身心投入”的程度或状态。本书使用的“顾客参与”是指在供需关系中，为了共同完成商业活动，顾客在身体、认知和情感方面投入的过程和程度。

顾客参与（活动）体现在所有企业与顾客接触的环节和场景，即顾客接触点，包括从顾客确认产品和服务需要，识别供方（企业）、搜索相关信息、采购前供方评估、实施采购、签订合同、使用产品或消费服务、改变消费方案、采购后评估、产品报废或再使用，到下次购买的所有的环节和场景。

顾客参与作为一项活动及其结果（参与度），与顾客需要、顾客满意、顾客体验、顾客忠诚有着广泛的密切的关系。顾客参与受到顾客需求的直接影响，顾客参与是顾客体验形成的关键过程，是顾客对企业的直接体验，是体验的重要组成部分。在理性情况下，顾客参与的水平与顾客体验的水平和层次是一致的，增强顾客参与是实现和提升顾客体验的主要途径。

六、实现顾客满意的途径

顾客的需要转化为顾客的满意是通过一个系统化的过程来实现的，这一过程如图 3 - 3 所示。顾客的要求是在与企业的沟通中确定的，顾客的需要和期望也就是预期质量，它是顾客认为将会从产品中得到的东西。企业识别这些需要和期望，并利用明确的达成一致的服务标准，将其转化为产品和服务的规范，这便是设计质量，确保每个项目满足或超越顾客的要求。实际质量是到达顾客手中的生产过程的输出结果。实际质量常常会不同于预期的质量，两者之间的差距便是顾客所感知到的质量。

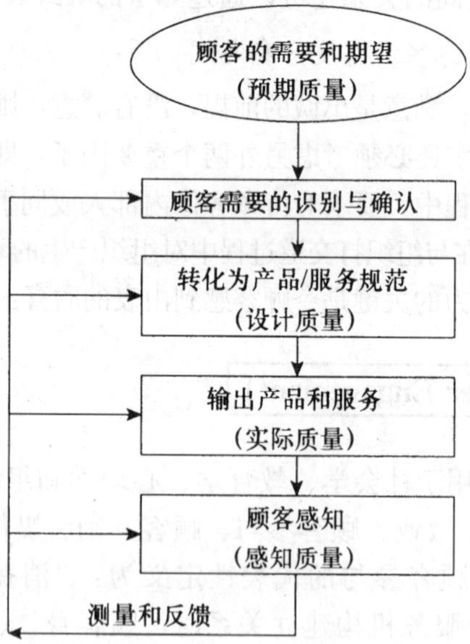

图 3 - 3 实现顾客满意的过程

① Linda Hollebeek. Exploring Customer Brand Engagement: Definition and Themes. Journal of Strategic Marketing, 2011, 19 (7).

在这一过程中，当从一个步骤到下一个步骤的信息发生损失或曲解时，便会产生差距。例如，不当的市场调研活动可能会错误地理解真实的顾客需要和期望。产品和服务的设计者可能会设计出不能正确反映顾客需要的规范。生产部门的活动可能会不符合规范。最后，顾客实际接收到的产品质量（实际质量）与预期质量之间的对比关系则决定着顾客的满意（实际质量比预期质量高）或是不满（实际质量比预期质量低）。从而，这意味着，企业为了实现顾客的满意，就必须有一个有效的顾客满意度测量的系统，就必须具备利用顾客的反馈来进行改进的能力。成功的公司不断地创新和研究顾客的感知，以确保满足其需要。

实践中，许多成功的企业都通过实施一系列顾客导向的举措而实现了利润的增长和市场份额的扩大。这些举措包括：

（1）明确定义自己的关键顾客群和市场，并对顾客加以相应的细分，同时也要考虑竞争对手和其他潜在顾客的情况。

（2）了解顾客的长短期需要和期望，并持续地应用系统化的过程来倾听顾客和了解顾客。

（3）明确顾客的意见与设计、生产和交付过程之间的联系。

（4）构筑坚实的顾客关系。诚信、便捷的人员和信息联系，有效的服务标准，训练有素的顾客接触人员以及对产品、服务和交易的有效追踪是这种关系的基础。

（5）建立有效的抱怨管理过程，顾客借此可以方便地提议、抱怨及获得所关心问题的答案。

（6）测量顾客的满意度，与竞争对手进行比较，并利用这些信息来评估和改进自身的内部过程。

第三节 顾客满意度的测量与分析

顾客满意度是衡量组织的管理水准和业务绩效的晴雨表。测量顾客的满意水平是改进组织的业绩和运作、实现顾客满意并提高企业竞争力的重要手段。

测量顾客满意度的途径有很多，主要有顾客调查、产品提供登记、投诉的处理和跟踪、交易数据分析、顾客接触点分析、流失顾客分析等。其中，顾客调查是目前测量顾客满意度的主要方法。

一、顾客满意度测量的用途

顾客满意度测量数据被称为“一座采掘不完的金矿”，通过对其系统的研究和开发，可以被应用于多种目的。对于企业而言，顾客满意度测量的用途主要有：

（1）了解顾客对企业在满足顾客需要方面做得如何的感知；

（2）比较公司相对于竞争者的绩效；

（3）找出在产品和服务的设计和提供方面有待改进的领域；

（4）跟踪趋势以确定变革是否确实导致了改进。

有些公司还把测量发现（比如通过顾客调查获得的）集成到企业战略、新产品开发、制造质量、产品和服务交付及市场竞争定位中。

二、顾客满意度测评过程

一些先进的公司测量和跟踪顾客满意水平的做法已经实施了很长时间，形成了比较完善的满意度测量系统和实施方法。这一系统的特点是：以完全的顾客满意理念为基础，由最高管理者主导，从顾客满意经营战略出发，重视和关注顾客接触点，运用各种统计技术和沟通方法，实施定性、定量、定期的综合测定。

在顾客满意度测评系统中，包括了四项关键的活动：

（1）明确测量的目的并识别测量的事项；

（2）选择有效的信息收集过程和方法来收集顾客反馈的数据；

（3）综合分析和评价满意水平并沟通测评结果；

（4）讨论测评发现并计划改进活动。

顾客满意度测评的典型过程如图 3 - 4 所示。其中包括确定测评目的和总体策划、设计调查问卷、分析与评估满意度以及制定改进策略和措施等活动。在这一过程中要应用到多方面的专门技术和方法，如统计分析、测评指标的确定、调查问卷和抽样方案的设计、数据挖掘和语言分析等，下面将对其中的几个关键问题加以简要的介绍。

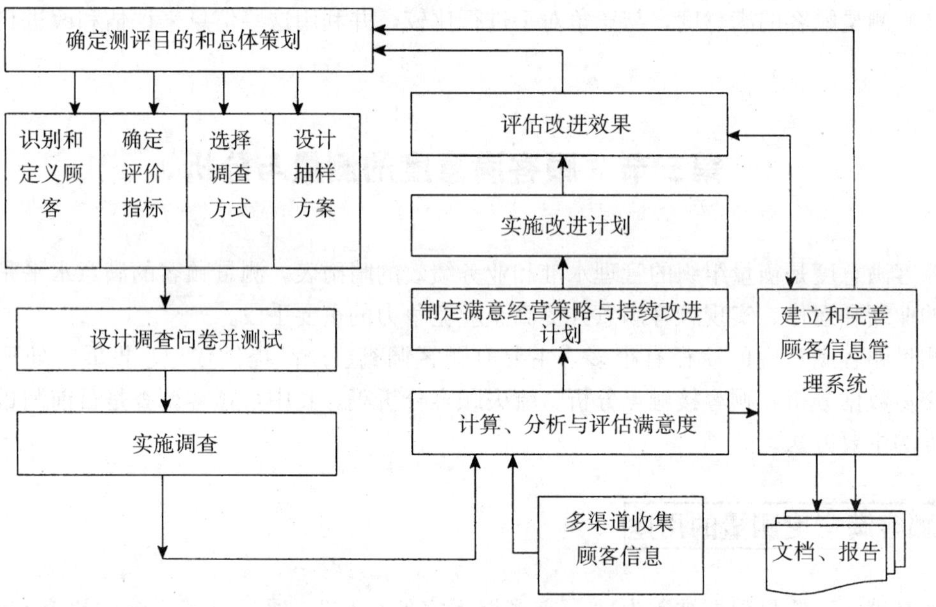

图 3 - 4　顾客满意度测评的典型过程

三、顾客满意度测评的主要工作

现代的顾客满意度测评是掌握顾客信息、了解顾客期望、测评顾客满意度并发现改进机会的一项综合的、系统化的过程。其中的主要工作包括：

1. 明确调查的目的

实施顾客满意度调查的第一步是确定调查的目的。只有明确了调查的目的，才能确定接受测量的顾客、选择调查的参与者、确定关键的测量事项。

2. 选择调查者和调查对象

第二个需要明确的问题是由谁来实施满意度调查。独立的第三方组织通常有更高的可信性的回答，并可确保结果的客观性。根据所确定的调查目的，调查的对象可以是整个顾客群或是某个细分市场的顾客。

3. 设计和选择调查手段

为了获得满意度信息，达到调查的目的，必须设计适宜的调查手段。正式的书面问卷调查是测量顾客满意度的最常用手段，诸如当面访谈、电话访问以及焦点小组这样的方法也常会使用到。每种方法适应于不同的情景，获得数据的内容、效率和质量也不同。

4. 确定调查问题

调查中所提的问题必须加以仔细的斟酌以取得可采取行动的信息。受访者的回答要直接与关键的业务过程相联系，以便确定改进领域和事项。应当力求避免那些引导性的、复合性的、含混的和艰涩拗口的问题。大多数调查还会询问一些基本的人口统计信息，以便对调查数据进行分类。

5. 设计满意度的标度

利克特量表（见表 3 - 4）是一种常用的调查问题度量工具。这种量表使顾客能够表达出不同程度的感受。5 分制的利克特量表具有较好的性能，故应用得较多。“5”意味着做得很好；“4”表明顾客的期望得到了满足但会遭到竞争对手的挑战；“3”意味着产品或服务刚刚可满足顾客的期望但存在较大的改进空间；“1”和“2”则表明存在严重的问题。然而，绝大多数这样的量表都存在回答的偏差。人们的选答常常会过高或过低，回答的偏聚会得出误导性的均值。

表 3 - 4　　用于顾客满意度的利克特量表举例

很差	差	一般	好	很好
1	2	3	4	5
很不同意	不同意	无所谓	同意	十分同意
1	2	3	4	5
很不满意	不满意	一般	满意	很满意
1	2	3	4	5

6. 设计调查报告的格式和数据整理方法

最后一项任务是设计报告的格式和数据整理的方法。各种现代技术，例如与各种统计分析工具相结合的计算机数据库，为追踪顾客满意度和给出改进信息提供了充分的手段。

四、顾客满意度数据分析与计算

顾客满意度测量的有效性不仅依赖于问卷的设计和数据的收集，还取决于对所收集数据的分析水平。组织可以从测评中获得更多信息和知识，比如顾客总体满意度与细分顾客群的满意度，本组织顾客与竞争对手的顾客的满意度，各种属性的满意度与总体满意度之间的关系，有关属性重要性的信息，多次的测量还可以追踪满意度的变化趋势。常用的满意度分析如下：

1. 基本数据分析

（1）单变量分析，包括边际分析、频数分布、集中趋势的测量（众数、中值、平均值）、分布与变异性分析（极差、标准偏差）、其他极值的测量（最满意与最不满意比例等）、回答水平的解释（统计显著性检验）。

（2）双变量分析，包括分类统计、相关分析和风险分析。分类统计旨在发现数据之间的联系；相关分析是将各个效能属性与总体满意度进行相关处理，识别改进区域；风险分析是一种参照总体满意度检查每个属性的评级的处理技术。

（3）识别主要事项和原因的分析，主要有帕雷托分析和因果分析。

2. 语义分析

针对满意度测量中的开放性问题，通过语义分析，倾听顾客的声音，是满意度测量的一项重要内容。

3. 图形化分析

为了真正有利于改进产品、服务和过程，顾客满意度信息必须在组织的多个层面上得到沟通。这要求有一个高信息密度，但又简单易懂的报告机制。图形技术正好适应了这种要求。运用图形报告统计调查结果可以达到以下目标：展示数据；引导人们思考图形中包含的实质性内容；避免曲解数据所表达的内容；提供给多名成员使用；把大量的数据集合起来；支持不同数据群的比较；在多个详略层次上揭示数据内涵；集成统计性数据和文字描述等。

4. 高级分析

实施顾客满意度测量，不仅在于了解顾客满意的程度，把握组织的有效性，更重要的是通过分析满意度测量数据来发现改进的机会，启动组织及各部门的改进与创新行动。这就需要运用高级分析技术，如多元回归、方差分析、多元方差分析、因素分析、聚类分析、多维量表分析等，深入“挖掘”满意度数据，发现有价值的信息，以辅助组织的决策。

5. 满意度指数的简单计算

满意度指数实际上是复合满意度测量指标。它是各种效能属性评级的集合，通常利用求平均的结果计算简单满意度指数。表 3 - 5 举例说明了几种不同的计算方法。其中的满意度指数Ⅰ是其中 10 个效能属性得分的简单平均值；满意度指数Ⅱ是以总体中样本重要性权重加权平均计算的值；满意度指数Ⅲ是以顾客自己的重要性权重加权平均计算的值，是一种比较理想的计算方法。满意度总评分是单独测量的结果。

表 3-5　　满意度指数的计算（各属性评分的满分为 10 分）

属性	总体中样本重要性权重	顾客 A		顾客 A	
		评分	指数Ⅱ	重要性权重	指数Ⅲ
属性 1	0.05	7	0.35	0.1	0.70
属性 2	0.20	10	2	0.09	0.90
属性 3	0.15	6	0.9	0.13	0.78
属性 4	0.13	6	0.78	0.09	0.54
属性 5	0.08	9	0.72	0.12	1.08
属性 6	0.08	8	0.64	0.1	0.80
属性 7	0.12	9	1.08	0.08	0.72
属性 8	0.05	5	0.25	0.15	0.75
属性 9	0.05	7	0.35	0.05	0.35
属性 10	0.09	7	0.63	0.09	0.63
总和	1.00	74	7.7	1	7.25
满意度指数Ⅰ（非加权平均）		7.4			
满意度指数Ⅱ（以总体中样本重要性权重加权平均）			7.7		
满意度指数Ⅲ（以顾客的重要性权重加权平均）					7.25
总体满意度评分（单独测量值）		7			

上述利用顾客满意度调查问题的评分直接计算满意度的方法，虽然简便易行，被广泛采用，但是计算结果不便于横向和纵向比较，也无法掌握顾客满意度各属性之间的关联关系。严格的满意度测量，是基于图 3-2 所示的顾客满意过程模型，设计结构变量和观测变量，通过建立结构方程，利用多元回归的方法来计算顾客满意度，可以获得更多信息，以深入研究顾客满意度并采取更有针对性的措施。

第四节　顾客关系管理

追求顾客满意的目的在于造就忠诚的顾客。在顾客满意的理念指导下，企业通过系统地了解顾客需要，分析顾客价值，管理与顾客接触的各个过程，与顾客沟通并建立起信任和密切的关系，已成为一项重要的管理职能。20 世纪 90 年代以来，顾客关系管理以及建立电子化的顾客关系管理系统已经形成了企业运营和管理的重要领域之一。

一、顾客关系演化与关系管理过程

1. *顾客关系的演化过程*

在市场交易中，组织（卖方）与顾客（买方）最基本的关系是交易关系。从这种交易关系建立和保持过程看，关系深度和表现形式也是不断发展变化的，企业与顾客的关系形成了如图 3-5 所示的进化关系。首先是设想可能会购买产品和服务的人，即猜想顾客，经过确认有的成为合格的预期顾客，有的成为不合格的预期顾客，后者遭到公司拒绝。合格的预期顾客进而争取成为首次购买顾客，依次转变为重复购买顾客、忠诚的顾客和作为公司产品倡导者的主动性顾客，最终成为合作伙伴。各个阶段都有可能停止购买活动，成为过去的顾客。与各个阶段相对应，顾客与组织之间的关系从首次购买的简单交易关系、发展为稳定可靠的较长时期的合同关系，进而建立积极的、长期的合作关系。

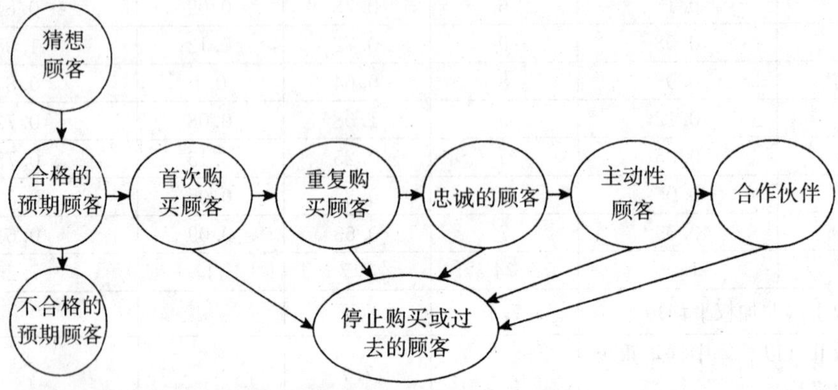

图 3-5　顾客关系的进化过程

2. 顾客关系管理的含义

顾客关系管理（CRM），也称为客户关系管理，是企业为了获得顾客满意、留住顾客、挖掘潜在顾客、实现顾客忠诚并最终获得顾客长期价值而致力于与顾客建立长期良好的关系的活动和管理举措。顾客关系管理是以顾客为中心的管理理念的体现。

顾客关系管理通常以计算机和通信自动化技术为基础，致力于获得并管理客户知识，改善和管理客户沟通，优化销售和营销过程，方便顾客服务和产品技术支持，实现顾客长期价值的最大化和增强竞争优势。CRM 系统软件是最佳的顾客关系管理惯行的具体化。

顾客关系管理的目标在于通过富有意义的交流沟通，理解并影响顾客行为；通过提供快速、周到、优质的服务来吸引和保持更多的顾客；通过优化面对顾客的工作流程以减少获取顾客和留住顾客的成本，创造更高的价值，最终实现赢得顾客、留住顾客和顾客忠诚的目的。

3. 顾客关系管理的一般过程

一个完整的顾客关系管理过程包括如下活动：（1）获取顾客信息，识别顾客；（2）管理顾客沟通，了解需要和期望；（3）掌握顾客满意度；（4）研究顾客价值，确定关系战略；（5）分析差距，实施产品和服务改进；（6）留住和造就忠诚的顾客。

二、顾客关系管理的关键环节

1. 组织的可达性与承诺

以顾客为中心的组织都非常重视其组织和员工的可达性（Accessibility），亦即当顾客需要时能够使之非常方便快捷地联系到相关的部门或人员的这样一种能力。除了人工值守的顾客接触渠道之外，800电话、传真、电子邮箱、公司网站、社交媒体都是常用的实现可达性的手段。

笃信自身产品和服务质量的组织会向顾客做出可靠的承诺。这些承诺针对顾客关切或担忧的事项，以排除可能降低顾客信心的情况，并会清晰简明地与顾客沟通。许多承诺表现为担保或保证的形式。例如，美国的联邦快递公司向顾客做出了“晚送达一分钟即全额退费”的承诺。我国的一些家装公司则向顾客做出了“先行赔付”的保证。

2. 选拔和培训与顾客接触的一线员工

与顾客直接接触的一线员工在顾客关系管理中发挥着十分重要的作用。这些人员的工作能力和工作水准会直接地投射在顾客的心理感受上，并在很大程度上影响着企业与顾客间的关系。这些员工必须仔细地加以选拔和培训，赋予他们必要的职权和能力以使之满足和超越顾客的需要和期望。

一些公司在招聘时就注重选拔那些有相应能力且渴望建立良好顾客关系的人员。这类人员应当具有良好的人际和沟通技能、较强的分析问题和解决问题的技能，应当自信、能抗压、耐心并设身处地替他人着想，应当对细节敏感和关注。应用电子计算机和新的网络技术设备的能力常常也是必需的。

注重顾客关系管理的组织还要确保与顾客接触的员工对产品和服务有充分的了解，以回答顾客的任何问题，要培养他们倾听和解决问题的技巧。有效的培训不仅增加员工的知识，而且会改进他们的自信和对公司的忠诚。与顾客接触的每个人都应接受这方面的培训。

顾客讨厌为了解决某个问题而被迫在许多的人员或部门之间推来推去。以全面质量管理为理念的公司通过员工的活性化来避免这种状况的出现。活性化意味着赋予员工以决策和行动的知识、技能、职权和欲望，并使他们树立起对自己组织的成败以及自身行为后果的高度的责任感。

3. 明确顾客接触要求

顾客的感知质量和满意程度很大程度上受到产品和服务提供的环节每天发生的、与顾客直接接触的“真实瞬间”的影响，与顾客接触的一线员工对顾客的满意负有大量的责任。他们必须明确与顾客接触应当遵循或符合的标准，这种标准即顾客接触要求。

顾客接触要求就是规定顾客与企业人员之间的接触质量的、可测的绩效水平或绩效期望。其中可能会包括诸如响应时间这样的技术性要求，也可能会包括行为、态度方面的要求，比如对顾客的称呼方式、语气和表情等。企业要将这些要求传达到每一位与顾客直接接触的员工。这种要求始于新员工的入职培训，在以后的工作中也要不断地加以强化。企业还应对这些要求的遵守情况加以追踪，并向员工提供反馈，以寻求改进绩效。信息技术在这方面发挥着很大的作用。

4. 有效的投诉管理

企业即使全力以赴，还是会遇到不满意的顾客。顾客的抱怨或投诉若是得不到有效的处理，就会对企业造成十分不利的影响。研究表明，大多数不满意的顾客并不向企业投诉，但会迅速在其周围扩散坏消息。近来，人们还发现，有4%的满意的顾客会将其感觉写成帖子发到网上，而不满意的顾客则有15%会这样做。

业界领先的组织将投诉视为改进的机会，他们鼓励顾客投诉，使他们投诉更方便，并能够有效地解决他们所投诉的问题。有的公司还会主动地征求顾客的投诉。

与顾客直接接触的人员应当接受如何与愤怒的顾客打交道的训练。他们应仔细地倾听以确定顾客的感觉，要能够充满关心地做出回应，确保理解所抱怨的问题，应尽最大努力来快速解决问题。许多公司建立了良好的投诉处理过程（如图 3 - 6 所示），使得投诉的处理能够在规范化的基础上进行。通常会利用跨职能的团队来研究信息，确定投诉的真正原因并提出解决的建议。投诉处理过程本身的绩效也应当加以监测。

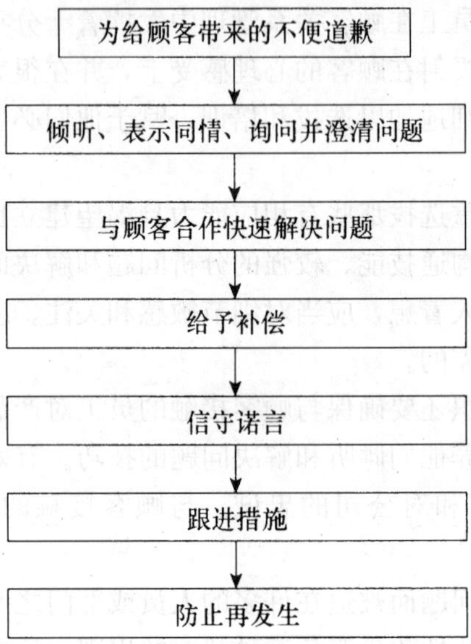

图 3 - 6　投诉处理过程不例

5. 全面分析顾客关系价值

特定的组织或个人从成为企业顾客、与企业建立关系、最后流失或消亡的整个生命周期过程中，在获得满足即实现顾客价值的同时，为企业带来各个方面的收益和好处，即顾客关系价值——有形的顾客收益价值和无形的商誉价值。

有形的顾客收益直接表现为从顾客处获得的长期的净现金流量，即特定顾客收益减去顾客的获取成本、开发成本和保留成本。这一现金流的大小和价值取决于顾客长期购买量、购买的利润和这种关系的持有期（顾客购买次数）。研究表明，有 70%的销售额来自忠诚顾客，而且顾客忠诚度每增加 5%就可以使公司的盈利能力翻一倍。忠诚的顾客会随着满意度和舒适程度的提高而增加他们与这家公司的业务量。公司 80%的利润来自 20%的顾客。这 20%的忠诚顾客把自己的这方面的绝大部分业务都给了这家公司。

全面分析顾客价值，是顾客关系管理的关键环节之一。顾客价值分析要综合考虑有形价值和无形价值、一次交易的价值和长期保有关系的价值。

6. 寻求战略伙伴与联盟

在当今的经营环境中，作为供方的组织必须承担更大的责任来帮助其顾客。企业的经营越来越聚集于其核心能力，也就是它们做得最好的那些事情，因此一些非关键性的支持性过程就只能求助于外部的组织。这种供-需双方的合作伙伴关系成为企业实现卓越过程中的一种战略联盟。通过这样的伙伴关系，企业可以使用自身所没有的技术和分销渠道，共担新投资和新产品开发的风险，及早根据基于供方能力提出的设计建议来改进产品，通过更好地沟通减少运营成本，在更长的价值链中寻求整体竞争优势。

三、电子化的顾客关系管理系统

目前，电子化的顾客关系管理系统（eCRM）成为企业信息系统市场中一个新的热点。eCRM 作为现代企业与顾客交流、沟通、互动的解决方案，与企业资源计划系统（ERP）、供应链管理系统（SCM）一起成为企业信息系统的主角，成为企业电子商务的组成部分。这个系统与其他信息系统一样，本质上是一套人机交互的信息系统，它基于顾客导向的管理理念，借助信息处理技术和方法，将管理顾客关系的途径和方法集成起来，形成了一个信息共享与知识管理的有机整体。在物理形态上，它表现为人与信息处理设备、技术和方法的结合体；在内容层面上，它是顾客导向管理思想的固化和系统化，其中包含数据、信息、知识的转化，管理与共享的观念、技术和方法。

eCRM 经过学术界和企业界近年来的不断研究、开发与应用，呈现出了相对完整的基本形态。其基本功能包括：（1）接入管理——通过电子商务、呼叫中心、网络、社交媒体、电子邮件、电话、传真等实现与顾客的交互、快速响应并提供技术支持；（2）流程管理——实现营销、销售、服务等职能和过程的精细管理和工作自动化；（3）决策支持——借助数据仓库、数据挖掘、决策支持、知识管理等技术，提供顾客关系管理和企业经营的决策支持。

电子化的顾客关系管理系统作为企业信息系统的一部分，功能逐步完善和增加，在现代企业经营与管理中正在发挥着越来越大的作用。

本章小结

能否赢得顾客和留住顾客决定了一个企业的成败。以顾客为中心是当代质量管理中最重要的理念之一，是指导企业质量活动的最基本的原则。本章首先讨论了如何识别顾客，如何对顾客加以细分。其次，阐述了顾客需要的含义以及层次，重点辨析了顾客忠诚、顾客满意、顾客体验、顾客参与的概念，并讨论了企业实现顾客满意的途径和方法。再次，具体介绍了顾客满意度测量的用途、过程以及顾客满意度数据分析和计算，讨论了顾客满意度改进与测量活动中存在的一些问题。最后，简要说明了顾客关系管理的含义、关键环节以及电子化的 CRM 系统。

复习思考题

1. 试举例说明组织的内部顾客和外部顾客。

2. 细分顾客的依据主要有哪些？
3. 什么是顾客需要？
4. 朱兰主张为了有效揭示顾客需要必须进行哪些关键活动？
5. 什么是顾客满意？
6. 什么是顾客满意度指数？
7. 什么是顾客忠诚？它与顾客满意有何区别？
8. 将顾客需要转化为顾客满意的系统过程有哪些主要环节构成？
9. 顾客需要、顾客满意、顾客体验、顾客忠诚、顾客参与之间的关系是怎样的？
10. 顾客满意度测量的用途有哪些？
11. 顾客满意度测评系统包括哪几项关键活动？
12. 顾客满意度测评包括哪些主要工作？
13. 什么是顾客关系管理？
14. 完整的顾客关系管理过程包括哪些环节？
15. 有效的顾客关系管理依赖哪些重要环节？

案例

青岛啤酒做好酒

青岛啤酒从1979年就开始推行全面质量管理，形成了系统、有效的质量保证体系，通过了多个国际体系的认证。青岛啤酒不惜巨资，为新建工厂配置世界最先进的酿造机器，对老工厂进行彻底的设备改造。

青岛啤酒设立了国家级科研中心，保证了啤酒酿造技术的领先性。同时，本着“好人做好酒”的古训，青岛啤酒始终坚持传统的最低45天发酵工艺和超长低温贮酒工艺，使该挥发的物质得到了挥发，该成熟的物质得到了成熟，该激活的营养物质得到了激活，保证了消费者所青睐的独特口味。

啤酒的新鲜度是消费者最关注的要素之一。本着以“以消费者为中心”的经营理念，青岛啤酒开展了“新鲜度管理”，提出“要像送鲜花一样送啤酒，把最新鲜的啤酒以最快的速度、最低的成本让消费者品尝”。为此，青岛啤酒对物流中每段路线都规划了具体的时间，按一定的条件、客户、路线、重量、体积自动给出车辆配载方案，提高配车效率和配载率，构造了“中央仓—区域仓—客户”的配送网络体系。

随着人们越来越追求安全、健康、绿色的食品，青岛啤酒针对生产全过程的每一个工序、每一个细节，实行了“纯净化酿造”。青岛啤酒对啤酒生产的主要原料——麦芽、大米和酒花，实行“从种子开始”的全方位控制，从原料种子的培育到生长全过程严格把关。青岛啤酒所采用的大米、酒花也必须是绿色环保产品，在所有原料入厂前，要进行进货现场的严格抽样检测，实行“安全否决制”。

车间所有生产设备已全部实现自动化刷洗，杜绝了任何微生物留存的可能；生产车间的地面保持光亮、干燥、整洁、光滑；车间顶部的照明灯全部采用防爆灯；下水道都统一安装为易刷洗、抗腐蚀的不锈钢材料。

在青岛啤酒的生产线上，每一瓶啤酒变成成品要经历1 800道关口的严格检验。青岛啤酒建成了高标准的无菌室和厌氧工作站，采用国际先进的微生物检验与鉴定方法，实行了高标准的微生物控制，确保了纯净化酿造的实现。

思考：

青岛啤酒的质量管理思路有什么特点？

第四章　领导与战略计划

要实现由传统组织向以顾客满意为宗旨的质量型组织的转变，首先取决于组织的管理当局，尤其是最高管理者或最高管理层有效地发挥领导作用。正因如此，全面质量管理（TQC）最初在我国企业界被人们称为“头 QC”。本章所讨论的便是领导作用以及与之相关的战略计划问题，《孙子兵法》中“上下同欲者胜”这一广为人们所熟知的教诲便是对本章这一主题的最为确切的概括。组织的质量活动要实现这种“上下同欲”的状态，意味着组织的最高领导层要确立组织所追求的方向和组织行事的原则，还要将组织的追求落实在组织的每一个层次、每一个部门乃至每一个成员的头上。

第一节 组织的基本方向

带领成员去实现目标，这是对管理这一概念的最普遍的理解。逻辑上而言，这首先就意味着管理者或管理当局必须明确组织所追求的目标是什么。但从企业实践的现实来看，这一道理远不像人们所想象的那样简单。因淹没于日常事务而一事无成的管理者是如此之多，成员要么很少思考明天，要么把对明天的思考与今天的行动截然割裂开来。许多管理者的第一冲动便是如何让成员更努力，但让成员努力干什么、到何处去却不甚了了。纵观那些成功的组织，其行为却极为相似。通常这些组织都有着明确的方向，它们都清楚自己在追求什么并能够始终如一。究其本质而言，一个组织的基本方向无非就是要回答“我是谁”、“我要到哪里去”以及“我的处世原则如何”等这样一些带有根本性的问题。对于这些问题的回答分别涉及组织的使命、愿景和价值观这样一些基本的概念。

一、组织的使命

使命（Mission）常常也称为宗旨、目的，反映了一个组织之所以存在的理由或价值，它回答的是“我是谁”这一根本性的问题。

任何组织的存在都有其特定的使命。如一所大学的使命是为了培养人才和研究学问，医院的使命是为了救死扶伤，而一个工商企业的使命则是向社会提供有经济价值的商品或劳务。任何一个组织或企业只有明确了自己存在的使命，才能够着力于去“做正确的事”。

没有明确的使命的组织，就如同一个梦游者。这样的组织往往是混乱或趋于混乱的，看上去似乎无所不能，无所不为，但实际上却一无所长，终究也会一无所成。在这类组织中，其成员追随的是他们自己的个人目的，而不是组织的共同追求。这样的机构最终分崩离析并不值得大惊小怪。

一个组织的使命是其存在的规定，决定了它之所以是它而不是任何别的机构。有许多企业建立了有关自身使命的正式文件，这样的文件一般称为“使命陈述”。例如，阿里巴巴集团的使命陈述为“让天下没有难做的生意”，京东的使命是“让生活简单快乐”，迪士尼公司的使命则是“让人们快乐”。

谈到一个企业之所以存在的理由，很多人马上会想到“赚钱”这个词。但是，赚钱是所有企业安身立命的基本条件，并不是其存在的理由。利润之于企业犹如人的血液系统之于人生一样至关重要，但正如人生不是为了血液一样，企业存在的理由并不等于利润。

在思考组织的使命时，人们很容易陷入的一个误区是把完成使命的手段误作为使命本身。正如著名管理学家德鲁克曾指出的，美国的几大铁路公司的衰落可以归为它们错误地以为自己就是铁路和火车本身，瑞士的许多钟表企业在 20 世纪六七十年代的倒闭也是由于它们把自己等同于钟表的齿轮。只要满足了运输和计时的需要，铁路和齿轮对顾客而言都是无所谓的事情。

组织在确定了使命之后也不是就可以一劳永逸、一成不变的。管理层应当定期反思组织的使命，既要避免因埋头赶路而误入歧途，也要防止钻入死胡同而错失良机。当然，组织过于频繁地变换使命也是不可取的。“戴明 14 点”的第一点强调的就是“树立改进产品和服务的长久使命”。其中很重要的教诲就是，组织要立志，更要立长志。一个组织朝秦暮楚，一日三变，没有恒心和坚持，注定是不能够有大成就的。

二、核心价值观

核心价值观也称为“关键信念”，它是一个组织所拥护的和信奉的东西，是一个组织的最重要的和永恒的信条，是一小部分不随时间的变化而改变的原则。核心价值观决定了组织对于好与坏、对与错、赞赏或是不屑等问题的判断。核心价值观不是一种功利性的选择，而是一个组织的信仰。正如强生公司的一位高层主管所言，“体现在我们经营宗旨中的核心价值观可能是竞争优势，但这并不是我们拥有它的原因。我们之所以拥有它，是因为它界定了我们的支持和主张，即便当它成为竞争劣势时，我们也会坚守它”。

价值观必须以管理层的行动和行为作为支持，否则它的发布只会在组织中造成人们的冷嘲热讽。组织的方针政策必须符合组织的价值观的要求。一个企业的核心价值观一般来说不会太多，通常只是 3～5 条而已。美国的考林斯和波拉斯认为：“如果你的描述超过了五六条，你可能就是把核心价值观（不变化的东西）与经营活动、企业战略或文化规范（应该充分变化的东西）混为一谈了。记住，价值观必须经得起时间的考验。当你初步拟定了一个核心价值观的清单后，可以针对每一个项目进行提问：如果环境改变了，我们因为拥有这一条核心价值观而受到惩罚时，我们还会保留它吗？如果你不能坦然地回答‘是’，那么它就不是核心价值观，应该排除在考虑之外。”①

一个公司的核心价值观应当包括什么内容并没有一定之规。但一般来说，绝大多数公司都会在其核心价值观中表达其对人、诚信等这些根本性问题的看法。此外，顾客、社会责任、创新、团队精神等也是常常包括的主题。为了便于为组织的成员所理解，企业对其核心价值观应该有比较详尽的阐释。

例如，通用汽车公司将其核心价值观阐释为：

（1）客户热忱。我们致力于创造可激发客户热情的产品和服务。在通用汽车公司，每

① Linda Hollebeek. Exploring Customer Brand Engagement：Definition and Themes. Journal of Strategic Marketing，2011，19（7）.

个人都会毫不犹豫地为客户服务。

(2) 持续改进。我们总是为自己确立远大的目标，并全力以赴去实现，然后把目光放得更远。我们认为只要勤于学习，任何事情都可以做得更好、更快和更有效。

(3) 诚信正直。我们主张做任何事情都必须以诚信为本。坚守信念，言出必果。

(4) 团队合作。通用汽车作为一个整体团队迈向全球领先地位的信念和行动是我们制胜的法宝。我们的优势在于拥有高素质的员工和多元化的人才结构。

(5) 创造性。我们勇于挑战传统的思维模式，在竞争对手之前去探索实践各种新技术、新理念和可能性。

(6) 对个人的尊重和责任感。我们尊重共事的每个人，并鼓励每个员工勇于为各自的工作和行为的后果承担责任。

由什么人来表述企业的核心价值观也没有通行的做法。考林斯和波拉斯建议利用所谓的"火星小组"来进行这项工作①。它是这样操作的：假设邀请你去另一个星球再建一个你所在组织的最佳形象，但你的太空飞船只允许5～7个人乘坐。这样你必须选择那些能够理解你的核心价值观并在同伴中享有最高信誉的有能力的人员。这样选出的5～7个致力于发掘组织的核心价值观的人员组成的小团队便是他们所说的"火星小组"。这些人应当是公司核心价值观的范本，是公司遗传密码的代表成分。考林斯和波拉斯还建议在整理公司的核心价值观时应当对以下这样一些问题做出回答②：

(1) 你自己把什么样的核心价值观带到工作中（这些价值观应当是基本的，无论是否受到奖励你都会坚持它们）?

(2) 你告诉自己的孩子你在工作中持有什么样的核心价值观?

(3) 你希望孩子长大成人后在工作中持有什么样的核心价值观?

(4) 如果明天早上一觉醒来你有了足够的钱，可以后半生不必工作，你会继续坚持这些价值观吗?

(5) 你能想象得到100年后这些价值观还会像今天这样有意义吗?

(6) 如果这些价值观中的一部分内容成为你的竞争劣势，你是否依然打算坚持它们?

(7) 如果明天你将在另一个行业中开创一个新企业，你会在新企业中构建什么样的核心价值观（无论这个企业处于什么行业中）?

他们认为最后三个问题尤为重要，因为它们是区分应该永恒不变的核心价值观与应该随时改变的经营活动和经营战略的关键。

三、愿景

愿景（Vision）是组织未来期望达到的一种状态。通常，愿景可被看作组织的一种远大的目标或追求，是需要花5年甚至十几年来实现的目标。这样的目标的制定要求组织的高层班子必须具备相当的远见卓识。愿景应当表现出高度的想象力并能够给予人们以巨大

① ② Linda Hollebeek. Exploring Customer Brand Engagement: Definition and Themes. Journal of Strategic Marketing, 2011, 19 (7).

的鼓舞。愿景不是赌博，组织必须坚信自己能够实现。

福特公司在20世纪初提出了“使汽车大众化”的愿景，而波音公司在1950年提出的愿景则是“在民用飞机领域中成为举足轻重的角色，把世界带入喷气式时代”。京东集团的愿景是“成为全球最值得信赖的企业”。上述每一个愿景都给出了关于该组织的方向和特征的独特的视界。每一个愿景都向顾客和雇员传达了组织将往何处去的总的印象。对于这些组织来说，愿景为其提供了一个清晰的图景，描述了它将往何处去以及为何要到那里去。好的愿景表述应当充满鼓动力，且在整个组织中为人们所共有。

许多企业在提出其愿景时，还会对之加以生动形象的描述，使之形成一幅装入人们头脑中的立体的图像。例如，亨利·福特用生动形象的描述给“使汽车大众化”这一目标赋予了生命：“我要为大众生产一种汽车……它的价格如此之低，不会有人因为薪水不高而无法拥有它，人们可以和家人一起在上帝赐予的广阔无垠的大自然里陶醉于快乐的时光中……当我使之实现时，每个人都能买得起它，每个人都将拥有它。马会从我们的马路上消失，汽车理所当然地取代了它……（我将会）给众多的人提供就业机会，而且报酬不薄。”当这样的图景深入组织的每一个成员心中时，其力量可想而知！

总之，对诸如使命、价值观和愿景这些根本性问题的思考成为管理一个组织的逻辑的出发点。这些东西在组织中起着北斗星、火车头、推动力和黏结剂的作用，它们为组织的成员指出方向，使人们聚集为一个具有高度一致性的集体，鼓动和推动着人们为实现组织的目标而奋勇前进，同时它们还起到了决策和行动的指南和坐标的作用。自古成大事者必为有大志者，组织也不例外。一个组织所具有的使命、价值观和愿景便是其“志向”的体现！

第二节　组织的社会责任

承担组织的社会责任是一个组织的最高领导当局发挥领导职能的另一方面的重要内容。这意味着一个以顾客满意为宗旨的质量型组织并不满足于只是成为传统意义上的利润的化身，它还必须具有高度的社会责任感，必须使自己的行为符合道德规范的要求，努力只做它确信是正确的事情，还应当力争成为企业社会中的一个优秀的企业公民。

一、组织的社会责任的含义

组织的社会责任指的是企业追求有利于社会的长远目标的一种义务，它超越了法律和经济所要求的义务。社会责任不同于社会义务，后者指一个企业承担其经济的和法律的责任的义务，是法律所要求的最低程度。若只是以社会义务作为对自己的要求，那么企业在追求社会目标时将仅限于有利于其经济目标的程度。

社会责任超越了只是符合基本的经济的和法律的标准的限度，加入了道德的要求，促使人们从事使社会变得更美好的事情，而不做那些有损于社会的事情。一个具有社会责任感的组织会主动地从事有助于改善社会的事情，而不限于只做法律要求或经济上有利的事情。之所以如此做，是因为这些事情是应做的、正确的或是合乎道德的事情。社会责任要求企业要明辨是非，决策要合乎道德标准，经营活动要合乎道德规范。一个具有社会责任感的组织只做正确的事情，因为它自觉有责任这样做。

实现利润最大化曾被认为是企业唯一的社会责任。这一观点的支持者认为管理者的主要责任就是从股东的最佳利益出发来从事经营活动，认为股东只关心一件事，这就是财务方面的回报。他们认为，当管理者自作主张将组织资源用于“社会利益”时，就是在增加经营成本。这些成本要么通过高价转嫁给消费者，要么降低股息回报由股东所吸收。这种观点并非反对组织承担社会责任，而是主张这种责任仅限于为股东实现利润的最大化。

但是，现代社会对企业的期望已经发生了变化。越来越多的人主张，企业并非只是对股东负责，它们还应对社会负责。社会通过各种法律法规认可了公司的建立，并通过购买产品和服务而对其提供了支持。企业组织不仅仅是经济机构。社会接受甚至鼓励企业参与社会的、政治的和法律的事务。管理当局的社会责任也不只是创造利润，还包括保护和增进社会福利。世界上越来越多的组织开始重视它们的社会责任。《财富》杂志在对 1 000 家公司的调查中发现，95%的被调查者坚信在今后的几年中，它们将必须采用更具有社会责任感的企业行为以维持竞争优势。

有一个模型将组织的社会责任的发展程度分成了四个阶段。

处于第一阶段的管理者，将努力通过利润最大化和成本最小化来提高股东的利益。虽然必须遵守所有的法律法规，但是第一阶段的管理者并未感到有义务满足其他的社会需要。

在第二阶段，管理者承认他们对员工的责任，并高度重视人力资源管理，因为他们希望招聘、留住和激励优秀的员工。第二阶段的管理者将改善工作条件、扩大员工权力、增加工作保障等。

在第三阶段，管理者将社会责任扩展到环境中的其他相关方，即顾客和供应商方面。第三阶段管理者的社会责任目标包括公平的价格、高质量的产品和服务、安全的产品、良好的供应商关系以及类似的举措。他们的哲学就是，只有通过满足具体环境中其他各构成者的需要，才能实现他们对股东的责任。

最后，在第四阶段，管理者感到他们对社会整体负有责任。承担这样的责任意味着管理者会积极促进社会公正、保护环境、支持社会公益活动。即使这些活动会对利润产生消极影响，他们也在所不惜。

每进一个阶段都意味着管理者自主裁量程度的提高，意味着管理者必须做出更多的判断。这里没有简单的非此即彼的对错之分，来帮助管理者进行社会责任决策。显然，管理者有遵守法律和创造利润的基本责任，不能实现这两个目标将威胁组织的生存。但是，除此之外，管理者要识别他们认为对其负有责任的人们。通过关注相关方及其对组织的期望，管理者能够减少他们忽视关键问题的可能性，也能够做出更有责任的选择。

近年来，社会责任已经日益成为企业界和其他各类组织的常规实践。许多的国际组织制定了有关社会责任的标准、准则或指南，还有些国际组织建立了有关社会责任的认证制度，这些都极大地推动了全球的社会责任实践。国际标准化组织的 ISO26000“社会责任指南”、联合国的“全球契约”、社会责任国际（SAI）的 SA8000、社会与伦理责任研究所（Institute of Social and Ethic Accountability）的 AA1000 AS 标准、全球报告倡议组织（GRI）的“可持续报告指南”等，是最具有影响的几种社会责任指南文件。中国国务院国有资产监督管理委员会于2008年出台了《关于中央企业履行社会责任的指导意见》，并于2012年5月成立了国资委中央企业社会责任指导委员会，极大促进了我国国有企业尤其是中央企业对于社会责任的重视。定期撰写和发布企业社会责任报告和可持续发展报告已经成为许多企业的一种常规做法。

二、确保和促进组织的行为恪守道德规范

使组织的行为符合道德规范的要求，是组织承担社会责任的基本要求。组织的管理当局在这方面可以有多种途径，如选拔道德水准高的人员、制定道德准则和决策规则、通过高层管理者的垂范来影响人、建立合理的绩效评价制度、提供道德方面的培训、实施社会审计，以及向面临道德困境的人提供支持等等。孤立地来看，每一项措施未必能产生多大的作用，但若能够综合地实施各种措施的话，便有可能显著地改善组织的道德风气。

（1）在录用人员时注重候选者的道德水准。不同的人处于不同的道德发展阶段，拥有不同的个人价值体系和性格。组织在其员工甄选过程中，如面试、笔试、背景测试等，应当努力剔除那些在道德上不符合要求的求职者。

（2）建立组织的道德准则和决策规则。道德准则是组织的一种正式的文件，用于表明期望员工遵守的基本价值观和道德规则。要求组织成员对道德上的是非问题总是一清二楚是不现实的。道德准则是减少组织中的成员在道德方面的困惑的一种通行做法。在《财富》世界500强企业中，有将近95%的公司都有自己的行为准则。从全球范围来看，发布正式的道德准则这种做法也日益流行起来。

（3）高层管理者在道德方面的以身垂范。身教胜于言传。组织的道德准则要发挥效果，高层管理者就必须以身作则。一个行动胜过一万句说教。高层管理者所做出的任何不符合道德准则的行为都是一种无声的语言，它向员工暗示这些行为是可以接受的。高层管理者所做出的奖励或惩罚也是一种建立组织的文化基调的有力行为。提拔什么人或是奖励什么事，都会向员工传达强有力的信息。同样，不符合道德规范的行为一旦被揭露，也必须使其行为者为此付出代价。

（4）认识目标和绩效评价的作用。员工的目标应当明确而现实。在不现实的目标压力下，即使道德水准很高的员工也会被迫采取“不择手段”的态度。清楚而现实的目标会减少员工的迷惑并使之受到激励而不是惩罚。绩效评价通常总是着重于考察目标实现与否，但结果会使手段合理化。如果期望员工保持高的道德水准，组织就应将涉及道德的内容体现在其绩效评价过程中。例如，对管理者的年度评价不仅要包括其目标的实现程度，还应该评价其各项决策符合组织道德准则的程度。

（5）提供道德规范方面的培训。越来越多的组织通过各种培训项目来鼓励人们的行为符合道德规范。这类培训有助于灌输组织的行为标准；有助于向人们阐明什么行为是可以接受的，什么是不可以接受的；还有助于在必须采取令人不快但合乎道德的立场时，增强人们的自信。

（6）独立的社会审计。防止不道德行为的一种重要的因素是害怕被抓住的心理。依照组织的道德准则来评价决策和管理行为的独立的社会审计，提高了发现非道德行为的可能

性。这种审计可以是一种常规性评价，就像财务审计一样定期实施，或者是在没有预先通知的情况下随机抽查。一个有效的道德评价计划或许应同时包括这两种方式。为了保证诚实正直，审计人员应对公司的董事会负责，并直接将审计结果呈交董事会。

（7）正式的保护机制。组织可以通过某种正式的机制来保护处于道德困境的员工能够按照自己的判断行事。如可以采取设立咨询员的方式。当员工面对道德困境时，能够开口向咨询员唠叨自己的道德问题并寻求指导。咨询员可以扮演促成"正确"选择的倡议者角色。此外，组织还可以设立专门的职位或程序来守护组织的道德准则。

三、履行公民义务

一个卓越的组织还应履行良好的公民义务。这意味着组织在资源许可的范围内，对重要的公众事务的推动和支持。这些事务包括改进所在地的教育和医疗卫生事业、美化环境、保护资源、社区服务、改善行业及企业的商业惯行、共享非专利性的信息等。领先的企业公民还应主动地影响和推动其他的公、私机构，共同促进上述目的的实现。

第三节　战略计划活动

确立使命、愿景和价值观这些最基本的东西是一个组织追求卓越的起点。只是把这些东西写在纸上并不会对组织带来任何积极的变化。要将明日的理想化为今日的行动，就必须有一套系统的方法论，以使长期目标体现到年度的经营计划当中，转化为年度的目标，落实到实现目标的行动及资源上，这便是组织的战略计划活动。

一、战略计划活动的含义与益处

战略计划活动是一个系统化的过程，组织借助于这一过程来确立质量方面的长期目标，并将这些目标与财务、人力资源、市场营销以及研发方面的目标一道在平等的基础上整合到一个综合的经营计划当中。然后，将这一计划在整个组织当中加以展开。战略计划活动并不只是制定一个战略计划方案，它实际上是对战略目标、分目标、年度目标、资源安排和实现目标的行动所进行的详细部署。

我国企业界以往将这一过程称为"方针目标管理"。日本则称之为"方针管理"。在美国马尔科姆·波多里奇国家质量奖的早期版本中，这一过程被称为"战略质量计划"，以后又更名为"战略计划"。鉴于由马尔科姆·波多里奇国家质量奖所体现的卓越绩效模式在我国的日渐升温，本书采用"战略计划"来描述这一系统性的过程。

传统上的战略计划活动一般只是着重于财务或营销方面的目标。组织借助于这样的方式，将人们的努力聚焦于财务目标和实现目标的途径上。在全面质量管理运动中，许多组织将质量活动纳入战略计划活动当中，从而使得质量成为组织日常活动的有机组织部分。各国企业界的实践表明，实施战略计划活动具有如下的益处：

(1) 将组织资源集中在能够真正提高顾客满意、降低成本以及增加股东价值的活动上;

(2) 建立一个高效、灵活的计划和实施系统;

(3) 使改进成为长期实施的常规性活动;

(4) 促进跨部门的合作;

(5) 通过赋予实施所计划活动的职权激发管理人员和普通员工的首创精神;

(6) 消除不在计划内的不必要的和浪费性的活动;

(7) 消除各种计划中的可能冲突;

(8) 集中资源确保财务计划的实现。

二、战略计划活动的过程

组织的战略计划活动通常由如下的步骤所构成:

(1) 确立和沟通组织的愿景、使命、价值观和质量方针;

(2) 将愿景分解为少数关键的战略;

(3) 制定战略目标;

(4) 目标的展开;

(5) 用关键绩效指标来测量进展状况;

(6) 评审进展状况;

(7) 高层审核。

以下分别对各个步骤进行讨论。

1. 确立和沟通组织的愿景、使命、价值观和质量方针

愿景、使命、价值观和质量方针为整个组织提供了一个一致同意的方向。这一方向成为组织决策的前提和基础。前三项在前面已经进行了详细的讨论,这里主要说明组织的质量方针。

质量方针是由组织的最高管理者正式发布的该组织总的质量宗旨和方向。

方针是一种采取管理行动的指南。组织发布的方针是管理层深思熟虑的结果,并得到了最高层的批准。明确的方针起着引导组织行动的作用。20 世纪 80 年代以来,由于 ISO9000 族标准的影响,发布质量方针的活动达到了前所未有的高潮。尽管细节各异,但各公司所发布的质量方针还是有许多共性。例如,大多数组织的质量方针都会表达关于满足顾客需要、应对质量竞争和进行持续改进的意愿。有些质量方针可能还会包括对内部顾客的考虑。

将组织的愿景、使命、价值观和质量方针在整个组织中进行有效的沟通是使之真正发挥作用的关键。

2. 将愿景分解为少数关键的战略

将愿景转化为可执行的计划的第一步是将愿景分解为少数几个(通常 4 或 5 个)关键战略。关键战略体现了组织针对如何去实现其愿景所要做出的最基本的选择。每项战略必须对实现整体的愿景做出显著的贡献。

在确定关键战略时，必须针对顾客满意和顾客忠诚、质量成本、组织文化、业务过程以及相对于竞争者或标杆组织的状况等方面加以评价并获得相应的数据。通过分析这些数据，明确从顾客、质量和成本的角度而言的特定优势、劣势、机会和威胁。在此基础上，便可以制定出组织的关键战略。

3. 制定战略目标

下一个步骤是要设立明确的、可测量的战略目标。这些定量的目标将引导组织的努力以实现各个战略。目标必须明确且可测量，而且要有特定的时间要求。

尽管不同的行业和组织各有其独特性，但设定目标的某些主题却是广泛适用的。为了制订出适当的目标，通常必须加以考虑的领域有产品绩效、竞争绩效、质量改进、质量成本、业务过程绩效、顾客满意和顾客忠诚等。

目标值的设定可以依据组织的内部要求、与外部的比较以及历史绩效这三方面的因素来加以考虑。

4. 目标的展开

目标的展开意味着将目标分解为子目标后再将之分配到较低层次上去。目标最终将被展开到各个部门、跨部门的团队以及个人。目标展开的过程也就是将大目标分解为短期目标或项目的过程。通过目标的分解而确定了所要采取的具体行动并委派了完成这些行动的具体责任。

在某种程度上，目标的展开可按照组织等级层次来进行，如由总公司到事业部，再由事业部到职能部门等。然而，当目标涉及跨职能的业务过程或跨职能的影响顾客的问题时，往往就需要采取跨职能团队的做法，以便确定一个过程的拥有者来监测和维护这一业务过程。

目标确立后，就要在上下级之间进行双向的沟通。这一过程可能会重复几次，直到对最后的方案达到满意为止。日本人将这一双向沟通的过程称为“传球”，美国一些公司则将之称为“对话”。通过这一过程，最高管理层向组织的各个层次清晰地沟通来年战略计划的关键核心领域，最高层以下的各个层次的主管人员则辨识和提出组织应当重视的其他领域，最后决定计划所确定的领域分别由哪些部门来承担。

5. 用关键绩效指标来测量进展状况

一旦确立了目标并进行了分解，就需要建立监测计划进展情况的关键的测量指标（绩效指标）。一个测量指标体系应当与组织的愿景、使命和战略目标紧密联系起来，要关注内外部顾客的需要和要求。关键过程的关键指标的测量结果应能方便及时地得到，以便于管理者决策。

6. 评审进展状况

为了使高层管理者能够把握计划实施的“成绩”，应将所确定的这些关键的测量指标体现在一个计分卡上。计分卡中的要素包括关键的绩效指标、定量的绩效报告数据、判断性的定性报告和审核情况等要素。

应当定期地对计分卡进行正规的评审。正规化提升了这一报告的正当性和地位。定期的日程增加了评审的透明度。最高主管亲自参与评审有助于向组织的各个部门表明评审是非常重要的。

7. 高层审核

为确保目标的实现，最高层还要对管理体系进行定期或不定期的审核，以确证体系健全且运作正常并能够实现预期的结果。

审核可以依据外部制定的标准、内部的特定目标或二者的结合来进行。审核公司绩效方面有三套著名的外部标准，这便是美国的马尔科姆·波多里奇国家质量奖、欧洲质量奖和日本的戴明奖标准。这些评奖标准为评价整个组织的业务卓越程度提供了相似的标准。由总裁亲自参与的最高层审核在日本被称为“社长诊断”。这类审核会对整个组织产生重大影响。最高主管的亲自参与简化了在最高层的沟通问题，增加了未来行动取得成功的可能性。

三、战略计划活动中需要注意的问题

在实施战略计划活动中也会存在一些问题，如同时追求过多的目标会冲淡结果并模糊组织的焦点，过多的计划和文牍工作会加大负担，缺乏充分信息时可能会出现目标过高或过低的情况，最高主管过多授权而难以起到领导和掌舵的作用等。

本章小结

本章重点阐述了组织的领导者所要发挥的作用或承担的义务，即确定组织的基本方向，包括确立组织的使命、核心价值观和愿景；倡导组织承担社会责任，履行公民义务，确保和促进组织的行为恪守道德规范；通过系统的战略计划活动，把组织的总体的和长远的追求转化为当前的具体工作。这包括确立和沟通组织的愿景、使命、价值观和质量方针，将愿景分解为少数关键的战略，制定战略目标，目标的展开，用关键绩效指标来测量进展状况，评审进展状况，高层审核等。

复习思考题

1. 举例说明什么是组织的使命。
2. 举例说明什么是组织的核心价值观。
3. 举例说明什么是组织的愿景。
4. 什么是组织的社会责任？
5. 社会责任的四阶段模型是什么？
6. 实践中有哪些关于社会责任的标准、准则或指南？
7. 如何确保和促进组织的行为恪守道德规范？
8. 组织履行公民义务是什么意思？
9. 什么是战略计划活动？它有什么益处？
10. 组织的战略计划活动通常由哪些步骤所构成？

案例

三鹿与强生

2008年9月，“毒奶粉”事件震惊全国。成千上万的消费者受到伤害，企业、股东、员工付出了沉重的代价，也让整个奶制品产业遭受了巨大的打击，甚至让我们整个国家为之而蒙羞。这次事件的主角三鹿集团在整个事件发生过程中的表现令人扼腕。与之相对照，著名的强生公司当年也曾遭遇类似的危机。在遭遇危机时的不同应对方式决定了这两家公司迥然不同的命运。

三鹿“毒奶粉”

2008年9月9日，媒体报道“甘肃14名婴儿因食用三鹿奶粉同患肾结石”。短短两周内，“毒奶粉”事件迅速蔓延开来，全国因食用含三聚氰胺奶粉导致住院的婴幼儿高达1万余人，官方确认四例患儿死亡。

三鹿集团位于河北省石家庄市，其奶粉销量连续11年位居全国第一。2008年9月11日，中国卫生部宣布，“高度怀疑石家庄三鹿集团股份有限公司生产的三鹿牌婴幼儿配方奶粉受到三聚氰胺污染”。按照石家庄市政府的说法，是不法分子在原奶收购过程中添加了三聚氰胺。然而没有多少人相信三鹿对此毫不知情。国务院调查组公布的信息显示，三鹿集团2007年12月即接到患儿家属投诉，但直到2008年3月才开始调查。这意味着，在接到投诉后的三个月时间里，三鹿明知奶粉中含有三聚氰胺，还在继续生产和对外销售。

2008年9月16日，当地政府宣布免去三鹿集团党委书记、董事长及总经理田文华的职务，三鹿集团全面停产整顿。9月17日，因认定三鹿集团涉嫌生产、销售有毒、有害食品罪，带领这家企业前行21年的田文华被警方刑拘。这个中国奶业龙头企业的形象瞬间崩坍，要面对超过1万吨的奶粉退赔，以及1万多名患儿的巨额医疗费用。三鹿集团濒于破产。

强生“毒泰诺”

1982年9月29日和30日，在芝加哥地区发生了有人因服用强生公司主打产品“泰诺”中毒死亡的事故。消息传开后，在美国全国引起一片恐慌。强生公司并没有掩盖事实，而是一方面同警方合作，展开对事件的调查，另一方面在全国范围内回收了数百万瓶“泰诺”，同时花费50万美元向那些有可能与此有关的内科医生、医院和经销商发出警报。

经过对800万片药剂的检验，发现所有这些受污染的药片只源于一批药，总共不超过75片。最终的死亡人数只有7人，且全限于芝加哥地区。

最后的调查结果显示，是有人故意在“泰诺”的胶囊里投放了氰化物，而强生公司是无辜的。此事件的发生给强生公司造成了上亿美元的损失。但由于公司成功的善后处理而赢得了消费者和社会舆论的同情。在事故发生后的仅5个月内，该公司就夺回了该药原来所占市场的70%，并在两年后重新夺回市场老大的位置。

《华尔街日报》的报道说：“强生公司选择了一种自己承担巨大损失而使他人免受伤害的做法。如果昧着良心干，强生将会遇到很大的麻烦。”强生公司有一个“做最坏打算的危机管理方案”。该计划的重点是首先考虑公众和消费者利益，这一信条最终拯救了强生公司的信誉。

思考：

哪些因素决定了三鹿和强生这两家公司在面对危机时采取不同的应对做法？

第五章　基于 TQM 的人力资源管理

人力资源是企业发展最重要的战略资源，是决定一个企业兴衰存亡的关键。企业的生命力在于产品和服务的竞争力，产品与服务的竞争实质是人力资源素质的竞争。本章主要论述在 TQM 的环境下，企业人力资源管理的概念、特点以及人力资源管理的基本原理、手段和技术等。

第一节　人力资源管理概述

戴明曾经强调指出，没有好的人员，组织就不可能生存，是人在进行着持续改进。日本质量管理专家今井正明在其所著的《改善》一书中指出："在全面质量管理（TQC）中，首先且最值得关注的是人的质量。塑造人的质量对 TQC 而言是至关重要的。（一个组织）能够将质量注入其人员中的话，生产优质产品的征程就已经成功了一半。"在全面质量管理的大背景下，组织的人力资源活动日益成为一项具有战略意义的活动。

一、人力资源管理的提出

泰罗于 20 世纪初提出的"科学管理"教义构成了传统管理的基础。这种方式主张"计划要与执行分开"，员工的活动被标准化为简单、重复性的操作，然后施之以严密的监督。这种制度在 20 世纪前半叶带来了生产率的巨大提高。在这样一种模式中，组织的成员所起的作用与机器、设备、材料的作用是没有区别的。有关"人员"方面的管理职能也只是表现为非常狭隘的"人事"职能。

20 世纪七八十年代以后，社会的发展使得职工队伍的面貌发生了根本的改变。在全球性的全面质量管理运动的高潮中，如何看待职工队伍的作用这一问题开始成为人们关注的焦点。人们开始认识到，组织的人力资源不同于诸如资金、设备这些硬性资产，其中蕴含着巨大的潜能，有效的管理能够使人力资源发生聚变和裂变，从而释放出巨大的能量。企业的管理当局必须通过营造适当的环境来激发员工的热情和主动精神，使员工懂得并愿意高效地工作，从而极大地促进组织的彻底转变。企业的人力资源管理日益成为一项具有战略意义的管理职能。

人力资源管理（Human Resource Management，HRM）就是用合格的人力资源对组织结构中的职位进行填充和不断填充的过程。它包括明确组织的人才需求，把握现有的人力资源状况，以及招募、选拔、安置、提拔、考评、奖酬、训练和培养等一系列的活动。

二、人力资源管理的系统过程

人力资源管理是一个系统的逻辑过程。图 5 - 1 从系统的观点表示了人力资源管理工作的实施过程及其与其他各项管理活动之间的关系。

由图 5 - 1 可以看出，组织的目标和计划构成了组织结构的前提和基础。组织结构则决定了所需人才的总数和类别。通过与目前人员实际拥有量进行比较，便可以明确所需补

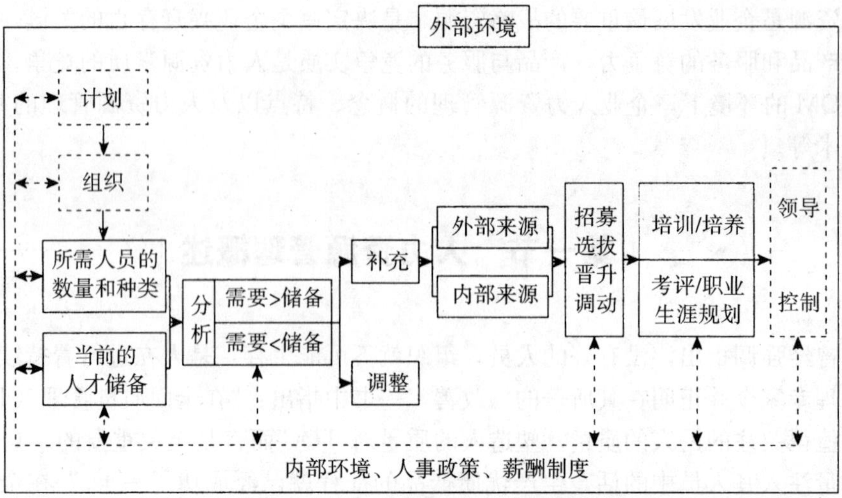

图 5-1　人力资源管理的系统过程

充的职位的数量和类别。根据这一分析，或是面向外部招募、选拔、安置，或是从内部调整和提拔合格的人选。此后通过考核和评价来了解相应的人员是否履行了职位，确保员工在实现目标和计划的过程中不出现偏差或出现偏差时能够及时纠正。为了保证未来源源不断的人才供给，还必须进行系统而有效的培训、培养和职业生涯管理。

由图 5-1 还可以看出，人力资源管理同时受到组织的内外部环境因素的影响。内部的人事政策、组织文化以及薪酬制度等各种因素必然地影响和制约着人力资源管理工作。外部的影响同样也是不可忽略的。例如，经济高速成长时期的人才供给会相对不足，而萧条时期的人才供给又会相对过剩。

三、基于 TQM 的人力资源管理的主要特征

在全面质量管理的背景下，一个有效的人力资源管理系统的目标是要构建一支高绩效的职工队伍并营造一种质量至上的氛围，以促使组织实现战略目标并及时适应内外部环境的变化。

与传统组织的人事经理的职责相比，今天的人力资源经理的角色发生了重大的变化。他们可能仍要完成传统的人事经理的任务，但其职责的范围和重要性有了巨大的扩展。他们不再是监督人员，而是组织的战略领导者。他们必须以全局的眼光来审视人力资源的各项要求，不仅负责人力资源系统的日常运作和维护，还要保持人力资源工作与公司战略方向的一致性。今天的组织中所有的管理者都承担着人力资源管理的责任，正如组织中虽有质量专业人员但所有经理都必须对质量负责一样。一般而言，那些追求全面质量的组织在人力资源管理方面有以下一些共同的特征：

（1）倡导跨部门的团队合作和技能共享。

（2）强调合作、主动、创新和主人翁精神。

（3）授权员工和团队做出影响质量和顾客满意度的决策。

(4) 建立有效的绩效管理体系、薪酬制度以及奖励和认可制度。

(5) 拥有有效的招募和职业发展过程。

(6) 在培训和教育方面投入显著。

(7) 激励员工最大限度发挥潜能。

(8) 建立和维护有利于员工福祉和成长的工作环境。

(9) 定期评估人力资源管理举措的效果，测量员工满意度，促进持续改进。

四、知识经济时代的人力资源管理

人类正在快速进入知识经济时代。在这个新的时代，组织的人力资源管理正面临着前所未有的挑战，资本的所有者与知识的所有者之间的博弈关系正在改变，人力资源越来越被视为人力资本，新型的知识型员工的特点要求组织的领导方式从根本上做出改变。

首先，在知识经济时代，资本所有者与知识所有者之间的博弈关系正在发生着深刻的变化。这主要体现在：

(1) 知识与职业管理者成为企业价值创造的主导要素。

(2) 资本追逐人才，而不是人才追随资本。人才具有了更多的就业选择权与工作的自主决定权，人才的稀缺性使得资本在疯狂地追逐人才。

(3) 知识雇佣资本。在知识创新型企业，人才通过引入风险资本，将知识转化为资本，实现知识雇佣资本。

(4) 知识带来了权力。一个人的影响力及其对企业的价值不再仅仅取决于其职位的高低，而取决于其拥有知识和信息量的多少。

其次，人力资源越来越被视为人力资本。知识创新者和职业管理者对企业的贡献与价值，使得他们具有了对剩余价值的索取权。人才不再是简单地通过劳动获得工资性收入，而是要与资本所有者共享创造成果。也正是从这个意义上，人力资源越来越成为人力资本。

再次，知识型员工的特点要求组织的领导方式发生根本的改变。在几乎所有类型的组织中，知识型员工所占的比重都在不断地增加。知识型员工具有很强的独立性和自主性，加大了职位设计、授权和控制的难度；知识型员工具有较高的流动意愿，这增加了企业在人力资源方面投资的风险；知识型员工的工作过程难以监控，工作成果难以衡量，使评价体系的建立变得复杂而不确定；知识型员工之间的能力与贡献差异很大，使得报酬的设计更为复杂。

知识型员工的这些新特点要求领导方式的根本改变，要求领导者与被领导者之间建立信任、沟通、承诺、学习的互动方式。企业与员工之间的关系不再体现为简单的劳动合同，而要求建立一种全新的模式，也就是要建立以劳动合同和心理契约为双重纽带的战略合作伙伴关系。一方面要依据市场法则确定员工与企业双方的权利、义务关系；另一方面企业与员工一道建立共同愿景，就核心价值观达成共识，实现企业与员工的共同成长和发展，达到双赢的目标。

第二节 职位设计

员工在一定的职位上发挥自己的才能并为组织做出贡献。组织可以看成是由各种各样的职位、职位间的关系及其相互作用所构成的具有特定功能的有机体。职位设计的优劣在很大程度上影响着组织的有效性和个人的工作满意度。

一、职位设计的含义

职位设计就是将若干工作任务（Tasks）组合起来构成一个完整的职位（Job）。职位因任务组合的方式不同而各异，有些职位是常规性的、经常重复的，有些则是非常规性的。有些职位要求广泛、多样的技能，另一些只要求范围狭窄的技能。有些职位规定了非常严格的程序，另一些则具有相当大的自由度。各种不同的任务组合方式就形成了多种职位设计方案。

一个职位要存在并有意义，必须满足以下几个特征：

（1）具有明确且能够检验的目标。

（2）具有明确的职责，也就是必须清楚该职位所承担的任务或活动。

（3）具有明确的职权，以使占据该职位的人员有可能去实现其目标。

二、职位设计的要求

总的来说，职位设计应当均衡地满足顾客、员工以及组织的利益。对任何一方的忽视都会导致组织设计的失衡。

1. 着眼于顾客满意

组织职位设计首先应着眼于顾客满意。职位的设计必须能够确保了解、理解并沟通顾客的需要，对于满足顾客需要的绩效有所反馈，能够为员工提供实现绩效持续改进的机会。

2. 着眼于员工满意

越来越多的组织认识到，要想让顾客满意，首先要让员工满意。马云曾经说："在新经济时代，让客户满意的最主要因素是我们的员工，没有勤奋、快乐、激情敬业和富有才华能力的员工，给客户创造价值就是一句空话。没有满意的员工队伍就不可能有满意的客户，没有满意的客户绝对不可能有满意的股东。"大量研究表明，员工满意和顾客满意之间存在着直接的统计相关性。

3. 着眼于组织的利益

除了员工满意与顾客满意之外，组织职位的设计还必须确保作业安全，产品和服务的质量与价值，环境保护，以及过程、产品和人员的持续改进，确保组织能够实现卓越的绩效。

三、职位设计的演化

从历史上来看，职位设计经历了如下变迁和发展：

1. 按照专业化分工的原则设计职位

在 20 世纪上半叶以前，职位设计基本上就意味着劳动分工与工作的专业化，人们力求将组织中的工作设计得尽可能简单、单纯、易做。

亚当·斯密曾这样描述一家大头针制造厂的劳动分工情形：一个人抽钢丝，另一人拉直，第三个人切割，第四个人削尖，第五个人打磨顶部以便接上头部；而头部的制作又需要两三项单独的作业；接上头部又是另一项作业。如此将大头针的制造划分为各项独特的、专业化的操作，分别由专门的人员来承担，使得劳动生产率比传统的方式（即一个人从头到尾负责制作整根大头针）提高了 200 多倍。这就是专业化分工的巨大力量。

即使时至今日，仍有大量的工作是按照专业化分工的原则来进行的。生产工人在装配流水线上从事简单、重复的工作，办公室职员坐在计算机前从事范围狭窄的、标准化的工作，甚至护士、会计及许多其他的工作都是按照同样的原则组织起来的。

专业化分工有利于提高人员的工作熟练程度，有利于减少因工作变换而损失的时间，有利于使用专用设备和减少人员培训的要求，有利于扩大劳动者的来源和降低劳动力成本等。但过度的专业化分工又会使工作变得枯燥、单调、乏味，导致人们产生生理、心理上的伤害以及厌烦和不满情绪，工作之间的协调成本上升，从而影响总体的工作效率和工作质量。因此，后期人们为了克服过度专业化和分工而产生的各种弊端而做出了诸多的尝试。

2. 职位扩大化

主张通过把若干狭窄的活动合并为一项工作来扩大工作的广度和范围，通过拓宽职位的内容来降低工作的单调程度。

3. 职位轮换

让员工定期从一项工作更换到另一项工作上去。这样有利于促进员工技能的多样化，同时一定程度上减少了工作单调和枯燥的感觉。

4. 职位丰富化

职位扩大化是指工作的横向扩展，职位丰富化则是指从纵向上充实和丰富工作内容，也即从增加员工对工作的自主性和责任心的角度，将部分管理权限授予下级，使其在一定程度上自主决定工作的内容、方法和进度等，使其体验工作的内在意义、挑战性和成就感。

5. 工作团队

上述几种方式均是依据个人来设计职位。当职位设计围绕群体进行时，就形成了工作团队。近年来，越来越多的组织采用这一方式来安排工作以期提高组织的竞争力。

四、职位特征模型

有研究表明，员工在工作场所最看重的五项因素是：（1）工作的意义；（2）认可；（3）自主性；（4）安全感；（5）报酬。很多管理者并不了解这一点，人们往往想当然地认为报酬是排第一位的。理查德·哈克曼（Richard Hackman）和格雷格·奥尔德姆（Greg Oldham）所提出的职位特征模型（Job Characteristics Model，JCM）有助于我们理解职位设计是如何影响激励、满意和组织绩效的，其理论模型如图 5-2 所示。该模型由四个部分组成，即关键心理状态、核心职位特征、调节因素和结果。

从该模型中可以看出，三种关键心理状态导致了四个方面的结果。这三种关键心理状态分别是体验到工作的意义、体验到对工作结果的责任和了解工作活动的结果。四种结果则是内在工作动机大、工作满意度高、工作绩效质量高以及缺勤率和流动率低。

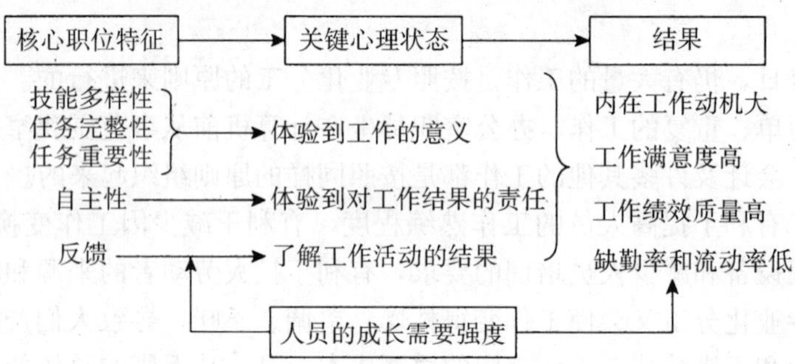

图 5-2 职位特征模型

技能多样性、任务完整性、任务重要性、自主性和反馈这五个因素称为核心职位特征。这五个方面的核心职位特征决定了三种关键心理状态。其中，技能多样性、任务完整性和任务重要性这三项因素决定了工作的意义。一个职位如果具有这三个特征，则可以预期任职者会将他的工作视为重要和有价值的。而拥有自主性的职位会给任职者带来对工作结果的责任感，反馈则能够使其了解自己的工作绩效。

可以看出，这五项核心职位特征都直接或间接地与质量相关。产品或服务的质量无疑会因员工技能的充分发挥而提升，而技能又会受到任务完整性和任务重要性的促进。更直接地，能够体现自主性和质量特征反馈的职位设计能够提升工作的质量。作为其主要输出结果的高工作满意度和高工作有效性又创造和巩固了高的质量水平。

该模型指出，要是一个人知道（对结果的了解）他本人（责任感的体验）在其关注（有意义的体验）的任务上完成得很好，他就会获得一种内在的激励。一个职位越是具备这三个条件，员工的动机、绩效和满意度水平就会越高，而缺勤和辞职的可能性会越小。上述结论受到个人的成长需要强度，亦即对自尊和自我实现的需要的强度的中和与调整。

要形成上述三种关键的心理状态，组织可以运用以下五个方面的策略：（1）形成自然的工作单位，使工作具有完整性；（2）归并任务，从而提高技能的多样性和任务的完整性；（3）建立客户联系，这有助于增加技能多样性、自主性和绩效反馈；（4）纵向扩展职位，缩小计划、实施和控制之间的距离，增大员工的自主性；（5）开通反馈渠道，这有助于使员工了解其工作做得如何、有无改善。

第三节　人员的招聘、培育与评价

根据组织的发展需要选拔适当的人才，持续地对人才进行培养提高，定期地对人员进行绩效评价，这构成了一个组织的人力资源管理工作的最常规的几项任务。

一、人员的招聘

人员招聘就是从组织内外的候选人中，为组织的当前或未来职位挑选最适当的人选的过程。有效的招聘建立在对组织的人力资源的供需状况进行深入分析的基础之上。必须对有待填充的职位进行认真的分析，明确职位要求以及这些职位的候选人应当具备的条件或资质。在此基础上，应用各种方法，从组织内外两个来源进行招募和选拔，通过对每个候选人的认真审查和遴选，做出采用或不采用的决定。对于新录用的人员，还必须充分做好必要的上岗培训、介绍和说明工作，以使他们迅速进入自己的新角色，圆满履行自己的新职责。

1. 人员招聘的原则

人员的招聘既是一项经济活动，也是社会性、政策性很强的工作，在实际工作中应遵循以下原则：

（1）符合国家的有关法律、法规和政策。人员招聘过程中不能发生违反国家法律、法规的行为。

（2）坚持公开、公平、竞争的原则。人员的招聘要面向社会公开选聘条件，对应聘者进行全面的考核，公开考核结果，择优录用。

（3）遵循经济高效的原则。招聘工作要求根据不同的职位要求，灵活选用适当的方式方法，力争用尽量少的费用录用到适应组织需要的员工。

（4）权衡内、外部招聘。内部招聘风险小，成本低，有利于调动内部员工的积极性、增强组织的凝聚力。其缺点是容易造成“近亲繁殖”，不利于广纳贤才。外部招聘的优点是人员选择的范围广，有利于招到符合企业发展需要的人才，能带来新思想、新方法。但因对应聘者了解少，容易造成错误的招聘，也会使内部员工的升迁希望破灭，导致离职率上升。

2. 招聘的程序

人员招聘并没有严格固定的模式，一般来说主要包括以下几个程序：

（1）制订员工招聘计划和录用政策。根据组织的人力资源规划，进行人员的需求预测和供给预测，确定人员的净需求量，然后制订员工招聘计划和录用政策。

（2）落实招聘组织。大规模的招聘要组成专门的招聘班子。在我国，招聘通常由人力资源管理部门负责，所需人员都是临时从各部门抽调而来。所以，要对招聘人员进行必要的培训，使他们掌握国家的相关法律、法规，掌握企业的招聘政策及必要的招聘技巧。

(3) 确定人员招聘的方法与渠道。人员招聘的基本方法主要有对被申请人的背景调查、测评和面试等。人员招聘的渠道主要有内部选聘、广告招聘、职业介绍机构、校园招聘、熟人推荐等形式。

(4) 挑选和录用。经过对应聘者的背景调查、考试测试以及综合评估后，就要进一步做出决策，对决定录用的应聘者发出录用通知书，而对于未被录用者，也应以书面形式告知并委婉说明理由。

(5) 签订劳动合同。劳动合同是指劳动者和用人单位之间确立劳动关系，明确双方权利和义务的协议。根据我国劳动法的规定，建立劳动关系应当订立劳动合同。

(6) 检查、评估及反馈。对整个员工招聘与录用工作进行检查、总结，评估招聘质量。要通过对录用人员的工作态度、工作能力、工作绩效等的跟踪考核与分析，总结招聘工作的成功与失误，以便今后加以改进。

二、培训教育

对员工培训的高度重视是那些成功的组织所拥有的一个共同的特征。石川馨把日本企业在 20 世纪 70—80 年代的成功归于两方面原因：其一是竞争；其二就是广泛而深入的培训。日本企业界有一个格言：质量管理始于培训终于培训。日本的主要企业都有着分别针对高层管理者、中层管理者和普通员工的制度化的培训。在过去三十多年中，对于培训和教育的重视成为全球那些重视质量的组织中最为普遍的共识。

(一) 培训的目的

人是生产力主要素中最重要的因素，产品质量的好坏与服务水平的高低，归根结底取决于员工的技术水平，取决于各方面的管理工作的水平。因此，开展全面质量管理工作，必须从提高员工的素质抓起。员工培训的主要目的是：

1. 适应科学、技术发展的变化

当今世界是科技迅猛发展的时代，科学发现与大规模应用之间的间距也正在逐步缩短。知识、技能的变化速度越来越快，没有一种知识与技能可以终身受用。因此，只有通过持续的教育培训，才能使人们适应科技发展的需要。

2. 保持企业的竞争力

企业之间的竞争，实质上是人才的竞争，哪个企业拥有大批高素质的人才，哪个企业就能在竞争中获胜。通过培训，可以使员工的业务知识、工作技能得到提升，企业才能在激烈的竞争中立于不败之地。

3. 形成共同的价值理念

培训不仅要使员工更好地做好本职工作，还要培养员工有足够的准备去面对更新更重的责任，要通过培训达到员工整体素质的提高，从而建立起企业和员工共同的行为规范与价值观念。

4. 促进个人的发展

社会发展的终极目标之一在于人的发展，反过来，人的发展则对组织和社会的发展起推动作用。

（二）培训的形式

培训的形式主要有脱产培训、在职培训和业余学习等。

1. 脱产培训

脱产培训是指被培训者集中一段时间，离开工作岗位接受培训的方式。培训地点可以是本组织，也可以是学校和其他培训机构。这种培训比较正规，侧重于理论知识的学习，是一种“充电式”的学习，一般限于高层管理者和技术骨干。

2. 在职培训

在职培训是员工在本单位通过生产实践进行的培训或利用工余时间进行的培训。它是企业培训的主要形式，适合于从高层管理者到一般员工的所有人员。

3. 业余学习

业余学习是员工利用工作之外的业余时间，通过各种方式进行的学习。随着社会的快速发展和竞争的日益激烈，业余学习越来越受到人们的重视。

（三）培训效果的评估

许多组织的培训预算常常高达工资总额的 5%～10%，这称得上是一笔巨大的投资。因此，必须关注培训的有效性。为了确保这种有效性，就必须进行衡量、测试和评估。培训效果评估是通过建立培训效果评估指标及评估体系，对培训的效果进行检查和评价。评估结果作为今后制订培训计划与培训需求分析的依据。

三、职业生涯管理

（一）职业生涯管理的含义

职业生涯管理是指组织帮助员工制订职业生涯计划和帮助其职业生涯发展的一系列活动。职业生涯管理包括两方面含义：一是对员工个人而言，为了在工作中得到成长、发展和满意，他们不断地追求理想的职业，设计自己的职业目标和职业计划；二是对组织而言，为了不断增强员工的满意度，组织应当对员工制订的个人职业计划予以重视和鼓励，并结合组织的需要和发展，给予员工多方面的咨询和指导，创造条件帮助员工实现目标。

职业生涯管理有助于人们顺利度过人生职业生涯的各个阶段并最大限度地实现自我价值。职业生涯管理是人力资源管理与传统的人事管理的主要区别之一，是“以人为本”思想在管理活动中的主要表现。

（二）职业生涯的发展阶段

人的职业生涯是一个动态的不断发展变化的过程，可以分为若干个阶段或时期。

1. 成长阶段（出生到 14 岁）

在这一阶段，个人通过对家庭成员、朋友以及老师的认同以及与他们之间的相互作用逐渐建立起自我的概念。

2. 探索阶段（15～24 岁）

人们认真地探索各种可能的职业选择。他们试图将自己的职业选择与他们对职业的了解以及个人的兴趣和能力匹配起来。

3. 创立阶段（25～44 岁）

在经历了职业探索之后，逐渐选定自己从事的职业。这一阶段的员工主要关心的是在工作中的成长、发展或晋升。

4. 维持阶段（45～60岁）

处于这一阶段的员工对成就和发展的期望相对减弱，所关心的是现在到将来如何能一直守住这个工作领域。

5. 衰退阶段（60岁以上）

随着人们开始准备退休，个人必须将自己培养成为一个新的角色，为适应退休后的生活作准备。

（三）职业生涯管理的内容

职业生涯管理需要组织与员工的共同参与。总体来说，职业生涯管理包括以下内容：

1. 个人自我分析

这主要是员工本人或请有关专家对自己的知识、能力、兴趣以及职业发展的要求和目标进行分析和评估，确定自己近期和长期的发展目标，拟订自己的职业发展计划。

2. 组织对员工的能力和潜力的评估

组织通过对员工有关资料和信息（包括招聘时的有关信息、考试资料、相关教育背景、工作经历、工作绩效、评估材料、晋级材料等）的分析，帮助员工准确地评估自己的能力和潜力，帮助员工制订职业计划。

3. 提供公平竞争的机会

员工进入组织以后，要制订出一个可行的、符合组织发展需要的个人职业发展计划，就必须获得组织内有关职业选择、职业变动、晋升机会、职业前景、职位空缺等方面的信息。而组织为了使员工的个人职业发展计划制订得更切合实际，要将员工职业发展的方向、职业发展途径以及候选人应具备的条件等信息及时地公之于众，使员工通过公平竞争实现自己的期望。

4. 提供培训

培训和职业发展有直接的关系。不同的工作岗位要求不同的知识与技能。组织要根据工作的需要，适时地对员工进行培训，提高员工的知识与技能，这也是职业生涯管理必不可少的内容。

四、人员的绩效评价

绩效评价是人力资源管理中一个十分重要的基础工作，是薪酬管理、晋升和培训的主要依据，是调动员工积极性的重要环节。

（一）绩效的含义及特点

绩效就是任务在数量、质量和效率等方面完成的情况。了解员工绩效的特点和影响绩效的因素，对于提高员工的绩效具有重要的意义。绩效具有以下三个特点：

1. 多因性

多因性是指绩效的好坏要受到许多主客观因素的影响，这些因素如员工的技能、所面对的机会、激励状况、内外部环境等。

2. 多维性

多维性是指一个员工的绩效要从多方面评价，不能只看一个方面。例如对一名生产工人，不仅要考核他工作的数量，而且要考核他工作的质量、原材料消耗、工具损耗、与别人的协作关系等。

3．动态性

动态性是从时间来说，员工绩效不是一成不变的，而是处于动态的变化之中。随着时间的推移，绩效差的可能转好，绩效好的也可能变差。

（二）绩效评价的含义与功能

所谓绩效评价就是依据职位标准对员工的工作状况和工作结果进行考察、测定和评价的过程。绩效评价也称为绩效考核或绩效考评，其主要功能有：

1．控制功能

绩效评价是人力资源管理中主要的控制手段。对组织来说，通过绩效考核，使各项工作能够按计划进行，并依据考核的结果决定员工的晋升、奖惩、调配等；对员工个人来说，也是一种控制手段，使员工牢记工作职责，促进员工按规定、制度工作的自觉性。

2．激励功能

通过绩效评价，对员工的工作业绩予以肯定，使员工体验到成就感与自豪感。根据考核的结果，确定员工的薪酬与奖惩，无论对成绩突出者还是落后者都会起到一定的鞭策和激励作用。

3．标准功能

绩效评价为各项人事管理提供了一个客观而公平的标准，依据考核结果决定员工的晋升、奖惩和调配。按照标准进行奖惩和晋升，会使企业形成事事按标准办事的风气，使企业的人力资源管理逐步走向标准化。

4．发展功能

一方面，组织可以根据考核的结果，制订正确的培训计划来提高员工素质；另一方面，通过考核，组织对员工的各方面情况有了详尽的了解，可根据员工的长处决定培养方向和使用方法，充分发挥员工的长处，促进个人的全面发展。

5．沟通功能

管理者把考核的结果反馈给被考核员工，听取他们的申诉与看法，提供了领导与员工之间的沟通机会，有利于增进相互之间的了解，解决管理中存在的问题。

（三）绩效评价的方法

绩效评价根据其性质，可以分为客观考核法和主观考核法。

1．客观考核法

这类考核依靠的是对两类硬性指标的考核：一是生产指标，如产量、销售额、废次品率等；二是个人工作指标，如出勤率、事故率、犯规违纪率等。

在现实中，影响工作绩效的因素很多，环境因素影响很大。这类考核有时貌似公正，实际上可信度并不太高。这种方法一般只适用于一线的体力劳动者。

2．主观考核法

由考核者依据一定的标准或设计好的维度对被考核者进行主观评价。评价的内容可以是员工的工作行为、个人品质，也可以是工作结果，或者是与工作绩效有关的其他方面。这种方法虽然受到考核人员的心理、经验、技能等因素的影响，但通过精心设计方案，组合多种方法，反复进行考核，其信度反而比较高。这种方法适用范围较广，可适用于包括管理人员、专业技术人员在内的各类员工。

（四）绩效评价制度必须满足的要求

绩效评价的效果受多个因素影响，如指标的类型、使用这些指标的方式等。因此，一个合理的评价制度必须满足以下几方面的要求：

首先，考核的指标必须与组织目标是一致的。有些组织并没有明确的战略，因此也无法将其转化为一套绩效指标。有时，企业确立了整体的战略，但下级单位自行建立的绩效指标未必与总体战略和目标相一致，因而它们的努力就有可能损害企业的整体绩效。也有很多组织的战略和绩效指标不能随着世界的变化而变化。因此，必须通过定期的评审来保证绩效指标的有效性。

其次，绩效指标必须具有完整性，也就是要能够全面反映出被考核单位（如一个个人或一个小组）的绩效情况。缺乏完整性的指标就只能反映一个单位活动及其影响的局部。未被衡量的方面往往会受不到重视，从而使人们的时间和精力的分配难以达到最优。绩效指标缺乏完整性也会使雇员“愚弄”系统，采取那些更有利于改进局部指标的行动而不是追求真正的长期价值。

再次，考核指标必须具有可控性。衡量指标如果只受到该部门可控制因素的影响，这个绩效指标就是可控的，它对该部门绩效的反映就是可靠的。很多情况下，这种理想状况是难以实现的。例如，推销员的销售额受其努力的影响，但也受到市场波动的影响，而这种波动是推销员无法控制的。道理上而言，对成员的考核只应针对他们所能控制的部分。

最后，必须注意的是，绩效指标数量的增加会降低其边际效益。有时过多的指标反而会引起负面的效果。这是因为考核是要花钱的，数据的收集和处理都需要费用。另外，人们只能对有限的信息加以理解和做出反应，从而只会认真对待有限的几个绩效指标。

第四节　团队合作

传统的人力资源管理通常关注的是个人，这常常会导致敌意、竞争、自我中心等现象。这些现象所形成的综合作用对实现组织服务于顾客的根本使命而言常常是负面的。个人很难充分具备理解重要的工作过程所必需的知识和经验，对于有效的过程改进而言，团队合作就是一种必不可少的选择。当今的许多团队都源于质量管理运动，全面质量管理要求组织中的所有员工都积极参与，并能够共同努力以提供令人满意的优质产品和服务。采用团队进行日常运作是全面质量管理的主要特征之一。

一、团队的概念

所谓团队，是指组织内的一群人为达到某种目标而结合起来，其成员相互依存，在心理上彼此意识到对方，在行为上相互作用。团队有以下几个基本特征：

（1）成员有共同的目标，为完成共同目标，成员之间彼此合作，这是构成和维持团队的基本条件。

（2）成员之间相互依赖，在心理上彼此意识到团队内的其他个体。

（3）各成员在行为上相互依赖、相互作用、彼此影响，同一团队的成员在行为上具有互补性。

（4）各成员具有群体意识、归属感，意识到“我们是这一团队中的人”“我是这一团队中的一员”。

二、团队的类型

根据团队存在的目的，可以对它们进行分类。在组织中，主要有三种类型的团队：问题解决团队、自我管理团队、跨职能团队。

1. 问题解决团队

在组织内可能最常见的一种团队类型就是问题解决团队。顾名思义，问题解决团队是通过找出企业所面临的与产品质量、生产效率、工作环境有关的问题并加以解决，从而提高质量和改进服务。应用最为广泛的一种问题解决团队是 20 世纪六七十年代发端于日本的“品管圈”（Quality Circle）。品管圈一般也称为 QC 小组，其含义是指在同一工作现场自主开展质量管理活动的小团体。人们定期相聚，来讨论他们所面临的一系列问题，并选出其一着手解决。他们收集问题产生原因的相关信息，提出解决问题的建议，并采取有效的行动。

2. 自我管理团队

自我管理团队也叫自我指导团队或自治工作团队，是具有广泛职权的自然工作团队。这种团队通常由 10～15 人组成，他们承担着以前自己的上司所承担的一些责任。自我管理团队被授权采取纠错行动，并解决日常工作中的问题，他们的职责范围包括控制工作节奏、决定工作任务的分配、安排工间休息。一些自我管理团队甚至可以挑选自己的成员，并让成员相互进行绩效评估。自我管理团队能够进一步调动员工参与决策过程的积极性，改进工作的质量和对顾客的服务，增强员工对企业的责任感以及企业吸引和获得优秀员工的能力。

3. 跨职能团队

这种类型的团队不仅适用于新产品的开发，也适用于全面质量管理，而且越来越成为质量活动的支柱。跨职能团队的成员来自组织内（甚至组织之间）不同的部门，他们之间互相交换信息，激发新的观点，解决面对的问题，协调复杂的项目。跨职能团队通常用于解决特殊的问题。

三、高效团队的特征

团队形式并不能自动地改进质量，提高生产率。美国管理学家罗宾斯认为，高效的团队有如下特征（如图 5－3 所示）。

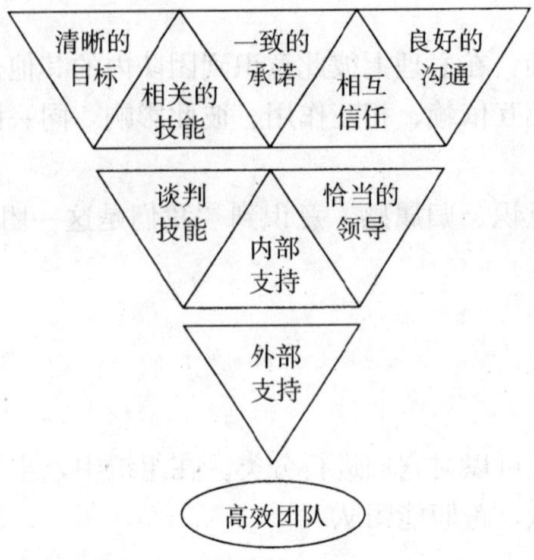

图 5-3　高效团队的特征

1. 清晰的目标

高效团队对所要达成的目标有清楚的了解，并坚信这一目标包含着重大的意义和价值。而且，这种目标的重要性还激励着团队成员把个人目标升华到群体目标中去。在高效团队中，成员愿意为团队目标做出承诺，清楚地知道要做什么工作以及怎样共同工作才能达成目标。

2. 相关的技能

高效团队是由一群有能力的成员组成的。他们具备实现理想目标所必需的技术和能力，而且相互之间有能够良好合作的个性品质，从而出色完成任务。团队合作能力尤其重要，但常常被人们忽视。有精湛技术能力的人并不一定就有处理群体内关系的高超技巧，高效团队的成员则往往兼而有之。

3. 相互信任

成员间相互信任是高效团队的特征，也就是说，每个成员对其他人的品德和能力都确信不疑。组织文化和管理层的行为对形成相互信任的群体内气氛至关重要。组织如果崇尚开放、诚实、协作的办事原则，同时鼓励员工的参与和自主性，就比较容易形成信任的环境。表 5-1 列出了 6 条建议，能够帮助管理者建立和维持信任的行为。

表 5-1　　建立相互信任的 6 条建议

1. 沟通	向团队成员和其他下属解释有关决策和政策，使他们知晓；能够及时提供反馈；坦率地承认自己的缺点和不足
2. 支持下属	对团队成员和蔼可亲，平易近人，鼓励和支持他们的意见与建议
3. 尊重下属	真正授权给团队成员，认真倾听他们的看法
4. 公正无偏	恪守信用，在绩效评估时能做到客观、公正，应予以表扬的尽量表扬
5. 易于预测	处理日常事务应有一惯性，明确承认并能及时兑现
6. 展示能力	通过展示自己的工作技术、办事能力和良好的职业仪式，培养下属对自己的钦佩与尊敬

4. 一致的承诺

高效团队的成员对团队表现出高度的忠诚和承诺，为了能使获得成功，他们愿意去做任何事情。对高效团队的研究发现，团队成员对他们的群体具有认同感，他们把自己属于该群体的身份看作自我的一个重要方面。因此，承诺一致的特征表现为对群体目标的奉献精神，愿意为实现这一目标而调动和发挥自己的最大潜能。

5. 良好的沟通

毋庸置疑，这是高效团队一个必不可少的特征。群体成员通过畅通的渠道交流信息，包括各种言语和非言语信息。此外，管理层与团队成员之间健康的信息反馈也是良好沟通的重要特征，它有助于管理者了解团队成员的行动，消除误解。

6. 谈判技能

以个体为基础进行工作设计时，员工的角色由工作说明、工作纪律、工作程序及其他一些正式文件明确规定。但对高效团队来说，其成员角色具有灵活多变性，总在不断地进行调整。这就需要成员具备充分的谈判技能。由于团队中的问题和关系时常变换，成员必须能面对和应付这种情况。

7. 恰当的领导

有效的领导者能够让团队跟随自己共同渡过最艰难的时期，因为他能为团队指明前途所在。他能向成员阐明变革的可能性，鼓舞团队成员的自信心，帮助他们更充分地了解自己的潜力。

8. 内部支持和外部支持

要成为高效团队的最后一个必需条件就是它的支持环境。从内部条件来看，团队应拥有一个合理的基础结构。这包括适当的培训、一套易于理解的用以评估员工总体绩效的测量系统，以及一个起支持作用的人力资源系统。恰当的基础结构应能支持并强化成员行为以取得高绩效水平。从外部条件来看，管理层应给团队提供完成任务所必需的各种资源。

本章小结

本章讨论了在全面质量管理的背景下，组织的人力资源管理工作所涉及的相关内容。第一节是关于人力资源管理的概述，主要讨论了人力资源管理的含义、当代人力资源管理的系统过程、在全面质量管理背景下的人力资源管理工作的特征以及知识经济时代对人力资源管理的影响。第二节讨论了职位设计的相关主题，包括职位设计的含义、职位设计的要求、职位设计的演化历程以及有关职位特征模型的详细介绍。第三节关于人员的招聘、培育与评价的讨论涉及组织的人力资源管理工作中的几项最常规的任务。第四节讨论了团队合作这一全面质量管理中最重要的主题之一，辨析了团队的概念，讨论了团队的类型，最后分析了高效团队所具有的一些主要特征。

复习思考题

1. 人力资源管理的含义是什么?
2. 人力资源管理的系统过程是如何构成的?
3. 知识经济时代的人力资源管理有哪些特点?
4. 什么是职位设计?
5. 一个职位要存在并有意义，必须满足哪些特征?
6. 职位设计有哪些主要要求?
7. 职位设计的演化经历了哪些变迁和发展?
8. 专业化分工的好处有哪些?
9. 职位特征模型由哪几个部分组成?
10. 职位特征模型的三种关键的心理状态是什么?
11. 核心职位特征包括哪几个因素?
12. 为了形成三种关键的心理状态，组织可以运用哪些策略?
13. 培训的目的和形式是什么?
14. 什么是职业生涯管理?
15. 职业生涯主要有哪些发展阶段?
16. 绩效评价的含义与功能是什么?
17. 一个合理的评价制度必须满足哪几方面要求?
18. 团队的含义及特征是什么?有哪些主要类型的团队?
19. 一个高效的团队具有哪些特征?

案例

海底捞的员工

海底捞公司是一家以经营川味火锅为主的民营企业。自1994年成立以来，该公司以其自然朴实的服务、真诚热情的待客之道、“融合川人川味、蜀地蜀风”的文化特色，取得了迅速的发展，在竞争惨烈的火锅餐饮行业取得了骄人的业绩。海底捞的成功离不开其富有特色的员工管理。

海底捞视其服务员为内部顾客，认为让内部顾客满意，是实现外部顾客满意的前提。为此，海底捞建立了一套完整的有特色的员工管理体系：

1. 轮岗制

餐饮行业的大部分岗位都是单调的重复劳动，员工长时间工作很容易产生厌倦感。为了最大限度地避免这种情况发生，让员工“快乐工作，微笑服务”，海底捞推行轮岗制。员工可以在工作组内比较自由地调换岗位，跨组岗位调换也经常进行，但要经过店面经理同意。轮岗制使员工不只局限在一个岗位上，丰富了工作内容，有助于员工保持工作的新鲜感，学习和掌握更多的技能，成为多面手。

2. 薪酬与福利

海底捞实行薪酬领先战略，员工收入在同类企业中处于领先地位，整体高出平均水平10％～20％。海底捞给员工提供了比较丰厚的福利，主要包括员工保险、廉价员工集体公寓、免费的集体食堂、家政服务、每月的带薪假日、重大节日的公司礼品等。

海底捞集体居住的员工可以享受免费的家政服务，由专门的家政服务人员负责员工宿舍清扫及员工衣物、被褥的清洗。一方面，这节省了员工的体力和精力，有利于第二天工作时有一个好心情；另一方面，也让员工“享受”到被服务的感觉，感到了公司对自己的重视，感到了自己的价值。

3. 考核与奖惩

(1) 考核。海底捞员工考核的指导思路是：正面激励为主，负面激励为辅；奖励为主，惩罚为辅，惩罚只是一种象征性的手段。主管将员工的平时表现记录下来作为考核的依据。根据这些记录内容对员工进行粗线条的、不定期的考核。

(2) 奖励。海底捞每个月评选一次先进员工，并发放奖金。海底捞的员工多数来自农村，他们也渴望得到他人的认可和尊重。“标兵”“先进员工”“优秀员工”这些称号对他们而言或许要比奖金更为重要，有效地激发了他们的工作热情和积极性。

海底捞设立了创新奖，奖金 10～1 000 元不等。创新奖主要通过每天一小时的午会制度来实现。会议形式类似于头脑风暴，员工把工作中存在的问题以及自己的解决方法都提出来。如果建议得到认可并且付诸实施，则会获得创新奖。

(3) 惩罚。员工在工作中出现失误会受到通报批评。如果连续出错则会被罚一定数量的象征性罚金。如果该员工之后表现有较大进步，则会原额加利息返还。因此，惩罚更倾向于是一种象征意义上的提醒和警示。

这样的粗线条又不遗漏重点的考核、小额象征性的罚款、对员工精神层面的奖励、对创新的推动、每天领导与员工“头脑风暴”式的平等交流，促使海底捞形成了一种宽松的工作氛围和环境。

思考：

试分析海底捞的各种管理举措所反映出的管理理念。

第六章　过程管理

过程这一概念是当代质量管理乃至企业管理中最为重要的概念之一。组织中的所有工作在本质上都是通过一定的过程来完成的。组织的业务过程，尤其是那些大而复杂的跨职能业务过程，其运行质量与有效性在很大程度上决定了组织绩效的好坏和竞争力的强弱。能否对这些过程加以有效的管理已经成为组织成败的关键。

第一节　过程管理概述

要对组织的过程进行有效的管理，首先必须理解过程的含义及其重要性，了解如何描绘过程，并懂得过程管理所包括的主要内容。

一、过程的含义

在 ISO9000 国际标准中，将过程定义为“利用输入实现预期结果的相互关联或相互作用的一组活动”。过程的模型如图 6 - 1 所示。

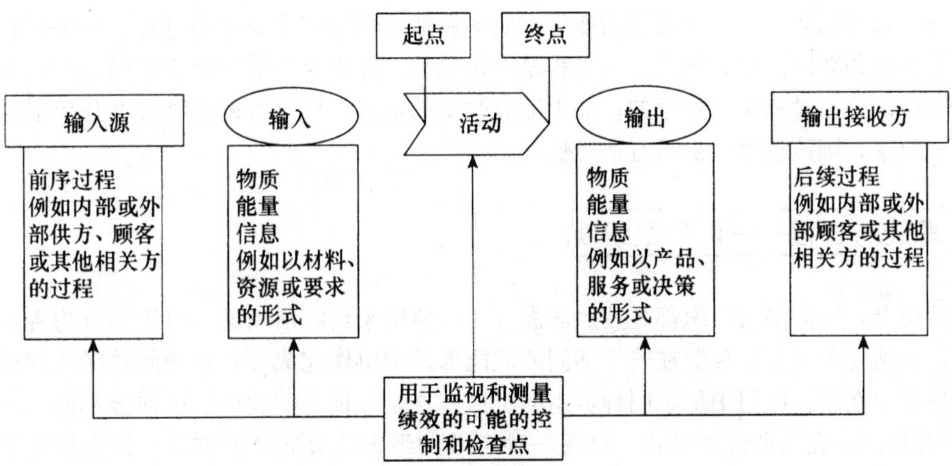

图 6 - 1　所有工作通过一个过程完成

这里的“预期结果”可以根据不同的语境理解为产品、服务或是某种特定的输出。一个过程的输入通常是其他过程的输出，而一个过程的输出又通常是其他过程的输入。组织通过设计一定的过程并在一定的可控条件下加以实施来实现价值的增值。

组织的所有工作都可以看作通过过程来完成。例如，获得顾客和市场知识、战略计划、研究开发、采购、设计新产品和服务、完成顾客订单、管理信息、测量和分析绩效、员工培训等都可以看成组织的业务过程。

过程认识绝非什么全新的思潮。早在 20 世纪 20 年代，现代质量管理的奠基人沃尔特·休哈特就提出了过程控制的基本信条。戴明随后进一步发展了休哈特统计过程控制的思想，提出了著名的计划 - 实施 - 检查 - 采取措施的 PDCA（Plan-Do-Check-Action）工作循环。朱兰则在其《管理突破》一书中率先提出了过程改进的概念。

日本的石川馨也指出，质量是由人员、机械、材料、方法、环境等多种因素决定的，"我们把这一因素的组合叫作过程。过程不仅仅是所谓制造过程，设计、采购、人事、财会等各项工作也是过程，政治、行政、教育等都是过程。我认为，凡是有原因、有结果，亦即有因素、有特性的地方都是过程，质量管理中所说的过程管理对这样的过程能够发挥有效的作用……我们主张，应该通过对作为因素（原因）组合而成的过程进行管理来获得好的产品、好的结果。我们在事先控制因素的意义上把这一思想称为事先管理。而看着工作的结果而手忙脚乱的做法，例如到了月末发现销售不足便强行销售的做法，这是事后管理"。这段话不仅从因果关系的角度明确了过程的概念，同时也对管理必须面向过程这一思想进行了深刻的阐述。

一个组织的内部同时进行着多种多样的活动。这些活动是通过组织内部的各个部门或各个环节的分工与协作完成的，从而组织中的过程形成了一条条相互衔接的过程链。在过程链中，一个过程的输出成为另一个过程的输入，组织作为整体的输出是经由众多彼此相连的过程实现的，多条过程链的集合便构成了一个过程的网络。过程还具有多重性，组织中的大多数过程总是同时担负着两个以上的职能或作用，一个过程会有多个输入，同时又会产生多个输出；过程又具有展开性，一个过程总是可以分解为若干个更细的子过程。

衡量过程的质量可以从过程的效果、效率和适应性这三个方面来进行。如果过程的输出能够满足顾客的需要，则认为该过程是有效果的；如果这一效果是通过最小的成本实现的，则可以说该过程是有效率的；如果随着时间的推移，该过程面对种种变化仍能够实现效果和效率，则该过程就是具有适应性的。

二、职能与过程——两种组织观

传统上，绝大多数组织都是按照职能分工的原则来组织活动的。组织划分为各种职能部门，一项任务或活动分散在若干不同的职能部门中协作完成，具有相同技能和知识背景的人员集中在同一部门中从事同种类型的工作。这是一种专业化的、纵向分割的方式，如图 6 - 2 所示。在工业经济时代，这是一种有效的组织社会活动的方式。其优势在于能够发挥规模经济效益，有利于专门知识的积累、同行之间的交流和专业人才的培养。

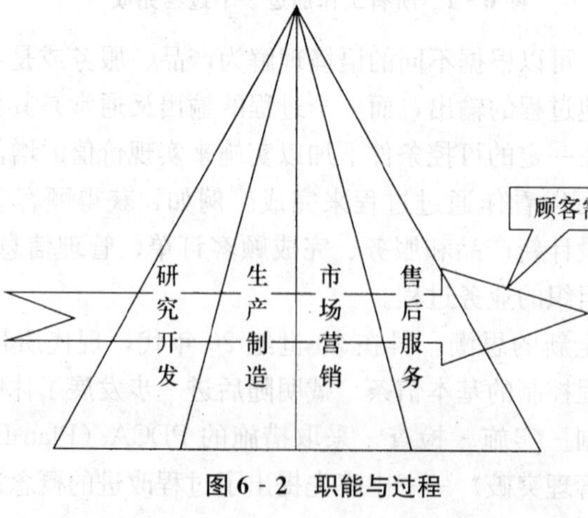

图 6 - 2　职能与过程

随着组织所面临的社会经济环境的剧烈变化以及伴之而来的竞争压力的日益增大，传统的以职能分工为基础的组织形式越来越不尽如人意。这种方式的最大弱点在于横向的协调性差，一个个职能部门犹如一个个林立的“碉堡”，每个部门都只关注自己所分担的那一块任务，每个部门中的人都在努力追求本部门利益的最大化，但没有人为整体负责，没有人为顾客的需要负责。如果说这种方式在一个相对稳定、以短缺为主要特征的经济环境中曾经非常有效的话，在今天这种顾客主导的、变化无常而又竞争激烈的经济环境中就再也难以发挥作用了。

正是在这种背景下，过程的观点应运而生。过程观点强调的是，组织实际上是如何跨部门和职能去“做那些应当去做的事”的，是说明组织为顾客创造价值时是如何工作的，而不是如何构成的。

经验表明，组织目标的实现在很大程度上取决于那些大而复杂的跨职能业务过程，如产品计划、产品开发、原料采购、零件分销等。这些业务过程如果长期得不到管理，就必然会变得过时、过载、累赘，成本过高，定义不当，不能适应持续变化的环境的要求。

三、过程的描述

要对过程进行管理，首先就必须对过程加以认识。这意味着既要从整体上把握构成组织的主要过程，还要能够对单个的过程加以剖析和描述。前者是通过描述组织整体的核心过程图（Core Processes Map）来进行的，后者则要借助于描述单个过程的流程图（Flow Chart）。

1. 核心过程图

核心过程图是从过程的角度对组织活动的图示，正如用组织结构图对组织构成进行静态描述一样。近年来，许多组织着力于从过程的角度对自己加以描述，以控制和改进其核心过程。图 6-3 便是一个典型的核心过程图的示例。与核心过程图相比，传统的组织结构图显示的是公司是如何构成的，人们在这个层级结构中处于何处，但其中没有顾客或市场的位置，没有反映出组织的不同部门是如何互相协作为顾客创造价值的。

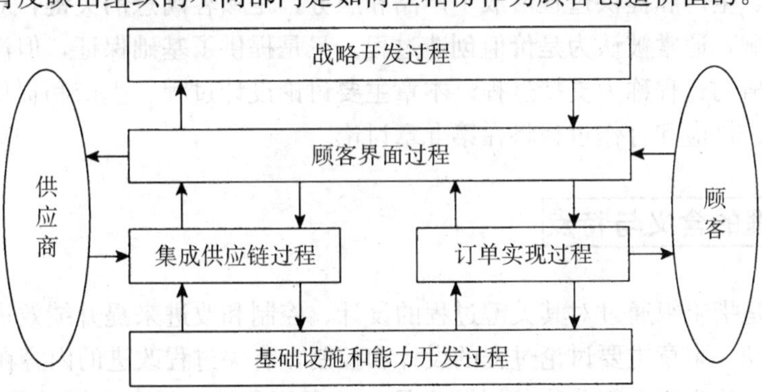

图 6-3　一个典型的核心过程图

2. 流程图

对单个过程的认识常常要借助于一个具有普遍性的工具，这便是流程图。流程图也有多种形式，图 6-4 是一个流程图的示例。

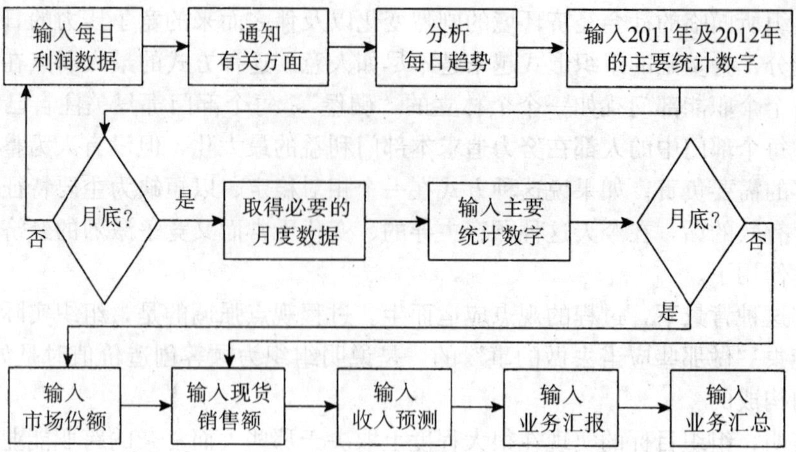

图 6-4　流程图

四、核心过程的类型

虽然不同的组织对其核心过程可以有不同的描述，但大多数组织的核心过程都包括了以下这几种主要类型：

(1) 设计过程。把顾客需要、新技术和过去的知识整合起来形成产品和服务规范的过程。

(2) 生产和提供过程。指生产产品或提供服务的活动过程。

(3) 支持过程。为其他核心过程提供基础保证的过程，如技术信息系统、人力资源、行政服务、法律、财务等。

(4) 供应和合作过程。指与外部交互的过程。供应合作者除了提供零部件的供方之外，还包括分销商，运输业者，信息、保健和教育提供者等。

设计过程、生产和提供过程形成了产品和服务，是顾客满意的关键，对组织战略目标有着主要的影响，通常被认为是价值创造过程。只是提供了基础保证，但没有为产品和服务直接增加价值的过程称为支持过程。本章主要讨论设计过程、生产和提供过程，以及支持过程等内容，供应和合作过程将在第九章讨论。

五、过程管理的含义与特点

过程管理是指组织通过对其关键过程的设计、控制和改进来提升绩效进而实现顾客满意的系统性活动。本章主要讨论过程的设计和控制，有关过程改进的内容在第七章讨论。

戴明和朱兰认为绝大部分质量问题都是与过程相关的，很少有问题是由员工造成的。管理当局的责任就是通过与员工的合作，来设计并持续改进人们工作的过程。过程管理有助于避免缺陷和差错，消除浪费和冗余，从而通过更短的运转周期、更大的灵活性和更快的顾客响应，实现更好的质量和更高的绩效。过程管理已经成为当今几乎所有的先进组织的基本业务活动。

在过程管理活动中，通常由称为“过程所有者”的个人或群体对过程的绩效负责，他们同时拥有管理和改进这些过程的职权。过程所有者可以是管理跨职能过程的高层管理者，也可以是车间里负责一个生产单元或流水线工位的工人。通过任命过程的所有者，确保了对于过程的管理和优化是有人负责的。

那些在质量和顾客满意方面领先的组织在过程管理上通常具有如下一些特点：

• 识别组织中重要的价值创造过程和支持过程，对这些过程文件化并加以持续的维护和管理。

• 产品和服务的设计以顾客的要求为基础，并充分考虑与制造或服务过程的要求、供应商的能力、法律及环境问题等因素之间的关系。

• 在开发过程中应用适当的工程方法和定量方法，确保将质量从一开始就融入产品和服务当中。

• 通过加强产品开发过程中的跨部门沟通来缩短开发时间，确保产品和服务顺利投产。

• 明确对供应商的绩效要求并与关键的供应商和其他机构形成伙伴关系。

• 控制关键过程，运用系统的方法来识别显著变异，找出问题根源，进行纠正并验证结果。

• 持续改进过程，以实现更高的质量、更短的周期和更好的运营绩效。

• 采用诸如标杆分析、再造之类的方法来进行创新，以实现突破性的绩效。

第二节 产品设计过程

今天的组织面临着前所未有的压力，顾客在要求高质量的同时还要求更低的成本，法律和环境方面的要求日益严苛，产品生命周期不断缩短。应对这些挑战的能力在很大程度上取决于组织在产品设计方面的能力。许多公司都有某种结构化的产品开发过程。当然，这里的设计过程并不限于硬件产品，同样也适用于服务。

一、产品设计的阶段

典型的产品开发过程一般包括以下六个阶段：

(1) 提出创意。产品创意当然要体现顾客的需要和期望，但真正的创新常常超越了消费者所表述的欲望。智能手机就是典型的例子。

(2) 初步概念开发。对新创意进行可行性研究，要回答如下问题：产品是否满足顾客要求？能否在保证高质量的前提下经济地生产？应当测量哪些产品特性？在这方面有一个著名的工具就是质量机能展开，将在第四节讨论。

(3) 产品/过程开发。通过概念阶段后，就要评估备选设计方案和确定材料、零部件的工程规格。这通常包括原型测试、设计评审等环节。产品设计完成后，就要开发、测试和标准化其生产过程并进行试生产。

(4) 量产。如果没有严重的问题，就会进入正式的量产阶段。

(5) 市场导入。将产品配送到顾客手中。

（6）市场评估。根据市场评估和顾客反馈来推动持续改进。

产品开发过程会对产品成本、可生产性和质量产生重大影响，在开发过程中需要统筹考虑，此外消费品的安全性、环保等也是产品开发过程中应着重考虑的问题。

二、设计评审

设计评审是指为了评价设计满足质量要求的能力，识别问题（若有问题还要提出解决办法），而对设计所作的系统性的检查。产品设计过程用于把顾客需要转化为材料、产品和过程的技术规范，因此，应围绕满足顾客需要、产品规范。确保产品满足规定要求等方面进行评审，以保证把顾客的声音（真实需要）传递下去。

与设计评审相关的概念还有设计验证和设计确认。设计验证是指对设计活动所进行的检查，以确定设计达到了规定要求。设计确认是对最终产品在规定的使用条件下进行的，主要是为了确定该产品达到了顾客要求，满足了顾客的需要。

设计评审通常划分为以下几个阶段：

（1）初期评审。初期评审是设计工作的基础和起点，要求对方案做出概略的分析和论证工作，偏重于对技术理论、设计原理以及技术经济效果和实现技术方案的可能性等方面的论证和评审。

（2）中期评审。指从设计开始至设计定型之前的评审工作，其特点是具体、深入、仔细，目的是验证产品设计的正确性。中期评审包括：1）理论验证。把方案的技术条件，通过公式进行计算，验证设计的科学性。2）模型验证。把有希望的方案制成模型进行试验，取得初步资料。3）样机验证。把有希望的极少数方案制成样机进行验证。

（3）终期评审。指在新产品样机制成之后进行的评审。重点审查新产品各项性能指标与生产成本是否符合原定要求。终期评审的主要形式是设计定型鉴定和生产定型鉴定。

（4）销售准备状态评审。这是确定组织是否有提供新产品或重新设计产品的能力。评审的内容主要包括：安装、操作、维护和修理手册是否齐全并适用；销售和售后服务；现场人员培训；备件提供情况；现场试用情况；完成鉴定试验情况；早期产品及其包装和标签的实际检验情况；生产设备的过程能力符合规范的证据。

（5）设计再鉴定，也称事后评审。包括根据现场使用情况或新工艺和新技术，对顾客的需要和技术规范进行复审。

（6）设计更改控制。为使设计更改得以有效的控制，必须制定设计更改程序，对必要的批准手续、执行更改的地点时间、收回作废的图样和规范以及在指定的时间地点对更改进行验证等做出规定。

第三节　过程的设计与控制

产品和服务的设计完成后，要通过适当的转化过程才能把设计方案转化为满足顾客需要的现实的产品和服务。为了能够持续产出高质量的产品和服务，还必须对这一转化过程进行必要的监测和调控。前者涉及的是过程的设计，后者涉及的则是过程的控制。

一、过程的设计

过程是产出产品和服务的所有活动的集合。产品和服务是通过过程来实现的。过程的设计对于产品和服务的成本、柔性和质量有着重要的影响。有了标准化的过程，才能够产出具有一致性的输出。过程的设计始于该过程的所有者。过程所有者可以是个人、团队、部门或跨部门的团队。过程设计的一般思路包括如下几个步骤：

（1）识别产品或服务：我做的是什么？

（2）识别顾客：为谁而做的？

（3）识别供应商：为了实现我的产品或服务，我需要什么？从哪里获得？

（4）识别过程：需要完成哪些步骤或任务？每一步的输入和输出是什么？

（5）防止过程中的差错：如何省略或简化步骤？采取什么样的防错措施？

（6）测量、控制及改进过程：如何评价？如何改进？

步骤1至3回答了诸如“该过程的目的是什么”、“该过程为谁服务”以及“过程中的基本输入是什么”这些问题，步骤4则涉及实际的过程设计。步骤5关注的是使过程有效率有质量。步骤6保证了过程会被监视和控制以达到要求的水平，这包括收集过程的测量数据和顾客的反馈，并以此来控制和改进过程。

过程设计明确了过程运作的规范，确定了生产产品或提供服务的过程中的详细步骤，即那些增加价值的活动和特定任务。过程的设计通常以流程图的形式表现出来。

二、服务过程设计的特殊性

与生产有形产品的过程相比，提供服务的过程在设计上有着特殊性。首先，服务过程的产出不能像产品那样很好地定义。例如，尽管所有的中餐馆都提供类似的有形产品，如炒菜、主食等，但餐馆间的真正差异在于它们提供的服务是不一样的。其次，大部分的服务过程包含了与顾客的互动，使得更容易识别顾客的期望和需要。再次，顾客在很多情况下并不能确定他们的服务需要，除非经过了参考和比较。

服务过程包括内部活动过程和外部活动过程，这是使服务过程的设计复杂化的因素之一。例如，顾客在某家银行感受到的服务差可能是由于柜员的说话方式不当，也可能是由于银行的信息系统故障所造成的。服务过程的设计必须注重第一次就把事情做对，最大限度地减少过程的复杂性，避免因人员疏忽而造成差错，尤其是在与顾客的互动中。

三、过程的控制

控制就是使事情按计划进行，就是纠偏，就是纠正实际执行情况与所计划的理想状态之间的偏差。过程控制之所以重要主要有以下两个原因：首先，过程控制是对过程进行日常管理的基础；其次，如果不能使过程处于控制状态下，就谈不上长期的改进。

所有的控制系统都有三个组成部分：(1) 控制的标准；(2) 测量方法；(3) 采取纠正措施，消除偏离标准和计划的情况。控制标准在计划和设计过程中制定。它们指明了需要完成什么。这些标准由可测量的质量特性反映出来，如机器零件的尺寸、缺陷产品的数量、顾客的抱怨或等待时间等。测量提供了关于实际完成情况的信息，然后由相应的人员评价实际结果是否符合了标准。如果没有，就要采取纠正措施。短期的纠正活动应当由过程所有者和负责该项工作的人员来实施，如机器操作工、订单承担者等。长期的改正活动是管理层的责任。朱兰和戴明认为质量问题的85%左右是管理者可控的，而只有15%左右的质量问题是一般员工可以控制的。

第四节　质量机能展开

传统产品设计过程中的一个主要问题是顾客和工程师使用不同的语言。例如顾客表达的需要是轿车容易启动，工程师将顾客需要转换成技术语言就成为“轿车在3秒钟内启动”。在顾客需要的转换过程中，需要有科学有效的程序和方法，唯其如此，才能把顾客需要最终转化成顾客期望的产品或服务。质量机能展开就是一种这样的方法。

一、质量机能展开及其用途

QFD (Quality Function Deployment) 即质量机能展开，是用一系列矩阵把顾客需要转换成产品技术需要、过程控制计划和操作规范的过程方法。换句话说，QFD就是以顾客为导向来指导产品的设计、生产和营销，它使得每个设计、生产和控制的决策都能够满足顾客的需要。该方法最早由日本企业开发和使用。QFD中的一系列矩阵被形象地称为质量屋，每个质量屋的结构都十分相似，如图6-5所示。QFD通过这一系列相互链接的质量屋，实现“顾客需要—技术要求—部件特性—过程特性—控制计划”的转化。

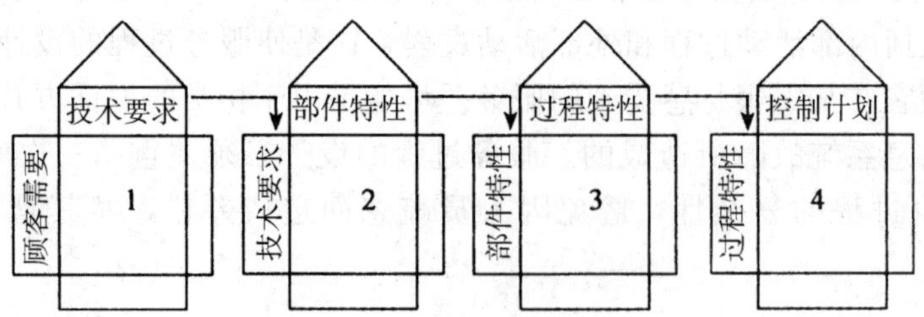

图6-5　QFD系列矩阵

二、质量机能展开的过程

下面以第一个质量屋为例来对 QFD 加以详细说明。第一个质量屋的内容构成如图 6-6 所示，包括顾客需要矩阵、技术要求矩阵、位于中央的两项要求的主相关矩阵、顶部的技术要求相关矩阵、两个优先权排序矩阵和竞争性评价矩阵。完成第一个质量屋一般需要以下六个基本步骤：

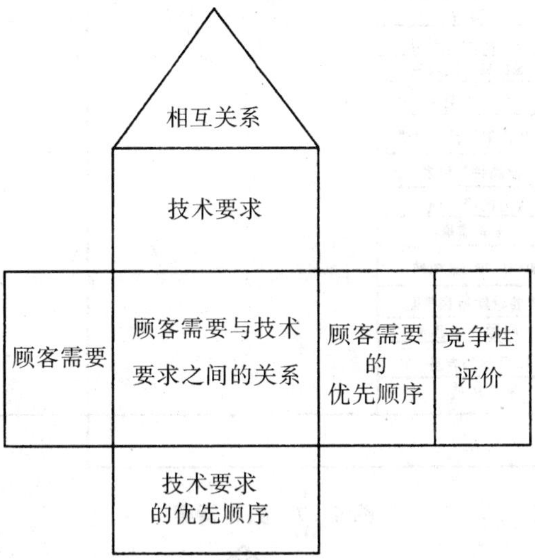

图 6-6　质量屋

第一步，识别顾客需要。

QFD 的初始输入是顾客的声音，也就是顾客的真实需要。QFD 的最关键也是最困难的环节就是了解顾客的真实需要和期望。图 6-7 表示在设计一个健康中心时，通过电话调查或集中小组等方式收集整理的顾客对于该健康中心所提出的各种需要。这些需要分为 5 类：各种项目与活动、设施、氛围、工作人员以及其他。

第二步，识别技术要求。

以产品和服务设计为依据，提出技术要求清单。技术要求是用设计师和工程师的语言描述顾客需要，是用“如何”的方式对顾客的“什么”做出反应。技术要求用能够测量的设计特性加以表示。对于健康中心而言，设计特性包括项目提供、设施类型、项目时间、工作人员计划、费用结构等，如图 6-8 所示。

第三步，开发顾客需要和技术要求的关系矩阵。

顾客需要列在矩阵左边，技术要求列在矩阵上方。正如矩阵上方表明的技术要求之间的关系一样，矩阵中间表示了技术要求是否与顾客需要相对应。两者之间的关系评价通常依据专家经验、顾客反应以及可控实验等进行。

如果顾客需要和技术要求之间有强相关但没有反映出来，则意味着顾客需要没有引起重视或者设计没有满足顾客需要；同样，技术要求对顾客需要没有产生任何影响，则意味着设计存在冗余或者是设计中遗漏了顾客需要。图 6-9 表示了顾客需要和技术要求之间的相关程度。

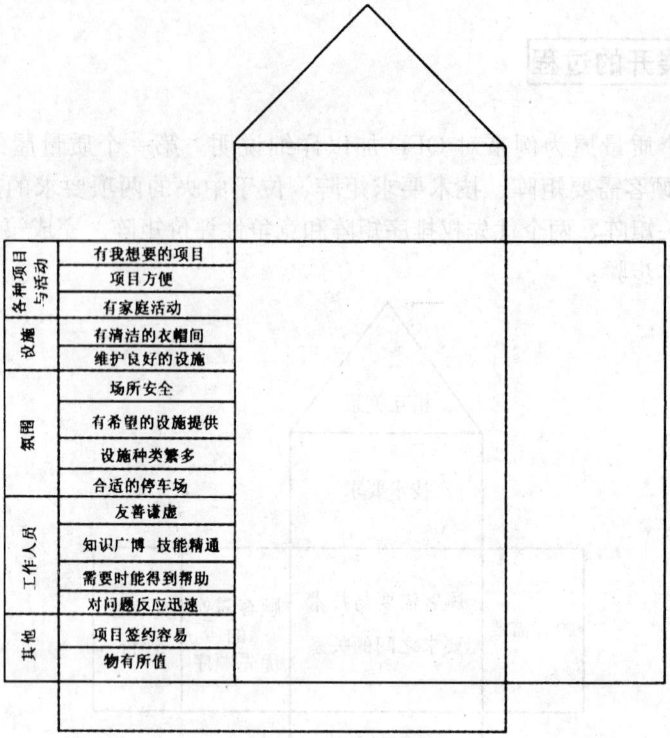

图 6-7　顾客需要

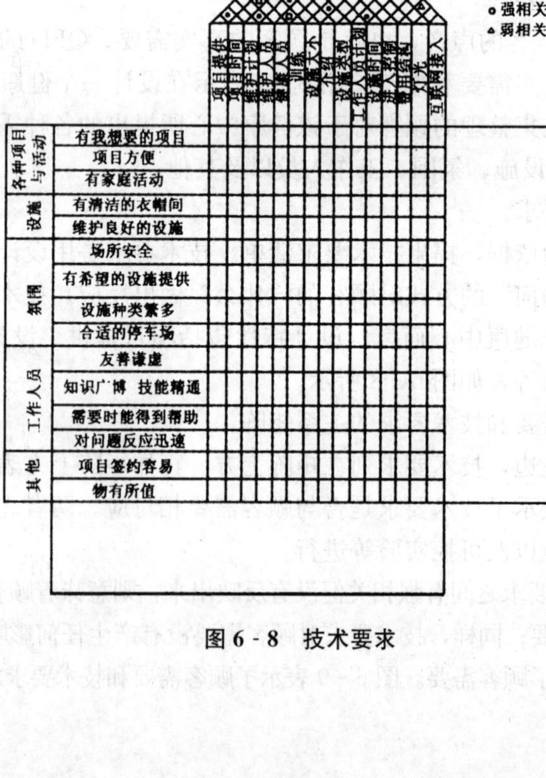

图 6-8　技术要求

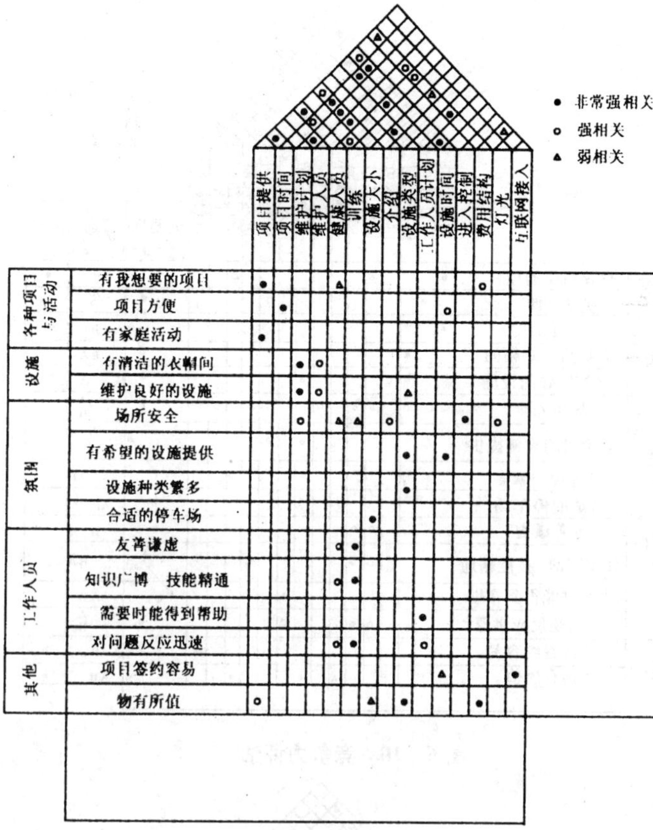

图 6 - 9　关系矩阵

第四步，增加竞争对手的评价和主要卖点。

该步骤主要是识别顾客需要的重要性排序，并针对顾客需要竞争对手提供的产品和服务进行评价（见图 6 - 10）。顾客重要性排序表示了顾客最关心的领域和期望。竞争性评价指出了竞争产品的绝对优势和劣势。在该步骤中，设计者能够发现改进机会，同时把 QFD 与公司的战略愿景联系起来，提出设计过程的优先顺序。例如，如果竞争对手的产品在顾客需要方面的评价很低，那么集中满足这方面需要，就可以获得竞争优势。

第五步，评价竞争产品和服务的技术要求并提出目标。

本步骤通过集思广益或者产品试验等方法，形成可以测量的评价项目。这些评价项目与顾客需要相比较，从而确定顾客需要和技术要求的一致性。如果发现比较的产品恰恰满足了顾客的需要，但相关的技术要求的评价却是另一码事，那么或者是测量有误，或者是产品形象有差异（相对于竞争对手而言或者是优势或者是劣势）。根据顾客重要性排序和现有产品的优劣势，针对每个技术要求设立目标，如图 6 - 11 所示。例如顾客对项目和家庭参与活动评价很高，而竞争对手在这方面的评价很低，那么就此设立目标将有助于满足顾客的关键需要，从而形成竞争优势。

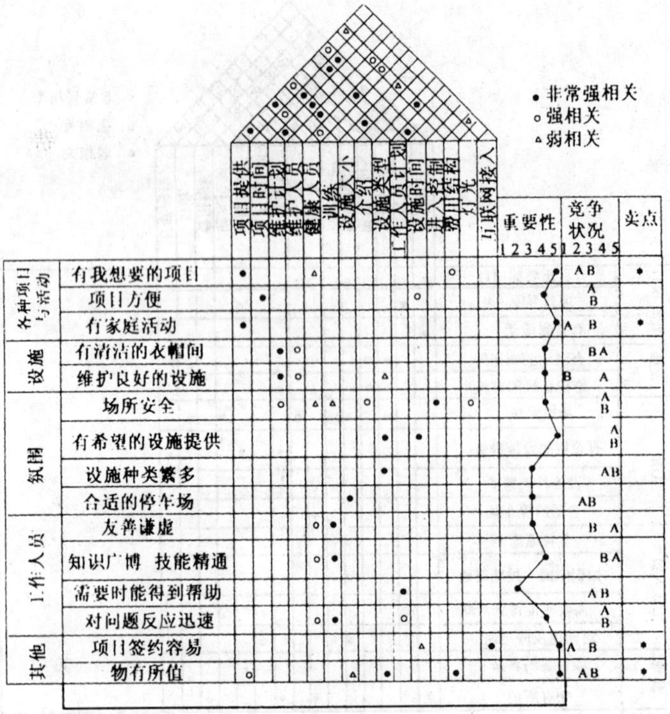

图 6-10 竞争力评估

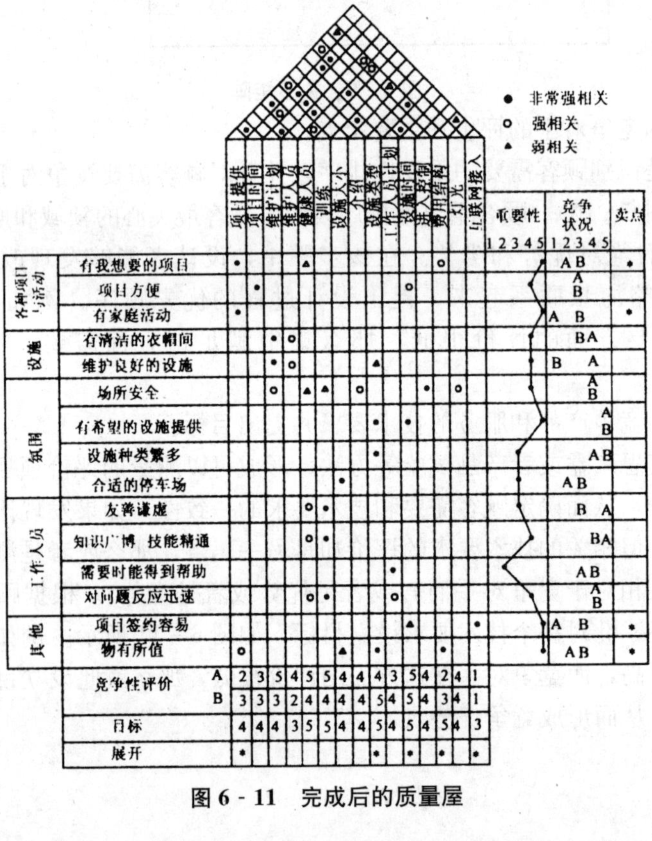

图 6-11 完成后的质量屋

第六步，选择在后续过程中将要展开的技术要求。

在第一个矩阵中要识别出与顾客需要有很强关系但竞争绩效不佳，或者有卖点的技术要求。这些技术要求代表顾客的声音，因此顺序最优先，需要在后续的设计和生产过程中加以展开。例如，第一个矩阵中的项目提供、设施类型、设施时间、费用结构以及互联网接入等都被判定为关键项目。

质量屋为了解顾客需要提供了一种重要工具，也给上层管理者提供了战略方向。前面展开的是 QFD 的第一个质量屋，顾客的需要还必须继续传递，通过其他三个质量屋依次把顾客需要传递到部件特性、过程特性和控制计划上去。

本章小结

本章主要讨论有关过程管理的主要内容。过程概念是当代质量管理乃至企业管理中最为重要的概念之一。本章第一节介绍了过程的含义、过程与职能的关系、过程描述的方法、核心过程的类型以及过程管理的含义与特点。第二节讨论了产品设计的过程，介绍了产品设计的主要阶段以及设计评审方法。第三节讨论了有关过程的设计和控制方面的内容，重点分析了服务过程设计的特殊性。第四节介绍了质量机能展开（QFD）这一产品和过程开发过程中的常用工具。

复习思考题

1. ISO9000 标准中过程的定义是什么？
2. 石川馨是如何描述过程这一概念的？
3. 衡量过程的质量可以从哪几个方面来进行？
4. 简要讨论“职能与过程”这两种组织观的区别。
5. 有哪些工具能对组织的过程加以描述？
6. 什么是过程管理？
7. 典型的产品开发过程一般包括哪几个阶段？
8. 什么是设计评审？
9. 设计评审通常划分为哪几个阶段？
10. 过程设计的一般思路包括哪些步骤？
11. 服务过程的设计有哪些特殊性？
12. 控制系统有哪几个组成部分？
13. 什么是质量机能展开？

案例

丽思·卡尔顿酒店

丽思·卡尔顿酒店公司（The Ritz-Carlton Hotel Company）是世界知名的高端酒店

集团。凭借卓越的服务、管理以及对质量的不懈追求，丽思·卡尔顿酒店公司获得了无数的服务业和权威消费者组织颁发的大奖，是第一个也是唯一一个两次荣获美国国家质量奖的酒店集团。

酒店业的质量改进有两种不同的做法。第一种做法把重点放在发展积极的雇员与客人间的关系方面。这种方式要求首先选拔在建立积极的人际关系方面具有突出才能的雇员，然后通过培训来进一步培养这种能力。这种做法被称为“由里及表的改进策略”。

第二种做法是重新设计服务提供过程来强化对顾客的关注。这种做法要取得成功，就必须有团队合作和员工参与。这类做法可以改善员工的自豪感和投入精神，提高管理效率以及促进顾客的忠诚，被称为“由表及里”（即着重于提高过程的能力）策略。

密歇根州迪尔本的丽思·卡尔顿酒店通过开展改进活动来弥补客房的缺陷，同时提高房间清洁和补给的生产率。一个跨部门的团队在顾问的指导下重新设计了房间整理的过程，再设计是基于以下的数据：(1) 清洁及补给的缺陷；(2) 运转周期；(3) 雇员的走动时间。新的过程的改进如表 6 - 1 所示。

表 6 - 1　　客房整理过程的改进

过程特征	以前的做法	现在的做法	得到的益处
提供干净单罩卧具到客房区	干净用品从洗衣房“推”到客房区储物点	干净用品根据预测从洗衣房“拉”出	较少的库存需求 没有备品不足 减少耽搁的时间
客房清理和补给的次序	员工随意	基于客人要求的总清洁计划表	减少前台耽搁的时间 更少的房间分配缺陷
	房间清理与迷你酒吧的补给是分割开的	迷你酒吧补给与房间清理结合起来	降低劳动成本 减少对客人的打扰
	一名服务员逐步完成各项工作	并行团队的做法	职位丰富化 更少的疏忽差错
质量的控制	100%的检验	自我检验和随机审核	提高了员工注意力和责任感
质量的改进	非正式的	员工参与的正式过程	缺陷率降低 50% 职工走动时间降低 10% 生产率提高了 25% 雇员满意度从 75% 提高到 91%

弗吉尼亚州泰森斯科纳（Tysons Corner）的丽思·卡尔顿酒店在两年内把所有工作领域从传统的等级制转化成了自我导向的工作团队。为了避免团队过度强调自己在组织中的作用，酒店把各个自我导向的团队联结成为 5 个无缝隙的过程团队。这些过程团队是依据顾客与酒店的不同联系方式而构建的：(1) 抵达前团队；(2) 入住、停留和起程团队；(3) 饮食服务团队；(4) 宴会服务团队；(5) 工程和保安团队。由于这些努力，酒店在质量、生产率和利润方面取得了显著的改进。

思考：

丽思·卡尔顿酒店的质量改进有何特点？

第七章　质量改进

在现代的经营环境中，竞争呈现出日益加剧的趋势，顾客的需要和期望也处在持续的变化之中。持续不断的质量改进已经成为组织在激烈的竞争中生存和发展的关键。本章主要介绍质量改进的内涵、意义以及常用的质量改进方法。

第一节　质量改进概述

在过去的半个多世纪中，质量改进成为管理领域中最受关注的领域之一。有关质量改进的著述、文献可以说是汗牛充栋，全球各类组织在质量改进方面的实践也是精彩纷呈。

一、质量改进的含义与特点

在 ISO9000：2015《质量管理体系——基础和术语》标准中，质量改进的定义为："质量改进：质量管理的一部分，致力于增强满足质量要求的能力。"该标准还对定义中的"要求"进行了解释，即"质量要求可以是有关任何方面的，如有效性、效率或可追溯性"。从这一定义中可以看出，质量改进是质量管理活动的组成部分，是着重于增强满足质量要求的能力的那些质量管理活动。

朱兰将质量改进描述为"有组织地取得的良性改变；前所未有的绩效水平的实现"。他认为，组织有两种方式的良性改变。一是通过改进"产品特性"来增进顾客满意，这通常是通过质量计划活动来实现的；二是通过弥补"缺陷"来减少慢性浪费和消除顾客不满，这主要通过揭示原因并采取纠正措施的方法来实现。这种旨在减少慢性浪费的活动便是通常所讲的质量改进。改进也常被称为突破。

质量改进活动具有如下特点：

1. 质量改进不同于质量控制

质量控制致力于满足质量要求，强调的是维持而不是突破。从图 7 - 1 可以看出，当

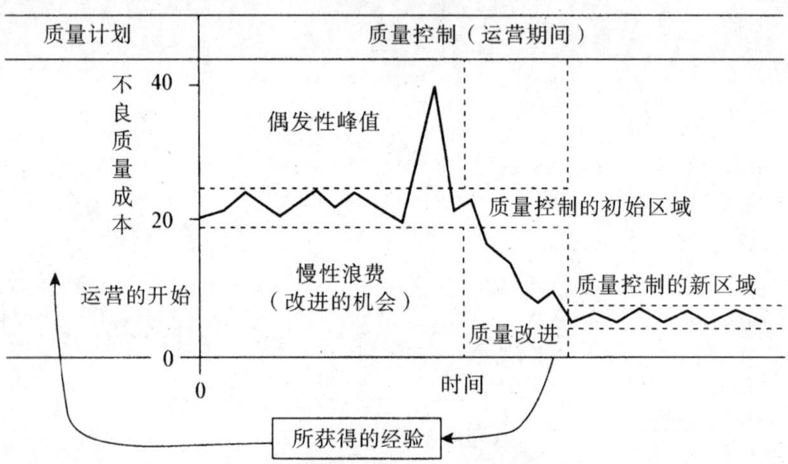

图 7 - 1　质量改进与质量控制

出现由于意外原因导致的“偶发性峰值”时（40%），组织通过“排除故障”或采取“纠正行动”使其恢复到原有的水平（23%）。这样的行动就是质量控制，我们通常称之为“灭火”。但是，固化在过程中的慢性浪费往往被人们所忽视，因为“设计便是如此”。如果能够解决这样的慢性问题，组织就能够实现较大的突破。图 7-1 表明该组织通过质量改进将这一慢性浪费减少到 5%，从而达到了前所未有的绩效水平，实现了突破。

2. 质量改进是以项目的方式实施的

质量改进是以一个一个项目的方式进行的。组织通过分析所存在的慢性、系统性问题，并依据帕雷托原理确定改进的优先顺序，确立质量改进项目计划。一个项目一旦启动，就需要组建团队并配置资源。团队依据特定的工作流程，运用适宜的工具和方法来实施改进，直至使项目所针对的慢性问题得到解决。这意味着组织满足质量要求的能力有了一定程度的突破。为了在竞争的压力下生存和成功，组织必须持续地推动质量改进项目的开展。

3. 质量改进是普遍适用的

过去几十年的实践表明，质量改进不仅适用于制造业，而且适用于服务业；不仅适用于生产过程，而且适用于其他业务活动；不仅适用于硬件，而且适用于软件。质量改进不仅成功地被应用于企业的所有职能领域，如财务、研发、市场营销等，而且被应用到包括政府、教育和医疗等领域在内的几乎所有的产业中。

4. 质量改进是无止境的

首先，顾客的需求是无止境的。组织需要不断地开发新产品、实施新计划，这也带来了新的问题、新的浪费，需要通过不断地改进予以解决。其次，人的创造性是没有极限的，总是能找到更好的方法将事情做得更好。例如，丰田汽车公司的 8 万名员工每年要提出 400 万条改进建议。

5. 质量改进是需要付出成本的

质量改进成果的取得需要付出多方面的努力，这包括在组织内建立基本的制度来动员资源，如设立目标、项目选择、责任分配、项目进展情况追踪等。人们通过培训能够了解如何在改进团队中工作，以及如何使用改进工具等。进行诊断，找出慢性浪费的原因并“治疗”等工作都需要相当的花费。但是，相对于其取得的成果来看，质量改进的投资回报率很高。减少慢性浪费的改进活动通常不需要资本的支出，主要的投入是质量改进团队的时间。

6. 质量改进的成果主要来自关键的少数项目

实践证明，大部分的可衡量的成果都来自一小部分质量改进项目，即那些关键的少数项目。这样的项目通常是跨部门的项目，需要跨部门的团队来实施。与之相对的则是次要的多数项目。尽管这些项目在数量上占绝大多数，但是从改进的效果来看往往要比关键的少数项目差若干个数量级。

二、戴明环（PDCA 循环）

戴明环是最为经典、影响最为广泛的质量改进工具之一。它最初是由统计质量管理的先驱者休哈特博士提出的，戴明在 20 世纪 50 年代将之介绍到了日本，故被日本人称为戴明环并得到了广泛的应用。这一循环包括四个阶段，即计划（Plan）、实施（Do）、学习（Study）和行动（Action），如图 7 - 2 所示。

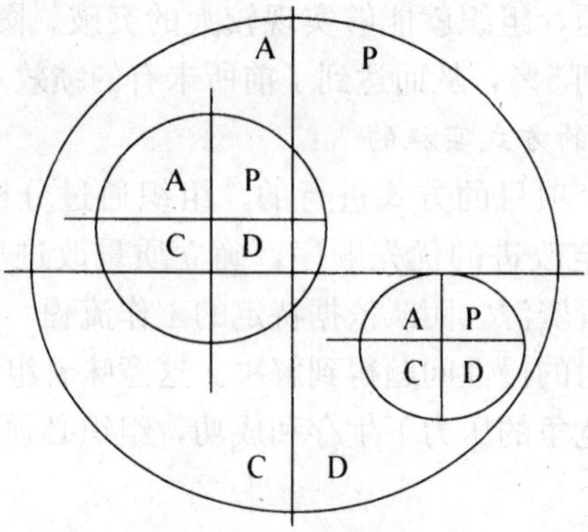

大环套小环，小环保大环

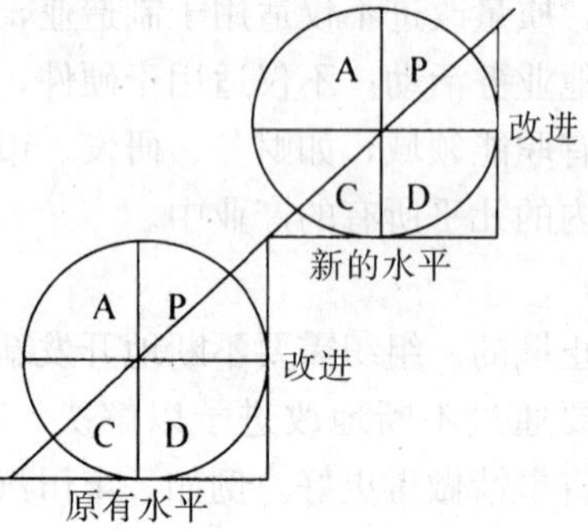

图 7 - 2　戴明环

需要说明的是，第三阶段的"学习"最初被称为"检查"（check），因此戴明环也被称为 PDCA 循环。戴明在 20 世纪 90 年代对此作了修改，他认为使用"学习"这个词更为恰当，因为"检查"这个词丢掉了一些东西。然而，目前使用得最为广泛的说法还是 PDCA 循环。

在计划阶段（P），要了解现状并描述过程，这包括确定输入、输出、顾客和供方，理解顾客的期望，收集数据，识别问题以及开发解决方案和行动方案等。

在实施阶段（D），对计划阶段形成的行动方案进行验证，并予以实施。验证可以采用实验、试生产，或者由一小组顾客进行评价的方法。这些方法都能够用来评价一个解决方案的提案并提供客观数据。

学习阶段（S）是考察计划是否运作良好的过程，包括评价结果、记录经验教训，以及决定是否需要关注更进一步的问题或机会。考察的结果若是意味着解决方案必须被修订或废弃，则需要再回到计划阶段提出新的解决方案，并予以实施。若通过考察认为该方案运作良好，则进入最后一个阶段。

最后一个阶段是行动（A），是使改进标准化的过程。在这一阶段，最后的方案被转化为制度和规范，在整个组织中被作为最佳实践来推行。

行动阶段的结束并不意味着改进过程的结束，质量改进没有止境，组织又需要重新回到计划阶段开始寻找其他的改进机会。这个过程循环往复，没有止境。正是从这个意义上而言，持续改进是一场没有终点的竞赛。

三、朱兰质量改进程序

朱兰强调组织应当形成常年改进质量和降低质量成本的习惯。朱兰用“突破”这一概念来描述旨在实现前所未有的绩效水平的改进活动。朱兰认为所有的突破都是通过一个普遍的活动程序来实现的，这一程序包括了以下的环节：

1. 提出证据

高层管理者需要用证据来认识质量改进的经济效果。通过收集数据，将质量成本、生产率或服务缺陷方面的信息转换为货币的语言，以使高层管理者了解状况，从而证明投入资源开展质量改进的必要性。

2. 确定项目

所有的突破都是通过项目的方式实现的。借助于项目的方式，管理层提供了一个公开的论坛，从而有利于将抵制或责难的氛围转变为建设性的行动。参与项目本身也提高了参加者为结果而努力的可能性。

3. 建立团队

改进项目是由团队来承担的。项目团队要职责明确，无论何种类型的团队都需要对项目的目标、团队的权限以及拟实施的战略等问题取得一致的意见。

4. 实施诊断

这一阶段需要广泛使用数据收集、统计以及其他问题解决工具。由于项目性质的不同，有些项目需要全职的、专门的专家，而有些则由一般的工作人员就能完成。

5. 进行治疗

治疗历程包括选择总成本最优的备选方案、实施方案、处理变革阻力等。

6. 保持成果

此阶段包括建立新的标准和程序、训练工作人员以及实施控制措施，确保所实现的突破不会随着时间的流逝而丧失。

朱兰质量改进程序得到了广泛的认同和普及。例如，施乐公司在英国的一家工厂通过使用朱兰质量改进程序将质量成本降低了30%～40%。

四、成功组织的改进实践

人们在长期的质量改进实践中总结出了许多有价值的经验。那些成功的组织尤其给人们提供了很多的启迪。通过对诸多的成功组织所采取的举措的分析，可以看出它们中的绝大多数都采取了以下的举措：

（1）组织的所有层次都要设立质量改进目标。

（2）确立持续改进过程或程序。

(3) 在所有业务过程中实施质量改进。

(4) 全员质量培训。

(5) 向员工充分授权，促进他们参与质量改进活动。

(6) 建立衡量进展情况的评价指标。

(7) 管理层定期评审改进目标的达成情况。

(8) 设立奖励表彰制度。

(9) 修改薪酬制度以鼓励质量改进。

第二节 六西格玛管理

六西格玛管理是近年来最受关注的质量改进方法。这种活动受到了国内外企业的争先追捧，关于开展六西格玛管理使企业获得巨大收益的报道层出不穷。六西格玛管理的广泛开展对当代的企业管理产生了重要的影响。

一、六西格玛的起源及其发展

六西格玛管理作为一种持续改进产品和服务质量的方法，最早起源于美国摩托罗拉公司。20 世纪 70 年代后期，在日本企业的强大攻势下，几乎所有的美国产业都面临着巨大的竞争压力。在这种形势下，摩托罗拉公司从 1980 年开始了“质量振兴计划”，内容包括加快产品开发、大幅度提高产品质量以及通过调整生产过程来降低成本等，希望以此来提升企业的竞争力，从而能够同竞争对手抗衡。这一计划的核心构成便是所谓的六西格玛管理活动，这一活动成为摩托罗拉在全公司范围内实施的质量改进活动。六西格玛管理在摩托罗拉的实践成果显著，该公司在 1988 年荣获了美国马尔科姆·波多里奇国家质量奖。

摩托罗拉的成功引起了许多其他的公司的注意，后来，许多著名企业如通用电器、爱立信、IBM、ABB、索尼、DEC、柯达等也纷纷开展了这一活动，都取得了很大的成绩。其中尤以通用电器的成果最为显著。

二、六西格玛管理的测量指标

六西格玛管理活动体现了“只有能够衡量，才可以实施改进”的思想。基于这种认识，摩托罗拉公司在开发六西格玛管理方法时，首先确定了用以衡量企业各方面质量的一种通用的、可横向比较的测量尺度，在此基础上设定了企业质量改进的奋斗目标以及实现质量目标的一套系统化的步骤或程序。

为了能够实现改进，摩托罗拉公司创造性地引入了一个衡量质量的通用指标，称为“百万机会缺陷数”（Defects Per Million Opportunity，DPMO）。这里的缺陷是指所有导致顾客不满的情况。单位缺陷数是指所衡量的每个单位对象（如一个产品、一个过程）出现的缺陷数。人们习惯上使用的衡量质量的指标通常是缺陷率、合格率等，但这些指标无法在不同产品、不同部门之间进行横向的比较。不同产品、不同种类的工作其复杂程度不同，在同样的工作质量下，对象越复杂，出错的机会也就越多，其缺陷率也就会越高；反之，出错的机会少，缺陷率也就会低一些。为了开发出可以横向比较的测量指标，摩托罗拉公司引入了一个“出错机会”的概念，用这一概念来表示每个单位对象出错的可能性。通过将缺陷数平均到每个出错机会上，就可以实现不同复杂程度的产品以及过程的比较，从而使得 DPMO 成为一个通用的衡量质量的尺度。

依据这一尺度，摩托罗拉公司确立了其质量改进的目标，这就是要将百万机会缺陷数（DPMO）降至 3.4。这个数字的意义可以理解为，如果面临着 100 万次出错的可能性的话，实际出错只允许有 3.4 次。

由于 DPMO 是一个比率，从而可以将之与正态曲线上的一定 σ（西格玛）范围内所包括的面积相对应，每一个 DPMO 的取值都可以用一个相应的西格玛值来表示，反之也一样。因此，可以用西格玛值来度量质量水平。四西格玛的质量水平对应着的 DPMO 为 6210，五西格玛的质量水平对应着的 DPMO 为 233，而六西格玛的质量水平便对应着 DPMO 为 3.4 这一目标。这也便是“六西格玛管理”这一名称的由来。可以认为，六西格玛质量水平达到了一种近乎完美的境界。

三、实现六西格玛目标的“六步法”

现代质量管理是通过对过程进行改进来实现高质量、低成本和高生产率的。实现六西格玛质量目标便是要对过程进行持续不断的改进。持续改进是通过六个步骤的循环来实现的。这六个步骤分别为：

1. 明确你所提供的产品或服务是什么

这里的“你”代表组织的过程链条上的任意一个环节，可以是一个部门、一道工序或一个团队等。这里的“产品或服务”指的便是这一特定环节的输出。通过这个步骤的活动，要明确你所提供的产品和服务是什么，同时也要确定测量你的产品或服务的单位。

2. 明确你的顾客是谁，他们的需要是什么

这里的顾客是指过程链上的“你”的下一个环节，你的产品或服务质量的优劣是由你的顾客来判定的。在这一步骤中，要明确你的顾客，明确顾客的关键需要，并要同顾客就这些关键需要达成共识。

3. 为了向顾客提供使他们满意的产品和服务，你需要什么

这是要明确为了满足你的顾客的需要，你需要什么？谁来满足你的需要？从过程链的角度来看，这是要明确你的上一个环节，以及为了使你能够满足顾客的需要，他们应当为你提供什么条件。

4. 明确你的过程

在这一步骤中，通常要借助流程图将过程的现状描绘出来。

5. 纠正过程中的错误、杜绝无用功

在上一步对过程的现状充分认识的基础上，分析过程中的错误和冗余，制定纠错后的理想流程图。

6. 对过程进行测量、分析、改进和控制，确保改进的持续进行

计算过程的DPMO及相应的西格玛水平，制订并实施用新过程取代旧过程的改进计划，将取得的成果与他人分享。通过周而复始地实施这六个步骤，企业就可以实现持续改进，逐步实现六西格玛质量水平。六西格玛管理的循环如图7-3所示，这一循环也称为MAIC循环。MAIC分别取自英文的Measure（测量）、Analyse（分析）、Control（控制）和Improve（改进）的字头。在后来的应用过程中，前五个步骤也被统称为"定义"（Define），故六西格玛管理也常被称为DMAIC。

图7-3 MAIC循环

六西格玛管理中蕴含着丰富的思想内涵。以顾客为中心、有效的领导、全员参与、面向过程的管理、持续改进、以事实为依据和互利互惠的组织间关系这些现代质量管理的基本原则在六西格玛管理活动中得到了充分的体现。

第三节 标杆分析

标杆分析也是一种常用的持续改进方法，在各种组织的管理实践中得到了广泛的应用，其对提升组织绩效所发挥的作用得到了普遍的认可。

一、标杆分析的含义与由来

标杆分析（Benchmarking）就是通过对比和分析先进组织的行事方式，对本组织的产品、服务、过程等关键的成功因素进行改进和变革，使之成为同业最佳的系统性过程。这种方法常常也被称为标杆管理、基准评价、典范借鉴、水平对比等。

标杆（Benchmark）一词原意是测量学中的"水准基点"，在此引申为在某一方面的"行事最佳者"或"同业之最"，也就是所要学习和超越的榜样。可以简单地认为，标杆分析是一种"比学赶超"的方法。

这种方法是美国施乐公司于20世纪70年代末首创的。当时，施乐公司在竞争对手的强大攻势下，市场地位不断下滑，处于一种危机重重的境地。通过全面开展这一活动，施乐公司的竞争地位得到了恢复，并于1989年荣获了美国国家质量奖。以后这一方法逐渐为越来越多的企业及其他各种类型的组织所接受，成为一种获得普遍应用的威力强大的管理工具。

标杆分析的实质是对组织的变革，是对因循守旧、抱残守缺、按部就班、不思进取等陋习的围剿，它必然伴随着组织原有秩序的改变。要在组织中导入标杆分析活动，组织的高层管理者必须是勇于变革的人。标杆分析活动是持续改进的有力武器，应当成为组织的一项常规性的工作，而不应成为面临危机、走投无路时的救命稻草。标杆分析活动也完全不同于工业间谍，而是一种完全合法的、公开的、系统化的学习和赶超的艺术。

在开展标杆分析活动时，通常是采用小组或团队的方式来进行的。小组一般由3～6人组成，他们应当是最熟悉所要改进领域的人。小组成员应当具备相应领域的专业知识以及把握问题、分析问题的能力和技能，较强的合作精神。

二、标杆分析的实施步骤

标杆分析活动一般由以下五个步骤构成：

第一步，确定实施标杆分析的领域或对象。

组织的资源和时间是有限的，因此开展标杆分析活动应当集中于那些对改进组织的绩效和顾客的满意度最具有影响的因素，这些因素通常被称为关键成功因素。

选定了改进的领域或对象还必须对之加以量化。要明确使用何种指标来描述该对象，用何种测量方法来衡量对象的状态。不能量化的东西很难进行比较，也难以加以改进。

第二步，明确自身的现状。

标杆分析主要通过调查、观察和内部数据分析，真正了解自己的现状。在这一步骤中，小组必须绘制出详细的流程图将本组织在该领域中的当前状况描绘出来。这项工作对于标杆分析活动的成功是至关重要的，一张详细的流程图有助于小组就当前过程的运行方式、所需的时间和成本、存在的缺点和失误等达成共识。这一步工作做不好，即使同所学标杆的先进过程进行比较，也难以揭示出自身过程中所存在的不足。

第三步，确定谁是最佳者，也就是选择标杆分析的标杆。

要根据各方面的信息来源确定在所选领域中的标杆。通常可以有四种类型的标杆，即本组织内部的不同部门、直接的竞争对手、同行组织以及全球范围内的领先者。许多组织在刚开始推行标杆分析活动时，通常都是从内部的标杆开始的，这样有利于积蓄经验、锻炼队伍。面向全球领先者的标杆分析是开展这一活动的最高境界。

第四步，明确标杆是怎样做的。

通过收集和分析所选定的标杆的信息，形成准确反映其能力和长处的完整材料，找出其优于自己并成为行业之最的能力和特长之所在。信息的收集并不像人们通常所想象的那样困难，因为我们今天正处在一个信息时代，通过图书馆、互联网、行业协会、公共论坛、会议、讲座、贸易展示会等各种公开的渠道，可以获得所需要的几乎任何信息。必要时我们可以直接同所选定的标杆接触，也可以到对方所在地进行实地参观调研。

第五步，确定并实施改进方案。

在详细分析内外部资料的基础上，项目小组和有关人员提出并优选改进方案，在组织内部达成共识后，推动方案的有效实施。

三、标杆分析的效果

实施标杆分析活动的最直接的效果是可以给组织的产品、服务和过程带来大幅度改善。此外，它还有利于：

（1）帮助组织正确认识自身在市场中的真实地位，找出差距。

（2）学习并应用更好的方法来减少缺陷、提高质量和降低成本，从而更好地满足顾客的需要。

（3）利用外部信息建立有效的目标，从而使组织变得更有竞争力。

（4）激发组织中的个人、团体和整个组织的潜能。

（5）打破障碍，促进变革。

第四节　精益管理

精益管理来自日本丰田公司所推行的丰田生产系统或丰田生产方式，最初主要应用在制造业领域，以后逐渐演化成为一种具有广泛适应性的通用的质量改进方法。

一、精益管理的含义与原则

精益管理是以使用最少的资源以及消除各种形式的浪费为特征的一种质量改进方法论。它是美国对日本的丰田生产系统的命名。准时制（JIT）是丰田生产系统中最主要的构成部分。

精益管理的目标是利用更少的资源来完成更多的事情，包括更少的工人、库存、空间、设备、时间、废品等。换言之，精益管理是一种寻求消除所有类型的浪费的管理理念。

这里讲的浪费包括：过多的延误、过高水平的库存、过多的工人或零件的移动距离、过长的设备设置时间、不必要的空间、有缺陷产品的返工、空闲的设备、废品等。

精益管理的产生被认为与日本的历史和文化密切相关。日本国土面积狭小，自然资源贫乏，所以日本人总是细心地避免浪费资源，这里的资源也包括空间、时间和劳动。日本人努力从少量的可用资源中获得最大的收入或产出。正是为了在这样一个人口密集的空间中顺利、高效地生活和工作，诞生了精益管理。

实施精益管理有五个重要的原则：

（1）从顾客的视角来明确价值。

(2) 识别价值流，这里的价值流是指为了创造顾客所重视的产品或服务所必需的一整套活动。

(3) 通过消除非增值活动并优化剩下的增值活动的各个步骤，使价值通过价值流。

(4) 让顾客拉动价值通过价值流。

(5) 追求完美。

二、精益管理的益处

实施精益管理可带来诸多的益处。一般而言，这些益处可以归纳为如下五方面：

(1) 节约成本。成本的节约来自许多途径：库存下降，废品减少，缺陷减少，来自顾客和设计两方面的变更减少，空间更小，工时更少，返工减少，管理费用降低，等等。

(2) 增加收入。收入增加主要是通过为顾客提供更好的服务和质量。缩短时间和更快地响应顾客的需要，可以带来更多的利润和更高的销售额。此外，新产品和新服务的收入会增加更快。

(3) 节省投资。投资的节省来自三个方面。第一，同样的产能只需占用更少的空间(约 1/3)。第二，库存降低到了每年周转 50～100 次的程度（而过去为每年 3～4 次)。第三，在同样的设施上，工作的产出量显著增加，常常会增加 100%。

(4) 提升员工士气。员工对其工作会更加满意。他们喜欢精益方式所要求的团队合作，乐意使问题越来越少。他们在精益所需的柔性和技能（如解决问题、维修等）方面得到了更好的训练，享受在工作中获得的成长。所有这些都转化为更具有生产性的工作。

(5) 揭示问题。精益管理所带来的另一个意料之外的好处是更容易发现问题，如果管理层愿意抓住这个机会来修正问题的话。开展精益活动时，所有类型的困难都会显现出来，其中大多是各种形式的浪费。

第五节　业务过程再造

在组织的过程本身存在着较大问题时，仅仅局限在既有的过程框架中进行渐进性的改进是无济于事的。这时需要的是对组织业务过程的彻底变革，这便是所谓的业务过程再造或企业再造（Business Process Reengineering，BPR)。

一、业务过程再造的含义

业务过程再造是为了获得成本、质量和生产率等方面的突破性改进，而对企业业务过程进行的根本性再思考和再设计。这场运动是 20 世纪 80 年代末以来，企业在面临社会经济领域中的剧烈变化和日益加剧的市场竞争，以及不断提高的顾客期望的形势下，兴起的一场深刻的企业变革运动。

业务过程再造与通常的全面质量管理（TQM）改进活动之间既有联系，又有本质的不同。其联系在于，两者的着眼点均在于过程，均强调通过过程管理来实现质量、成本和生产率的改进。两者的差别在于，在进行 TQM 的改进活动时，我们通常回答的问题是“我们应当如何来改进这个过程”，而业务过程再造活动所要回答的问题是“为什么是这个过程”。

两种提问方式有着截然不同的含义，前者意味着在原有过程基础上进行的改良，后者则意味着另起炉灶，进行彻底的变革。

关于 BPR 还有许多其他的认识，如：

·为了在诸如成本、质量、服务和速度这些关键的当今绩效指标方面实现较大的改进，而对业务过程进行的根本的再思考和激进的再设计。

·为了消除不增加价值的活动而对经营过程和制造过程所进行的分析和再设计。

·许多公司用以更新其对顾客服务承诺的一种全新的组织变革的过程。

二、业务过程再造示例

以下通过一个实例来说明 BPR 所具有的一些基本思路。

IBM Credit 是 IBM 旗下的一个子公司，是一家为 IBM 的客户提供贷款的公司。20 世纪 90 年代初，这家公司遭遇了很大的危机。竞争的加剧和自身管理上的问题，导致顾客满意度很低，业务时有流失。图 7 - 4 反映了该公司当时的业务过程。

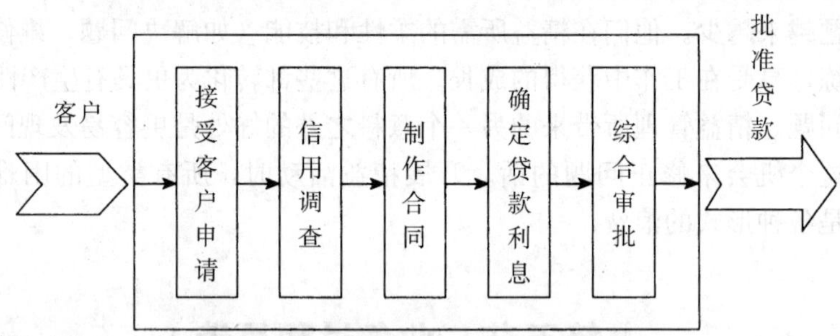

图 7 - 4 IBM Credit 的旧业务过程

从图 7 - 4 可以看出，当客户来申请贷款时，第一个部门负责接受客户申请，记录客户的资料，建立档案。之后进入第二个环节，调查客户的资信状况，检查客户是否符合贷款条件。这个环节没问题的话，进入第三个环节，制作贷款合同。第四个环节为定价部门负责确定贷款的利息。最后，由综合审批部门来批准贷款。做一单贷款前后要经过 5 个环节，当时要用 6 个工作日左右。这样的效率很不尽如人意。有时，某个客户申请之后会打电话询问贷款审批的进展情况，但没有哪个部门可以给客户满意的答复，因为大家都是“铁路警察”，只管自己那一段。

为了找出问题，该公司的经理采取了走流程的做法，拿着客户的卷宗依次走过各个环节，亲自督办。走流程的结果表明，正常情况下要花费 6 个工作日的贷款申请过程，真正需要由人来处理的时间不过 4 个小时而已。大量时间都花在各个环节之间的排队等待上。

找到问题的根源后，公司采取了一种剧烈的变革方式，废除了原先串联式的业务处理方式，代之以由多技能员工组成的小团队来综合处理贷款业务，如图 7 - 5 所示。在人员配备上也进行了相应的改变。原来，人员的专门化程度很高，但相对技能较窄。比如，做信用调查的不懂合同，做合同的不懂定价，各管一摊。采取新制度后，要求员工的技能更广一些，但不必那么深。同时，公司还引入了一套专家系统，作为支持员工工作的一个辅助手段。

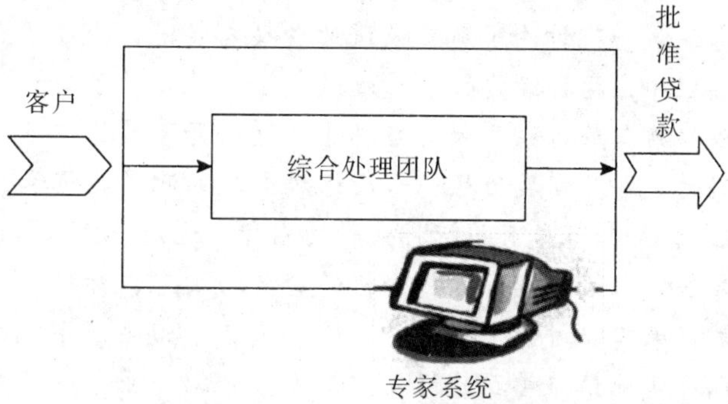

图 7 - 5 IBM Credit 变革后的业务过程

变革所取得的效果是惊人的。再造后，平均每单业务的处理时间缩短到了 4 个小时，效率提高了 100 多倍。

类似的做法如今在各行各业都有广泛的应用，如一些机构推行的“一站式”服务、一些地方政府成立的行政审批中心等。

三、业务过程再造的特点

一般来说，业务过程再造的特点主要体现在以下几方面：

1. 思维模式的彻底改变

回顾迄今为止的企业发展史可以看出，亚当·斯密提出的分工思想形成了 200 多年来企业运营的基础。但是在变化了的环境中，过分强调专业化和工作细分妨碍了效率，导致机构臃肿、缺乏活力、丧失竞争力和创新力。业务过程再造强调的就是从根本上变革，进行彻底的再设计。为此，就必须改变传统的思维模式。

2. 以过程为中心进行系统改造

再造所取得的巨大成就主要是依靠过程再造。再造活动中，强调把分散在各职能部门的作业整合成单一的过程，打破组织各部门之间的界限；强调尽可能以同步作业取代顺序作业，这样可以缩短满足顾客需要所需的时间；主张实现组织的扁平化，促进组织内的沟通，从而提高工作效率。

3. 创造性地应用信息技术

信息技术在再造活动中扮演着极为重要的角色。信息技术的进步正在影响着现代社会的各个方面。信息技术可使组织以完全不同的方式进行工作，可以帮助企业打破传统的制度，并创建完全不同的业务过程模式。企业应当深入思考信息技术所带来的无尽的可能性，立足于信息技术所提供的可能性来进行运作，而不是仅仅满足于原有过程的自动化。

此外，业务过程再造还有顾客至上、广泛授权等特点。

本章小结

质量改进是组织在激烈的竞争中生存和发展的关键。本章介绍了与当代质量改进有关的相关主题和内容。第一节讨论了质量改进的含义与特点，介绍了戴明环（PDCA循环）和朱兰质量改进程序这两种经典的质量改进方法，并归纳了当代那些成功的组织在质量改进方面的实践。第二节讨论了六西格玛管理这一开展最为广泛的当代质量改进方法，介绍了六西格玛的起源及发展历程、六西格玛管理的测量指标和目标以及实现六西格玛目标的“六步法”。第三节是有关标杆分析的内容，这是一种以“比学赶超”的方式来实现持续改进的方法，本节介绍了标杆分析的含义与由来、标杆分析的实施步骤以及实施标杆分析的效果。第四节讨论了精益管理这一来自丰田生产系统的经典方法，讨论了精益管理的含义以及实施精益管理的好处。第五节介绍了业务过程再造这种剧烈的根本性改进方法，讨论了业务过程再造的含义，用一个实例介绍了业务过程再造的基本思路，最后总结了业务过程再造的主要特点。

复习思考题

1. ISO9000标准是如何定义质量改进的？
2. 朱兰认为组织有哪两种方式的良性改变？
3. 质量改进活动具有哪些特点？
4. 什么是戴明环？
5. 朱兰质量改进程序包括哪些环节？
6. 成功的组织在质量改进方面的实践有何特点？
7. 什么是六西格玛管理？
8. 六西格玛管理的测量指标是什么？
9. 实现六西格玛目标的“六步法”是什么？
10. 什么是标杆分析？
11. 标杆分析的实施步骤有哪些？
12. 什么是精益管理？
13. 实施精益管理的五个重要原则是什么？
14. 实施精益管理有哪些益处？
15. 什么是业务过程再造？
16. 业务过程再造有哪些特点？

案例

联想的精益六西格玛之路

从2000年开始，联想为了应对竞争和企业持续发展，开始推行精益生产、六西格玛管理等现代管理举措。

联想开始接触精益生产是在 2000 年，当时在工厂开展了 5S 活动和 TPM，并对部分供应商进行 JIT 管理。2005 年，为了在制造过程中建立系统完整的精益生产系统，联想工厂的部分中层管理人员开始接受完整的精益生产培训。2006 年年初，联想在中国的 4 家台式机工厂选派了部分管理人员到日本丰田学习。之后，联想在 4 家工厂组建了专门的团队，开始了符合精益思想的联想生产系统的建设。项目组设计出了推行精益活动的 12 个关键步骤（见图 7 - 6）。

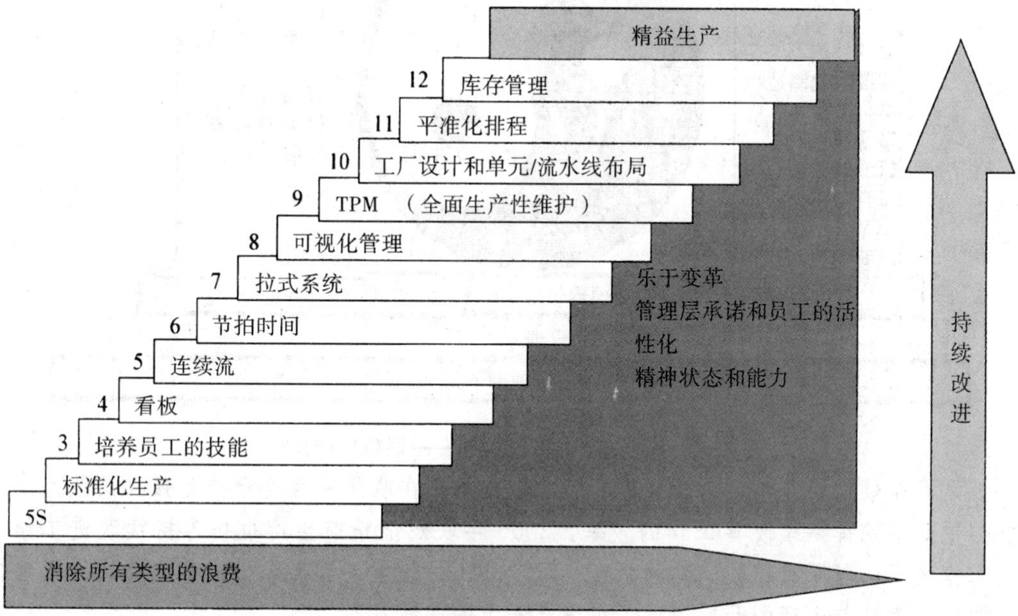

图 7 - 6 联想开展精益活动的 12 个步骤

联想生产系统（见图 7 - 7）的屋顶是其追求的愿景，单工厂管理与多工厂管理构成了该生产系统的两大支柱，KPI 管理、项目管理、信息系统、文化团队等基础管理构成了生产系统的基础。联想工作的核心是标准化与持续改进（用太极图表示这两项核心工作相辅相成、紧密结合、相互促进）。丰田生产方式中的看板系统、TPM 等工具被纳为单工厂管理方法的支柱。精益的消除七大浪费的核心理念也被作为持续改进工作的指导思想得以应用。

联想生产系统还有一大特色，即虚拟工厂。通过组织结构和管理系统的联合、资源共享以及优秀方法的复制，联想将分布在全国的 4 家工厂整合为一个虚拟工厂。为了能够实现多工厂间的资源共享以及缩短精益思想引入的周期。团队在不同的单工厂进行不同精益生产工具应用试验，然后再将成熟的精益生产工具复制到其他工厂。在这种多工厂最佳实践共享的工作模式下，2006 年，联想各地的工厂分别完成了 5S、标准作业、ANDON、目视管理以及 TPM 等 5 种 LEAN 改善工具的学习与应用过程，精益生产系统在各工厂初见雏形。

与此同时，2001 年，联想从摩托罗拉公司引进了六西格玛管理，在成本、质量、交期及员工士气等方面都取得了显著的改进。

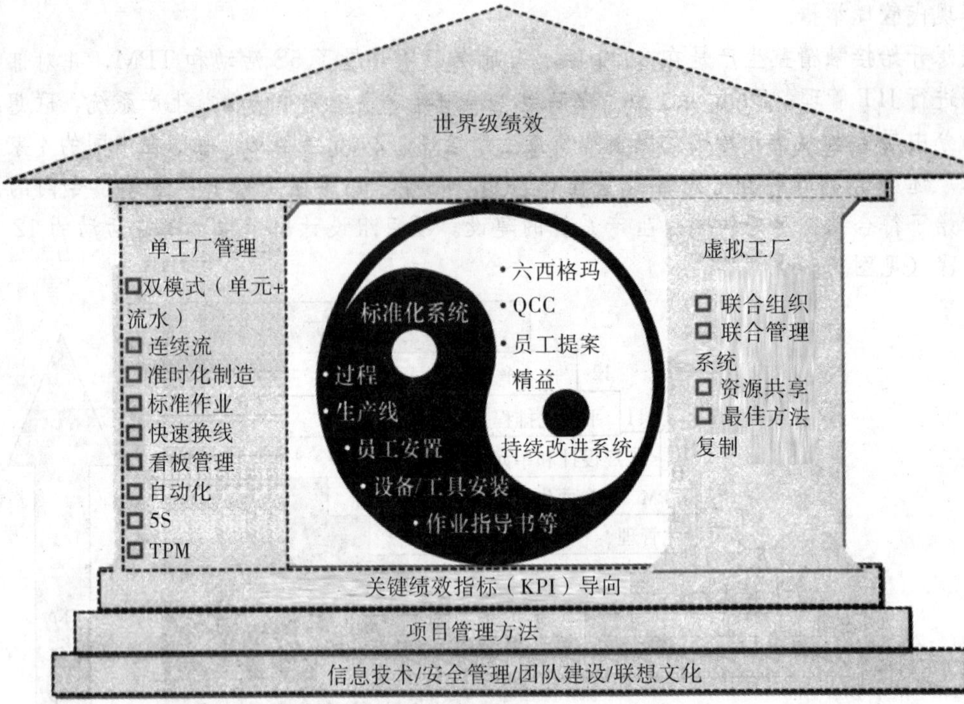

图 7-7　精益生产的系统方法——联想生产系统

但是，在最初的几年，六西格玛管理与精益生产在联想一直处于彼此孤立的状态。为了能够更好地发挥持续改善工作的效果，2006 年联想把精益生产也作为持续改进工作的核心工作之一，与原有的较成熟的六西格玛、QCC、提案改善三个模块并列为四大改善模块，同时也为精益生产的开展提供了组织及资源的保证。

此后，作为提升企业竞争优势的战略性举措，联想集团在全球范围内将原有的六西格玛持续改进系统升级为精益六西格玛系统，旨在“通过持续改进公司全方位的经营业绩(包括提高生产率、改进质量和降低成本）来实现为顾客提供不断增长的价值的目标”。

六西格玛致力于最大限度地消除变异，而精益则关注于减少浪费和降低成本，二者的融合将有助于通过低成本快速地向顾客提供完美的价值，保持顾客满意和忠诚，最终获得竞争对手难以模仿的竞争优势。

思考：

联想的生产系统有何特征？

第八章　绩效测量与知识管理

管理者的正确决策取决于对事实、证据和数据的分析，也就是人们常说的“一切用数据讲话”，这是全面质量管理的最主要的特征之一。因此，组织必须有一个用于测量（收集）、加工和分析数据的有效系统，还必须持续地对组织的信息和知识加以管理。本章主要介绍有关绩效测量、分析以及信息和知识管理方面的基本概念和方法。

第一节　绩效测量概述

管理要用数据说话，数据是通过测量获得的。正确而有效的测量是管理工作有效性的保证。

一、测量、数据与信息

所谓测量（Measurement）是指对产品、服务、过程以及其他业务活动的绩效状况进行量化的行为。通过测量所获得的事实称为数据（Data）。数据经过分析之后就形成了信息（Information）。有资料表明，在美国有超过半数的劳动力从事的是关于数据或信息的产生、处理和分发方面的工作。

关于测量的重要性有这样一种说法：

不通过测量，就不能分辨成功和失败；

看不到成功，就不能奖励成功——不奖励成功，或许就是在鼓励失败；

看不出失败，就不能纠正失败。

在管理实践中，有许多组织忽视测量的重要性。造成这种情况的原因可能有多个方面，如认识不到测量的价值、害怕暴露问题、不知道测量什么和如何测量、不愿意花费时间和努力等。

然而，测量数据并非越多越好。过多的数据与没有数据一样糟糕。戴明尽管始终强调解决问题必须以数据和信息为基础，但也曾严厉批评了为测量而测量的做法。他认为那些最重要的数据或信息往往被人忽视了，如忠诚顾客的价值等。

良好的数据和信息管理具有很多益处：

（1）组织能够清楚顾客是否得到了恰当的服务；

（2）员工能够更好地了解自身的工作状况；

（3）奖励表彰有了客观的依据；

（4）纠正措施更加及时；

（5）计划和改进活动更为有效。

二、组织的不同层次对数据和信息的要求

组织不同层次的人员对数据和信息有着不同的需要。将数据和信息的类型、传播方式与组织层次相适应，是信息管理工作取得成功的关键。

在个人层次上，需要的是诸如质量绩效、进度状况和作业成本之类的实时信息。这些信息有助于员工识别造成变异的因素，分析原因并采取相应的纠正措施。这些信息的沟通渠道应当简捷清晰，以便人们及时把握现状。

在过程层次上，需要的是诸如产量、运转周期时间和生产率之类的运营绩效数据。这些数据有助于管理者确定过程是否正常、资源利用是否有效以及是否有所改进。这个层次上的信息通常是综合性的，如每天及每周的废品报告、现场的销售和成本数据等。

在组织层次上，来自公司各个领域的有关产品和服务质量以及运营绩效方面的数据，与财务、市场、人力资源和其他方面的组织有效性数据一起，形成了高层管理者测量利益相关者价值并进行战略计划和决策的基础。这类信息高度综合，来自组织中的各种不同部门。

三、信息和知识管理

1. 信息管理

信息管理是指组织为了确保数据有效，数据处理所使用的软、硬件系统可靠，使用者能够及时获得所需的数据和信息以及数据和信息的安全而进行的努力。

数据的有效性是指测量数据能否精确地测出它欲测量的对象。一定的测量手段能够一致性地测量的特性的“真值”的程度可反映这种测量的可靠性。通过使用标准化的表格、清晰的说明和充分的培训能够有效促进数据收集工作的一致性。为了确保数据的可靠性，通常要由内部的跨部门团队或外部审核人员来定期审核数据收集过程。改进信息质量的措施通常有：

- 数据质量要有目标和测量标准；
- 数据要从源头获取；
- 通过电子化的数据采集来消除人为错误；
- 尽可能只用一个数据库；
- 消除不必要的中间处理环节；
- 数据和信息的产生者要承担责任；
- 确保适当的培训。

数据和信息要有可获性。如果员工在需要时无法获得所收集的数据，企业的努力就白费了。现代信息技术对数据的可获性起到了关键的作用。通过维护计算机系统、备份数据库、在软件中增加错误辨识能力，进一步保证了数据和信息的有效性以及可获性。

确保数据和信息的保密性和安全性也是信息管理的重要内容。

2. 知识管理

知识管理就是组织识别、获取、组织和使用知识资产创造和保持竞争优势的过程。组织的知识资产包括员工、软件、专利、数据库、文档、指南、政策、程序、技术图表等。顾客、供应商和合作伙伴也可能拥有关键的知识资产。知识资产在很多场合下甚至比财务和实物资产更重要。

知识管理不同于信息管理，信息管理关注的是数据，而知识管理关注的是信息。知识还可以分为外显知识和内显知识。外显知识指存储在文档或其他媒体形式中的信息。内显知识则是由人的经验等无形因素形成的，是个人化的并且内容琐碎，可能会因为信息没有被记录下来或者人员的异动而丢失。

组织的知识管理系统能像管理有形资产那样管理无形资产。一个有效的知识管理系统应当包含以下几方面的功能：

• 获取知识，包括外显知识和内显知识；
• 应用知识，取得的知识渗透到业务系统中；
• 管理知识，需要时能够获取或综合新的知识；
• 知识共享，组织内的最佳实践的识别与分享。

在组织内部识别和传递最佳实践也被称作内部标杆分析。内部标杆分析由这样三步构成：首先，识别和收集内部的信息和最佳实践；其次，分享和理解这些实践；最后，将它们应用于新的场景并使之达到最佳实践的水平。

很多组织建立了内部数据库，以使员工能分享最佳实践和知识。

四、成功组织在信息和知识管理方面的特点

那些成功的组织都非常重视数据信息在战略计划和日常决策方面的重要性，它们在信息管理方面的卓越表现成为实现卓越质量及改进运营和竞争绩效的重要驱动力。这些组织在信息管理方面通常具有如下的特点：

（1）有一套综合全面的绩效指标体系。

（2）善于应用比较性的信息和数据。

（3）持续改进绩效测量系统。

（4）应用数据分析结果来支持战略计划和日常决策。

（5）全员参与测量活动并确保信息广泛可见。

（6）确保数据和信息的准确、可信、及时、安全及保密。

（7）确保硬件和软件系统可靠易用。

（8）系统地管理组织的信息和知识并分享最佳实践。

所有这些做法都体现了“基于事实的管理”这一全面质量中的关键原则。

第二节　平衡计分卡

任何单一的绩效指标都难以反映出组织的绩效全貌。要客观、全面地衡量组织的绩效，就必须有一套综合的绩效指标测量体系。这种需要导致了平衡计分卡方法的诞生。

一、平衡计分卡的含义与由来

平衡计分卡（Balanced Score Card）方法是近年来企业界非常流行的一种绩效测量和控制方法。这一概念最早是由美国的罗伯特·卡普兰和戴维·诺顿在《哈佛商业评论》杂

志上发表的一篇论文中提出的。罗伯特·卡普兰和戴维·诺顿最初提出的平衡计分卡是由四套指标所构成的一个体系，这四套指标分为四个方面，分别为财务、顾客、内部过程以及学习和成长（见图 8 - 1）。

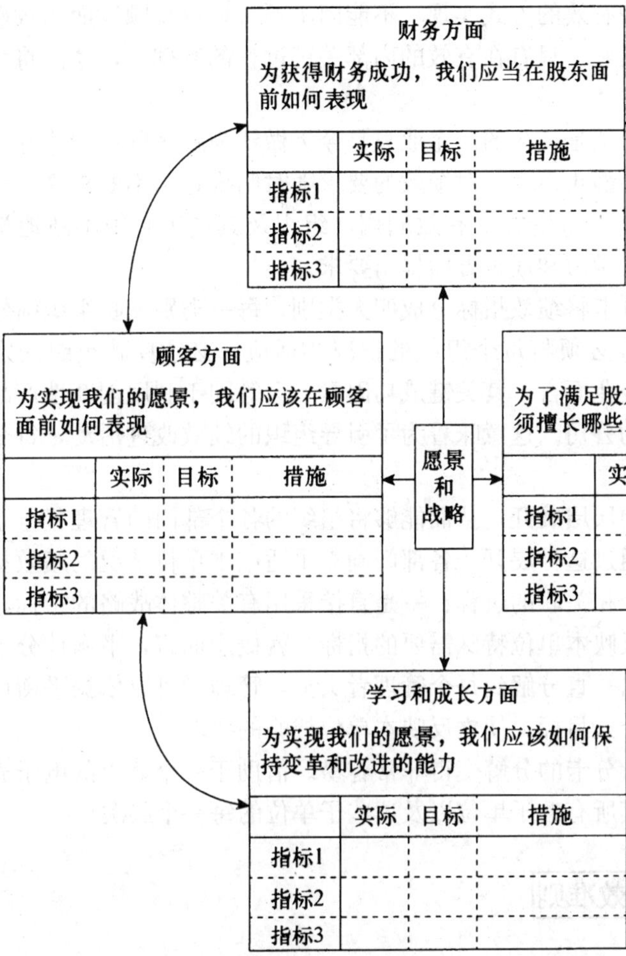

图 8 - 1　平衡计分卡示意图

这种平衡计分卡模型颇有其独到之处。它将组织的绩效状况综合地反映在一份单一的文档上，使管理者能够一目了然，从而理解和把握整个组织的经营管理状况。平衡计分卡本身十分简洁，但它与组织的信息系统相联系，可以进一步查询细节。

更为重要的是，平衡计分卡中的绩效指标是由组织的愿景和战略分解而来的。确定绩效指标的过程是系统的、演绎性的，出发点是组织所追求的目标以及实现目标的关键手段，而不是企业现有的绩效指标。这意味着平衡计分卡方法的导入常常会要求设立目前尚不存在的绩效指标。

二、平衡计分卡的构成逻辑

将绩效指标分为财务、顾客、内部过程以及学习和成长四个方面是基于如下的逻辑：

(1) 财务方面的绩效指标所关注的是股东的利益，即公司是否取得了令人满意的投资回报，是否为股东创造了价值。这是一个企业能否生存下去的前提条件。

(2) 企业在财务方面的成功与否取决于它能否为顾客创造价值，因而顾客满意是财务成功的前提条件。

(3) 顾客满意应当以一种有效的方式实现，不能因不顾一切取悦顾客而招致破产，必须确保内部的关键过程表现良好。只有在有效的内部关键过程的基础上，才能将为顾客创造的价值转化为股东的价值。

(4) 为顾客创造价值还必须是持久的。企业只是今天做到为顾客创造价值并有效地使用资源还远远不够。世界不会静止不变，对绩效的要求随时间推移而不断提高。为了保证企业在未来仍会被顾客欣赏并保持资源的有效利用，组织及其员工必须不断地学习和发展，因而必须对组织在创新、学习和成长方面提出要求。

基于上述道理，平衡计分卡将绩效指标分成四大类别，每一类别反映组织绩效的一个特定方面。这四类指标的内容必须与每个组织的情况相适应，必须反映组织的宗旨和战略。对于遵循低成本战略的企业而言，其关键成功因素不会等同于利用创新性产品为某一个特定的细分市场创造价值的公司。这意味着为了引导组织的绩效改进活动，每个企业所采用的评价指标各不相同。

平衡计分卡可以在组织中层层展开，从而能够将组织的各个部门的管理置于企业的总体愿景和战略的指导之下。通过这种展开，各部门确立了适应本单位情况的绩效指标。平衡计分卡的展开一般涉及两个相关联的过程：一是直接采用有关整体战略的指标和本单位适用的指标；二是重新设计反映本单位特殊需要的指标。就概念而言，平衡计分卡意味着对愿景和战略的分解，它可以一直分解到每个管理者头上，管理者可以依据平衡计分卡四个方面的要求来设定自己的个人目标，使之反映本单位战略的要求。

信息技术的发展使平衡计分卡的分解变得非常容易。借助于一个简单的电子表格，企业可以按照同样的方式管理其所有的子单位以及这些子单位的每一个层次。

三、平衡计分卡与卓越绩效准则

随着企业认识到必须有一套更为广泛的绩效指标来全面反映组织的绩效状况而出现了多种绩效测量系统，上述卡普兰和诺顿的平衡计分卡只是其中的版本之一。在美国马尔科姆·波多里奇卓越绩效准则中的第七个类目即结果类目中，归纳了5种绩效指标，如表8-1所示。这个分类与平衡计分卡十分相似。事实上，平衡计分卡中的任何测量指标都能很容易地放到这些类目中。

表8-1　卓越绩效准则中的绩效指标

类目	条目
7. 结果	7.1 产品和过程结果
	7.2 顾客结果
	7.3 员工结果
	7.4 领导和治理结果
	7.5 财务和市场结果

第三节 质量成本

所有的组织都要对成本进行测量和报告。传统上，与质量相关的成本报告只是限于检验和试验方面发生的成本，其他的成本一般都归在管理费用科目中。20 世纪 50 年代，一些公司开始定义和分离所有与质量相关的成本。这种做法使人们认识到了在质量方面所产生的成本有多么触目惊心。

一、质量成本的含义及由来

质量成本是指为确保满意的质量而导致的费用以及没有获得满意的质量而导致的有形和无形的损失。这意味着质量成本其实是“不良质量”的成本，亦即为了避免不良质量而产生的成本或由不良质量而产生的成本。

传统上，质量或质量管理常被人们看作技术性很强的一个领域，这一领域的人们常常使用着唯有同行才能理解的技术性的术语。这也是企业的高层管理不能够重视和理解质量问题的一个很重要的原因，因为高层管理者们主要使用的是货币的语言。20 世纪 50 年代以后，企业界普遍设立了各种从事质量工作的职能部门。这些新的部门的主管们面临着如何向企业的高层“推销”其活动的问题，这导致了有关质量的经济性方面的研究尤其是关于质量成本的研究的升温。

具体来说，对质量成本的研究主要出于三个方面的理由：第一，定量阐明质量问题的规模以明确改进的必要性；第二，引导改进活动的方向；第三，追踪改进活动的进展情况。这意味着质量成本研究的主要目的在于支持质量改进活动，而非只是编写成本报告。

过去几十年中，人们在质量成本方面的研究表明，与质量相关的成本要远远大于在会计报告上显示的成本。对大多数公司来说，这些成本占到了销售收入的 10%～30%，或占到了营业费用的 25%～40%。这些成本有的是显现的，有的则是隐藏的。质量成本不仅仅是生产运营部门的问题，同样也是支持部门的问题。组织的成本中的很大部分都是由不良质量所造成的，它们本来是可以避免的，但这些成本却被视为理所当然。企业中既没有采取必要措施的明确责任，也没有进行这些活动的有组织的方法。

二、质量成本的分类

可以有许多种方式对质量成本分类，其中一种是分为符合性成本和非符合性成本。前者是为了确保满意的质量，为“符合要求”而导致的费用；后者是由于没有获得满意的质量，由于“不符合要求”而导致的损失。

最广为人们所接受和应用的一种分类方式是将质量成本分为内部故障成本、外部故障成本、鉴定成本和预防成本四个类别。

1. 内部故障成本

内部故障成本是交货前发现的与不良有关的成本。它们涉及的是未能满足内外部顾客的明确要求或隐含需要的故障。其中还包括那些尽管产出满足顾客的要求和需要，但过程中发生的损失和低效率，这些损失和低效率是可避免的。过程中如果不存在缺点，这些成本将会消失。内部故障成本包括：

(1) 废品损失。这是指制造的产品在经济上已不值得修复利用而发生的损失。例如人工费、材料损失费。

(2) 返工费。这是指修复次品使之达到合格品的使用价值而支出的费用（有时，这类费用还包括了解常见的这类缺陷而增加的额外作业和特殊作业而支付的费用）。

(3) 复检和筛选费。这是指返修品的检修费，库存产品发生质量问题的检验费、实验费，抽检退回来的不合格品的筛选费等。

(4) 停工损失。这是指产品在制造过程中发生质量缺陷而造成的停工损失。

(5) 不合格品处理费。这是指处理不合格品所花的人工、材料和设备费用。

(6) 其他。

2. 外部故障成本

外部故障成本是产品到达顾客手中之后发现的与不良有关的成本。其中也包括失去销售收入的机会的成本。如果没有不良，这类成本将会消失。外部故障成本一般包括：

(1) 保修费。这是指根据订货合同规定和其他有关的协议、承诺，在保修期内对顾客提供技术服务的费用。

(2) 索赔费。这是指根据订货合同规定或其他有关的协议、承诺，赔偿顾客因产品质量问题而蒙受的经济损失所支出的费用。

(3) 诉讼费。这是指为了查证顾客向法院提出的产品质量申述是否确实是由于产品质量问题所致，企业派出专人调查和处理该项诉讼案所支出的费用。

(4) 退货费。这是指产品出厂后，因质量问题而造成的退货、换货所支出的费用。

(5) 降价费。这是指产品因质量问题而降价出售所造成的损失。

(6) 其他。

3. 鉴定成本

鉴定成本是为了确定产品符合质量要求的程度而发生的成本。判断是否为鉴定成本的标准是所做工作的性质而非部门的名称。产业界使用大量的用来表示“鉴定”的词，如检查、对照、核对、评审等。它通常包括：

(1) 进货测试费。这是指鉴定和评价外购原材料、半成品、工具、量具、配套件等的质量而发生的检验和试验费用。

(2) 工序和成品检验费。这是指产品在各道工序加工完毕和成品入库时的检验和实验费用。

(3) 在库物资复检费。这是指对各种库存的材料、工装、半成品、成品等作定期检验、实验和维护保养的费用。

(4) 对测试设备的评价费。这是指对在用的仪器、仪表、工具、量具、计量基准等进行的日常维护保养、周期检定等使之保持标准质量状态而支出的费用。

（5）质量评审费。这是指确定产品质量等级的评审费用。

（6）其他。

4. 预防成本

预防成本是为了使故障成本和鉴定成本保持最低而发生的成本。要注意的是，预防成本特指对质量进行计划、评审和分析所支出的成本。预防成本中不包括诸如产品设计、过程设计、过程维护以及顾客服务这些基本的活动。对预防成本的汇总非常重要，因为它凸显了在预防活动上的投资之小，并且表明了通过预防成本的提高来降低故障成本的可能。它通常包括：

（1）质量计划编制费。这是指制订企业质量计划等方面的费用。

（2）质量管理培训教育费。这是指用于质量管理方面的一切培训教育活动费用。

（3）过程控制费。这是指为了确保产品质量而对工作能力进行调查、研究、评价以及制定过程质量分析表、建立控制点、使用控制图等方面的费用。

（4）产品评审费。这是指设计方案评价、试制产品质量的评审等所发生的费用。

（5）质量信息费。收集、整理、分析、保存全部质量信息的费用。

（6）质量管理实施费。这是指建立质量体系、召开各种质量会议、总结质量管理工作、奖励优秀的质量管理小组和个人等方面的费用。

（7）其他。

三、质量成本分类的注意事项

在针对某个具体的组织确定不良质量成本时，应当注意以下几方面的要点：

（1）质量成本的分类应当根据每个组织的具体情况来确定。有效的做法是参考相关文献，选择出适合本组织的详细类别。名称要符合本组织的需要，而不是照搬文献。

（2）故障成本是最关键的类别，因为它为降低成本和排除顾客不满的原因提供了主要的机会。这类成本是应当首先被攻克的成本。鉴定成本也是一个有待降低的领域，特别是在当故障成本的原因已被查明和排除，鉴定的必要性因此而减小时。

（3）在收集数据之前，必须就所要包括的成本类别达成一致。有关废品和返工的汇总数据能够引起管理当局的注意，并因此而触发全面的研究。这样的汇总能促使管理层的亲自参与，如召集并主持会议以最终确定质量成本的结构。

（4）某些日常发生的成本或许已被人们接受为是不可避免的，但实际上仍是质量成本的一部分，如因适用性不良而发生的产品再设计成本、因不能满足产品规格而发生的制造过程变更成本等。

四、质量成本的计算方法

企业可根据本企业的具体情况，选择适合的方法，这里介绍三种方法：

1. 质量成本法

这一方法着重质量成本分析，质量成本一般可划分为由内部运行而发生的质量费用和由外部活动而发生的质量费用。质量成本包括：预防成本；鉴定成本；故障成本。可见，质量成本法的成本是由直接质量成本构成的。

2. 过程成本法

这一方法分析过程的符合性成本和非符合性成本，这两种成本都可以成为节约的源泉。符合性成本是指为了满足顾客全部规定的和隐含的需要，确保现有过程不发生故障而发生的费用；非符合性成本是指由于现有过程的故障而发生的费用。从过程的含义可知，这一方法可以着眼于其中的某一小过程，通过对过程进行详尽的系统分析并采取措施，使过程的符合性成本和非符合性成本之和达到最低。

3. 质量损失法

这种方法强调了由于生产质量低劣的产品而造成的质量损失，实质上就是质量成本的一部分费用，既质量损失费用。这种费用即可以是有形损失，也可以是无形损失；既可以是内部损失，也可以是外部损失。如一般的内部无形损失是由于返工、低效的人工机制、丧失机会等而引起的工作效率低下而造成的，一般的外部无形损失是由于顾客不满意而发生的未来销售收入的损失；有形损失是指内外部的故障费用。通过分析质量损失的类型，从而找出减少质量损失的措施。

由于有一些难以估计的成本，从而使得质量成本会被低估。这些“隐藏”的成本既可能发生在制造领域，也可能发生在服务领域。其中主要包括：

(1) 潜在的销售损失；

(2) 由于不良质量导致的产品再设计成本；

(3) 由于没有能力满足产品的质量要求而导致的过程变更成本；

(4) 由于质量原因导致的软件变化的成本；

(5) 设备和包括计算机信息系统在内的各种系统的停工检修成本；

(6) 因历史表明某种程度的缺陷不可避免而吸收在标准中的成本；

(7) 由于缺陷和差错造成的额外间接成本，如场地费、库存费等；

(8) 未报告的废品和差错，如，由于害怕受处罚而从未报告的废品；

(9) 由于过度的产品变异（即使在规格限制内）而导致的额外过程成本；

(10) 支持性活动中的差错成本；

(11) 在供应商公司内发生的、包括在采购价格中的不良质量成本。

这些隐藏的成本会累计成为极大的数字，有时是所报告故障成本的 3～4 倍。显在的不良质量成本只不过是“冰山的一角”而已。

五、研究质量成本对质量改进的促进作用

组织的质量改进活动通常是以项目的方式来攻克一个又一个的具体的质量问题的。在这一进程中，质量成本的衡量具有以下几方面的作用：

(1) 确认某一单个问题造成的最大损失和需要消除的具体成本。这有助于将诊断活动

的重点瞄准问题的根源。

(2) 为有关项目所采取的治疗措施的有效性提供测量的尺度。这样，质量改进项目团队应当能够衡量成本以确保治疗措施的有效性。

(3) 评估公司的整体质量状况并确定未来的改进项目。

要注意的是，质量成本分析的重点在于确立改进的方案并对改进团队的工作起到支持作用，而非编制那些令人沉闷的成本报告。

本章小结

"一切用数据讲话"是全面质量管理的最主要的特征之一。本章主要介绍有关绩效测量、分析以及信息和知识管理方面的基本概念和方法。第一节介绍了测量、数据与信息这些概念的含义，讨论了测量的重要性、数据和信息管理的益处、有关信息和知识管理的相关内容。第二节讨论了平衡计分卡这一近年来企业界非常流行的绩效测量和控制方法。介绍了平衡计分卡的含义与由来、平衡计分卡的构成逻辑，讨论了平衡计分卡与卓越绩效准则的关联性。第三节讨论质量成本这一用货币的语言来描述和理解质量的方法。介绍了质量成本的含义及由来、质量成本的分类与计算方法，研究了质量成本对质量改进的促进作用等。

复习思考题

1. 什么是测量？测量为什么重要？
2. 什么是数据？
3. 什么是信息？
4. 良好的数据和信息管理有哪些益处？
5. 组织的不同层次对数据和信息的要求有何不同？
6. 什么是信息管理？
7. 什么是数据的有效性？
8. 什么是知识管理？
9. 有效的知识管理系统包含哪几方面功能？
10. 什么是内部标杆分析？其步骤如何？
11. 成功组织在信息和知识管理方面有何特点？
12. 什么是平衡计分卡？
13. 平衡计分卡的构成逻辑如何？
14. 什么是质量成本？
15. 研究质量成本的主要理由有哪些？
16. 质量成本如何分类？

案例

麦肯锡公司

麦肯锡公司是一家世界领先的全球性管理咨询公司，由美国芝加哥大学教授杰姆斯·麦肯锡（James Mckinsey）于1926年创立，目前员工总数超过了20 000人，其中有10 000多名咨询人员和2 000多名研究和信息专家。麦肯锡公司有如下几方面的特点：

1. 私人合伙

麦肯锡公司是一家私营的合伙人制公司，由来自全球各地的1 400多名合伙人所拥有。公司董事会由经选举产生的来自十几个国家的30位合伙人组成。这一制度使得麦肯锡公司能够保持独立性，不受外部股东影响，不为短期的财务指标左右。麦肯锡仅根据是否能为客户带来可持续性的影响来衡量自身的绩效。

2. 全球一体

麦肯锡没有通常意义上的公司总部，由合伙人选举产生的公司全球总经理自行决定其办公所在地（目前是在伦敦）。公司按照“全球一体”（Designed to Operate as One）模式运作，这使得麦肯锡能够向世界上任何地方的客户迅速派遣拥有最合适的知识和技能的咨询团队。麦肯锡在全球设有100多家分公司，客户涵盖各种类型的组织，每天有1 000多个咨询项目在全球各地同时进行。

3. 知识管理

麦肯锡每年用于知识开发和能力建设方面的费用高达5亿多美元，超过了哈佛商学院、斯坦福商学院和沃顿商学院三家研究费用的总和。麦肯锡拥有2 000多名知识专家，负责支持一线咨询团队。这些专家进行深入的专题研究，并将咨询工作中的成果及发现进行梳理、总结，所有的知识在经过“匿名净化处理”之后，存入内部数据库，成为供所有咨询师利用的共同知识。数据库中包含了4万多件文件，涵盖了多个行业的广泛议题。

4. 使命驱动

麦肯锡公司的使命是：“帮助客户实现独特、持久而实质性的绩效改进，构筑一个能够吸引、培育、激励和留住杰出人才的伟大公司。”麦肯锡的管理咨询注重在项目一开始就与客户组织密切合作。主张与客户共同解决问题，而非只是交给客户一份解决问题的报告。重视最终项目方案的实施，确保产生真正的变革和影响，从而真正帮助客户实现独特、持久而实质性的绩效改进。

5. 基于价值观的管理

麦肯锡的管理在很大程度上依靠的并非流程、制度或规定这些“硬”东西，而是其独特的价值观。麦肯锡的价值观既体现了公司的长期战略，也反映了服务客户的日常方式。麦肯锡每年将一天专门设立为公司的“价值观日”（Values Day），在这一天全球的员工都要放下手头工作，反思公司的价值观对自己工作和生活的意义。麦肯锡公司的价值观有三个方面的内容，具体内容如下：

（1）坚持最高职业标准。

- 客户利益先于公司利益。
- 遵守伦理高标准。
- 保守客户机密。
- 保持独立视角。
- 有效管理客户和公司资源。

(2) 显著改进客户绩效。

- 遵循从最高管理层角度看问题的思路。
- 利用公司全球网络向客户提供我们最好的东西。
- 为客户实现管理惯行的创新。
- 构筑客户长久保持改进效果的能力。
- 建立基于信任的持久关系。

(3) 创造无与伦比的环境。

- 开放、无等级。
- 温情的任人唯贤。
- 基于师徒制和导师制的共同成长。
- 表达异议的义务。
- 守护全球一体的合伙人体制。

思考：

麦肯锡公司在知识管理方面有何特点？

第九章　相关方关系管理

组织存在于一定的环境中，能否深刻地认识这一环境并顺势而为，在很大程度上决定了组织的成败。为此组织就必须努力识别对自身具有重大影响的利益相关方，明智地管理好与他们之间的关系，尤其是要管理好与组织的供方和合作伙伴之间的关系。

第一节 相关方关系管理概述

本节简要讨论相关方的含义、相关方关系管理的益处以及实践中相关方关系管理的主要举措。

一、相关方的含义

相关方（Interested Party）也称利益相关者（Stakeholders）。根据ISO9000：2015《质量管理体系——基础和术语》的定义，相关方是指“可影响决策或活动、受决策或活动影响、自认为受决策或活动影响的个人或组织”。例如，顾客、供应商、员工、股东、银行、政府监管机构、工会、合作伙伴、竞争对手或持反对立场的社会群体等。

一定意义上而言，所有的利益相关者都与组织存在着一定形式的交换关系，都为组织提供某种形式的资源或贡献，相应地就要求组织满足他们的某种期望。各个利益相关者做出的贡献不同，期望也有所差异。顾客为组织带来收入和利润，他们期望得到高质量、可靠的产品，希望物有所值；股东提供了资本，期望得到适当的投资回报；员工贡献了劳动和技能，期望得到适宜的收入、工作满意感、安全和良好的工作环境；供应商为组织提供输入，期望得到可靠的买主并获得合理的收入，从而获得继续经营的机会；社会为组织的生存和发展提供了环境和空间，如基础设施、公平的竞争环境等，相应地，它期望能获得可信赖的社会服务，并要求组织在环境保护和资源合理利用方面承担责任。

对一个组织来说，对利益相关者的诉求考虑不周可能会意味着毁灭性的打击。组织为了能够持续地取得成功，就应考虑所有利益相关者的期望和要求，要将这些要求反映到组织的战略中。利益相关者的概念对组织具有非常重要的意义，认识到这一概念，有利于组织更加明确自身存在的目的和意义，有利于以一种更加开阔的视野去从事组织的活动。

有效地管理与相关方之间的关系具有以下几方面好处：

- 提升本组织及相关方的绩效；
- 达成对各方目标和价值观的共同理解；
- 提升为相关方创造价值的能力；
- 实现一个管理良好的能够稳定提供产品和服务的供应链。

二、相关方关系管理的主要举措

通常组织在相关方关系管理方面可以采取如下举措：

（1）把握状况。首先要搞清楚谁是本组织的相关方，他们与本组织之间的关系的现状如何。这是相关方关系管理的出发点。

（2）区分主次。管理相关方关系不可以眉毛胡子一把抓，要分析、评价哪些是重要的关系，哪些是次要的关系。

（3）平衡远近。在管理相关方关系时，既要明确当务之急，又要考虑长远的打算。

（4）共享资源。要能够集中和共享相关方的信息、特长和资源。

（5）测量、反馈。通过测量相关方的绩效并提供相应的反馈，促进各方的改进活动。

（6）联合开发（改进）。与供应商、合作伙伴及其他的相关方共同实施开发和改进活动。

（7）表彰认可。要对供应商、合作伙伴取得的改进和成就加以表彰和认可。

第二节　供应链及供应链管理

组织与供应商之间的关系无疑是最重要的相关方关系之一。供应链与供应商关系管理日益成为管理领域中最受瞩目的领域。对大多数组织而言，总的供应链成本通常要占到其运营费用的一多半，有些情况下甚至是3/4，这一事实足以说明供应链对组织的成功所具有的重要性。本节简要介绍有关供应链及供应链管理方面的基本内容。

一、供应链的含义

供应链是指在为最终用户提供产品或服务的过程中所涉及的所有活动。其中涉及的每一个组织，如原材料加工商、零部件生产商、产品的制造商、批发商、零售商以及客户，都是整个过程中的一个环节，从而使得整个过程就恰似一个链条。

对这一链条中的任何一个组织而言，为了服务于自己的直接顾客，都必须获得多方面的原材料和服务的支持。同样，大多数公司都会与不止一个顾客打交道。沿着这一链条流动的不仅是实物产品，还有信息、资金、文件、人员以及其他品目，而且是沿着链条双向流动。因而，将供应过程视为一个网络更为适当。

二、供应链管理的含义与目的

供应链管理即是对最初接收到最终消费者的订单，然后一直回溯到上游的原材料供应商，最后再到向消费者提供商品为止的这整个链条的管理。供应链管理的目的在于适宜地将适当的产品在适当的时间送抵适当的场所，并产出最大限度的利润。供应链管理不限于管理在链条上与本公司直接连接的那些链环，而是链条上的所有链环。

降低供应（采购）成本是人们一直以来的努力。但是，通过有效的供应链管理，不仅可以降低原材料和生产成本，还可以降低很多其他的成本。例如，多次装运的成本、功能不当的成本、质量低劣的成本、发货延误的成本等。

供应链管理的目的并不总是降低成本。对时尚类产品而言，速度要比成本重要；高技术产品可能更加看重的是新的功能。

三、供应链管理的动因与益处

组织之所以日益重视供应链管理，有如下几方面主要的原因：

1. 供应链成本在总成本中所占比重的增加

随着组织不断采用各种有效的管理手段和生产技术来降低成本，改进产品和服务的质量、功能和交货速度，使得在总的成本中，供应链方面的成本占据了越来越大的比重。

2. 日益加剧的全球竞争

拥有更便宜劳动力的全球竞争者不只是造成了成本的压力，往往还能够提供更好的质量、功能和顾客响应。这使得企业纷纷在全球范围内去寻找更好或更便宜的供应商，从而导致了外包和海外设厂的日益流行。

3. 外包

越来越多的组织采用外包，这使得对运输的需求大为增加，进而导致了运输成本的增加。

4. 电子商务

电子商务及其他电子技术的诞生使得外包变得更加容易也更加便宜，无论是在国内还是在全球范围内。

5. 更短的寿命周期

顾客不断要求更多的品种、更快的响应、更高的质量和更便宜的价格。其结果之一便是更短的寿命周期，这意味着持续变化着的供应链，意味着同一时间段内的更多的供应链。

6. 供应链的复杂性

日益激增的供应链的复杂性要求必须对这些链条给予更多的注意和更好的管理。

实施供应链管理为许多公司带来了显著的收益。有资料报道，那些在供应链管理方面卓有成效的公司比竞争对手享有45%的供应链成本优势，订单实现周期及供应品库存时间减少了50%，成品发货速度加快了17%，物流成本降低了36%，由此带来了4%的净利润的增加。还有公司报告其制成品库存减少了25%～50%，成本降低了10%，且生产过程的可靠性提高了10%～25%。

除了在成本方面的好处之外，良好的供应链管理还带来了更高的客户忠诚度及更大的市场份额。供应链管理对组织的其他重要方面也有着显著的影响，如学习的能力、员工的士气，以及迅速调整方向的能力等。

四、供应策略模型

供应策略模型可以帮助组织决定供应链管理的策略。这一模型首先从分析以往的采购支出情况开始，通过分析来确定所购商品的两个因素。第一个因素是“采购商品的重要性”。这是对某种商品于企业的重要性的主观评价。并非所有的采购物品都是供应链管理的对象。供应链管理针对的是那些对企业具有战略意义的重要商品。商品的重要性评价是一种主观的排序，应当由一个由资深采购管理人员组成的团队来进行，同时要与高层主管进行密切的磋商。第二个因素是每类商品的支出情况。收集了这些信息之后，将它们分成四个组，如图 9 - 1 所示。

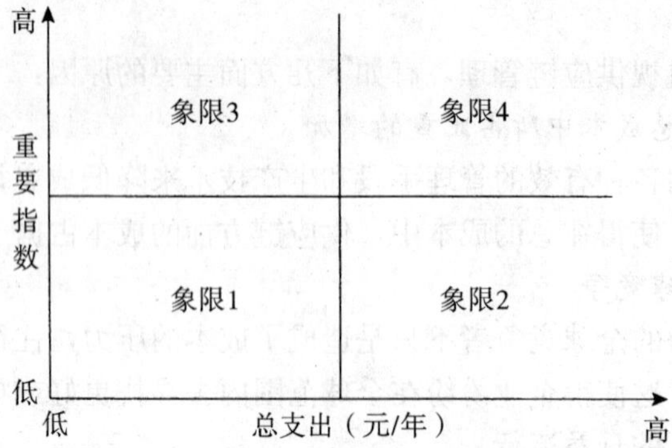

图 9 - 1　采购商品的分类

象限 1（低重要性/低费用）。

通常，这类支出代表那些低战略价值和低成本的品目。典型的例子如办公用品、书报杂志等。这类商品和服务的采购不会创造什么竞争优势，但会带来大量的非增值性交易。这一象限代表着辅助性的活动，而不是创造竞争优势的活动，因此是考虑外包的主要对象。通过某种自动系统或诸如采购卡这样的机制，这些交易能够而且也应当避免最终使用者的直接购买。

象限 2（低重要性/高费用）。

这类支出比象限 1 具有较高的战略价值，同时也是传统采购职能中的主要交易活动。这一象限的典型例子如导管、阀门、配套装置等。对这类商品的总占有成本的分析常常会揭示出，大宗的成本构成来自采购的非标准化、过量库存以及计划工作的不充分。这类商品是供应部门持续管理的主要对象。但是，这些商品的低复杂性和常规性决定了它作为供应链管理的焦点的局限性。为了最大限度地减少这类采购的交易活动，MRP 信息系统、电子数据交换（EDI）、电子资金转账（EFT）、供应商基数缩减以及直接从已签供应协议领用等手段都可以加以应用。

象限 3（高重要性/低费用）。

这一象限包括高级工程设备、某些加工材料或特别合同员工。这些品目单个而言成本很高，但因其购买频次低，从而总量成本也比较低。对总占有成本的详尽分析常常会揭示出这一象限的某些成本降低的机会，特别是当涉及那些过度专门化和非标准化的品目时。这类采购的低频次和低总值使得与这类商品的供应商联合的价值不大。

象限 4（高重要性/高费用）。

这一象限是供应链管理的重点。传统上的采购职能客观上成为妨碍合作的楔子。战略性采购通过促进供应商与终端使用者的关系，来实现供应链管理的突破效果。针对这类商品应建立供应团队，鉴别和选择战略性供应商，通过由最终使用者、采购部门和供应商参与的持续的团队方式来管理这类商品的采购，重点关注在供应链上创造价值。

第三节　供应商关系管理

供应商关系管理是通过辨识和满足顾客的需要来进行的，主要包括计划、控制和改进等活动。“计划阶段”涉及辨识、理解和实施满足顾客需要的供应策略；“控制阶段”涉及管理过程的绩效以及过程中的供应商的绩效；“改进阶段”则是要识别和把握供应链中增加价值的机会。

一、供应商关系的计划

供应商关系的计划是指有关识别顾客需要、分析和制定满足这些需要的供应策略方面的活动。计划过程的关键输出之一是形成一个详细描述对象商品的总占有成本的初始模型(见表 9 - 1)。

表 9 - 1　　计划过程的输入/输出

输入	输出
顾客需要	建议的供应策略
行业数据	统一的购买
支出数据	供应商基数的缩减
占有成本数据	总占有成本的模型

供应商关系的计划过程一般包括以下步骤：

(1) 整理汇编有关组织过去的、当前的和未来的采购活动的各种文件资料。通过在整个组织范围内对过去、现时和预期的采购活动文件化，有助于组织实现采购活动的杠杆作用，有助于业务单位间的协同配合，从而形成战略性的、协作主动的管理供应过程的方式。

(2) 从采购活动中识别那些对企业经营既具有高重要性又有很高支出的商品（第 4 象限的商品)。利用帕雷托分析可以揭示出那些驱动着一个组织的采购需要和成本的关键的少数商品。将资源集中于这些关键的少数商品，可使一个组织能够尽早地开始获取供应链管理的价值。

(3) 针对该商品组建跨部门团队，团队中要包括顾客的代表，还要包括公司职能部门的代表，如技术、采购、质量、财务等。该团队的使命是明确顾客对该商品的供应需要并制定能够满足此需要的供应策略。

(4) 通过数据收集、调查和其他的评估活动来确定顾客的供应需要。这一步骤如果做得不正确或不完全的话，跨部门团队就有可能偏离轨道。想当然地断定顾客的需要常常会导致致命的错误。

(5) 分析供应行业的结构、能力和趋势。必须对各种可利用的供应链及其绩效与成本结构加以充分理解。这一活动在计划过程中是一个密集的研究阶段，可能会要求团队临时分成几个子团队来开展工作。

(6) 分析商品的总占有成本的成本构成。这也要求进行充分的数据收集与分析甚至是标杆分析以搞清楚别人是如何管理该商品的。在该商品管理团队的整个存续期内，总占有成本的模型将会得到不断的重新定义、改进和完善。

(7) 将顾客的需要转化为一个供应过程，该过程将使顾客满意并提供管理和优化总占有成本的机会。要将第 4 步识别出的顾客需要与第 5 步确认的各种备选供应过程详细地对应起来。通过优化总占有成本，即在第 6 步的基础上，就能够确定一个最佳的供应策略。这种转化要求广泛的对话和反馈以识别和评价供应策略的适当与否。

(8) 获得管理层的批准以将所制定的供应策略加以实施。该策略至少应包括下列内容：范围（如全球的、地区的、本地的）；协议的条款和条件；最终使用者领用的方法。应通过预演或小规模试点来证明其可行性。

二、供应商关系的控制

在供应商关系管理中，通过控制活动来评价供应商的绩效和选择能够优化其绩效的关键的少数供应商。控制的目的是将顾客满意水准维持在计划过程所确定的水平上。

通过计划过程所确定下来的供应商通常是那些有能力实施改造后的供应过程的供应商。周密持续的评估进一步缩小了供应商的基数，有助于选出那些的确能够降低商品的总占有成本的少数供应商。因此，正是在控制的实施中，开始了由传统的采购方式向供应链管理的进化。

对供应商关系的控制过程的要求有：

(1) 明确定义的供应链目标。

(2) 对照这些目标对供应商绩效的充分、持续的数据收集和评价。

(3) 必要时的纠正措施。

供应商关系的控制一般包括以下步骤：

(1) 创建一个跨部门的团队。这个跨部门的团队包括了顾客、采购部门以及运作部门的人员。其使命是对由计划团队在计划阶段确立的供应链过程的绩效进行持续的管理、测量和评价。

(2) 确定关键的绩效测量指标。绩效测量指标应当在计划阶段就有所考虑。但是，控制团队还需要明确和建立获取和报告这些信息的过程。这一步应当有广泛的供应商参与。

(3) 确定最起码的绩效标准。除了关键的绩效指标之外，在考虑对供应商做进一步的战略发展之前，团队要建立起最起码的供应商绩效标准，其中包括了财务上的、法律上的和环境方面的考虑，还会提出一些最起码的可接受的质量标准，如缺陷率、保证情况以及交货期等。

(4) 减少供应商的基数。团队要去掉那些不能达到绩效标准的供应商，将活动集中到那些符合标准的供应商身上。

(5) 评价供应商的绩效。根据实际的供应商绩效，对保留下来的供应商的绩效实施持续的评估和评价。这通常会涉及评估供应商的现行质量体系、供应商的产能和过程能力以及所提供商品的适用性。

三、供应商关系的改进

改进活动建立在计划和控制阶段已经奠定了的质量、总占有成本和供应链管理的基础之上。改进阶段的目标是将供应链建为一个有机的整体，建立共同的目标，进行实时的决策，依据一套统一的关键绩效指标来测量绩效，共同对最终用户的需要做出反应。改进阶段一般沿着五个合作层次向前推进：

1. 组成联合团队

改进阶段始于联合团队的建立。团队的目标应聚焦在目标的整合、供应链业务过程的分析以及慢性问题的识别与纠正方面。

目标的整合保证了供应链中的每一环节的目标和举措能够与最终顾客的需要相一致，也是建立必需的协同和信任的起点。在进行供应链业务过程分析时，团队首先要识别供应链的要素并收集数据用以测量其绩效。慢性问题的识别与纠正提供了在这种联合团队的环境中协作解决问题的机会。

2. 降低成本

第 1 层次上的活动主要是识别和摘取那些“挂在低处的果子”，即消除业务分析中那些已经识别且相对容易改进的问题，有助于在供应商与用户间创造一种信任和协作的文化。第 2 层次上的活动则要求一种更为深入的过程改进的方式，即对供应链进行质量成本分析，并采取措施测定和管理成本降低的机会，着手项目改进。这常常会涉及供应商的供应商，或顾客的顾客。在这一时点上，主动的供应链管理开始取代用户与供应商之间的双边关系。

3. 提升价值

当联合团队开始降低质量成本时，供应链便开始作为一个统一的业务过程而非一系列单独的过程运行了起来。此时，联合团队需要编制供应链中的活动的流程图并评估供应链上每一环节所增加的价值。在这个阶段要提出两个问题：“这一步骤是否增加价值?”和“若跳过这一步骤又会怎样?”这样便可识别和删除不增值的步骤。

4. 信息交换

在这一点上，传统上被作为机密情报对待的东西得到了常规的分享以及在整个供应链上的广泛发布。诸如互联网和内联网应用软件、群件等电子商务工具正在推动着信息的传输、思想的合作以及实时的决策。

5. 资源共享

在供应链管理和改进的后几个阶段，传统上分隔机构、部门和公司的“墙壁”已经被拆除。供应链开始像一个单个的过程一样运行，参与的人员涉及了供应链上的不同供应商，涉及了各个层次的顾客和用户。供应链上的人员随时就思想和改进机会进行合作，其绩效持续地得到测量。来自供应链内各供应商的人员常常配置在他们的顾客所在地以进一步推动这种合作。最终，数据、资源的共享和风险共担的程度提升到了一个相当的水准，不仅人员与顾客同地配置，而且技术计划、风险创意与投资在整个供应链上也是共享的，收益和损失也一同承担。这意味着一个既为顾客也为供应商创造价值的、无缝隙的、合作共赢的供应链流程开始形成。

本章小结

相关方关系管理在很大程度上影响着组织的运作。组织必须努力识别有重大影响的利益相关方并明智地管理好与他们之间的关系。本章第一节简要讨论相关方的含义、相关方关系管理的益处以及实践中相关方关系管理的主要举措。第二节简要介绍有关供应链及供应链管理方面的基本内容，包括供应链的含义、供应链管理的含义与目的、供应链管理的益处以及帮助组织决定供应链管理策略的供应策略模型。第三节讨论了供应商关系管理所涉及的计划、控制和改进等活动。

复习思考题

1. 什么是相关方?
2. 组织有哪些主要的相关方?
3. 有效地管理好与相关方之间的关系有哪些好处?
4. 组织在相关方关系管理方面可以采取哪些举措?
5. 什么是供应链?
6. 什么是供应链管理?
7. 为什么组织日益重视供应链管理?
8. 什么是供应策略模型?
9. 何谓供应商关系管理?

案例

苹果公司的供应链

苹果公司对供应链的关注可以追溯到史蒂夫·乔布斯在 1997 年采取的行动。当时，为了保证新款 iMac 的供货充足，苹果公司斥资 5 000 万美元买断了整个圣诞假期所有可用的航空运输能力。这不仅保证了苹果公司将产品及时送到顾客手中，而且抢占了其竞争对手的市场，如康柏 (Compaq)，后者意识到空运产品的需要时已经太晚了。苹果公司深知预先对供应链投资能够为自己带来更大的销量，更大的销量也会带来更高的利润。

苹果公司不仅在供应链上投入财务资源，还投入了人力资本。为了促进将产品原型转变为成功的新产品，苹果公司的设计工程师常常在供应商所在地的旅馆一住就是好几个月，帮助它们优化生产过程。

苹果公司舍得花费巨大投资从供应商处购买产能，以保证产品的价格和货源。例如，在 2010 年 6 月发布 iPhone 4 之前，由于屏幕供应商的产能都被 iPhone 占用，苹果公司的竞争对手不得不艰难地到处搜寻手机屏幕的货源。当苹果公司发布 iPad 2 时，它买下了大量生产平板电脑内壳用的高端钻头，以至于其他使用这些钻头的公司的生产前置期延长到了6个月。

能够成为苹果公司的供应商就意味着丰厚的利润。当一个潜在的供应商被要求为苹果产品的零部件或装配提供报价时，苹果公司要求供应商必须提交极为详尽的细节，包括特定材料的成本、劳动力成本和预期利润。而且，为了防范供应中断，苹果公司要求供应商在距离其亚洲装配厂一定的范围内保存两周的库存。

每年苹果公司精心策划的新产品发布会受到行业分析师和忠实顾客的热切期盼。在这里，苹果的供应链管理也扮演了重要的角色。在新产品发布前几周，为了满足对新款产品的爆发式需求，供应商的工厂需要加班加点赶制产品。而且，为了保证新产品的保密性，苹果公司在部分零部件的包装中植入了电子监控器，在整个生产过程中对零部件进行监控。苹果公司能够追踪从分拨中心输送来的每一个零部件。有时，为了保密的需要，新产品完成后被装入空白包装箱，甚至伪装的水果箱子。

苹果公司供应链的最后一环是它的零售店。苹果公司每小时追踪其零售店的销售情况，以这些销售情况为基础调整每天的生产预期。当发现产品短缺的风险时，苹果公司会立刻调配团队，增加产能。

思考：

苹果的供应链管理有何特点？

第十章　统计基础与统计方法

统计是一项收集、组织、分析、解释和展现数据的活动或方法。它为人们从观测数据中获取信息、分析关系、形成知识、做出判断和决策提供了有效途径。在质量管理理论与实践中，统计思想、统计技术和方法的应用，极大地增强了质量管理理论研究和实践的能力。

统计技术、方法帮助人们测量、描述、分析、解释变异（Variation），使人们更深入地理解变异的性质、水平和原因，促进组织解决质量问题，提高过程有效性和效率，持续改进质量。利用统计技术、方法，有助于人们更好地利用数据和信息进行决策、计划与控制，使基于事实的决策和管理成为可能。电子计算机和网络的快速发展，以及新型统计软件和系统的开发，使统计技术应用更加方便、普及和高效。

本章介绍基本的统计技术和方法，为学员在质量管理中应用统计技术提供基础知识和方法，作为深化质量管理，特别是理解和应用统计过程控制（SPC）的基础和前提。

第一节　统计基础

了解数据类型、统计量表、样本与总体、统计参数、随机变量与概率分布等统计的基本知识，是学习和应用统计技术和方法的前提。

一、统计量表与数据类型

数据是特定对象的观测值。使用不同的统计量表，可以得到不同类型的数据，相应地，可以使用不同的统计方法进行分析和处理，获得不同的信息。基本的统计量表、数据类型与统计方法如表 10 - 1 所示。数据是关于对象特性的描述，用于反映和理解对象或事实，但不是对象或事实本身。

表 10 - 1　　基本的统计量表、数据类型与统计方法

量表种类	观测水平	数据类型	举例	适用的统计方法			
				集中趋势	离散趋势	联系或相关	显著性
定名量表	标识和分类	定名数据	甲与乙；顾客与非顾客	模式	信息	列联相关系数	χ^2 检验
定序量表	顺序和等级	定序数据	品牌偏好：第 1 位、第 2 位……；社会阶级：上层、中层、下层等	中值	百分比	等级-次序相关，斯皮尔曼相关系数 r_n、T_{au} 和 W	单边检验 R 检验 U 检验
定距量表	顺序和差距	定距数据	顾客满意度：很满意、满意、无所谓、不满意、很不满意	算术平均、加权平均	标准偏差、方差	产品-离差相关，相关比例	t 检验 F 检验

续前表

量表种类	观测水平	数据类型	举例	适用的统计方法			
				集中趋势	离散趋势	联系或相关	显著性
定比量表	绝对幅度	定比数据（计量数据）	所占百分比：65%～70%；采购量：50.6千克	中位数、算术平均、加权平均、几何平均、调和平均	极差、标准偏差、方差、比例偏差、偏差系数	相关系数	

质量数据即质量特性的观测值。它可以是生产线上生产出来的螺栓的直径、订货部门每天发生的订单差错数，还可以是一个机场每天延误的航班数量。质量管理实践中，通常将数据分为计量数据和计数数据两个基本类型。

1. 计量数据

可以连续取值或者可以用量具测量出小数点以下精度值的数据，叫作计量数据。相应地，取计量值的变量则为连续变量。如长度、容积、重量、化学成分、温度、产量、职工工资总额等。其中，长度为1mm～3mm，还可连续测出1.1mm，1.2mm，1.3mm，…，2.1mm，2.2mm，2.3mm等数值来，长度为1.1mm～1.2mm，还可以进一步测得1.11mm，1.12mm，1.13mm等数值来。

2. 计数数据

不能连续取值或者即使用量具也得不到小数点以下精度的数据，而只能得到1，2，3，…自然数的数据，叫作计数数据。相应地，取计数值的变量或非连续数值的变量，为离散变量。如不合格品数、疵点数、缺陷数、成功或失败次数、出席或缺席人数，对或错等。计数数据还可分为计件数据和计点数据。计件数据是指按件计数的数据，如不合格品数、电视机台数、质量检测项目数等。计点数据是指按缺陷点（项）计数的数据，如疵点数、砂眼数、气泡数、单位缺陷数等。

二、总体和样本

通常我们要掌握一批产品的质量信息，并不是检查所有产品，在大多数情况下，为了了解某道工序加工的产品质量，也不可能把该工序加工出来的全部产品逐一加以测试，而是只从中抽取一定数量的产品进行测试，从样品的测试结果来推断整批产品的质量。相应地，就有了总体和样本的概念。

1. 总体

所谓总体，是指在某一次统计分析中研究对象的全体，又叫母体。总体是统计数据的本源。总体数据构成原始数据库，是一个完全数据集或关注对象的数据集合。比如，如果分析某道工序或某批产品质量的好坏，那么被分析的“这道工序”或“这批产品”就是总体。总体可以是有限的，也可以是无限的。例如生产一批电子元件，数量为10万件，尽管数量相当大，但总是可以数得清楚，因此可以说这批被研究的电子元件是个有限总体。然而，对于这个电子元件工厂或某道工序来说，过去、现在都生产着这种电子元件，以后仍将继续生产这种电子元件，它的数量就无法数清了，因此可将这个工厂、某道工序的过去、现在和将来的全部产量视为无限总体。

组成总体的每个单元（产品）叫作个体。总体中所含的个体数叫作总体容量（总体大小），常用大写字母 N 表示总体容量，用小写字母 n 表示样本容量。

2. 样本

样本也叫子样，它是从总体中随机抽取出来，进行详细研究的一部分个体（样品）。样本是由 1 个或若干样品组成的。样本中所含的样品数目，一般叫样本大小或样本容量，常用符号 n 表示。比如从一批数量为 1 000 件的产品中，随机抽取 20 件产品，并测量它们的直径，那么 N 为批量 1 000 件，被取出的 20 件产品就组成一个样本，即 $n=20$。换言之，该样本由 20 件样品组成，样本容量为 20 个。

三、概率与随机变量

为了研究客观存在的随机的、不确定现象的规律性，人们引入了随机变量这个概念来表示随机事件。随机事件发生的可能性大小为其发生概率，发生概率呈现一定的分布规律。

1. 概率

在特定条件下，同一个事件并不总是出现相同结果的现象称为随机现象。随机现象的结果不少于两个，至于哪个会出现，事先并不知道。认识随机现象的首要问题是罗列出它的一切可能发生的基本结果，即样本点。随机现象的所有的可能样本点称为样本空间。随机现象的某些样本点的集合称为随机事件。一个随机现象的两个随机事件存在包含、互斥（互不相容）和对立三种可能的关系。

随机事件的发生与否具有偶然性。随机事件发生的可能性有大小之别，是可以度量的。一个随机事件 A 发生可能性的大小称为这个事件的概率，通常用 P（A）表示，概率是介于 0 到 1 的数。概率越大，事件发生的可能性越大；概率越小，事件发生的可能性也越小。不可能事件 Φ 发生的概率为 0，即 P（Φ）$=0$。必然发生的事件 Ω 发生的概率为 1，即 P（Ω）$=1$。

在统计意义上，如果与事件 A 相关的随机现象可以大量重复试验，如在 n 次重复试验中，事件 A 发生 k 次，则事件 A 发生的频率为：f_n（A）$=k/n$。这里频率 f_n（A）能反映事件 A 发生的可能性大小。频率 f_n（A）将会随着重复试验次数的增加而趋于稳定，这个频率的稳定值即事件 A 发生的概率。在实际中，人们无法把一个试验无限次地重复下去，只能用重复试验次数 n 较大时的频率去近似表示概率。

基于概率的性质和随机事件的特点，可以计算随机事件发生的概率。

2. 随机变量

表示随机现象发生结果的变量称为随机变量。常用大写字母 X，Y，Z 等表示随机变量，用相应的小写字母 x，y，z 等表示它们的取值。一个随机变量可能是离散的，也可能是连续的，这取决于该随机变量所代表的特定数值。

如果一个随机变量仅取数轴上有限个点，则称此随机变量为离散随机变量或离散型随机变量。比如，设 X 表示一只铸件上的瑕疵数，则 X 是一个离散随机变量，它可以取 0，1，2，…，随机变量 X 的不同取值，表示不同的事件，如："$X=0$" 表示事件"铸件上无瑕疵"；"$X=3$" 表示事件"铸件上有三个瑕疵"；"$X>3$" 表示事件"铸件上的瑕疵超过三个"；等等。这些事件可能发生，也可能不发生，因为出现 0，1，2，…是随机的。

如果一个随机变量的所有可能取值充满数轴上的一个区间 (a, b)，则称此随机变量为连续随机变量或连续型随机变量，其中 a 可以是 $-\infty$，也可以是 $+\infty$。比如一台电视机的寿命 X（单位：小时）是在 $[0, Q)$ 上取值的连续随机变量，"$X=0$" 表示事件"一台电视机在开箱时就发生故障"；"$X\leqslant 1\,000$" 表示事件"电视机寿命不超过 1 000 小时"。

离散随机变量只能取有限个或可列无限多个值。连续随机变量可以取特定区间内的任何实数值。当然，变量的实际观测值受到测量设备精度的限制。因此，实际观测所产生的只能是一个个确定的数字。在理论上，这个结果仍然是一个连续随机变量。

3. 随机变量的分布

随机变量的取值虽然是随机的，但还是有内在规律的，这个规律可以用分布来描述。了解一个随机变量 X 的关键是要知道它的分布，分布意味着：X 可能取哪些值？或在哪个区间上取值？X 取这些值的概率是多少？或在任一区间上取值的概率是多少？

概率分布是指随机变量在总体中（样本空间中）的取值与其发生概率二者关系的数据模型。它是表示一个随机变量的相对频率的理论模型。这个模型（或称概率分布函数）完整地描述了随机变量的统计规律性。

离散随机变量的分布可以用分布列来表示，比如随机变量 X 取 n 值：x_1，x_2，…，x_n，X 取 x_1 的概率为 p_1，X 取 x_2 的概率为 p_2，…，X 取 x_n 的概率为 p_n。这些可以用一张表表示：

X	x_1	x_2	…	x_n
P	p_1	p_2	…	p_n

也可以用一个式子表示：$P(X=x_i)=p_i$ $(i=1, 2, \cdots, n)$。

作为一个分布，p_i 满足以下两个条件：$p_i\geqslant 0$，$p_1+p_2+\cdots+p_n=1$。满足这两个条件的分布称为离散分布，这一组 p_i 称为分布的概率函数。如掷骰子时的取值及其概率，则构成一个典型的离散分布。

连续随机变量的分布可用概率密度函数 $p(x)$ 表示，也记为 $f(x)$。它是一种表示质量特性 X 随机取值内在统计规律性的函数。概率密度函数 $p(x)$ 有多种形式，它在以 X 发生概率为纵轴，X 取值为横轴的平面坐标系上，概率密度（即单位长度上的概率或频率）曲线不同的位置、散布程度、分布形状，反映了质量特性的差别。随机变量 X 的分布（概率密度函数）有几个重要的特征数，分别用来表示分布的集中位置（中心位置）和散布程度的大小。

如图 10-1 所示，概率密度曲线一定位于 x 轴上方 $[p(x)\geqslant 0]$，并且与 x 轴所夹的面积恰好为 1。而 X 在区间 (a, b) 上取值的概率 $P(a<X<b)$ 为概率密度曲线以下区间 (a, b) 上的面积。

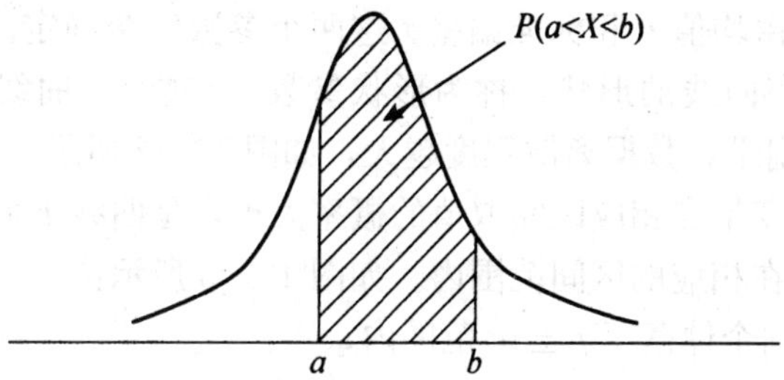

图 10 - 1　P（$a<X<b$）＝阴影区域面积

4．常用随机变量的分布

常用的离散随机变量的分布有二项分布、泊松公布和超几何分布。常用的连续随机变量分布有均匀分布、正态分布、对数正态分布等，最常用的是正态分布，它描述了许多质量特性随机取值变化的规律性。特别重要的是，根据中心极限定理，一个变量无论其总体服从什么分布，只要样本量足够大，来自这个总体的随机样本的均值就呈近似正态分布。

这里主要介绍正态分布。

如果一个随机变量 x 的概率分布呈正态分布，则其概率密度函数为：

$$f(x)=\frac{1}{\sqrt{2\pi\sigma^2}}e^{-(x-u)^2/2\sigma^2}\quad(-\infty<x<+\infty)$$

正态分布通常记为 $x\sim N(\mu,\sigma)$，其中：

μ 为随机变量 x 的期望值（均值）；

σ 为随机变量 x 的标准偏差；

$e=2.718\ 28\cdots$，为自然对数中的底数；

$\pi=3.141\ 59\cdots$，为圆周率。

正态分布的特点是：

（1）正态分布概率密度函数曲线是对称、单峰钟形曲线。图 10 - 2 所示的为不同参数正态分布函数曲线。

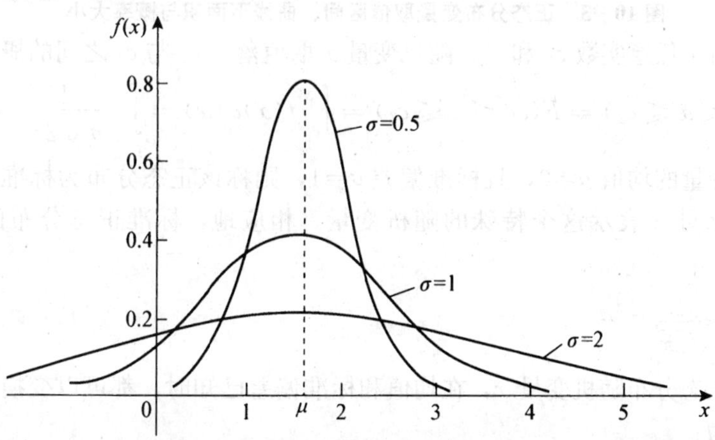

图 10 - 2　三条形状不同的正态分布曲线

（2）一个正态分布由均值 μ 和标准偏差 σ 这两个参数完全确定。μ 确定中心位置，称为位置参数。σ 决定分布曲线的形状，称为形状参数。σ 越小，曲线越陡，数据离散程度越小，σ 越大，曲线越扁平，数据离散程度越大，如图 10-2 所示。

（3）正态分布随机变量在相应区间取值的概率大小，是曲线下面的面积。它表明总体中有多大比例的数值落在相应的区间范围内。如图 10-3 所示：

总体中有 68.26%的个体落于 $\mu \pm 1\sigma$ 范围内；

总体中有 95.44%的个体落于 $\mu \pm 2\sigma$ 范围内；

总体中有 99.73%的个体落于 $\mu \pm 3\sigma$ 范围内；

……

总体中有 99.999 999 8%的个体落于 $\mu \pm 6\sigma$ 范围内。

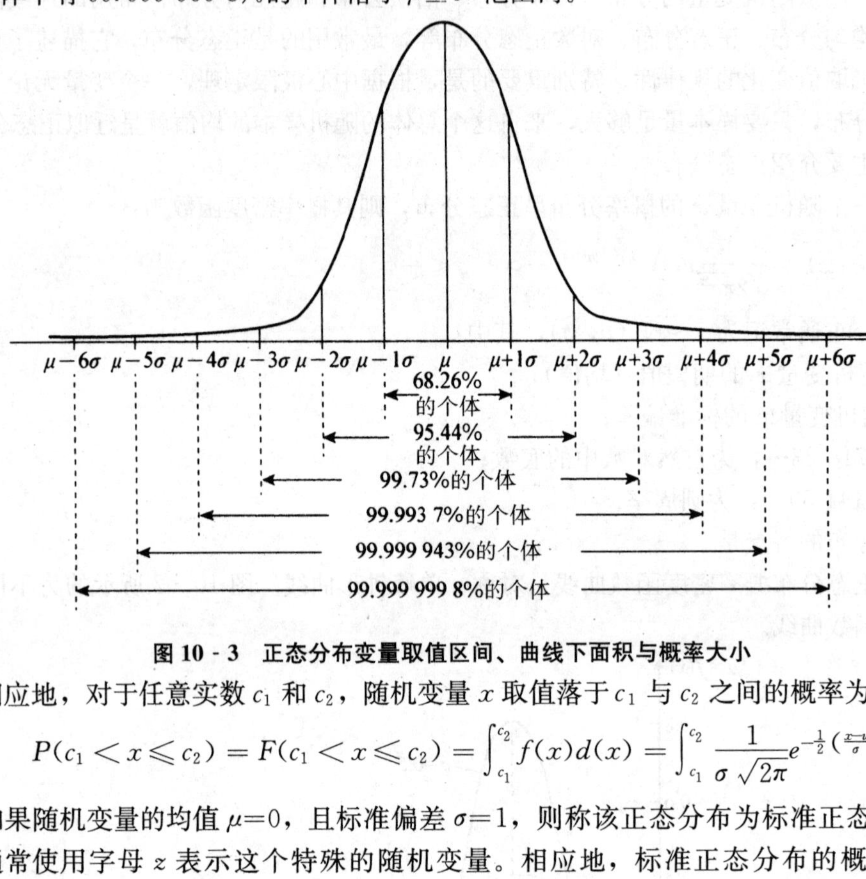

图 10-3 正态分布变量取值区间、曲线下面积与概率大小

相应地，对于任意实数 c_1 和 c_2，随机变量 x 取值落于 c_1 与 c_2 之间的概率为：

$$P(c_1 < x \leqslant c_2) = F(c_1 < x \leqslant c_2) = \int_{c_1}^{c_2} f(x)d(x) = \int_{c_1}^{c_2} \frac{1}{\sigma\sqrt{2\pi}} e^{-\frac{1}{2}\left(\frac{x-u}{\sigma}\right)^2} d(x)$$

如果随机变量的均值 $\mu=0$，且标准偏差 $\sigma=1$，则称该正态分布为标准正态分布。这时，通常使用字母 z 表示这个特殊的随机变量。相应地，标准正态分布的概率密度函数为：

$$f(z)=\frac{1}{\sqrt{2\pi}}e^{-z^2/2}$$

任何一个正态分布随机变量 x，在均值和标准偏差已知时，都可以变换为标准正态分布，变换公式为：

$$z=\frac{x-\mu}{\sigma}$$

相应地，变量 x 取特定值的概率可以通过查“标准正态分布表”或“标准正态分布纸”直接得到。

四、常用统计参数

人们利用观测指标的测量值描述一个对象。统计学中把总体的测量指标统称为参数，将由样本测算得到的相应的总体指标称为统计量或者统计参数。

样本来自总体，因此，样本中包含了有关总体的丰富信息，但未经加工的信息是零散的，为了将零散的信息综合起来反映总体和特征，需要对样本进行加工。图表是加工信息的一种方法，另一种方法是构造样本函数，不同的函数反映总体的不同特征。其中不含未知参数的样本函数称为统计参数，也称为统计特征数。在统计学中，数据的统计参数有两类：一类是表示数据总体状态和集中位置的，如均值、中位数；另一类是表示数据散布范围或离散程度的，如极差、标准偏差。表 10 - 2 中列出了主要的统计参数与计算公式。

表 10 - 2　　基本统计参数及计算公式

统计参数	总体	样本	随机变量
均值(期望值)	$\mu=\frac{1}{N}\sum_{i=1}^{N}x_i$	$\overline{x}=\frac{1}{n}\sum_{i=1}^{N}x_i$	$E(X)=\sum_i x_i p_i$(离散分布) $E(X)=\int_a^b xp(x)dx$(连续分布)
中位数	N 个 x 值按大小依次排列，当 N 为奇数时，中位数为位于中间的 x 值；当 N 为偶数时，中位数取位于中间两个 x 值的平均值	一个样本中的 x 值按大小依次排列，当 n 为奇数时，中位数取位于中间的 x 值；当 n 为偶数时，中位数取位于中间两个 x 值的平均值	无
方差	$\sigma^2=\frac{\sum_{i=1}^{N}(x_i-\mu)^2}{N}$	$s^2=\frac{\sum_{i=1}^{n}(x_i-\overline{x})^2}{n-1}$	$Var(X)=\sum_i[x_i-E(X)]^2p_i$ (离散分布) $Var(X)=\int_a^b[x-E(X)]^2p(x)dx$ (连续分布)
标准偏差	$\sigma=\sqrt{\frac{\sum_{i=1}^{N}(x_i-\mu)^2}{N}}$	$s^2=\sqrt{\frac{\sum_{i=1}^{n}(x_i-\overline{x})^2}{n-1}}$	$\sigma=\sigma(x)=\sqrt{Var(X)}$

续前表

统计参数	总体	样本	随机变量
极差	$R=X_{最大值}-X_{最小值}$	$R=X_{最大值}-X_{最小值}$	
备注	其中 x_i 是第 i 个观察对象的值，N 是总体中的个体数	其中 n 是样本中的个体数；N 是个体总数	其中 x 为随机变量，P_i 为第 i 个离散随机变量的概率；$p(x)$为连续随机变量的概率密度

第二节　质量管理中的统计技术和方法

在质量管理实践中，人们运用统计学原理，将基本的统计技术运用于观察、分析和解决质量问题，产生了许多有用、实用的统计方法。统计方法是关于收集、整理、分析、解释和展现统计数据，并根据数据所反映的问题做出一定结论的方法。它是统计技术的具体运用和专门化。

从统计的目的和性质看，统计技术可以分为两种基本类型：描述性统计、统计推断。在两者的基础上将统计数据用于预测，又可以派生出一种预测性统计。统计技术和方法应用于质量管理的各个环节，图 10 - 4 简要地归纳了各种基本统计技术和方法，其详细说明和应用方法请参阅统计学或者数理统计著作。

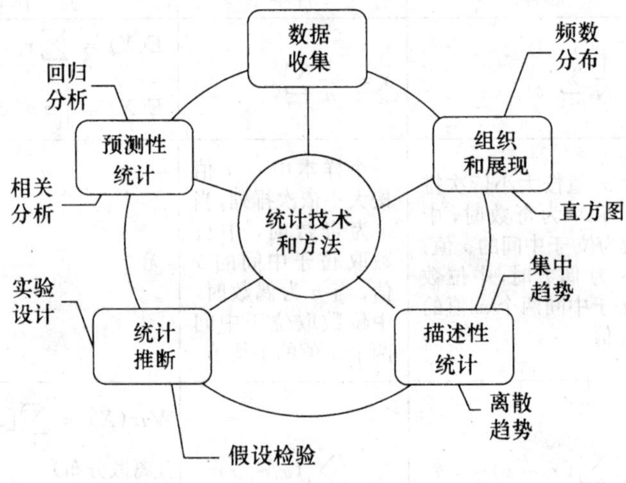

图 10 - 4　质量管理中常用的统计技术和方法

一、描述性统计

描述性统计是有效地收集、组织和描述数据的统计方法。它是统计方法的主要组成部分。频数分布图或直方图用于组织和展示当前的数据。集中趋势测量指标（均值、中位数、比例）和离散测量指标（极值、标准偏差、偏差）可以提供自然原始数据的重要的定量信息。比如，一家航空公司可能会调查行李丢失问题，确定行李丢失或损坏标签、挂错行李标签以及没有把行李传送到要求的区域等问题的原因。检查每类问题的发生的频数可能会发现：行李丢失或损坏问题可能占 50%，行李错误问题占 30%，传送路线错误问题占 20%。该航空公司可能还会计算每月每 1 000 位旅客中行李出错的数量。这些信息在识别质量问题方面十分有用，同时可作为测量改进的依据。

二、统计推断

统计推断是一个过程，它根据从总体中抽取的数据，获得关于总体未知特征的结论。比如，一个化学品制造商可能对确定温度对一个过程产出的影响感兴趣。在一个受控实验中，制造商可能做出这样的假设：温度对过程产出结果有影响而不是没有影响。事实上，如果温度是一个关键变量，则要求相应的步骤将温度保持在适当的水平，并根据抽取的数据，做出关于过程是否保持受控的推断。

在这个阶段所使用的技术包括参数估计、假设检验、实验设计和方差分析。

1. 参数估计

参数估计即根据从总体中抽取的样本估计总体分布中包含的未知参数的方法。它是统计推断的一种基本形式，是数理统计学的一个重要分支，分为点估计和区间估计两部分。

点估计是依据样本估计总体分布中所含的未知参数或未知参数的函数。通常它们是总体的某个参数值，如均值、方差和相关系数等。点估计问题就是要构造一个只依赖于样本的量，作为未知参数或未知参数的函数的估计值。例如，设一批产品的废品率为 θ。为估计 θ，从这批产品中随机地抽出 n 个进行检查，以 X 表示其中的废品个数，用 X/n 估计 θ，这就是一个点估计。构造点估计常用的方法是：

（1）矩估计法。用样本矩估计总体矩，如用样本均值估计总体均值。

（2）最大似然估计法。该方法于 1912 年由英国统计学家 R. A. 费希尔提出，利用样本分布密度构造似然函数来求出参数的最大似然估计。

（3）最小二乘法。主要用于线性统计模型中的参数估计问题。

（4）贝叶斯估计法。这是基于贝叶斯学派的观点而提出的估计法。

可以用来估计未知参数的估计量有很多，于是产生了怎样选择一个优良估计量的问题。即估计的优良性，比如无偏性估计、最小方差无偏估计、可容许性准则、最小化最大准则、最优同变准则、相合性、最优渐近正态估计和渐近有效估计等。

区间估计是依据抽取的样本，根据一定的正确度与精确度的要求，构造出适当的区间，作为总体分布的未知参数或参数的函数的真值所在范围的估计。例如人们常说的有百分之多少的把握保证某值在某个范围内，即区间估计的最简单的应用。目前，已经形成严格的区间估计理论。求置信区间常用的三种方法有：利用已知的抽样分布；利用区间估计与假设检验的联系；利用大样本理论。

2. 假设检验

假设检验是一种基本的统计推断形式，又称统计假设检验。假设是指关于总体分布的一项命题。例如，有一批产品，其废品率为 p，则“废品率 $p \leqslant 0.03$”这个命题是一个假设。假设是否正确，要用从总体中抽出的样本进行检验，与此有关的理论和方法构成假设检验的内容。

设 A 是关于总体分布的一项命题，所有使命题 A 成立的总体分布构成一个集合 H_0，称为原假设（简称假设）。使命题 A 不成立的所有总体分布构成另一个集合 H_1，称为备择假设。如果 H_0 可以通过有限个实参数来描述，则称为参数假设，否则称为非参数假设。如果 H_0（或 H_1）只包含一个分布，则称原假设（或备择假设）为简单假设，否则为复合假设。对一个假设 H_0 进行检验，就是要制定一个规则，使得有了样本以后，根据这个规则可以决定是接受它（承认命题 A 正确）还是拒绝它（否认命题 A 正确）。这样，所有可能的样本所组成的空间 Ω（称为样本空间）被划分为两部分，即 Ω_A 和 Ω_R（Ω_A 的补集），当样本 $x \in \Omega_A$ 时，接受假设 H_0；当 $x \in \Omega_A$ 时，拒绝假设 H_0。集合 Ω_R 常称为检验的拒绝域，Ω_A 称为接受域。因此选定一个检验法，也就选定一个拒绝域，故常把检验法本身与拒绝域 Ω_R 等同起来。

在检验一个假设 H_0 时可能犯两类错误：第一类错误是真实情况为 H_0 成立，但判断 H_0 不成立，犯了“以真为假”的错误；第二类错误是 H_0 实际不成立，但判断它成立，犯了“以假为真”的错误。通常，人们不希望轻易拒绝 H_0。例如工厂的产品一般是合格的，出厂进行抽样检查时不希望轻易地被认为不合格，即犯第一类错误的概率不能太大，于是在限定犯第一类错误的概率不超过某个指定值 a（称为检验水平）的条件下，寻求犯第二类错误尽可能小的检验方法。

统计学家提出了一些优良性准则，来评估为检验同一假设而提出的各种检验。较重要的有一致最大功效准则、无偏性准则、容许检验、同变检验、贝叶斯检验和最小化最大检验等。然而，寻求在一定准则下的最优检验是十分困难的，于是人们提出了若干依据直观的推理法，得到相应的拒绝域，其中最重要的是似然比法。用似然比法导出的重要检验有：

（1）U 检验。若总体服从正态分布，方差已知，检验总体均值是否等于（大于等于或小于等于）某个值时，使用 U 检验。

（2）t 检验。若总体服从正态分布，方差未知，检验总体均值是否等于（大于等于或小于等于）某个值时，使用 t 检验。

（3）F 检验。若两个总体均服从正态分布，检验这两个总体的方差是否相等（大于等于或小于等于）时，使用 F 检验。在方差分析中，广泛使用 F 检验。

3. 实验设计

实验设计（DOE）就是在预先设计好的某种条件下，有计划地进行实验，从而能够更迅速、更经济、更有效地获得预测某种现象的统计资料，并通过分析实验结果，从中归纳出具有普遍性和可重复性的规律的一种方法，是科学和合理地制定实验方案及分析实验结果的一种数理统计技术，也称为正交设计。实验设计就是预先对实验进行设计，其基本思想是：减少偶然性因素的影响，使实验数据有一个合适的数学模型，以便利用方差分析的方法分析数据。DOE 是了解大量过程变量的影响，以及改进质量的强有力的技术和方法。

R. A. 费希尔于 1935 年出版了《实验设计法》，其中提出了实验设计应遵循三个原则：随机化、局部控制和重复。随机化的目的是使实验结果尽量避免受到主客观系统性因素的影响而呈现偏倚性；局部控制是用划分区组的方法，使区组内部条件尽可能一致；重复是为了降低随机误差的影响，以保证实验结果的重现性。费希尔最早提出的设计是随机区组方法和拉丁方方法，两者均体现了上述原则。常用的因子设计方法包括：

(1) 区组设计。将 N 个处理安排在 b 个区组内做实验的一种实验方法。所谓处理，是指作为因子的各个因素或措施的不同水平或层次。区组则是各种实验组和方案区组设计，分为完全区组设计和不完全区组设计。

(2) 析因设计。将全部因素的水平组合起来做实验，使得既能估计各个因素的主效应，又能估计因素之间的交互作用。

(3) 部分实施法。该方法于1946年由英国统计学家D.J. 劳尼提出。正交表是进行部分实施法最方便的一种工具，按正交表安排并进行分析的实验称为正交实验。

实验设计过程，就是研究如何制定实验方案，以提高实验效率，缩小随机误差的影响，并利用实验结果能有效地进行统计分析的过程。实验设计的实施过程为：

(1) 明确实验目的；

(2) 收集、整理、研究与本实验有关的信息；

(3) 决定所提出的因子及其水平；

(4) 制定实验方案；

(5) 实施实验；

(6) 分析实验数据并得出统计结论；

(7) 就实验结论与有关人员充分讨论、研究，决定今后的工作方针。

4. *方差分析*

方差分析（Analysis of Variance，ANOVA）又称为变异分析或 F 检验，是由费希尔发明的，用于两个或两个以上样本均值差别的显著性检验。

在统计质量控制中，区分两类不同性质的变异，识别和确定可控因素（因子），是实施质量控制的关注点。方差分析从观测变量（y）的方差入手，识别多个控制变量（x_i）中哪些变量对观测变量有显著影响，从而可以构建观测变量与可控变量关系 $y=f(x_1, x_2, \cdots, x_n)$。它的总体思路是：通过识别和研究试验中不同来源的变异对总变异的贡献大小，确定可控因素对研究和试验结果影响力的大小，进而确定下一步措施。

方差分析通常分为单因素方差分析（完全随机设计或区组设计的方差分析）、双因素方差分析（析因设计中的配伍组设计）。方差分析的主要用途包括：(1) 均值差别的显著性检验。(2) 分离各个相关因素并估计其对变异的影响。(3) 分析因素之间的相互作用，比如可用于试验设计。(4) 进行方差齐性检验。

方差分析的理论基础在于：不同处理（因素）组的均值差别的基本来源有两个，一是随机误差，如测量误差造成的差异或个体间的差异，称为组内差异，用变量在各组的均值与该组内变量值的偏差平方和的总和表示，记作 SS_w，组内自由度 DF_w。二是实验条件，即不同处理造成的差异，称为组间差异。用变量在各组的均值与总均值之偏差平方和表示，记作 SS_b，组间自由度 DF_b。总偏差平方和 SS_t 与 SS_b 和 SS_w 的关系为：

$$SS_t=SS_b+SS_w$$

组内 SS_w、组间 SS_b 除以各自的自由度（组内 $DF_w=n-m$，组间 $DF_b=m-1$，其中 n

为样本总数，m 为组数），得到均方差，即方差 MS_w 和 MS_b。

分析这两个均方差会发现：一种可能是处理没有作用，即各组样本均来自同一总体，$MS_b/MS_w \approx 1$；另一种可能是处理确实有作用，组间均方差是由于误差与不同处理共同导致的结果，即各样本来自不同总体，那么，$MS_b \gg MS_w$。MS_b/MS_w 比值构成 F 分布。这样可以用 F 值与其临界值比较，推断各个样本是否来自相同的总体。

单因素方差分析和多因素方差分析的步骤相同，只是变异的分解方式不同，对成组设计的资料，总变异分解为组内变异和组间变异，即 $SS_t = SS_b + SS_w$，而对配伍组设计的资料，总变异除了分解为处理组变异和随机误差外，还包括配伍组变异 SS_e，即 $SS_t = SS_b + SS_w + SS_e$。

三、预测性统计

预测性统计即基于过去的数据来预测未来的统计过程，比如相关分析和回归分析。通常，利用这些技术能够分清一个过程的特征并预测未来结果。

1. 相关分析

相关分析是研究随机变量之间的相关关系的一种统计方法。相关关系是一种非确定性的关系。有的文献中将相关分析作为回归分析的一项内容。第十一章中介绍的散布图就是一种典型的相关分析。例如，以 X 和 Y 分别表示一个人的身高和体重，或分别表示每公顷土地施肥量与每公顷小麦产量，则 X 与 Y 显然有关系，而又没有确切到可由其中的一个去精确地决定另一个的程度，这就是相关关系。相关关系的程度可以通过相关系数（通常记为 r）来表示。相关系数这个统计量表示两个变量线性相关的密切程度，r 的绝对值越大，两个变量之间的相关程度越强。相关系数用公式表示为：

$$r=\frac{\sum_{1=1}^{n}(x_i-\bar{x})(y_i-\bar{y})}{\sqrt{\sum_{1=1}^{n}(x_i-\bar{x})^2\sum_{i=1}^{n}(y_i-\bar{y})^2}}$$

当 $r=\pm 1$ 时，n 个点完全在一条直线上，两个变量完全线性相关。

当 $r=0$ 时，n 个点完全不在一条直线上，两个变量线性不相关，不过可能存在某种曲线相关关系。

当 $r\geqslant 0$ 时，两个变量正相关，当 X 值增大时，Y 值也增大。

当 $r\leqslant 0$ 时，两个变量负相关，当 X 值增大时，Y 值减小。

2. 回归分析

回归分析是研究一个或多个随机变量 Y_1，Y_2，…，Y_i 与另一些变量 X_1、X_2，…，X_k 之间的关系的统计方法，又称多重回归分析。通常称 Y_1，Y_2，…，Y_i 为因变量，X_1、X_2，…，X_k 为自变量。回归分析是一类数学模型，特别当因变量和自变量为线性关系时，它是一种特殊的线性模型。

最简单的情形是一个自变量和一个因变量，且它们大体上有线性关系，这叫一元线性回归，模型为 $Y=a+bX+\varepsilon$，这里的 X 是自变量，Y 是因变量，ε 是随机误差，通常假定随机误差的均值为0，方差为σ^2（σ^2 大于0），σ^2 与 X 的值无关。若进一步假定随机误差服从正态分布，就叫作正态线性模型。一般的情形是，常有志个自变量和一个因变量，因变量的值可以分解为两部分：一部分是由于自变量的影响，即表现为自变量的函数，其中函数形式已知，但含一些未知参数；另一部分是由于其他未被考虑的因素和随机性的影响，即随机误差。当函数形式为未知参数的线性函数时，称为线性回归分析模型；当函数形式为未知参数的非线性函数时，称为非线性回归分析模型。当自变量的个数大于1时，称为多元回归；当因变量的个数大于1时，称为多重回归。

回归分析的主要内容为：

（1）从一组数据出发确定某些变量之间的定量关系式，即建立数学模型并估计其中的未知参数。估计参数的常用方法是最小二乘法。

（2）对这些关系式的可信程度进行检验。

（3）在许多自变量共同影响一个因变量的关系中，判断哪个（或哪些）自变量的影响是显著的，哪些自变量的影响是不显著的，将影响显著的自变量选入模型中，剔除影响不显著的变量，通常用逐步回归、向前回归和向后回归等方法。

（4）利用所求的关系式对某一生产过程进行预测或控制。

回归分析的应用是非常广泛的，统计软件包使各种回归方法计算十分方便。

相关分析与回归分析在实际应用中有密切关系。然而在回归分析中，人们所关心的是一个随机变量 Y 对另一个（或一组）随机变量 X 的依赖关系的函数形式。而在相关分析中，所讨论的变量的地位一样，分析侧重于随机变量之间的种种相关特征。例如，以 X、Y 分别表示小学生的数学与语文成绩，人们感兴趣的是二者的关系如何，而不在于利用 X 去预测 Y。

四、简易的统计工具和方法

将基本统计技术和方法与质量管理实践相结合，形成了许多更加简单、易用的质量管理工具和方法，其用途和类别如表10-3所示。其中部分方法和工具将在本书第十一章、第十二章中详细介绍。管理者需要根据不同的目的，分析应用领域的特点和要求，选择适用的工具处理数据和信息，增强质量管理能力。

表10-3　　常用质量管理工具和方法

基本用途	应用领域	常用工具和方法
1. 提供表示事物特性的数据	在质量改进活动中，所收集到的数据大多是杂乱无章的，这就需要运用统计方法计算其特征值，以显示事物的规律性	平均值、中位数、标准偏差、方差、级差
2. 比较两事物的差异	在质量改进活动中，应用了新材料、新工艺后，需要运用统计技术和方法断定所取得的结果与改进前的状态有无差异	假设检验、显著性检验、方差分析、水平对比法或标杆超越
3. 分析影响事物变化的因素	在质量改进活动中可以应用各种方法，为了“对症下药”，有效地解决质量问题，需要运用统计技术和方法分析引起事物变化的各种原因或影响关系	因果图、调查表、散布图、排列图、分层法、树图、方差分析

续前表

基本用途	应用领域	常用工具和方法
4. 分析事物之间的相互关系	在质量改进活动中，常会遇到两个甚至多个变量，虽然它们之间没有确定的函数关系，但往往存在一定的相关关系，需要运用统计方法确定这种关系的性质和水平	散布图、实验设计、排列图、树图、头脑风暴法
5. 研究取样和试验方法，确定合理的试验方案	在大批量商品和服务交易过程中，特别是在实验和检验过程中，利用样本数据，判定总体和批次的质量水平，确定接收与拒收，减少检验工作和交易成本	抽样方法、抽样检验、实验设计、可靠性实验

本章小结

本章在质量管理的背景下，首先介绍了统计学的基础知识，包括统计量表与数据类型、总体和样本、概率与随机变量等的含义和用途，以及常用统计参数及其计算方法；其次说明了常用统计技术和方法在质量管理中的应用，涉及描述性统计、统计推断、预测性统计的具体方法和应用；最后总结了质量管理中的统计技术和方法的种类及用途。统计技术和方法是管理的基础，更是质量管理的基础，是提高质量管理能力的重要工具。

复习思考题

1. 质量数据可以分为哪些类型？将其分类的意义是什么？
2. 举例说明统计推断中四种常用方法的应用途径和领域。
3. 举例说明相关分析、回归分析的应用途径和领域。
4. 结合工作和学习实际，探讨统计技术和方法的作用和意义。

案例

改进J型车驾驶室前风窗淋雨漏水问题

某汽车有限公司成立于2003年，是以某汽车制造厂主体专业厂为基础，以某汽车集团公司技术中心为技术依托，重新组建的中重型载重车制造企业，是中国第一汽车集团公司的全资子公司。经过改制，企业飞速发展，新开发的J型车取得了很好的市场业绩，然而，J型车驾驶室前风窗淋雨漏水问题一直存在，引起顾客不满意。

为了提高前风窗淋雨合格率，公司决定成立QC小组，实施质量改进。公司的QC小组于2008年4月5注册成立，取名飞驰QC小组，小组成员组成及相关信息如表10-4所示。小组按照PDCA方法，制订行动计划，开展质量改进。2010年4月30日，历时2年，小组完成改进项目，解决J型车驾驶室前风窗淋雨合格率低的问题，取得成功。该QC小组还获得当年的全国QC小组优秀奖。

表 10-4 飞驰 QC 小组成员组成

序号	姓名（略）	组内分工	性别	年龄	职称	文化程度
1		组长	男	46	班长	高中
2		技术指导	男	40	二级经理	本科
3		技术指导	男	39	现场工程师	本科
4		技术支持	男	36	检查员	专科
5		技术支持	男	36	检查员	专科
6		组员	男	31	班长	高中
7		组员	男	31	操作者	专科
8		组员	女	31	检查员	专科
9		组员	女	27	检查员	高中
10		组员	女	31	检查员	高中
11		技术指导	女	37	工程师	大本
12		设备维修	男	31	维修工	大专

一、选题

小组针对J型车驾驶室前风窗淋雨漏水问题统计相关数据，如图 10-5 所示，发现前风窗淋雨漏水是主要问题。因此，小组选择“提高J型车驾驶室前风窗淋雨合格率”为改进课题。QC 小组制订行动计划，启动改进方案，如表 10-5 所示。

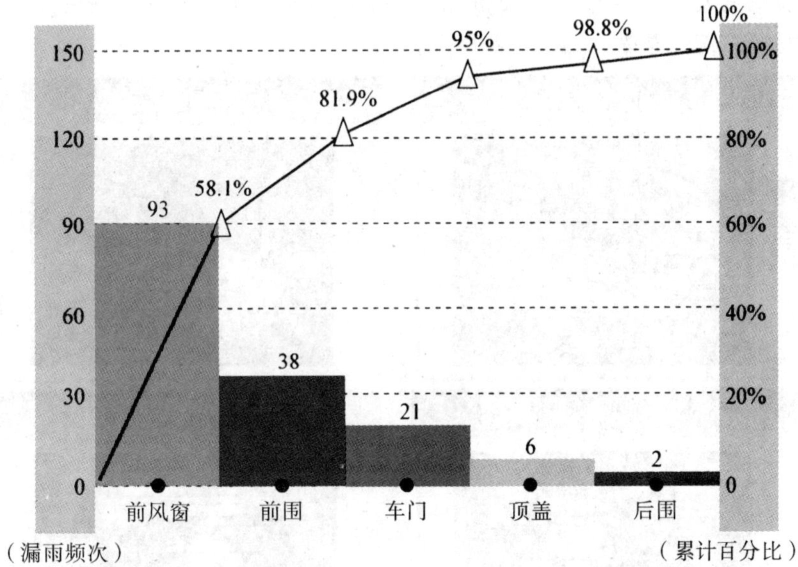

图 10-5 J型车驾驶室前风窗淋雨漏水问题帕雷托图

表 10－5　　飞驰 QC 小组行动计划

阶段		活动计划	10 月	11 月	12 月	1 月	2 月	3 月	4 月	5 月	6 月	7 月	8 月	9 月
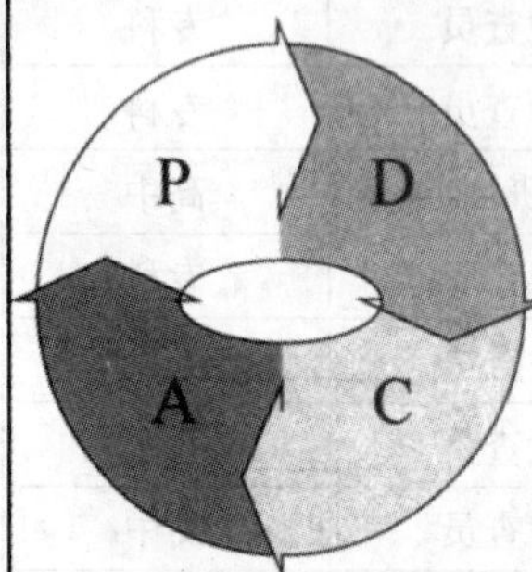	P	选择课题	→	→										
	P	现状调查		→	→									
	P	设定目标		→	→									
	P	原因分析			→	→								
	P	要因确定				→	→							
	D	制定对策						→						
	D	对策实施				→	→	→	→					
	C	效果确认								→				
	C	巩固措施									→			
	A	总结										→		

注：表中时间一栏原为箭头图，每项活动都画有一条虚线箭头（计划进度）和一条实线箭头（实际进度）。

- - - -→计划进度　——→实际进度

二、调查现状

小组对 J 型车驾驶室前风窗安装工艺流程进行了调查，如图 10－6 所示，包括四个步骤。同时收集数据，发现 J 型车驾驶室前风窗一次淋雨合格率平均为 95.24%，如图 10－7 所示。进一步调查发现不合格的详细情况，包括胶型引起的不合格、密封条与止口间隙大引起的不合格等，统计结果如图 10－8 所示。

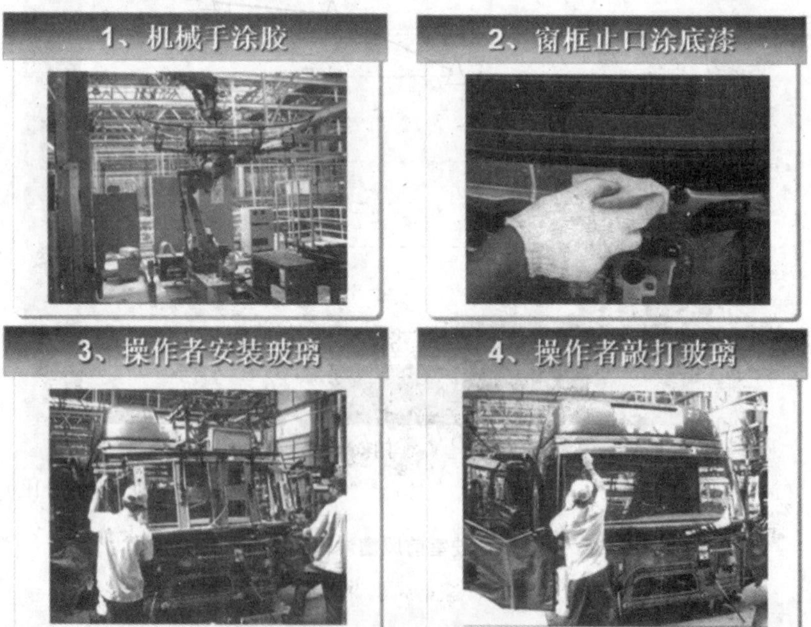

图 10－6　J 型车驾驶室前风窗安装过程

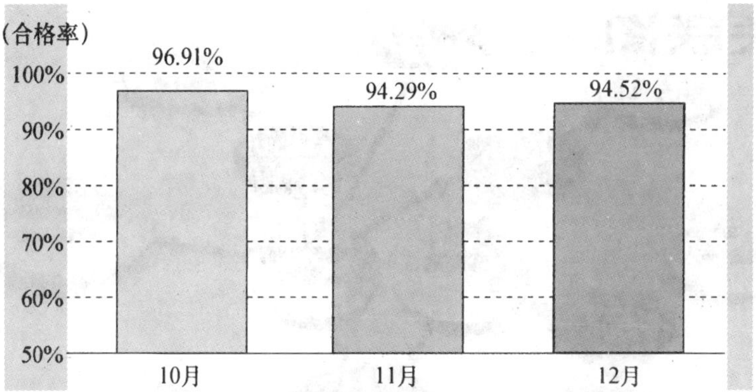

图 10 - 7　当前 J 型车驾驶室前风窗淋雨合格率

10—12月漏雨情况统计表	
问题	数量
胶型不符合标准	54台
密封条与止口间隙大	30台
其他	9台

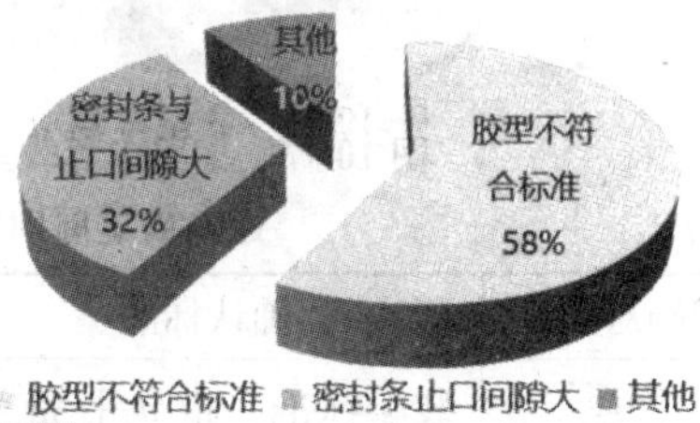

胶型问题占总问题的58%　间隙问题占32%　完成度80%

解决胶型问题提高合格率　(100% — 95.24%) × 58% × 80% = 2.21%

解决间隙问题提高合格率　(100% — 95.24 %) × 32% × 80% = 1.22%

预计达到合格率：　95.24 % + 2.21% + 1.22% = 98.67%

因此，只要解决了八成的渗水现象，就可以将前风窗淋雨合格率提高到98%以上

图 10 - 8　当前 J 型车驾驶室前风窗淋雨合格率的具体问题及统计数据

三、设定目标

在调查现状的基础上，小组分析了市场要求，当前的技术水平，以及项目可用时间和资源等，制定了课题的改进目标：J 型车驾驶室前风窗淋雨合格率由原来的 95.24%提高到 98.6%。

四、分析原因

小组召开头脑风暴会议，识别和分析原因，并形成关系图，展示各项原因与结果之间的关系，如图 10 - 9 所示。

五、确定主要原因

针对每条原因，通过现场收集数据、实验、流程分析的方法，逐条确认，并识别主要原因，具体方法如表 10 - 6 所示。包括确认项目、确认标准、确认方法、负责人、完成日期等，确认结果如表 10 - 7 所示。

最终确认的主要原因有三个：(1) 胶嘴歪斜；(2) 敲打力度不足；(3) 密封条过厚。

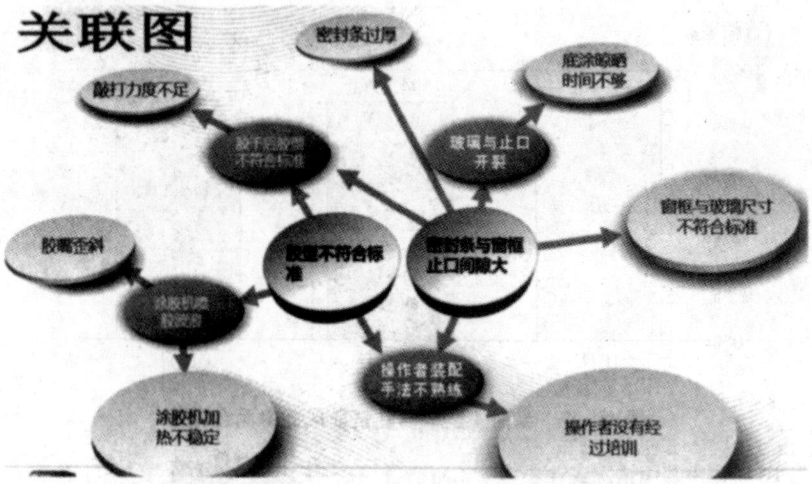

图 10-9　J 型车驾驶室前风窗淋雨不合格原因及其关系

表 10-6　逐条确定前风窗淋雨不合格的主要原因

序号	确认项目	确认标准	确认方法	负责人（略）	完成日期
1	操作者培训不够	装配标准、指导书完善、操作者经过培训合格、记录齐全	检查前风窗工位装配标准及操作者的培训记录并进行作业观察		1.5
2	胶嘴歪斜	胶嘴无歪斜变形情况，喷出胶型为标准三角形，底边 8～10mm，高 12～14mm	在涂胶中，观察胶嘴是否存在受热变形的情况，喷出的胶型是否符合标准		1.10
3	敲打力度不足	胶型宽度达到 18～20mm	试验 2 辆车，用不同力度敲打，胶干后拆除玻璃，检查胶型是否符合标准		1.12
4	涂胶机加热不稳定	涂胶机加热温度稳定保持为 45 度	检查涂胶机有无温度控制手段，能够保证胶温符合标准		1.15
5	底涂晾晒时间不够	底涂晾晒时间标准为 60～300 秒	装配过程中有无时间控制手段，操作者是否能保证在 60～300 秒内装配完成		1.20
6	窗框止口与玻璃尺寸不匹配	窗框止口尺寸、玻璃尺寸符合技术部图纸标准	使用三坐标检验窗框止口与玻璃的尺寸是否符合标准		1.20
7	密封条过厚	密封条贴合窗口、无外凸	批量验证装配后前风窗四周密封条贴合情况是否符合标准		1.22

表 10 - 7　　前风窗淋雨不合格的原因确认结果

序号	确认项目	确认过程	结论
1	操作者培训不够	经过检查，装配标准、设备操作标准、指导书均已完善，操作者是培训合格后上岗的，培训记录齐全，进行 50 辆份的作业观察，操作者完全按照指导书操作	非要因
2	胶嘴歪斜	经过检查，装配大约 200 辆车时，胶嘴出现歪斜，造成胶型波浪，不符合标准，影响淋雨密封性	要因
3	敲打力度不足	使用两种方式敲打，结果却不同，说明力度是影响胶型合格的一个因素	要因
4	涂胶机加热不稳定	经过检查，涂胶机有“胶伴热系统温度控制盘”，这套系统有 12 道温度控制，能够显示每个区域现在所处的温度，便于操作者进行监控	非要因
5	底涂晾晒时间不够	经过测时，底涂完成后一直到玻璃装配，中间经过四个步骤，共使用时间 83 秒，已经超过晾晒最低标准时间 23 秒，操作者利用标准作业和设备达到了目的	非要因
6	窗框止口与玻璃尺寸不匹配	经过验证，由于密封条过厚，装配后，使密封条与窗框止口 100%有间隙，从而容易引起前风窗渗水	非要因
7	密封条过厚	经过验证，由于密封条过厚，装配后，使密封条与窗框止口 100%有间隙，从而容易引起前风窗渗水	要因

六、制定对策

小组成员与一线工人、供应商和公司工程技术人员一起讨论并选择对策，并制定对策表，分工实施和验证各项对策的有效性。对策表如表 10 - 8 所示。

表 10 - 8　　提高 J 型车驾驶室前风窗淋雨合格率对策表

要因	对策	目标	措施	负责人（略）	地点	日期
要因 1：胶嘴歪斜	制作胶嘴保护装置	胶嘴无变形歪斜	制作新的固定螺栓，在螺栓上增加一个护套，长度为 80mm		涂胶平台	2.5
要因 2：敲打力度不足	制作专用敲打工具	玻璃敲打到位，与止口贴合紧密	制作两个垫板，一个为平面，敲打玻璃中部，另一个为弧形，敲打玻璃两侧		班组工位	2.18
要因 3：密封条过厚	将密封条改薄	密封条与止口贴合紧密，无间隙	与技术部、厂家共同试验密封条尺寸，由 4.6mm 改为 2.6mm		试装阵地	2.24—2.28

三项对策实施与验证结果如图 10 - 10～图 10 - 12 所示。可见措施取得了明显效果，提高了合格率。另外，改进措施还取得以下效果：

(1) 减少因漏雨而进行的修复时间及重复淋雨时间，每辆 20 分钟。

(2) 减少了因修复而使用的用胶量，按每月 J 型车产量 2 000 辆计算，确认年节约成本 38 095.2 元，即 2 000×（1−95.24%−0.47%）×37（元）×12（月）＝38 095.2（元）。

(3) 利用垫板工具敲打玻璃，未对操作者造成安全隐患。

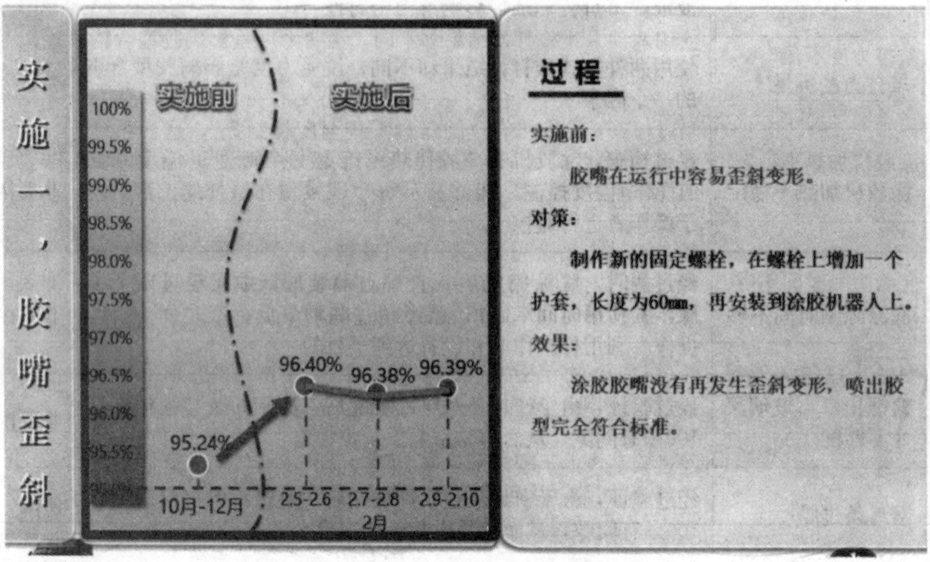

图 10 - 10　胶嘴歪斜对策实施与验证结果

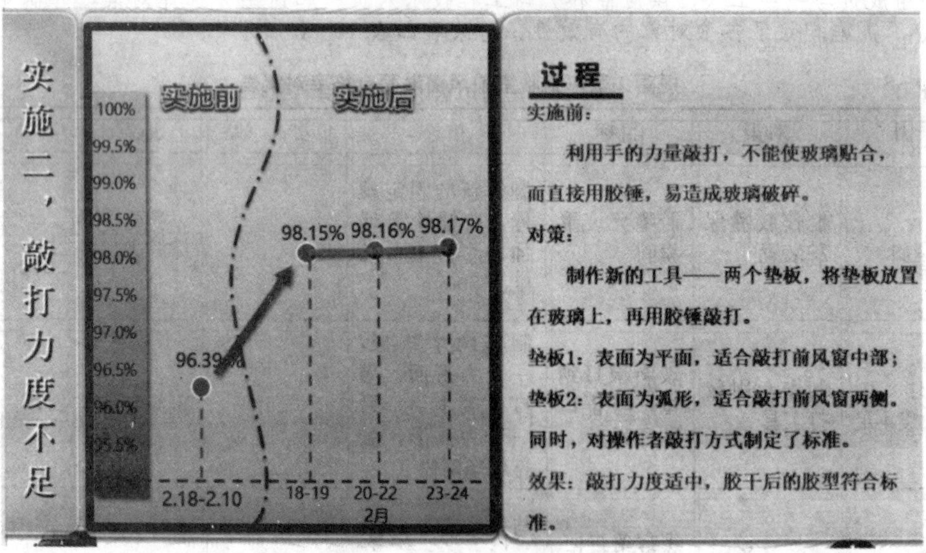

图 10 - 11　敲打力度不足对策实施与验证结果

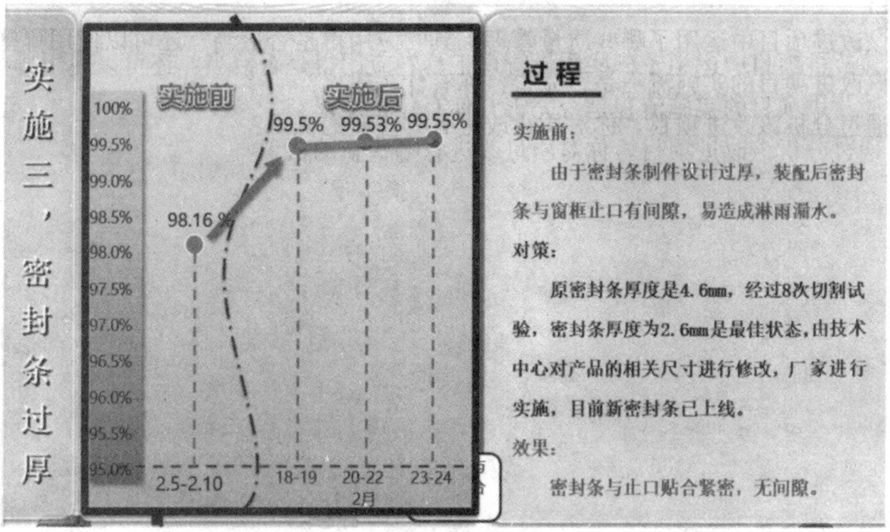

图 10－12 密封条过厚对策实施与验证结果

七、制定巩固措施

各项对策验证有效后，制定作业指导书（如图 10－13 所示），作为巩固措施，在 J 型车驾驶室前风窗安装工序实施。

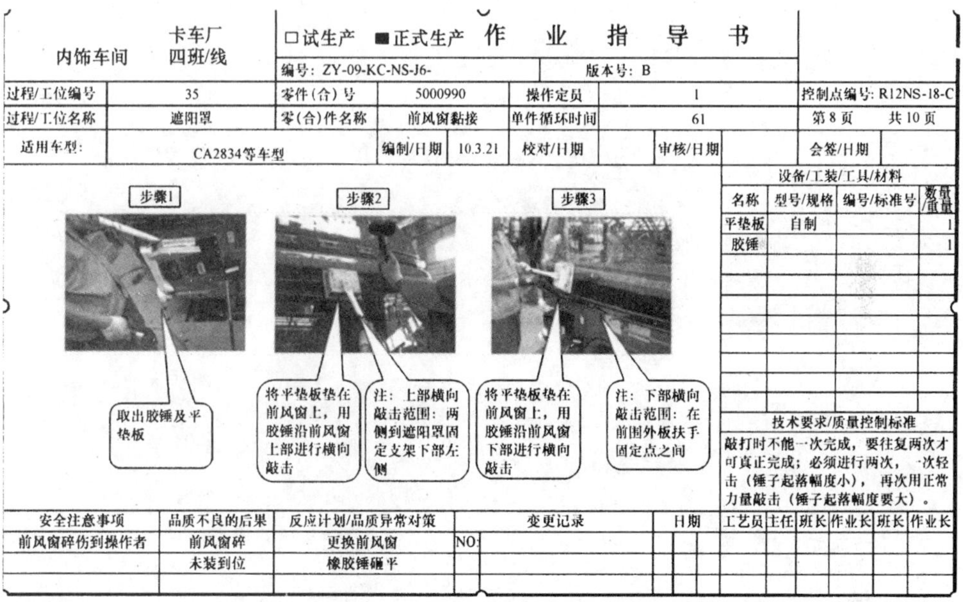

内饰车间	卡车厂 四班/线	□试生产 ■正式生产 作业指导书				
		编号：ZY-09-KC-NS-J6-		版本号：B		
过程/工位编号	35	零件（合）号	5000990	操作定员	1	控制点编号：R12NS-18-C
过程/工位名称	遮阳罩	零（合）件名称	前风窗黏接	单件循环时间	61	第 8 页 共 10 页
适用车型：	CA2834等车型	编制/日期	10.3.21	校对/日期	审核/日期	会签/日期

步骤1：取出胶锤及平垫板

步骤2：将平垫板垫在前风窗上，用胶锤沿前风窗上部进行横向敲击；注：上部横向敲击范围：两侧到遮阳罩固定支架下部左侧

步骤3：将平垫板垫在前风窗上，用胶锤沿前风窗下部进行横向敲击；注：下部横向敲击范围：在前围外板扶手固定点之间

设备/工装/工具/材料

名称	型号/规格	编号/标准号	数量/重量
平垫板	自制		1
胶锤			1

技术要求/质量控制标准：敲打时不能一次完成，要往复两次才可真正完成；必须进行两次，一次轻击（锤子起落幅度小），再次用正常力量敲击（锤子起落幅度要大）。

安全注意事项	品质不良的后果	反应计划/品质异常对策	变更记录	日期	工艺员	主任	班长	作业长	班长	作业长
前风窗碎伤到操作者	前风窗碎	更换前风窗	NO:							
	未装到位	橡胶锤砸平								

图 10－13 J 型车驾驶室前风窗安装工序作业指导书

八、总结

通过本次活动，我们应用了多种统计分析工具，如柱状图、排列图、关联图、问题对策表等，我们所有小组成员更熟练地应用这些工具。

小组准备基于项目实施的经验，下一步将车门异响问题作为主题，开启新的改进项目。

思考：

1. 该改进项目中运用了哪些质量管理工具？应用得是否恰当？还可以使用哪些工具？
2. 该改进项目的实施流程是否完善？你有什么建议？
3. 通过分析该改进项目，你对质量改进有哪些新的认识？

第十一章　质量管理工具和方法

在质量管理实践特别是质量改进过程中，人们基于统计技术和数据处理理论及技术，发明了许多质量管理的工具和方法，其中有的用于数据处理，有的用于过程控制和改进，还有的用于策划、收集创意和解决问题。在这些方法中，有单一的工具和方法，也有综合性的、系统化的方法，应用于质量管理过程的各个环节，或者说用于解决问题的各个环节。本章主要介绍质量管理中常用的工具和方法，说明其用途和基本的应用过程。

第一节　质量控制与改进工具

在质量管理中，有一些主要用于现场质量控制的收集、处理数据的工具和方法。其中包括人们熟知的日本于 20 世纪 50—60 年代开展群众性质量管理活动中开发和总结出来的，以数据收集、分析和评价为主，主要用于现场质量管理的“老七种工具”：调查表、分层法、因果图、排列图、直方图、控制图（将在本书第十二章中介绍）、散布图；此外，还有随着过程管理和业务流程再造而被日益广泛应用的流程图。

一、调查表（Data-collection Form）

调查表又称检查表、核对表、统计分析表，是用来系统地收集资料和积累数据，确认事实，并对数据进行粗略整理和分析的统计图表。它被广泛地运用于现场管理，用以迅速取得或整理数据。

1. 调查表的种类和用途

在应用实践中，可根据收集数据的目的和数据类型等自行设计所用的表格。在现场质量管理中，常用的调查表有不合格品项目调查表、缺陷位置调查表、质量分布调查表、矩阵调查表。

（1）不合格品项目调查表。主要用于调查生产现场不合格品中不合格项目频数和不合格品率，以进一步利用排列图等进行分析研究。如表 11 - 1 是某 QC 小组对插头焊接缺陷的调查表。

表 11 - 1　　插头焊接缺陷调查表　　N=4 873

序号	项目	频数	累计	累计（%）
A	插头槽径大	3 367	3 367	69.14
B	插头假焊	521	3 888	79.84
C	插头焊化	382	4 270	87.68
D	插头内有焊锡	201	4 471	91.81
E	绝缘不良	156	4 627	95.01
F	芯线未露	120	4 747	97.47
G	其他	123	4 870	100.00
调查者：	×××			年　月　日
地点：	某公司插头焊接小组			

（2）缺陷位置调查表。用来记录、统计、分析不同类型的外观质量缺陷所发生的部件、位置和密集程度，进而找出规律性，为调查或找出解决问题的方法提供依据。图 11 - 1 为反映汽车车身喷漆质量的缺陷位置调查表。从图中可见，色斑发生在多处，而车门处更易发生色斑缺陷，是应该首先采取措施的地方。

车型		检查处	车身
工序		检查表	××××年 ×月×日
调查目的	喷漆缺陷	调查台数	2 139

·色斑
×流漆
△尘粒

图 11 - 1　汽车车身喷漆质量的缺陷位置调查表

（3）质量分布调查表。质量分布调查表是依据计量值数据进行现场调查的有效工具。它是根据以往的资料，将某一质量特性项目的数据分布范围分成若干区间而制成的表格，用以记录和统计每一质量特性数据落在某一区间的频数（见表 11 - 2）。从表格形式看，质量分

表 11 - 2　　某产品重量实测值分布调查表

调查人________　　　　调查日期____年____月____日

调查数（N）_____

频数	1	3	6	14	26	32	23	10	4	2		
35						丅						
30					一	正						
25					正	正	正					
20					正	正	正					
15				正	正	正	正					
10			一	正	正	正	正	正				
5	一	正	正	正	正	正	正	正	正	正		
0	0.5	5.5	10.5	15.5	20.5	25.5	30.5	35.5	40.5	45.5	50.5	（克）

布调查表与直方图的频数分布表相似。所不同的是，质量分布调查表的区间范围是根据以往资料，首先划分区间范围，然后制成表格，以供现场调查记录数据；而频数分布表则是首先收集数据，再适当划分区间，然后制成图表，以供分析现场质量分布状况。

(4) 矩阵调查表。矩阵调查表是一种多因素调查表，它要求把产生问题的对应因素分别排列成行和列，在其交叉点上标出调查到的各种缺陷、问题以及数量。表 11 - 3 是两台注塑机生产的塑料制品的外观质量调查表，从表 11 - 3 可以看出，2＃机发生的外观质量缺陷较多，进一步分析是对注塑机（2＃）的维护保养差所致。2 月 8 日，两台注塑机所生产的产品的外观质量缺陷都比较多，而且气孔缺陷尤为严重，经调查分析是当天的原材料温度较高所致。

表 11 - 3　　塑料制品外观质量调查表

（缺陷符号：○气孔　△形成　●疵点　×变形　□其他）

机号	2 月 5 日		2 月 6 日		2 月 7 日		2 月 8 日		2 月 9 日		2 月 10 日	
	上午	下午	上午	下午	上午	下午	上午	下午	上午	下午	上午	下午
1＃	○● ×○	●□	○○	×□×	△○△ ×	○	○○○ ○●○ ○○	○○● △○○ ○△	□○	○△	○×	××●
2＃	△○□	○○○ ●×	○×× ×●	●●△ △×	○●● △△	○○ ×××	○○○ ●△○ ○○○	○○○ ●△× ○○○ ○	×●○ ○	×○ △□	○○×	○

2. 调查表的应用程序

(1) 明确收集资料的目的。

(2) 明确为达到目的所需的资料及对资料所用的分析方法。

(3) 根据目的不同，设计调查表格式，包括调查者、调查时间、地点和方式等项目。

(4) 对收集和记录的部分资料预先检查，确定调查表格式设计的合理性并做出评价。

(5) 如果有必要，应评审和修改调查表格式。

二、分层法（Stratification）

引起质量波动（或称变异）的原因是多种多样的，因此收集到的质量数据和意见往往带有综合性。为了能真实地反映产品质量波动的实质原因和变化规律，必须对质量数据、意见等进行适当地归类和整理，即分层。分层法又叫分类法、分组法，是按照一定的标志，把收集到的大量有关某一特定主题的统计数据、意见等加以归类、整理和汇总的一种方法。

1. 分层的目的和用途

分层的目的在于把杂乱无章和错综复杂的数据及意见加以归类汇总，使之能确切地反映客观事实。分层的目的不同，分层的标志也不一样。分层的原则是：同一层次内的数据波动（意见和观点差别）幅度尽可能小，而层与层之间的差别尽可能大。这样才能达到归类汇总的目的。基于不同的分层标志，有多种分层方法，常用的分层标志有“5M1E”、时间、意见和观点等，可根据具体情况灵活选用和细分。

分层法常用于归纳整理所收集到的统计数据，或归纳汇总由头脑风暴法所产生的意见和想法。分层法常与其他统计方法结合起来应用，如分层直方图法、分层排列图法、分层控制图法、分层散布图法、分层因果图法和分层调查表法等。

2. *分层法的应用程序*

(1) 收集数据或意见。

(2) 将收集到的数据或意见根据目的不同选择分层标志。

(3) 进行分层。

(4) 按层归类。

(5) 画分层归类图。

三、因果图（Cause and Effect Diagram）

因果图，又叫石川图、特性要因分析图、树枝图、鱼骨图等，是表示质量特性波动与其潜在原因关系，即表达和分析因果关系的一种图表。运用因果图有利于找到问题的症结，以对症下药，解决质量问题。因果图在质量管理中，尤其是在QC小组、质量分析和质量改进中有着广泛的用途。

1. *因果图的应用程序*

(1) 简明扼要地规定结果，即规定需要解决的质量问题。

(2) 规定可能发生的原因的主要类别。

(3) 把结果画在右边矩形框中，然后把各类主要原因放在左边矩形框中，作为结果的输入。

(4) 寻求次一级的原因，画在相应的主（因）枝上，并继续一层一层地展开。

(5) 从最高层（最末一层）的原因（末端因素）中选取和识别少量对结果影响大的原因（称为重要因素或要因），必要时需要进一步验证。

图11-2为盐酸林可霉素成品色级不合格的因果图。

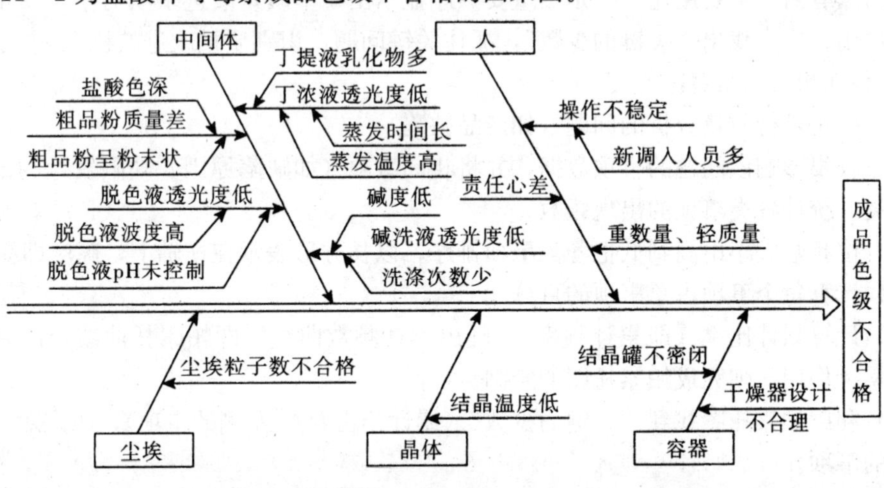

图11-2　盐酸林可霉素成品色级不合格的因果图

2. 应用因果图时注意的问题

(1) 建立因果图时必须通过有效的方法，比如头脑风暴法，充分发扬民主，畅所欲言，集思广益，把每个人的意见都记录下来。

(2) 确定需要分析的质量问题（特性），不能笼统，要具体，一张因果图分析一个主要质量问题，即因果图只能用于单一目标研究。

(3) 因果图的层次要分明。寻求最高层次的原因应到可以采取的措施为止。

(4) 要因一定是在末端（最高层次）因素上，而不是在中间层次上。

(5) 因果图本身只能用于分析原因或建立假设，而是否为真正原因特别是要因，需要通过验证来确定。

(6) 因果图与排列图、对策表结合应用，即我国企业的"两图一表"构成是解决问题的基本方法。

四、排列图 (Pareto Diagram)

排列图又称帕累托图，它是将质量改进事项从重要到次要排队，找到关键少数事项的一种简单的图示技术。排列图由一个横坐标、两个纵坐标、几个按频数高低顺序排列的矩形、一条累计百分比折线等部分组成。如图 11-3 所示。

排列图以帕累托原理为基础。意大利经济学家帕累托研究社会财富分布状况时发现，拥有财富最大部分的人只占总体人口的较小百分比，而大多数人只拥有较小部分财富，即"关键的少数和次要的多数"原理。美国质量管理专家朱兰最先把这一原理运用到质量改进中，同社会财富的分布状况类似，在质量改进的事项中，其中的少数部分起着主要的、决定性的作用，通过区分"关键的少数和次要的多数"，就可找到最具改进潜力的问题，从而用最小的努力获得最大的改进。

1. 排列图的用途

排列图有两个主要用途：一是按重要顺序显示出每个质量改进事项对整个质量问题的影响和作用；二是找出"关键的少数"，抓住关键问题，识别质量改进的机会。

2. 排列图的应用程序

(1) 确定进行质量分析的问题（如产品缺陷）。

(2) 收集影响该问题的事项数据，并将相同事项（如缺陷原因、缺陷发生的部位或单位）归类，统计各类事项的出现频数。

(3) 按频数大小由高到低把各类事项排序，以长方形表示在横轴上，高度即频数。

(4) 计算每个事项占总事项的百分比。

(5) 计算累计比率（即累计频率），画出累计频数曲线，即帕累托曲线，用来表示各事项的累计作用，则完成帕累托图的绘制。

(6) 利用帕累托图找到"关键的少数"（累计约占 80%左侧的事项），确定对质量改进最重要的事项。

表 11-4 是某卷烟车间在 2017 年第四季度对成品抽样检验时得到的外观质量不合格的统计数据（本例中已经进行了相关计算和排序）。根据这些数据得到的排列图如图 11-3

所示。从图中可以看出，空松和贴口这两个事项质量缺陷占全体质量缺陷的 76.3%，因此，只要把这两项作为质量改进的主要对象，就能取得显著的改进效果。

表 11 - 4　缺陷项目统计表

序号	项目	频数（支）	累计频数（支）	累计百分比（%）
1	空松	458	458	46.3
2	贴口	297	755	76.3
3	切口	80	835	84.3
4	表面	55	890	89.9
5	短烟	35	925	93.4
6	过紧	28	953	96.3
7	其他	37	990	100

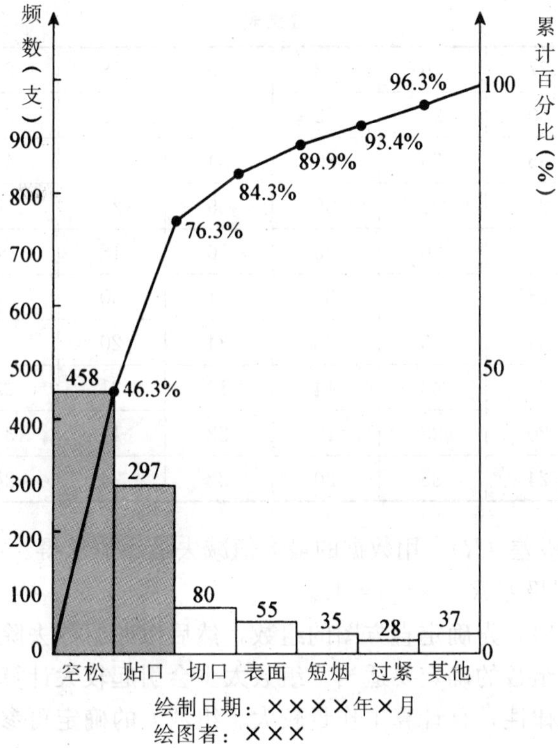

图 11 - 3　因外观质量不合格排列图

五、直方图（Histogram）

直方图是频数直方图的简称。它一般用于加工阶段，把实际加工过程中测试得出的数据按一定的组距加以分组归类做出直方图，然后与设计规格的公差范围对比，判断生产过程是否稳定，估计质量水平。其形式是用一系列宽度相等（表示数据范围的间隔）、高度不等（表示在给定间隔内的数据的个数）的长方形表示，如图 11 - 5 所示，是几种常见的数据波动形态。

1. 直方图的用途

（1）直观地显示了质量波动的状态。

（2）较直观地传递有关过程质量状况的信息。

（3）当人们根据直方图的图形研究质量数据波动状况之后，就能掌握过程的状况，从而确定在什么地方进行质量改进工作。

2. 直方图的应用程序

现在以某厂生产的产品的重量为例，对直方图的应用程序加以说明。该产品的重量规范要求为 1 000±0.5 克。

（1）收集数据。作直方图的数据一般应大于 50 个。本例在生产过程中收集了 100 个数据，列于表 11 - 5 中。

表 11 - 5　　数据表　　测量值（单位：克）

43	28	27	26	33	29	18	24	32	14
34	22	30	29	22	24	22	28	48	1
24	29	35	36	30	34	14	42	38	6
28	32	22	25	36	39	24	18	28	16
38	36	21	20	26	20	18	8	12	37
40	28	28	12	30	31	30	26	28	47
42	32	34	20	28	34	20	24	27	24
29	18	21	46	14	10	21	22	34	22
28	28	20	38	12	32	19	30	28	19
30	20	24	35	20	28	24	24	32	40

（2）确定数据的极差（R）。用数据的最大值减去最小值求得。本例最大值 $X_{max}=48$，最小值 $X_{min}=1$，所以极差 $R=48-1=47$。

（3）确定组距（h）。先确定直方图的组数，然后以此组数去除极差，可得直方图每组的宽度，即组距。组数的确定要适当。组数太少会引起较大计算误差，组数太多很难显示出数据分布的规律性，且计算工作量较大。组数 k 的确定可参考组数 k 选用表（见表 11 - 6）。

表 11 - 6　　直方图组数选用表

数据数目	组数 k	常用分组数 k
50～100	5～10	10
100～250	7～12	
250 以上	10～20	

本例取 $k=10$，将数据分为 10 组。于是，组距（h）$=R/k=47/10=4.7\approx5$。组距一

般取测量单位的整数倍，以便于分组。

(4) 确定各组的界限值。为避免出现数据值与组的界限值重合造成频数计算困难，组的界限值单位应取最小测量单位的 1/2。本例最小测量单位是个位，其界限值应取 0.5。分组时应把数据表中最大值和最小值包括在内。

第一组下限值为：1－0.5＝0.5；

第一组上限值为：第一组下限值加组距，即 0.5＋5＝5.5；

第二组下限值就是第一组的上限值，即 5.5；

第二组上限值就是第二组的下限值加组距，即 5.5＋5＝10.5；

第三组以后，依次类推确定各组的组界。

(5) 编制频数分布表。把各个组上下界限分别填入频数分布表内，并把数据表中的各个数据列入相应的组，统计各组频数（见表 11-7）。

表 11-7　　频数分布表

记录编号：________　　　　______年______月______日

组号	组界	频数统计	频数
	0.5～5.5	/	1
	5.5～10.5	///	3
	10.5～15.5	//////	6
	15.5～20.5	//////////////	14
	20.5～25.5	///////////////////	19
	25.5～30.5	///////////////////////////	27
	30.5～35.5	///////////// |	14
	35.5～40.5	//////////	10
	40.5～45.5	///	3
	45.5～50.5	///	3
其他	$h=5$		$\sum N=100$
	$\overline{X}=26.6, s=\sqrt{\frac{\sum_{i=1}^{n}(x_i-\overline{x})^2}{n-1}}=9.14$		
			制表：________

(6) 按数据值比例画横坐标。

(7) 按频数值比例画纵坐标（以观测值数目或百分数表示）。

(8) 画直方图。按纵坐标画出每个长方形的高度，它代表落在此长方形中的点数。注意：每个长方形的宽度都是相等的。在直方图上应标注出公差范围（T）、样本大小（N）、样本平均值（$\overline{x}$）、样本标准偏差值（S）和 $\overline{X}$ 的位置。

绘制完成的直方图见图 11-4。

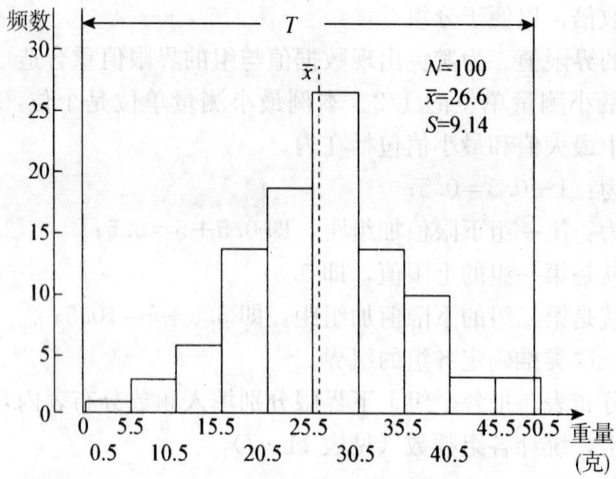

图 11-4 某产品重量分布的直方图

需要说明的是，本例只是说明绘制直方图的原理和过程。现在运用电子表格软件（如 MS Excel）和统计软件（如 SPSS、Minitab），可以很方便地自动生成直方图。

3. 直方图的观察分析

通过分析直方图的形状，以及对照规范要求进行分析，可以了解过程能力和所处的状态，并可以发现原因，以进一步采取改进措施。

(1) 对图形形状进行观察分析。观察直方图应着眼于整个图形的形态，对于个别参差不齐的图形不必计较。常见的直方图形状如图 11-5 所示。

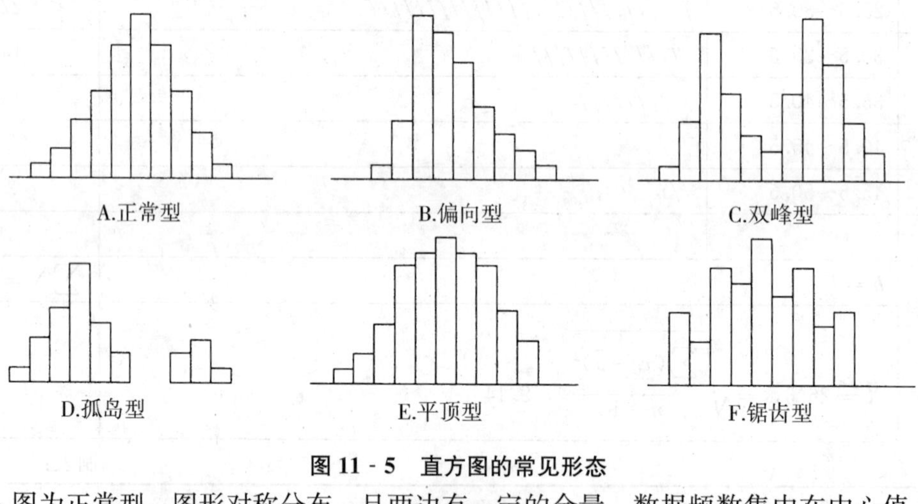

图 11-5 直方图的常见形态

A 图为正常型，图形对称分布，且两边有一定的余量，数据频数集中在中心值，是正常状态，说明过程处于统计控制状态（稳定状态）。

B 图为偏向型，数据的平均值位于中间值左侧（或右侧），形状不对称，数据分布的频数突然增加或减少，这可能是由单向工差要求（形位偏差）或加工习惯或心理因素引起的。

C 图为双峰型，直方图的中间值频数少，两侧出现峰值，表明数据来自两个平均值不同的总体，如来自两个工人或两种设备加工的产品混为一批。

D 图为孤岛型，在正常型直方图一侧出现“小岛”，表明过程可能发生原材料混杂、操作疏忽、短时间内有不熟练操作人员替岗、测量工具有较大误差等。

E 图为平顶型，表明加工过程中有缓变因素（如刀具磨损）影响，或几种平均值不同的分布混杂在一起。

F 图为锯齿型，可能由于分组过多或测量数据不准确引起。

（2）对照规范要求进行分析比较。当直方图图形为正常型时，还需要对照标准（规格）比较，以判定工序满足标准要求的程度。典型的直方图分布与规范相比较时的分布关系如图 11 - 6 所示；相应地，工序可以采用的调整措施如表 11 - 8 所示。

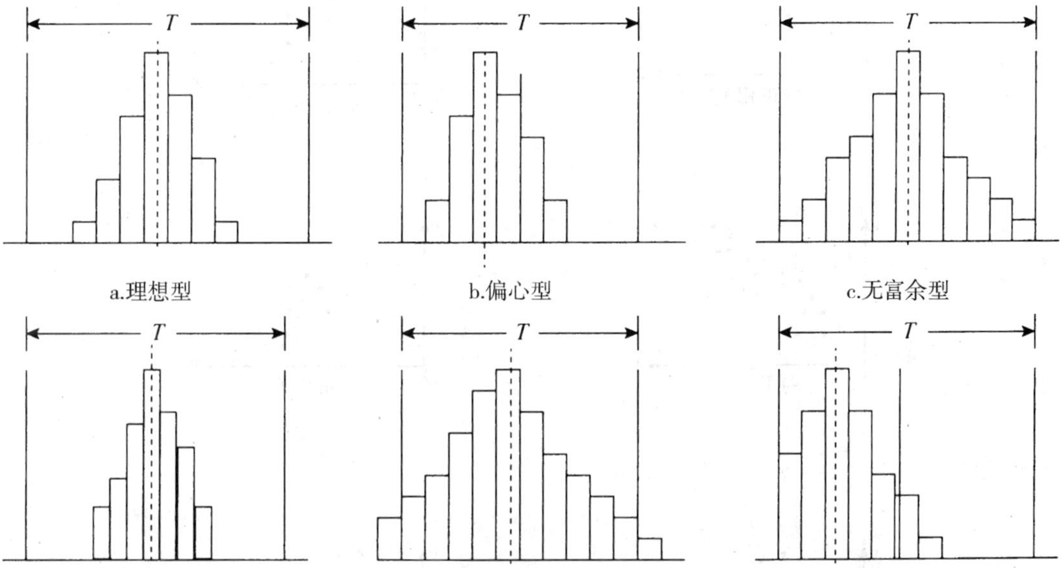

图 11 - 6　与规范相比较时直方图的典型分布

表 11 - 8　对照规范分析几种直方图

图例	工序调整措施
理想型	图形对称分布，且两边有一定余量，是理想状态。此时，应保持原有的控制和监督办法
偏心型	调整分布中心 $\overline{X}$，使分布中心 $\overline{X}$ 与公差中心 M 重合
无富余型	采取措施，通过改进减少标准偏差 S
能力富余型	工序能力出现过剩，经济性差，可考虑改变工艺，放宽加工精度或减少检验频次，以降低成本
能力不足型	已出现不合格品，应多方面采取措施，减少标准偏差 S 或放宽过严的公差范围
陡壁型	已造成不合格品，应采取措施，使分布中心与公差中心重合

六、散布图（Scatter Diagram）

散布图是研究两个变量之间相互关系的图示方法，它是一种简单的回归分析技术。质量管理中，常常需要研究两个或多个变量之间的关系，其中有些是确定的函数关系，有些则是有关但不完全确定的关系，后者则为散布图的研究对象。

在散布图中，成对的数据形成点子云，研究点子云的分布状态，即可推出数据间的相关程度。比如，研究成对出现的（X，Y）变量时，当 Y 值随 X 值的增加而增加时，则称二者为正相关关系；反之，当 Y 值随 X 值的增加而减少时，则称二者为负相关关系。常见的点子云形状如图 11－7 所示。

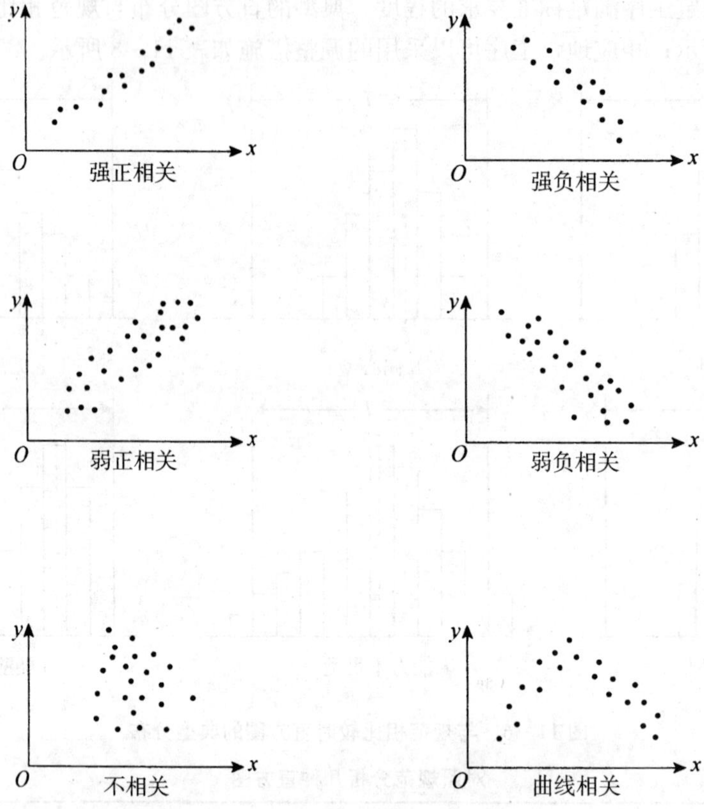

图 11－7　散布图中的点子云形状

1. 散布图的应用程序

（1）确定要研究的数据组，即成对数据（X，Y）。

（2）收集二者的成对数据，一般不少于 30 对。

（3）标明 X 轴与 Y 轴。

（4）描点作图（当两对的数据值相同时，即数据点重合时，可围绕数据点画同心圆表示，或在该点最近处画点）。

（5）分析变量的相关程度。

利用散布图分析变量之间的关系，一是对照典型图例（如图 11－7 所示）做出判断。二是利用简单象限法，即分别作 X 轴平行线，将点子云的点数上下基本平分，作 Y 轴的平行线，将点子云左右基本平分，而后根据对角象限的点子数判断相关关系。如果需要精确地分析变量之间的相关关系，则需要建立回归方程，进行回归分析和计算。

2. 应用散布图时应注意的事项

（1）应将不同性质的数据分层作图，否则将会导致不真实的判断结论。

（2）散布图相关性规律的应用范围一般局限于观测值数据的范围内，不能任意扩大相关判断范围。

（3）散布图中出现的个别偏离分布趋势的异常点，应在查明原因后予以剔除。

七、流程图（Flow Chart）

流程图就是用一些简单、容易识别的标识符号表示一个过程（如加工过程、检验过程、服务过程、改进过程等）的步骤（或活动）的图示技术。其中基本标识符号有四种，如图 11 - 8 所示。

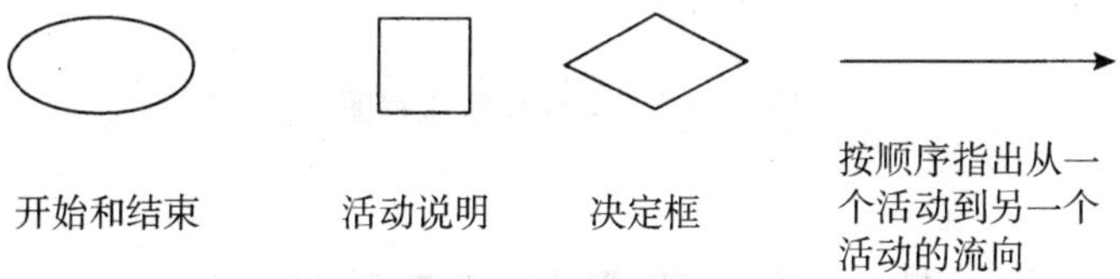

图 11 - 8　流程图标识

流程图既可用于描述现有过程，也可用于设计新过程。通过在建立流程图时研究过程的各步骤，可以发现潜在的失效原因和改进区域。

1. 建立流程图的程序

（1）识别过程的开始和结束。

（2）观察从开始到结束的整个过程。

（3）规定在该过程中的步骤（输入、活动、判断、决定、输出）。

（4）画出表示该过程的一张流程图草图。

（5）与该过程中所涉及的有关人员共同评审该草图。

（6）根据评审结果修改流程图草图。

（7）与实际过程比较，验证改进后的流程图。

（8）注明正式流程图的形成日期，以备将来使用和参考（它可用作过程实际运行的记录，也可用来判别质量改进的程度和机会）。

2. 设计新过程流程图的程序

（1）识别该过程的开始和结束。

（2）使此新过程中将要形成的步骤（输入、活动、判断、决定、输出）形象化（符号化）。

（3）确定该过程中的步骤（输入、活动、判断、决定、输出）。

（4）画出表示该过程的流程图草图。

（5）与预计该过程中所涉及的有关人员共同评审该草图。

（6）根据评审结果修改流程图草图。

（7）注明正式流程图的形成日期，以备将来使用和参考（它可作为设计该过程的运行记录，也可用来判别质量改进的程度和机会）。

图 11-9 是一张使用复印机复印文件的流程图。

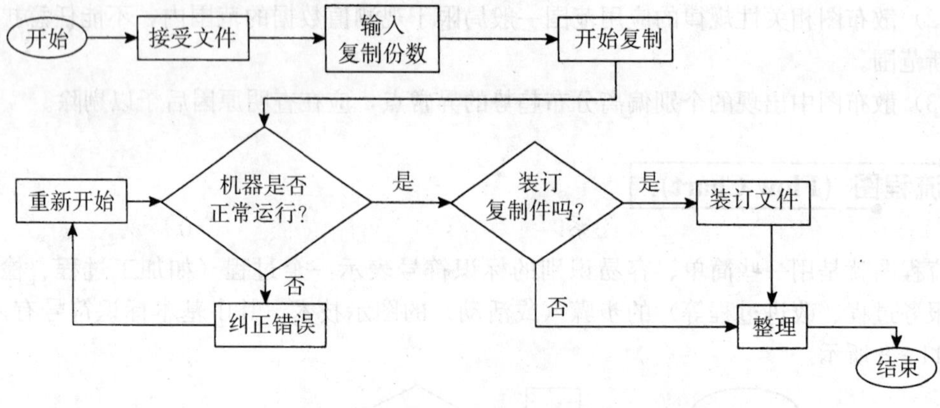

图 11-9 文件复印流程图

第二节 质量策划与改进工具

20 世纪 70 年代以后，为适应质量管理发展的要求，在质量管理的计划活动中，日本的质量实践者又提出了包括关系图、KJ 法、树图、矩阵图、矩阵数据分析法、过程决策程序图、矢线图等质量管理工具和方法。为了区别于生产现场质量改进活动中常用的七种工具（如上节所述），将上述新方法称为“新七种工具”。“新七种工具”以解决思考性的、定性的问题为主，着重于对语言信息的分析处理，主张先行一步提出问题，强调预见性，属于对未来规划的方法。

一、关系图（Relationship Diagram）

关系图是用箭线表示事物之间因果关系的一种连线图，也称为关联图。关系图法是运用关系图，以群体方式解决问题的方法。确定了要解决的问题之后，若干成员组成一个小组，由全体成员多次反复勾画关系图。在这一过程中，小组成员充分发挥创造性思维，利用关系图明确各种复杂因素之间的因果关系，就问题形成共识，最终找到解决问题的对策。

1. 关系图的类型和用途

运用关系图既可解决多目的型问题，也可解决单一目的问题。前者涉及具有内在有机联系的多部门的协作，利用关系图不仅能找出这种联系，还能找出重点；而后者则是要协调不同立场的人员所提出的各种意见。在质量管理中，关系图法主要应用于以下几个方面：

（1）制订开展质量管理活动的计划。

（2）质量方针的设定与展开。

（3）制造过程中的质量改进，特别是提出解决潜在质量问题的对策。

（4）推动 QC 小组活动。

（5）解决顾客投诉的问题。

（6）改进企业的业务活动。

（7）解决在交货期管理、过程管理方面存在的问题。

关系图一般有四种类型：

（1）中央集中型关系图。把重要的项目、要解决的问题或要达到的目标放在图的中央，与之有关的原因或手段按其关系的远近排列于周围，如图 11 - 10 所示。

（2）单向集约型关系图。将重要的项目、要解决的问题或要达成的目标置于图的一侧（右侧或左侧），各要因则由左向右（或由右向左）排列，如图 11 - 11 所示。

（3）关系表示型关系图。这是一种较为自由的排列，表示各活动项目或各要因间的因果关系，如图 11 - 12 所示。

（4）应用型关系图。以上述三种形式为基础组合而成。

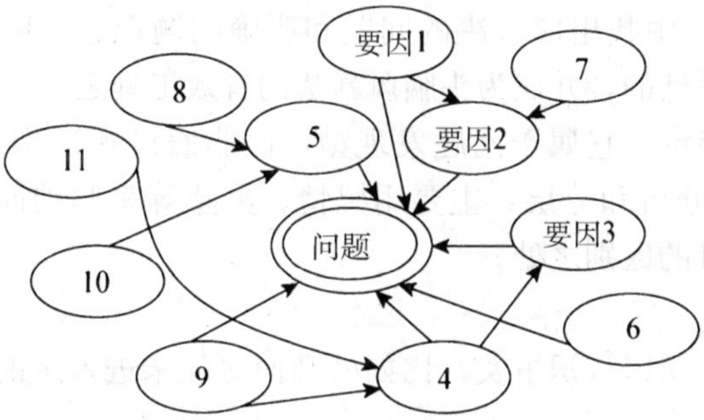

图 11 - 10　中央集中型关系图

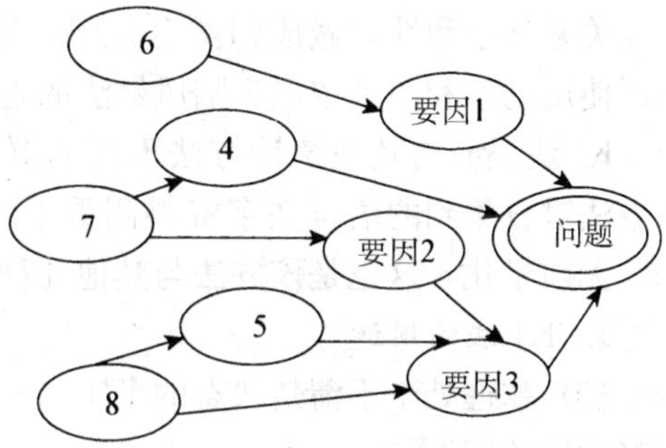

图 11 - 11　单向集约型关系图

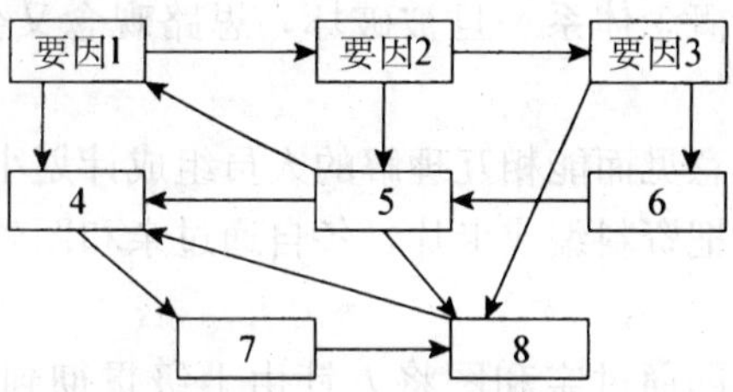

图 11 - 12　关系表示型关系图

2. 关系图的应用程序

（1）提出要达到的目标及所要解决的问题，用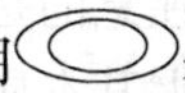表示。

（2）提出认为与问题有关的一切主要原因（或达到目标的手段），并用简明而通俗的语言表示出来，用起。

（3）用箭头表示问题与原因之间、各主要原因之间、目标与手段之间的逻辑关系。箭头通常是由原因指向结果，由目标指向手段（根据问题的不同，允许箭头做相反的指向，因此，建立关系图时，有必要预先规定好箭头的方向和定义）。

（4）掌握全貌。

（5）进一步归纳出重点项目，在图中可画上阴影线表示强调。

3. 应用关系图时注意的问题

在作图时要尽可能多地收集情报，集思广益，重视各方面的意见；尽可能用生动的语言表述原因；要由小组成员共同作图；要反复修改，以便归纳出重点项目。

对于原因-结果型课题，以“为什么……”为题容易作图，分析不下去时，多问一个“为什么”。能够采取的措施务必立即采取，一旦发现新的事项或原因，立即调查或改变行动。若存在相互关联的环状因素关系，可考虑在某处断开。

二、KJ 法

KJ 法（KJ Method）也称为亲和图法，是由日本的川喜田二郎开发出的一种创造性的问题解决法。KJ 取自川喜田二郎姓氏的字头。KJ 法是针对那些未来要解决的问题或未知、未接触过的领域的问题，收集与之有关的想法、意见等语言文字资料，根据其内在的相互关系（亲和性）做成归类合并图，进而从中找出应解决的问题和明确问题形态。KJ 法所使用的亲和图是按照头脑风暴法的思想设计的，并成为头脑风暴法的有效工具之一。

KJ 法具有与其他统计方法不同的鲜明特点，它属于问题发现型，而非假设查证型。该方法对收集到的语言文字资料侧重于综合分析和分层，主要用感情、灵感等来归纳问题，无须量化，这也是该方法与其他几种工具的区别之处。

1. KJ 法的用途

（1）掌握处于不清楚状态的事实的资料，用以认识事实，比如处理面对从未进入过的市场领域的问题。

（2）把一些零散状态的事实资料、意见、设想等归纳起来，使之系统化。

（3）突破现状，旧有的概念体系一旦被破坏，思路观念又会处于混乱状态，则用 KJ 法再次归纳，使之系统化。

（4）计划，把持有不同意见而能相互理解的人员组成计划小组，每个成员都为共同的目的提出自己的意见，然后把资料编成卡片，各自通过亲和图整理出自己的看法，这也是将个人想法系统化的过程。

（5）有效地贯彻方针，即通过亲和图将方针由上级贯彻到下级，再由下级反馈给上级，修正后再向下贯彻、反馈。这样一个循环过程使得管理方针得以彻底贯彻。

2. KJ 法的应用程序

（1）决定作图的题目。应当注意的是，亲和图适合于解决那些比较复杂的棘手问题以及那些需要花费时间慢慢才能掌握其本质的问题，对于那些需要速战速决的或是比较简单的问题则不大适合。

（2）收集语言文字资料。可采用直接观察、面谈、阅览、个人思考等方法，该步骤的目的在于把握事实，应防止主观臆断、先人为主，避免掺杂个人成见。

（3）卡片化。即将语言文字资料做成卡片。

（4）整理卡片。阅读每张卡片，把感觉内容有关联的（有亲近感的）卡片集中，即根据语言文字的亲和性，凭借“感觉”来整理，而并非依据道理分析、成见、已有的标准来进行。

(5) 把归为一组的卡片内容用简单语言进行归纳并加以记录，作为标题卡。

(6) 作图。把全部内容做成易于理解的图解形式，按确定的位置排列卡片，再以适当的符号画出卡片间的相互关系。

(7) 以口头或书面的形式发表。即把亲和图的梗概以口头或书面的形式表达出来。

图 11 - 13 所示的是探索“某溶剂三醪液浓度与蒸汽用量关系”的亲和图。

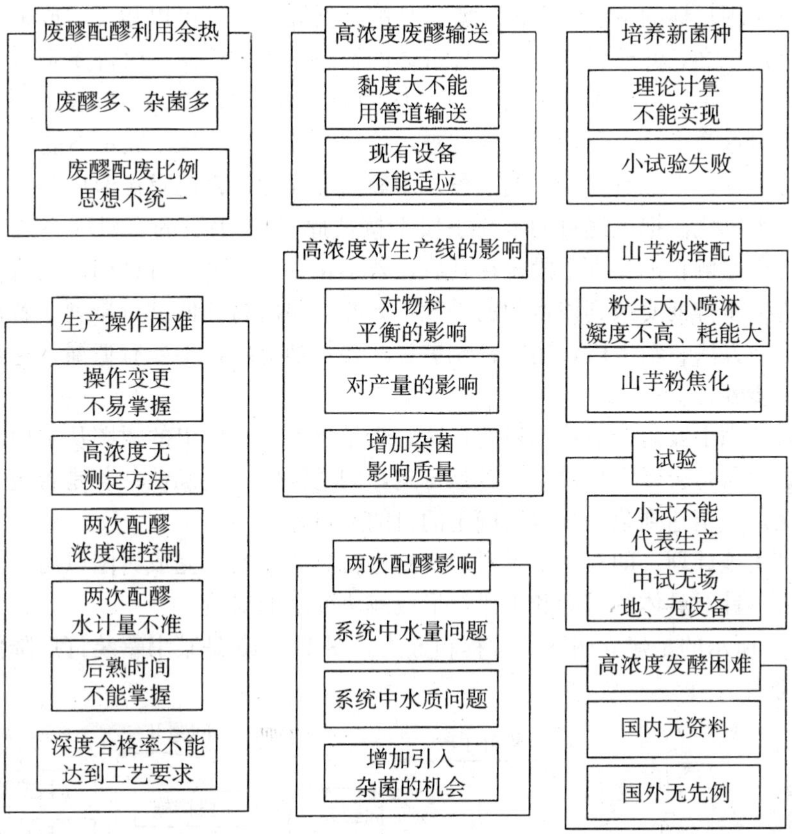

图 11 - 13　亲和图示例

三、树图(Tree Diagram)

树图也称为系统图，是一种通过对目的和手段进行系统的展开，以寻求解决问题、实现目的的最佳手段和措施的分析方法。

树图可以分为两类：一是以构成要素的展开为目的-手段关系的构成要素展开型；二是把解决问题时所采用的手段和对策作系统性展开的措施展开型或因果展开型。在表示因果展开关系时，树图就是各个原因枝“直起来”以后的因果图。

1. 树图的用途

(1) 在战略计划活动中，将目标逐层分解，逐层落实。

(2) 新产品研制过程中设计质量的展开，明确要达到设计目标需要哪些质量特性。

(3) 在质量保证活动中，展开各部门的质量保证。

(4) 解决企业内部 Q（质量）、C（成本）、D（产量）等方面的问题。

(5) 企业内质量责任制的明确等。

2. 树图的应用程序

(1) 明确所要达到的目标，把最终目标简洁地表示出来，并记录在卡片上。

(2) 提出实现目标的方法和手段，既可从高到低展开，也可以相反，或根本不考虑级次而直接记录。总之，此阶段应注重发挥群体的智慧，集思广益，语言要简洁明了。

(3) 对方法、手段进行评价。以“○”表示可以实施的；以“△”表示未经调查不知是否可行的，对这类方法、手段应立即调查，尽快明确；以“×”表示不能实施的。

(4) 制作卡片。把标有“○”的手段，用简洁准确的语言记录在卡片上。

(5) 卡片系统化。把上述目的卡与手段卡按彼此目的-手段的有机联系进行排列，把最终目标放于最左侧，把实现手段排在其后，若不止一个，可平行排列。然后将这些手段看作目的，进一步排列要达到该目的的手段，如此逐层由高到低进行排列。若在过程中发现未曾给出的新方法、新手段，还应补充进去。要仔细推敲，不要有遗漏，这是树图法中最重要的一个步骤。

(6) 确认利用手段是否能达到目的，这一步是将上一步做出的树图从右向左倒推，逐级确认利用该手段是否能实现目标。若是肯定，则继续向左侧确认；若是否定，则需补充新手段和方法，直至达到第一步骤所确定的目的、目标。

(7) 制订实施计划。即对每个手段的实施进行具体落实。完成树图以后，通常将树图与对策表结合，针对具体的目标和手段，形成解决问题的对策。

图 11－14 所示的是建立树图的过程和方法。图 11－15 是某书籍装订厂降低布料断裂损失问题的树图。

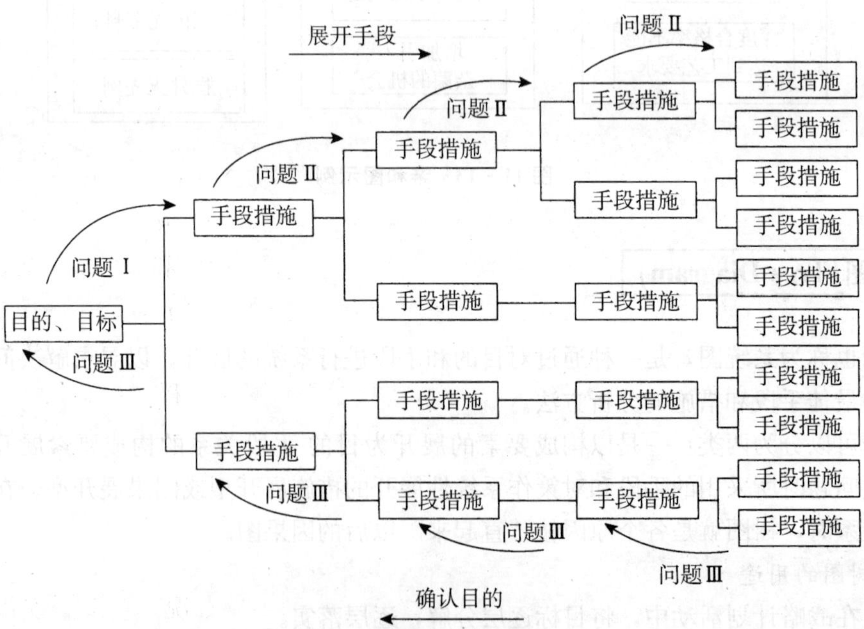

图 11－14　树图建立的过程和方法

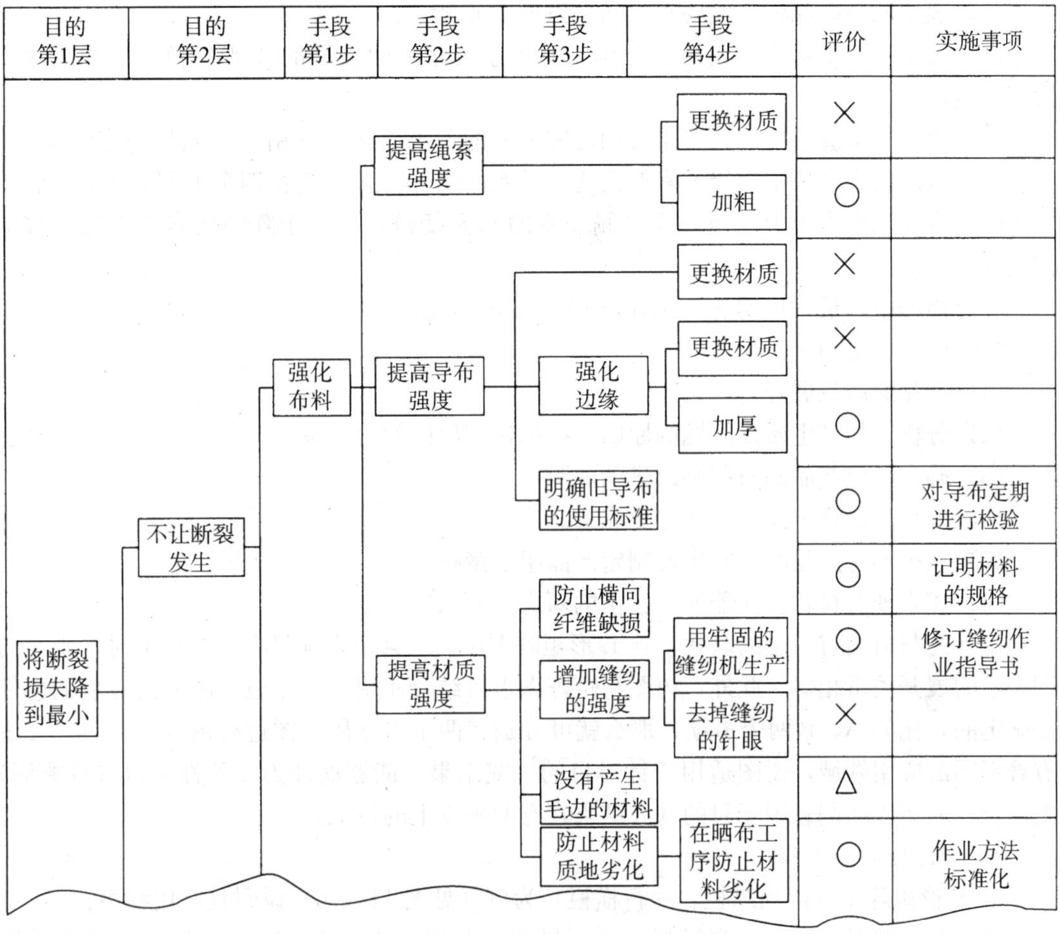

图 11－15　降低布料断裂损失的树图

四、矩阵图（Matrix Diagram）

矩阵图是以矩阵的形式，展示相关事项中各个子要素之间的相互关系，寻求解决问题着眼点的图形。它由三个部分组成：对应事项、事项中的各个要素和对应要素交点处表示相关程度的符号。表示相关程度的符号有三种：◎表示强相关关系；○表示有关系（或弱相关关系）；△表示可能有关系。

所谓矩阵图法，就是运用矩阵图，根据各个要素之间的相关程度，发现有效解决问题的关键点，即“着眼点”或“设想点”，寻求解决问题的方法。这种方法，从所要解决的事项（或问题）中找出成对的要素，分别按行与列进行排列，在要素交点处表示出这一对要素的关联程度，通过多维思考明确问题所在。

1．矩阵图的种类和用途

根据图中事项（问题）和成对展示要素之间关系的维度情况，矩阵图大体上分为五类：

（1）表示两个事项中两组要素之间关系的L形矩阵。

（2）表示三个事项中一组要素分别与其他组要素之间关系的T形矩阵，它由两个L形矩阵构成。

（3）表示三个事项中三组要素两两之间关系的Y形矩阵，它由三个L形矩阵构成。

（4）表示四个事项中甲级要素两两之间关系的X形矩阵，它由四个L形矩阵构成。

（5）表示三个事项中三组要素之间关系的C形矩阵，C形矩阵的要素交点是三维空间点。

和善矩阵中，最常见的是L形矩阵和T形矩阵。

矩阵图法主要用于：

（1）产品的质量展开。

（2）分析产品产生质量问题的原因，找出这些原因间的关系。

（3）确定系统产品的研制和改进的着眼点。

（4）健全质量评价体系，使之更有效。

（5）从市场与产品的关联出发制定产品组合策略。

（6）探索现有材料、元器件、技术的新应用领域等。

矩阵图与树图有一定的联系，在L形矩阵图中，当某个事项只有一个要素时，则与树图表示的展开关系相似。此外，树图与矩阵图也可结合使用，若作矩阵图所需对应的事件是确定的，比如A、B两个事项，那么就可分别将两个事项用树图进行展开。不过，二者有着不同的应用领域，树图适用于针对目的（或结果）能够展开为一元性手段（或原因）的场合，而矩阵图则适用于目的（或结果）有两种以上的情况。

2. 矩阵图的应用程序

以T形矩阵图（两列纵栏、一行横栏）为例（见图11-16）说明其应用程序：

（1）制作图形。画出两列纵栏、一行横栏，分别设定一个事项（如图中的“现象”、“工序”和“原因”）。

（2）分别整理各个事项的要素，并填入各栏内（如要素A_1、要素A_2……；原因1、原因2……；××不合格……）。填写时可以按重要程度、发生的频率等顺序。

（3）分析各要素间的关联关系。分析两栏间的关系，根据相关程度使用相应的符号标记在交点处。

（4）确认关联关系。在各项要素的层面，确认要素间的关系和相应的符号。

（5）评价关系程度，寻找解决问题的着眼点。必要时还可以对各个交点处的相关程度评分，评价要素的重要程度和解决问题的优先顺序。

图11-17中所示的是分析铸件质量与设备、工艺相关关系的Y形矩阵图。

五、矩阵数据分析法（Matrix-date Analysis）

当前述矩阵图中的各个要素之间的关联程度能够定量表示时，亦即要素间的关联程度能在交点处用数字表示时，运用矩阵分析的方法计算和整理这些数据，以找出解决问题的途径或对问题的评价方法。

矩阵数据分析法是“新七种工具”中唯一的定量分析方法。这个方法的主要用途包括：

（1）从市场调查所得到的数据中，把握产品的质量特性。

（2）在新产品规划中，对产品感官特性进行分类、整理，使之体系化。

（3）在制造环节，对各种因素盘根错节、互相影响的复杂工序进行分析。

（4）从大量的数据资料中分析产生不良品的原因等。

题目

现象 / 工序 \ 原因		原因1	原因2	原因3	原因4	原因5	原因6	原因7	原因8	原因9	原因10	原因11
□□□不合格		○								○		
□　□不合格			◎	△					○	○		
×××不合格		△						◎			○	
×××不合格			◎	◎	○		◎	◎	◎		○	△
×××不合格					○	○				○		◎
工序Ⅰ	要素A_1		◎	◎						○		
	要素A_2	◎	◎									◎
	要素A_3		○	◎			◎			○		
	要素A_4			○		◎				○	○	○
	要素A_5	○	○	○	○	◎	◎				○	
工序Ⅱ	要素B_1		◎					○				
	要素B_2		◎	○		◎		○				
	要素B_3		◎									
工序Ⅲ	要素C_1	○						◎				
	要素C_2	○							○			
	要素C_3	○			◎			◎				
	要素C_4				◎							○

图 11-16　T形矩阵图示例

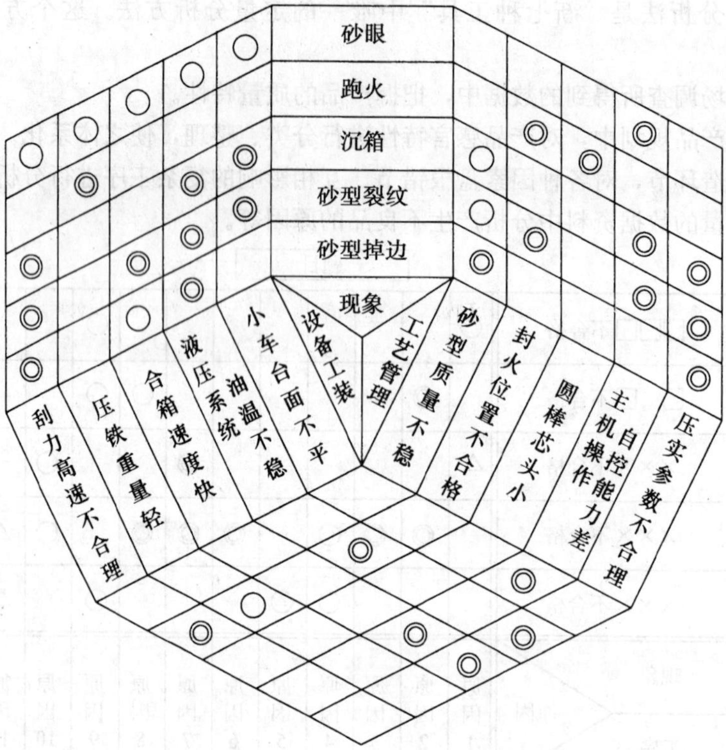

图 11 - 17 铸件质量与设备、工艺管理要因分析矩阵图（Y 形）

六、过程决策程序图（Process Decision Program Chart，PDPC）

过程决策程序图是针对那些可以预测影响事态正常发展的事件，识别和确定确保取得期望结果的途径的方法。现实中，为实现目标而制订的计划很难保证会完全按照预期顺利进行，系统中也常常会出现一些意想不到的故障，有时甚至会酿成重大的事故。

PDPC 法是一种计划、预测和预防的方法，就是要事先尽可能地考虑到各种可能出现的情况，特别是不利情况，提出相应的能够得到最佳结果的处置方案，并随着事态的发展不断进行修正和预测，引导事物向着所希望的方向行进的途径。它的工具就是 PDPC 图。

1. PDPC 法的基本思路

PDPC 法的基本思路如图 11 - 18 所示，A_0 是目前的状态，Z 是希望达到的目标，最初计划的手段是从 A_0 到 A_1，A_2，…，A_p 的方式。若预测在 A_3 处可能会遇到困难，则要考虑从 A_2 转到 B_1，用 B_1，B_2，…，B_q 的途径来实现目标。若前两套方法都不可行，再考虑 C_1，C_2，…，C_r 及 C_1，C_2，C_3，D_1，D_2，…，D_s 的途径来实现目标。同时，在计划实施到任何阶段，都可随时根据变化的环境条件补充新的手段，提高 Z 成功的可能性。

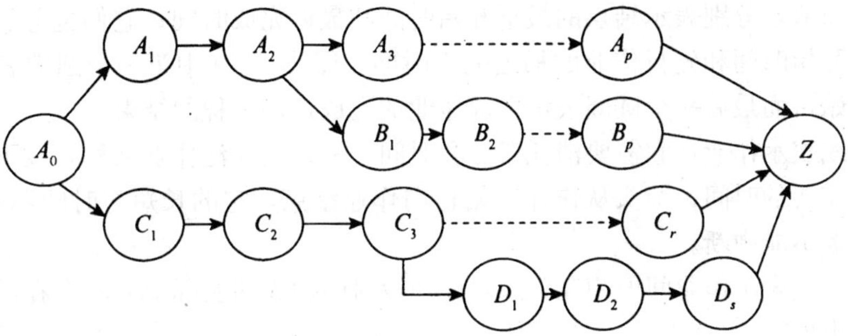

图 11-18 PDPC 法的基本思路

PDPC 法有两种基本形式：其一是沿着初始状态 A_0 至理想状态 Z 的方向，把可能的进展过程作图表示出来；其二是反向的，即首先给出理想状态 Z，然后设法从 Z 追溯到初始状态 A_0。

PDPC 法主要应用于战略计划活动、新产品的研制与开发、预测和预防系统中可能出现的事故以及过程中可能存在的不良因素等。PDPC 法的有效性在很大程度上取决于人们的预测能力。

2. PDPC 法的应用程序

(1) 集体讨论所要解决的问题，即确认 A_0 与 Z。初步提出一系列实施手段，据此展开讨论。

(2) 对各子项进行讨论，预测实施结果，若预计可能行不通，则提出另外的方案。

(3) 根据各事项的内容、紧迫性、工时、难易程度等确定实施程序，将其排列起来，用箭头指向目标状态。

(4) 确定预测过程终了的日期。

(5) 在实施过程中，根据新发现的情况和问题对 PDPC 图进行修正、补充，甚至推倒重来。

七、矢线图（Arrow Diagram）

矢线图是基于时间，拟订日程计划和实施进度管理的网络图。它是计划评审技术（PERT）与关键路径法（CPM）在质量管理中的应用。

矢线图把所有的作业（或工作）组织为一个系统，便于从整体上计划与协调，它既是一种有效的计划方法，又是一种组织和控制生产的手段。任何一项工程或计划，都需要很多具体的作业来完成，而这些作业之间的关系往往是错综复杂的，若要将它们按照其内在规律进行有序的组织和安排，使各项作业活动顺利进行，使计划如期完成，就需要矢线图这一工具。

1. 矢线图的构成

矢线图主要以圆圈、箭线和虚箭线构成，如图 11-19 所示（以家庭装修作业为例）。其中：

(1) 圆圈表示结点，即两条或两条以上的箭线的结合点，它只是一个符号，表示其先行作业的终结和后续作业的开始；各个结点有唯一的、依次增加的结点编号；结点中通常标出两个时间值，分别表示结点的最早开始时间和最迟完成时间；它们也分别表明了后续作业的最早开始时间和先行作业的最迟完工时间。图 11 - 19 中第一个圆圈表示工程或计划的作业开始，而最后一个圆圈表示全部作业的完成，即工程的结束。

（2）箭线表示作业，它需要消耗资源和时间，箭线上标注作业名称，线下的数字表示完成作业所需要的时间；箭头从作业起始指向作业结束，它的长短与时间不一定成比例，可长可短，但不能中断。

（3）虚箭线表示作业间的相互关系，即作业时间为零的实际上并不存在的作业，用来消除含糊的现象。

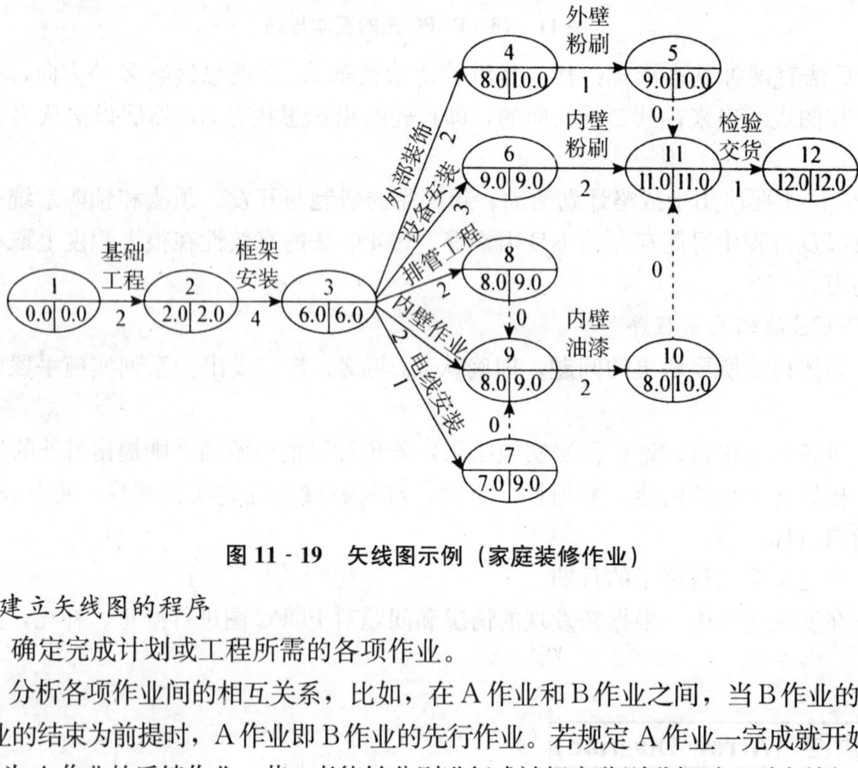

图 11 - 19　矢线图示例（家庭装修作业）

2. 建立矢线图的程序

（1）确定完成计划或工程所需的各项作业。

（2）分析各项作业间的相互关系，比如，在 A 作业和 B 作业之间，当 B 作业的开始必须以 A 作业的结束为前提时，A 作业即 B 作业的先行作业。若规定 A 作业一完成就开始 B 作业，B 作业就为 A 作业的后续作业。若二者能够分别进行或被规定分别进行时，则为并行作业。

（3）按结点间的相互关系，对结点进行编号，并用箭线连接各个结点，从起始结点指向终止结点。

（4）估计各项作业的完成时间，将其标于箭线上。常用的方法是三点估计法，即把作业时间分成三种情形：乐观时间 a，最可能时间 m 和保守时间 b，按 $T=(a+4m+b)/6$ 计算得出。

（5）通过计算和分析，掌握关键线路（没有富余时间的工序组成的线路），以便安排充分的资源，集中力量解决瓶颈问题。

第三节　解决问题的模式

质量管理的工具和方法，从根本上说都是为了增强处理数据和信息的能力，以正确地解决问题的方法。在解决问题时有一套系统的方法和工作程序，并将具体的质量管理工具和方法综合起来，对于提高管理的效率和有效性十分重要。

这些系统化的解决问题的方法有许多，其中包括 PDCA 循环、解决问题的模式、寻找根本原因的方法、以头脑风暴法为代表的创造性思维方法、过程改进方法、质量改进的一般模式、水平对比法以及六西格玛实践中的综合性改进方法等。在实践中，将这些方法整合起来则形成质量改进的一般程序和内容，即解决问题的过程模式。综合起来，通常包括以下 11 个步骤，对应的内容在第七章中有所说明。

(1) 树立改进意识；

(2) 发现问题；

(3) 界定问题点；

(4) 分析原因；

(5) 找出问题点；

(6) 分析原因并找出主要原因；

(7) 制定改进方案；

(8) 评审；

(9) 方案实施；

(10) 实施效果评价；

(11) 处置和标准化；

这个解决问题的过程是发现问题、分析原因，运用知识和信息处理工具生成对策和方案的过程。

典型的解决问题的过程如图 11 - 20 所示（这是一个具体应用的实例，限于篇幅和应用难度，其中有些工具在本书中没有介绍）。这个过程可以细分为许多具体的步骤，此图的中间部分是解决问题和改进的流程过程，包括一般步骤以及所涉及的人员或解决问题的具体组织方式；左侧是一些综合性的管理方法和统计技术；右侧是质量管理的新、老七种工具。在各种方法和技术的应用中，可以分为两大类，实心圆表示相应的工具和方法在这个环节经常应用并且有效，空心圆表示必要时可以辅助使用相应的工具和方法。

本章小结

本章分别讨论了质量管理中的常用工具和方法，包括常说的新、老七种工具以及在解决问题过程中不同阶段的应用。其中简要说明各个工具和方法的基本功能、具体用途和应用程序。每种工具和方法都有其主要的应用对象和范围，不同的工具和方法可以结合起来使用，但是某种工具和方法也有不适用的情况，在使用中应注意。在解决问题的一般方法中，简要说明新、老七种工具以及其他综合性工具和方法在解决问题过程中的综合运用，建立了集成化的质量工具和方法应用体系和架构。目前，上述工具和方法都有相应的计算机软件支持，把握其原理，可以更方便、简捷、高效地应用。

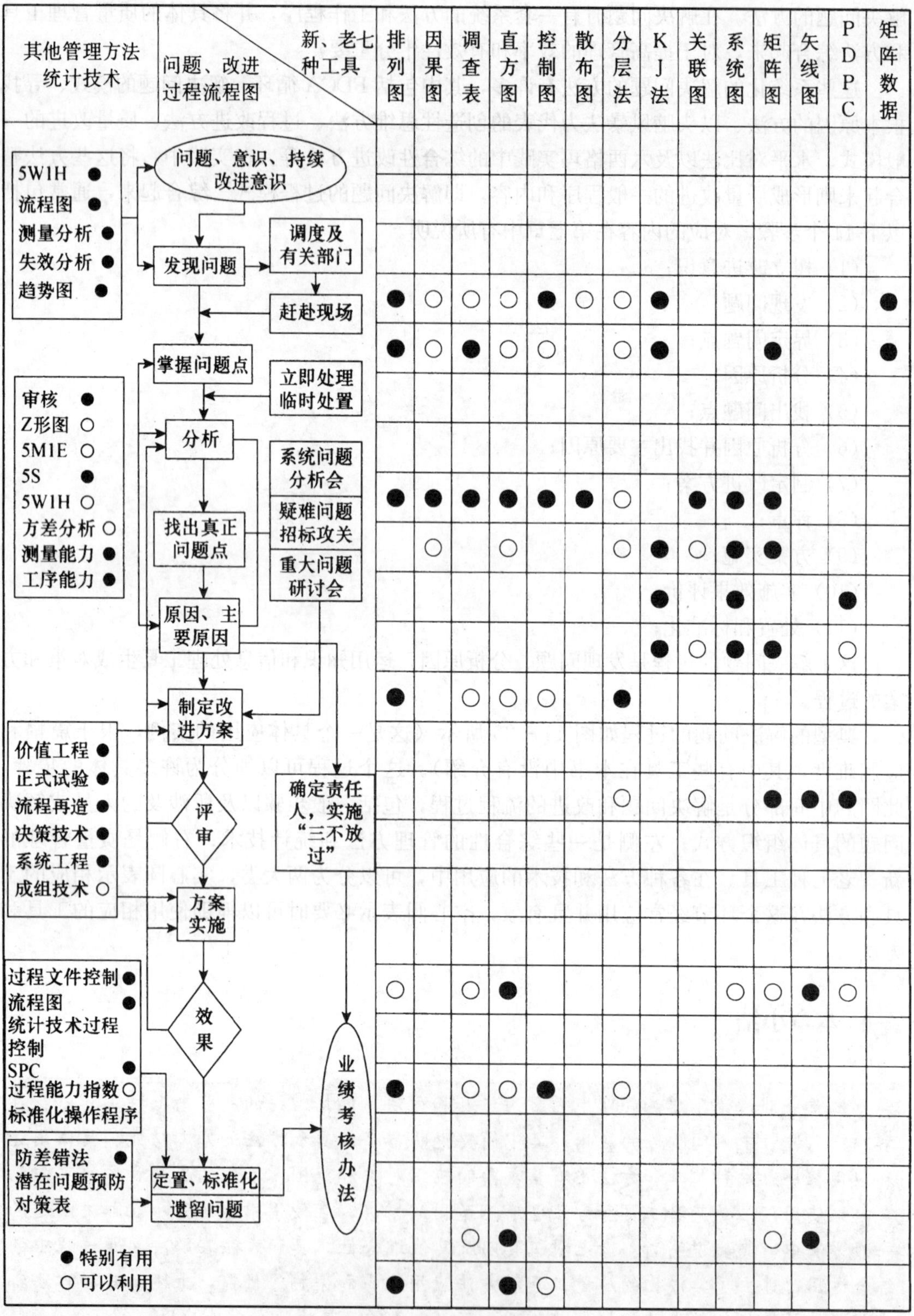

图 11-20　解决问题的流程和相应的可用工具

复习思考题

1. 调查表与其他质量管理工具如何配合使用?
2. 如何理解“分层分好了，问题就解决了一半”这句话?
3. 可用于分析原因的工具有哪些? 使用什么工具分析原因更有效?
4. 因果图可否用于确认原因? 为什么?
5. 矩阵图与树图有什么联系?
6. 树图中可以表达的关系有多少种? 分别是什么?
7. 在质量管理过程中，PDPC法可以发挥什么功能?
8. 制定改进方案时，可以使用哪些质量工具?
9. KJ法可用于解决什么类型的问题? 用好KJ法的关键是什么?

案例

某造纸厂改进项目的帕累托分析

一家造纸厂的不良质量成本估计为每年907万美元，按原因可分成7个类别（见表11-9)。其中一类称为“断裂”，其金额达556万美元，占总额的61%。很明显，除非成功地解决了断裂的问题，否则不良质量成本总额不会有太大的下降（这种缺陷非常严重以至于不得不返回到搅拌器中重新处理)。

表11-9　按构成类别进行的帕累托分析

类别	年度质量损失*（千美元）	占总质量损失的百分比	
		各类	累计
断裂	5 560	61	61
顾客索赔	1 220	14	75
零散批次	780	9	84
过高原料成本	670	7	91
停工损失	370	4	95
过度检验	280	3	98
过高试验成本	190	2	100
总计	9 070		

*考虑通胀原因而有所调整。

该造纸厂制造53种类型的纸张。当按照纸张类型来对断裂加以分析时（见表11-10)，在53种类型的纸张中，其中6种的不良质量成本达到了448万美元，占总数556万美元的80%。除非在这6种类型的纸张上成功地消除断裂，否则不会有显著的改进。

表 11 - 10　　按产品类型进行的帕累托分析

产品类型	每年的断裂损失*（千美元）	占总断裂损失的百分比	累计百分比
A	1 320	24	24
B	960	17	41
C	720	13	54
D	680	12	66
E	470	8	74
F	330（4 480）	6	80
47 种其他类型	1 080	20	100
合计 53 种	5 560	100	

*考虑通胀原因而有所调整。

接下来继续分析造成主要的断裂成本的缺陷类型。缺陷类型有许多，但其中的 5 种缺陷类型居于支配地位（见表 11 - 11）。数量最大的是 B 型纸的“撕裂”缺陷，其金额达 61.2 万美元；其次是 A 型的“多孔”缺陷，金额达 43 万美元；等等。这样的大数目都有可能成为改进项目的候选者。

表 11 - 11　　质量成本矩阵①　　单位：千美元

类型	边角料	视觉缺陷②	超厚	撕裂	多孔	所有其他原因	总计
A	270	94	—③	162	430	364	1 320
B	120	33	—③	612	58	137	960
C	95	78	380	31	74	62	720
D	82	103	—③	90	297	108	680
E	54	108	—③	246	—③	62	470
F	51	49	39	16	33	142	330
合计	672	465	419	1 157	892	875	4 480

注：①考虑通胀原因而有所调整。
②斑点、小孔、折皱等。
③无此要求。

如果将列在表格中的数据用图形展示，就会使关键的少数因素（本例中的原因类别、产品类型和缺陷类型）的识别更为容易。图 11 - 21、图 11 - 22 和图 11 - 23 是造纸厂各种数据的图示。与相应的表格相似，在每种图中包含了三个要素：

(1) 总效果的贡献因素，按贡献的数量大小排列。

(2) 每种贡献因素以大小和百分比表示的贡献大小。

(3) 所列贡献因素在总贡献中的累计百分比。

用帕累托图的形式不仅有助于分析，还极大地促进了信息的沟通，尤其有助于使高层管理人员认识到问题的根源，并对解决问题的行动方案给予支持。

单位：美元

关键类别	损失金额	累计损失金额	百分比	累计百分比
断裂	5 560 000	5 560 000	61	61
顾客索赔	1 220 000	6 780 000	14	75
零散批次	780 000	7 560 000	9	84
过高原料成本	670 000	8 230 000	7	91
停工损失	370 000	8 600 000	4	95
过度检验	280 000	8 880 000	3	98
过高试验成本	190 000	9 070 000	2	100
合计	9 070 000		100	

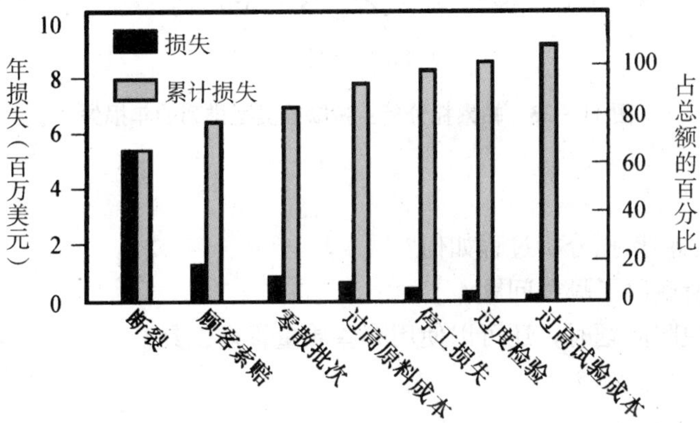

图 11-21　帕累托分析：按不良成本分类排列的年损失

单位：美元

关键类别	损失	累计损失	类别	百分比	累计百分比
A	1 320 000	1 320 000	A	24	24
B	960 000	2 280 000	B	17	41
C	720 000	3 000 000	C	13	54
D	680 000	3 680 000	D	12	66
E	470 000	4 150 000	E	8	74
F	330 000	4 480 000	F	6	80
其他	1 080 000	5 560 000	其他	20	100
合计	5 560 000			100	

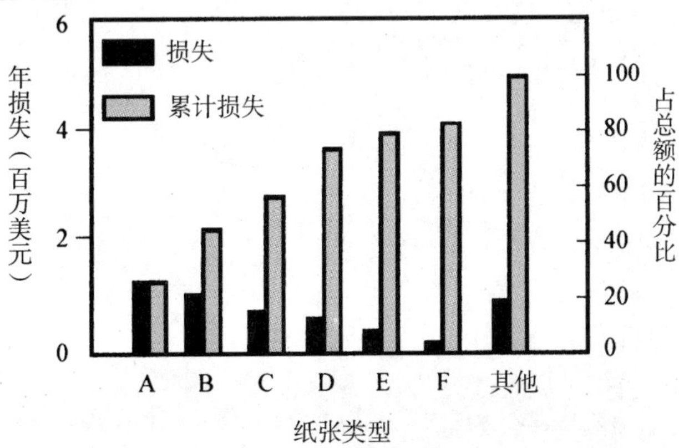

图 11-22　帕累托分析：按纸张类型排列的年损失

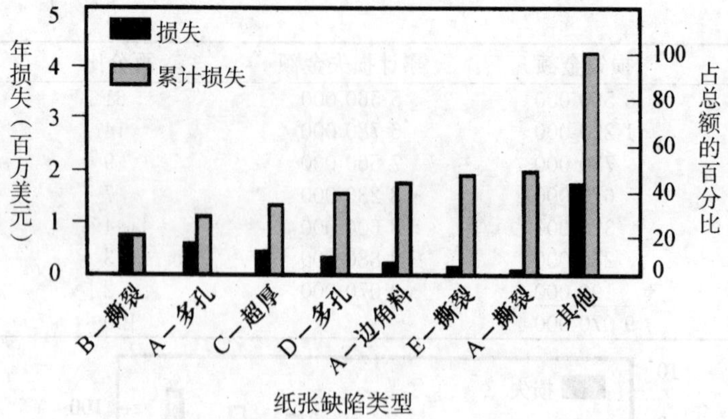

图 11 - 23　帕累托分析：按缺陷类型排列的年损失

思考：

1. 本案例中的帕累托分析过程如何？
2. 帕累托分析解决了哪些问题？
3. 解决纸张缺陷问题时，还可以使用哪些质量管理工具？

第十二章　统计过程控制

统计过程控制（SPC）是基于质量变异的思想，运用概率论与数理统计的理论和方法，优化检验方法，实施质量控制，确保过程有能力和稳定可控的系统化方法。它的核心内容涉及抽样检验、过程能力、控制图与过程稳定性等。统计过程控制的基本思想是：识别和区分过程正常波动与异常波动，识别影响因素，保证和提高过程能力，确保过程稳定受控。

第一节　变异理论

变异（Variation）是指过程中任何与目标或规范要求不一致的变化，也称为波动（Wave）。变异是客观存在的，存在于任何事物中。变异可以是非常小的，甚至没有高精度的测量仪器就无法感觉到，也可以很大并且容易被发现。世界上没有两个对象具有相同的特性测量值；如果两个对象有相同的特性测量值，常常是由于测量手段的限制造成的。根据导致变异因素的性质，可以分为一般原因变异（Common Cause Variation，又称正常原因变异）和特殊原因变异（Special Cause Variation）两类。

一、变异的来源

任何结果都是过程的输出，因此，结果的变异源于过程。如图 12-1 所示，过程包含许多变异来源，通常概括为 5M1E，即人（Man）、机（Machine）、料（Material）、法（Method）、测（Measurement）、环（Environment）。比如，在一个过程中，不同批次的原材料在强度、厚度和水分量方面都会有变化；每个切割工具的强度和成分上存在固有的变异；在制造过程中，工具受到磨损、振动会导致机器配置发生变化，而电流波动会导致功率变异；操作者处于不同的身体和心理状态，导致不能将零部件一致地准确定位在固定器上。此外，量具和人的检验能力也不完全相同，或者当测量仪器的精度不足时，同一个仪器测量几个项目也会产生轻微的差异。

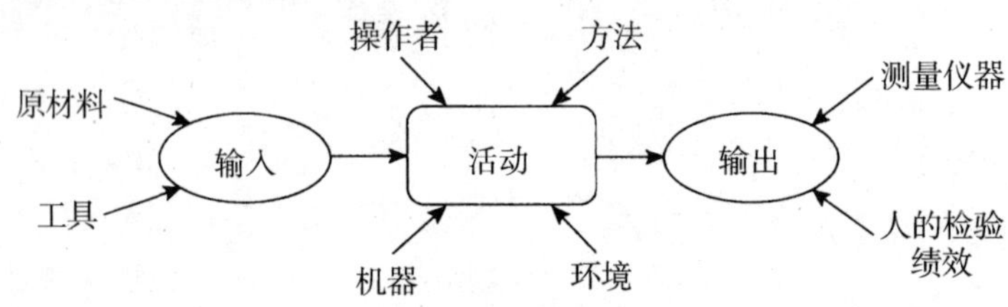

图 12-1　过程变异的来源

5M1E 中各个因素引起的变异，存在着复杂的相互作用，并不容易了解到。虽然任何单个来源产生的变异呈现随机性，难以识别和解释单个原因，然而它们的综合影响是稳定的，通常能够在统计意义上加以预测。

二、变异的类型

现代质量控制专家休哈特从变异的角度将过程分为两类：(1) 伴有“不可避免的随机变异”的稳定过程；(2) 伴有“可确定原因引起的变异”的不稳定过程。

当过程的变异大小能够以一定的置信度预测时，则称过程处于统计控制状态。这时，尽管很难确切预测过程中某个时间输出的每一个具体量值，但我们可以预测它会落入某个区间范围。类似地，还可以预测过程输出的长期平均值。

对于不稳定的过程，无法预测有多少输出或产品（如果有的话）落入顾客的容差限内，生产顾客满意产品所必需的成本也无从得知，因此，组织被迫生产大量备用库存，并在制定预算时考虑备用库存因素。

质量管理专家戴明认同休哈特关于变异来源的结论，并将导致过程变异的原因分为一般原因和特殊原因。他还区分了影响过程变异的工人责任和管理者责任。

1. 一般原因变异

一般原因是一个过程中始终存在的、非人力可控的、成为过程固有组成部分的变异因素。在生产过程中，一般原因产生的变异通常占全部所观察到的变异的80%～95%。一般是系统设计导致的，当然，系统是由管理人员设计的。比如，假设想要准确地切割长为55英寸的木板，如果只向操作者提供了一把手据、一个桌子和一把12英寸长的直尺，操作者要切割出长度准确且一致的木板是根本不可能的。这里存在着大量的可测量变异。只有改进系统，为工作人员提供了更好的技术和培训，才可能实现一般原因的减少。比如，假设可以使用60英寸规格的卷尺、一个支持木板的固定器和一把电锯。很显然，这个系统的输出将具有更少的变异性和更多的一致性。

一般原因是一个过程固有的。一般原因通常占所观察到变异的绝大部分，不能逐个得到识别和控制。仅有一般原因支配的系统称为稳定系统，仅受到一般原因影响过程，则称为受控过程。

2. 特殊原因变异

特殊原因是除一般原因以外的引起过程变异的因素，特殊原因变异也称为可指定原因变异。通常，特殊原因是由外部来源产生的。这些外部来源不是某个过程中固有的，而是孤立的偶发因素，它们打破一般原因的随机模式。因此，对特殊原因更易于利用统计方法进行探测，并且可以经济地纠正。比如，在切割板子的例子中，工作人员受到检查人员的干扰，而不能在切割之前正确地做标记，相应地造成几块板子可能短1英寸。

特殊原因变异是指在一个生产过程中，一个或多个因素处于不正常的或不期望的状态引起的变异。由特殊原因支配的过程为不稳定过程或不受控过程。在不稳定的过程中观测到的非预期的变异水平不是由非过程固有的特殊原因引起的。

变异的特殊原因是偶发性的，通常都是在局部时间和空间发生的，可以在统计意义上进行识别、解释和纠正。比如特定设备或作业班次的更换、操作者以及天气的变化，这些以可探察的方式出现，引起不可控变异。特殊原因经常导致正常情况的突然偏离或极端偏离，但也可以是过程特性的慢性漂移。当控制图失控时，应该调查是哪些特殊原因影响过程输出。过程作业人员要具有调查特殊原因的专门知识。

三、变异与两类管理错误

消除这些稳定的、可预测的变异来源是过程管理者的责任。因为消除一般原因的影响超出了工人控制能力的范围。正如戴明进行的著名的红珠实验所阐明的那样，从实验中总结出了几个重要的结论：

（1）变异存在于系统之中，并且如果系统稳定，则变异水平是可以预测的。

（2）对于一个稳定的系统，实际生产过程中发生的变异，总体上来自过程本身。而许多经理认为所有的变异都是可控的，并归咎于那些无能为力的工人。对于一个稳定系统，为工人所规定的数字目标通常是没有意义的，管理人员应该对系统负责。实验表明，存在的问题在于管理不善。戴明估计由一般原因引起的变异中，工人引起的变异占80%。这并非是工人的错，他们通常尽了最大的努力，甚至在其他因素达不到理想情况时也是如此，这更多的是管理者的责任，他们影响过程，而不处于过程之中。管理者决定在设计过程中花费多少时间和费用，将影响使用的资源和方法。正是过程的设计影响着一般因素引起的变异的大小。

（3）人员能够且确实影响过程的结果，不加区别地消除一般变异原因，去“干预”过程会产生不必要的变异。

（4）通常用控制图来监视变异，区分一般原因变异和特殊原因变异。

变异无处不在，许多管理者不了解一般原因与特殊原因的区别，可能导致干预稳定系统而增加变异，或者失去消除变异的特殊原因的机会。以下就是管理者可能会犯的两个根本性错误：

第一，针对由一般原因引起的瑕疵、抱怨、差错、故障、事故或短缺等质量问题，像特殊原因那样处理。这种情况下，干预一个稳定的系统会增加系统的变异，从而形成长期针对一般原因进行“瞎调整”的错误。

第二，针对由特殊原因引起的瑕疵、抱怨、差错、故障、事故或短缺等质量问题归咎于一般原因。这种情况下，由于错误地假设变异不可控而失去了减少变异的机会。

此外，质量管理专家朱兰在一般原因变异与特殊原因变异的基础上，为质量改进项目区分出了主要由特殊原因支配的偶发问题和由一般原因影响的长期问题。质量改进项目应该首先通过消除偶发问题达到过程可控。当达到过程可控的状态后，质量改进项目就应该通过消除长期问题从而减少或消除变异的范围来使质量得到一个突破性的提高；通过消除偶发问题实施控制，通过消除长期问题实现管理突破。

第二节 抽样技术与抽样检验

抽样，就是指从总体中抽取样品组成样本的过程。抽样的目的在于从样本所包含的信息中，获得关于总体特征的知识。诸如均值 μ、标准偏差 σ 或比例 π 等这些总体的特征通常称为总体参数。在质量管理中，常用研究局部去推断全局，研究样本去估计预测总体的统计方法，从而达到保证产品质量的目的。当然，运用样本估计推断总体不会百分之百正确，会有误差和判断错误。我们需要根据统计的目的和要求，采取适宜的方法使这种错误最小化。

抽样有多种方式或技术，其中广泛应用的典型抽样是随机抽样。统计抽样技术在抽样检验中的应用，形成了质量检验中最常用的抽样检验技术和方法。

一、随机抽样

所谓随机抽样，即从总体中随机抽取一定数目的个体单位作为样本进行观察，每个个体单位都有一定的概率被选入样本，从而使根据样本所做出的结论对总体具有充分的代表性。随机抽样能有效地避免主观性导致的倾向性误差（系统误差），使得利用样本资料能够有效地估计和推断总体的数量特征，并通过计算抽样误差说明估计结果的可信程度。

与随机抽样不同的是非随机抽样或称判断抽样。利用判断抽样，检查相关数据的任意样本，计算不合格的百分比。由于判断抽样不是随机的，做出错误结论的风险不能量化，因此，它并不是首选的抽样方法。

1. 随机抽样方法

在选择合适类型的抽样方法时，分析人员必须考虑样本的用途。抽样研究的目标是以最低的成本，按照事先为该项研究确定的精度和可靠性，抽取最大可能代表总体的样本。最常用的抽样方法有简单随机抽样、分层随机抽样、等距随机抽样、整群随机抽样。

（1）简单随机抽样。

简单随机抽样是最基本的一种概率抽样，即指总体中的每一个个体被抽到的机会是相同的抽样。在简单随机样本中，X_1，X_2，…，X_n 是相互独立的随机变量，并且与总体有相同的概率分布。简单随机变量可以通过重复从总体中随机抽取得到，显然，有放回的随机抽样得到的样本是简单随机抽样；对于无放回的随机抽样，只要样本量 n 相对于总体 N 来说很小，就可以近似地看作简单随机抽样。

当面对 N 个个体组成的总体，对其中的 N 个个体没有更多的了解时，一般采用简单随机抽样。假如从一个有 1 000 个塑料电子插头部件并经过完全混合的盒子中，无返还地随机选取 25 个零件，则这个定义中的随机性方面得到满足。简单随机抽样是质量审核的基础，是质量保证研究的有用工具。许多统计程序依赖于抽取随机样本。如果不使用随机样本，可能会引入偏向。

随机抽样可以利用随机数表选取样本。比如，可以利用系列数，或将各个单体置于有唯一的行和列编号的托架或盘中，或者将每个单体与一个物理距离相联系，为总体中的每个要素指定一个独一无二的号码，而后以一个系统的方式选择各个号码。这种选择可以从数表中的任何一点开始，可以向任何方向移动，使用任何一组数字，来达到抽样的目的。

简单随机抽样的优点是简单直观，由于总体中每个个体被抽取的概率相等，计算抽样误差及对总体参数加以推断时比较方便。其缺点是程序比较复杂，在实际工作中，做到总体中每个个体都被抽到的机会完全一样是不容易的。

(2) 分层随机抽样。

分层随机抽样也称为分类随机抽样，即先将总体按某些重要的标志分成互不交叉重叠的若干层，然后在各层中采用简单随机抽样或其他抽样方式抽取若干个样本单体，由各层的样本单体组成一个样本。例如，甲、乙、丙三个车间都生产同一种产品，若甲车间的生产量占全部的30%，乙车间占50%，丙车间占20%，需要抽取100件的样本。采用分层随机抽样时，应从甲车间随机抽取30件，从乙车间随机抽取50件，从丙车间随机抽取20件，合起来共100件，组成样本。

分层随机抽样可提供与简单随机抽样类似的结果，但使用的样本量更少。它比相同样本量的简单随机抽样产生更小的估计误差。当各组内部的测度指标相似时，即各层内的单体相像时，更是这样。分层随机抽样的优点是样本代表性好，抽样误差小；缺点是抽样手续较烦琐。这种方法常适用于产品质量的验收。

(3) 等距随机抽样。

等距随机抽样也称为系统随机抽样或机械随机抽样，即将总体单体按某一标志（如时间）排序，然后按一定间隔来随机抽取样本单位。

等距随机抽样的优点是：实施方便，同时能够保证样本对总体的代表性，适合大批量生产的流水线上产品的抽查；缺点是：若总体单位排序后呈现一定的规律性甚至周期性，而抽样间隔的周期正好与之吻合，依赖于这样排列的等距抽样就会产生系统性的偏差。

(4) 整群随机抽样。

整群随机抽样也称为集团随机抽样，即在总体中，不是抽取个别样品，而是随机抽取整群的产品。这种方法是先将总体按某个标志（企业、车间、班组、工序或一段时间内生产的一批零件等）分成若干群，然后随机地抽取若干群，并由抽中的群中的所有个体组成样本。比如，对某产品抽取5%进行抽样检查，每隔20小时抽取1小时的产量组成样本，然后对这些抽出来的样本进行质量检查并推断总体的质量状况。

整群随机抽样的优点是：比较方便；当群内的要素不相像（不均一）时，使用整群随机抽样可以产生不错的结果。在这种情况下，每个群都代表整个总体。缺点是：由于样本只是来自个别几个群体，而不能均匀地分布在总体中，因而代表性较差，抽样误差较大。这种抽样方法多用于过程控制中。

2. 抽样误差

抽样中的误差通常由两类原因引起：抽样误差和系统误差（通常称为非抽样误差）。无论如何精心抽取样本，抽样误差总会产生，通常是由于样本不能总是代表总体而产生的结果。减少抽样误差的唯一方法是扩大从总体中抽取的样本。然而，系统误差可以通过设计减少或消除。系统误差来源包括：

(1) 偏向：从自己的观点看问题或解决方案的倾向。

(2) 非可比的数据：数据来自两个总体却被误认为来自一个总体。

(3) 不加鉴别的趋势估计：认为过去发生的未来仍然会发生的假设。

(4) 因果关系：由于两个变量有关系，而认为其中一个发生变化必然引起另一个发生变化的假设。

（5）不恰当的抽样：因使用了有误差的数据收集方法，而导致产生偏向（如在电子邮件普及之前，利用电子邮件从拥有电子邮件服务的单体组成的少数总体中获取意见）。

通过了解抽样技术，精心设计抽样方案，能够减少这些误差。运用样本均值估计总体均值时，还需要了解这个值与真实的总体均值接近程度如何。抽样误差大小由样本量确定，所以样本量是抽样中的关键事项。通常，可以针对所研究的问题，在一定的置信水平下，根据可接受的抽样误差的大小确定恰当的样本量。

二、抽样检验

检验是通过观察和判断，适当时结合测量、试验所进行的符合性评价。质量检验就是对产品的一个或多个质量特性进行观察、测量、试验，并将结果与规定的质量要求进行比较，以确定每项质量特性符合情况进行的检查活动。符合要求则为合格，不符合要求则为不合格。

根据质量检验技术手段、检验方式、检验产品数量、检验场所、检验在生产过程中实施的不同，可以将检验划分为不同的类型，如表 12 - 1 所示。可以根据不同的产品质量特性、不同的生产和检验条件，选择不同的检验方式方法。

表 12 - 1　　检验的类型

依据	技术手段		检验数量	检验阶段	检验方式	检验场所
1	理化检验	测量	（免检）	进货检验	人工检验（自我检验—互相检验—专人检验）	固定场所检验
2		测试	抽样检验	过程检验（工序检验）	自动化检验与试验	巡回检验
3		化验或分析	全数检验	最终检验（成品检验、入库检验）		
4	感官检验					
5	生物检验					

抽样检验是指按照一定的方案（规则、程序），从一批产品中随机抽取样本（被抽取产品）进行检验，根据样本的检验结果判断该批产品是否合格，并由此判定该批产品是接收还是拒收的检查验收方法。抽样检验也称为验收抽样检验或抽样检查，它是检验的基础，也是最常用的检查方法。

一个抽样检验方案通常包含三个参数：交验批量 N、样本量 n、合格判定数或接受数 A，通常用（N，n，A）表示。其中产品批质量的判断原则是：从产品批中随机抽取数量为 n 的样本，检验样本中的全部产品，其中不合格品数为 d，如果 $d \leqslant A$，则该批产品合格，予以接收；如果 $d > A$，则该批产品不合格，予以拒收。关于抽样方案中所采用的具体样本量和判定准则，是根据产品批量和质量保证水平，并适当考虑了供方和买方的利益、要求和风险后确定的，这具体体现在抽样特性曲线原理上。

抽样检验作为一种以统计理论为基础的抽样检验方式，已有 80 多年的历史。为适应生产发展的需要，抽样检验方法得到了不断完善和发展，并且日趋标准化。国际标准化组织于 1974 年将美国军用标准 MIL-STD-105D 推荐为国际标准 ISO2859。我国于 1981 年发布了国家标准“逐批检查计数抽样程序及抽样表”，2003 年经过修订并重新发布了标准，即 GB/T2828.1—2003。

1. 抽样检验的特点

与全数检验（100%检验）相比，其优点在于：（1）节约了检验费用；（2）适用于破坏性测试；（3）所需检验人员较少；（4）由于拒收的是整批产品，而不是仅仅退回不合格品，故更有力地促进产品质量的提高。

抽样检验也有缺点，包括：（1）存在接受劣质批和拒收优质批的风险；（2）增加了计划的工作量；（3）样本所提供的产品信息一般少于全数检验。

2. 抽样检验的类型

抽样检验有很多类型。根据所测量产品质量特性数据的性质，抽样检验分为两类：（1）计数抽样检验，是根据规定的要求，把检验结果分为合格品和不合格品或者计算缺陷数的抽样检验。（2）计量抽样检验，是对用连续量表示其质量特征（例如长度、厚度、重量、纯度）的产品的抽样检验。两类抽样检验各有其特点。究竟选用哪种抽样检验主要取决于产品批的质量保证形式以及质量特性值所取数据的性质。如果要求保证产品批质量的平均值，必须采用计量抽样检验；如果要求保证产品批的不合格数或缺陷数，则只得采用计数抽样检验；如果要求保证产品批的不合格品率，那么两者均可采用。

根据方案中样本量的获得方法，抽样检验可以分为一次抽样、二次抽样、多次抽样、序贯型抽样等。按抽样方式的不同，抽样检验还可以划分为多个型和子型即多种抽样方案。常用的有标准型抽样检验、选别型抽样检验、调整型抽样检验、连续型抽样检验四种类型。

3. 抽样特性曲线及抽样风险

抽样特性曲线（Operating Characteristic Curve）是指当一个抽样检验方案（N，n，A）确定后，产品批的接收（确定产品批为合格）概率 $L(p)$ 与产品批的实际质量水平（合格率 p）间的关系曲线。抽样特性曲线也称为 OC 曲线，曲线所反映的函数关系称为抽样检验方案的检验特性函数。不同的抽样检验方案，有着不同的抽样检验特性函数，也就是有不同的 OC 曲线。抽样特性曲线反映了抽样检验方案对各种质量水平的产品批的辨别能力，是制定和评价抽样检验方案的基本工具。典型的 OC 曲线如图 12-2 所示（以计数标准型抽样检验方案为例）。

（1）抽样特性曲线的原理。

典型的标准型抽样方案是这样确定的：希望不合格品率为 p_1 的批尽量不合格，设其接收概率为 $L(p_1)=\beta$；希望不合格品率为 p_0 的批尽量合格，设其拒收概率为 $1-L(p_0)=\alpha$。一般规定 $\alpha=0.05$，$\beta=0.01$，抽样方案的 OC 曲线通过 A、B 两点，如图 12-2 所示。

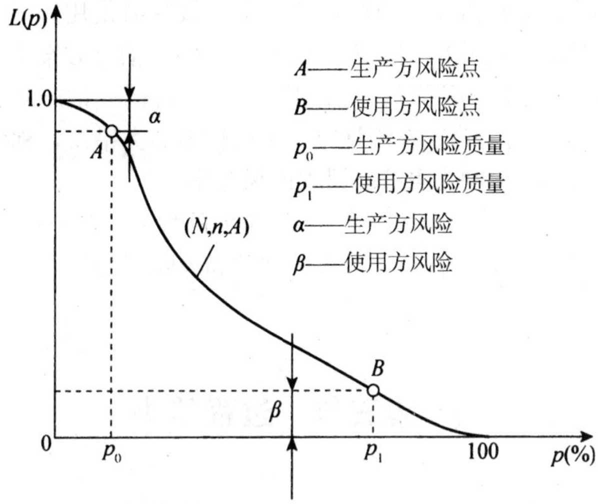

图 12 - 2　计数标准型抽样检验的 OC 曲线

如图 12 - 2 所示，在抽样检验中，对于一个抽样检验方案（N，n，A），任何规定的产品批接收概率 L（p）或拒收概率 $1-L$（p），对应着一定的产品质量水平 p；而要保证规定的产品质量水平 p，产品批的接收概率为 L（p），拒收概率为 $1-L$（p）。

（2）两类错误和风险。

实际上，对于一批数量很大的成品，其质量状况不清楚，通过随机抽取其中的一个样本来检测、研究该样本的质量状况，以此来推测判断整批成品的质量好坏，然后做出接收或是拒收决定。这种做法会出现表 12 - 2 所示的可能发生的 4 种情况。

表 12 - 2　　批成品质量与“接收-拒收”之间的关系

		批成品质量	
		好	坏
样本质量	好	（1）拒收	（4）接收 （第Ⅱ类错误）
	坏	（2）拒收 （第Ⅰ类错误）	（3）拒收

进一步分析发现：

第一，对于给定的抽样方案，当批质量水平（如不合格率）为某一指定的可接收值（如可接收质量界限）时的拒收概率，即好的质量批被拒收时生产方所承担的风险，称为 α 风险或生产方风险，A 点为生产方风险点，质量水平 p_0 为抽样方案中与特定的生产方风险水平相对应的质量水平。这种情况下，我们犯了把质量好的一批产品当作质量坏的一批产品去看待、处理的错误，这类错误在统计方法中叫作第Ⅰ类错误，称为“弃真”错误。犯这类错误的概率值用 α 表示，α 则为第Ⅰ类错误的风险率。

第二，对于给定的抽样方案，当批质量水平（如不合格品率）为某一指定的不满意值

（如极限质量水平）时的接收概率，即质量坏的批被接收时使用方所承担的风险，称为β风险或使用方风险，B点为使用方风险点，质量水平p_1为抽样方案中与特定的使用方风险水平相对应的质量水平。这种情况下，我们犯了把质量坏的一批产品当作质量好的一批产品去看待、处理的错误，这类错误在统计方法中叫作第Ⅱ类错误，称为“取伪”错误。犯这类错误的概率用β表示，β则为第Ⅱ类错误的风险率。

从抽样方案的特性曲线看，p_0和p_1是两个重要的参数，对一批产品进行抽样检验时，可以通过控制A、B两个点，来权衡生产方的利益和风险度与使用方的产品批质量水平和风险度。

第三节　过程能力

过程能力是指一个过程处于稳定状态时，也就是当操作者、机器、设备、原材料、方法和环境等因素是标准的条件下，过程所具有的加工精度和加工能力。这种能力是一个过程能够稳定地生产出满足规范要求产品的能力；它由系统的一般原因变异所确定，是在过程受控条件下达到的。从定量的角度看，它是在诸因素受控的情况下，过程所加工产品的质量特性的波动幅度（分散程度）。通常用标准偏差σ的6倍来表示，即过程能力：$B=6\sigma$。

一、过程能力研究的内容

如前所述，一个过程受到来自操作者、机器、设备、原材料、方法和环境等方面变异因素的影响。对于任何一个过程，人们关心的主要问题是过程的当前变异水平如何？过程是否受控、稳定？过程的输出能否满足规范的要求？应该如何改进过程，确保产品接近于零缺陷？统计学为过程变异定量化研究提供了基础。其中一个重要的统计参数是过程能力。了解过程能力，使人们可以定量地预测过程将会在什么程度上满足规格的要求，可以明确设备要求以及所需的控制水平。设计部门在确定设计规格时，必须仔细地考虑过程能力。关于过程能力，制造部门可能希望确定一个过程的性能底线，确定优先的质量改进项目，为顾客提供统计质量控制的证据。采购部门在采购前可能对供应商的工厂进行研究，以评估新设备或者比较各家供应商。工程部门可能通过过程能力研究，确定研发实验设备的充分性或评估一个新过程。对制造部门而言，过程能力是可制造设计（DFM）概念的一个重要组成部分。过程能力信息还有助于设计生产日程计划和检验策略。

过程能力研究是一项精心设计的系统化的研究。它的目的是提供在特定的运行条件下，过程性能的专门信息。在过程能力研究中，关注的典型问题包括：

（1）过程集中于何处？

（2）过程中存在哪些变异？

（3）与规格相比，过程性能是否可以接受？

（4）期望有多大比例的输出满足规格要求？

（5）什么因素导致过程变异？

通常进行三类过程能力研究：一是峰值性能研究，它是在短期内严格受控的条件下进行的，以确保没有特殊原因影响变异，用于确定过程如何在理想条件下完成所担负的工作。二是过程特征研究，它是在长期的实际运行条件下完成的，以获取原材料和操作者方面存在的变异，目的在于确定一个过程如何在实际运行条件下完成所担负的工作。三是变异性构成研究，它使用一种专门设计的实验来控制变异性的来源，以评定不同变异来源对总变异的贡献。

二、过程能力研究的程序

系统化的过程能力研究程序是类似的。过程能力研究的程序包括六个步骤：

（1）选择一个有代表性的机器或过程环节（工序）；

（2）确定过程的相关条件；

（3）选择一个有代表性的操作者；

（4）提供达到标准等级的原材料；

（5）指定所用的计量与测量方法；

（6）提供记录测量值的条件和方法。

为了获得有用的信息，样本量应该比较大，通常至少为 100 个。因为只有消除了所有的特殊原因，过程处于受控状态，研究过程能力才有意义。在这里的讨论中，我们假定过程是受控的。

评估过程能力时，通常使用两种统计技术：一种是频数分布直方图；另一种是控制图。

三、过程能力指数

过程输出的分布相对于在位置和分布范围方面的规范都会有不同。通常，随机原因变异与规范确定的容差范围之间的关系可以用过程能力指数来量化。过程能力指数 C_p（有时称为过程潜力指数或工序能力指数）定义为规范宽度与过程标准偏差的比值，即

$$C_P = T/6\sigma \approx T/6S$$

其中，T 为产品规范确定的容差范围；S 为标准偏差。

C_p 通过一个简单的、定量的测量值将过程自然变异与设计规范联系起来。过程能力指数表示过程能力对产品设计规范的保证程度，它更准确地表示出过程能力满足要求的程度。

过程能力指数 C_p 的具体计算方法和例题如表 12 - 3 所示。根据 C_p 值的大小，可以定量计算出该过程的不合格品率，如表 12 - 4 所示。在分布中心与规范中心有偏移量时，过

程能力指数 C_{pk} 值的大小与该过程的不合格品率对应关系如表 12 - 5 所示，在表 12 - 5 中，当给定条件为双向容差，且 $\overline{x}\neq M$ 时，先求出 C_p 和 k，根据 C_p 和 k 即可找出相对应的不合格品率。

表 12 - 3　　过程能力指数的计算

	图例	计算公式	例题
双向容差	(1) $\overline{x}$ 与 M 重合时： 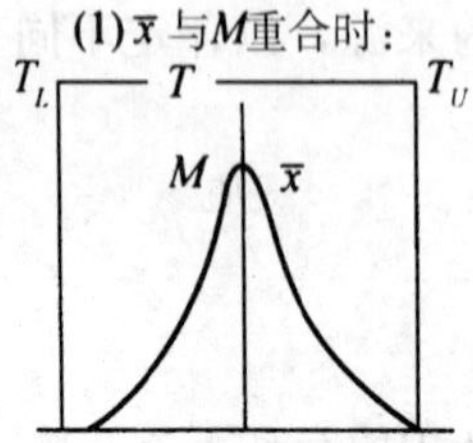	$C_p=\frac{T}{6S}=\frac{T_u-T_L}{6S}$	某零件质量要求为 20±0.15，抽样 100 件，测得： $\overline{x}$=20.00mm S=0.05mm $C_p=\frac{T_u\ T_L}{6S}$ $=\frac{20.15-19.85}{6\times0.05}=1$
	(2) $\overline{x}$ 与 M 不重合时： 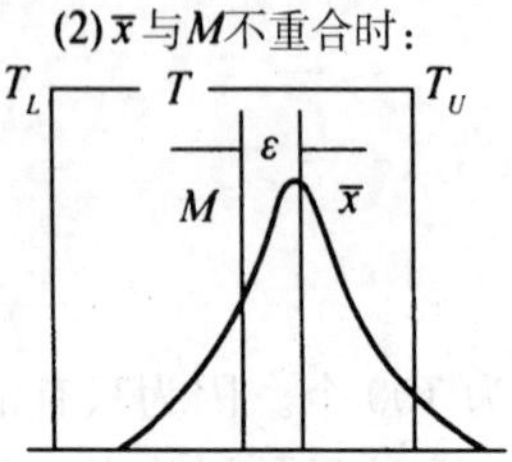	$C_{pk}=\frac{T-2\varepsilon}{6S}$ $=(1-K)\ C_p$ 其中，K 为相对偏移量，$k=\frac{2\varepsilon}{T}$； ε 为中心偏移量，$\varepsilon=\mid M-\overline{X}\mid$	某零件质量要求为 20±0.15，抽样 100 件，测得： $\overline{X}$=20.05mm S=0.05mm 则 M=20.00mm $\varepsilon=\mid M-\overline{X}\mid$ $=\mid 20.00-20.05\mid=0.05$ $C_{pk}=\frac{T-2\varepsilon}{6S}$ $=\frac{0.3-2\times0.05}{6\times0.05}=0.67$
单向容差	(3)给定公差上限时： 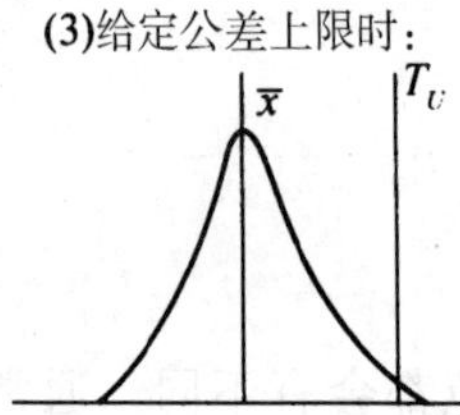	$C_{pu}=\frac{T_u-\overline{X}}{3S}$	某部件清洁度的要求为不大于 96 毫克，抽样结果得： $\overline{X}$=48mg S=12mg $C_{pu}=\frac{T_u-\overline{X}}{3S}$ $=\frac{96-48}{3\times12}=1.33$
	(4)给定公差下限时： 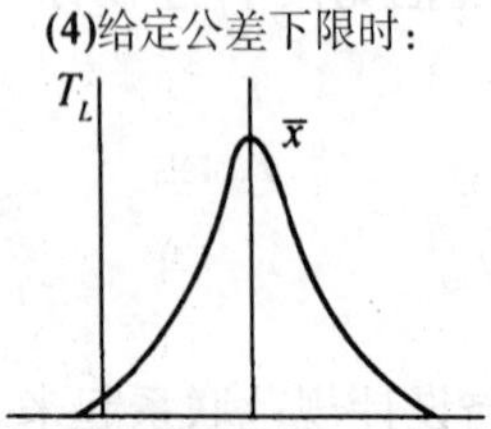	$C_{PL}=\frac{\overline{X}-T_L}{3S}$	某金属材料抗拉强度的要求为不得少于 32kg/cm²，抽样后测得： $\overline{X}$=38kg/cm² S=1.8kg/cm² $C_{PL}=\frac{\overline{X}-T_L}{3S}$ $=\frac{38-32}{3\times1.8}=1.11$

表 12-4　　过程能力指数值对应的不合格品率表

C_p	不合格品率	C_p	不合格品率
2.00	2/10 亿	1.10	1/1 000
1.67	6/1 000 万	1.00	2.7/1 000
1.50	7/100 万	0.67	4.55/100
1.33	6/10 万	0.33	31.75/100
1.20	3/1 万		

表 12-5　　根据过程能力指数 C_p 和相对偏移量求总体不合格品率的数值表

C_p \ $P\%$ \ k	0.04	0.12	0.20	0.28	0.40
0.50	13.43	13.90	15.10	16.75	20.19
0.60	7.26	7.85	9.03	10.81	14.59
0.70	3.64	4.16	5.24	6.89	10.55
0.80	1.69	2.09	2.94	4.31	7.53
0.90	0.73	1.00	1.60	2.62	5.27
1.00	0.29	0.45	0.84	1.55	3.59
1.10	0.11	0.20	0.42	0.84	2.39
1.20	0.04	0.08	0.20	0.48	1.54
1.30	0.01	0.03	0.09	0.25	0.96
1.40	0.00	0.01	0.04	0.13	0.59

四、过程能力评级

在生产实践中，经常可以根据过程能力指数大小，对相应的过程能力进行评价并确定相应的后续措施（如表 12-6 所示）。需要注意的问题是：首先，如果过程不处于受控状态，C_p 的计算没有意义。计算随机原因变异分布范围（6σ），采用样本偏差替代时，应该使用足够大的样本，来获得对总体标准偏差 σ 的有意义的估计。其次，当 C_p 值为 1.00 时，要求过程准确地集中在容差分布范围的均值，以防止所生产出的一些单元超出界限。当 C_p 值为 1.33 时，生产的所有单元处于规范限内的目标更容易实现。当 C_p 值为 2.00 时则更容易。根据许多实践者的经验，他们所建议的 C_p 的安全下限为 1.5，高于这个水平的值才能确实保证一个受控过程所生产的所有单元处于规范之内。许多公司要求其供应商的 C_p 值为 1.66 或更高。

表 12-6　　过程能力等级评定表

范围	等级	过程能力判定	措施
$C_p>1.67$	特级	过高	对于关键或主要项目再次缩小容差范围，以提高产品质量；或者放宽波动幅度，降低设备精度等级，以提高效率，降低成本
$1.67\geqslant C_p>1.33$	1 级	充分	若不是关键或主要项目，则放宽波动幅度；降低对原材料的要求；简化质量检验，采用抽样检验或减少检验频次
$1.33\geqslant C_p>1$	2 级	尚可	必须用控制图或其他方法对过程进行控制和监督，以便及时发现异常波动；对产品按正常规定进行检验
$1\geqslant C_p\geqslant 0.67$	3 级	不充分	分析分散程度大的原因，制定措施加以改进，在不影响产品质量的情况下，放宽容差范围；加强质量检验，进行全数检验或增加检验频次
$0.67>C_p$	4 级	不足	一般应停止继续加工，找出原因，改进工艺，提高 C_p 值；否则全数检验，挑出不合格品

五、提高过程能力的途径

过程能力指数反映了过程能力，由过程能力指数的计算公式可见，影响过程能力指数有三个变量，即产品容差范围（T）；过程加工的分布中心（$\overline{X}$）与容差中心（M）的偏移量；过程的质量特性值的分散程度，即标准偏差（S）。因此，提高过程能力的途径有三个，即减少中心偏移量，减少标准偏差 S，增大容差范围 T。

1. 调整过程加工的分布中心，减少中心偏移量

从表 12-3 中的例题（1）和（2）中可以看出，当分布中心与容差中心重合时，$C_p=1$，不合格品率为 0.3%；而当分布中心与容差中心发生偏移，偏移量为 0.05mm 时，$C_{pk}=0.67$，此时对应的不合格品率上升为 4.55%。可见，即使过程能力已经基本能够满足容差要求，但由于过程加工中心存在着中心偏离，也会影响过程能力，导致出现相当多的不合格品。减少过程中心偏移量有如下措施：

（1）通过收集数据，进行统计分析，找出大量连续生产过程中由于工具磨损、加工条件随时间变化而产生偏移的规律，及时进行中心调整，或采取设备自动补偿偏移、加工刀具自动调整和补偿等。

（2）根据中心偏移量，通过首件检验，可调整设备、刀具等加工定位装置。

（3）改变操作者的倾向性加工习惯，以容差中心值为加工依据。

（4）配置更为精确的量规，由量规检验改为量值检验，或采用高一等级的量具检验。

2. 提高过程能力，减少分散程度

过程加工的分散程度，即过程加工的标准偏差 S。材料的不均匀、设备精度等级低和可靠性差、工装模具精度较低、过程安排不合理、工艺方法不正确等，对过程能力的影响是十分明显的。减少分散程度，提高过程能力的措施一般有：

（1）修订过程，改进工艺方法，修订操作规程，优化工艺参数，补充增添中间工序，

推广应用新材料、新工艺、新技术。

(2) 检修、改造或更新设备，改造、增添与容差要求相适应的精度较高的设备。

(3) 增添工具、工装，提高工具、工装的精度。

(4) 改变材料的进货周期，尽可能减少由于材料进货批次的不同而造成的质量波动。

(5) 改造现有的现场环境条件，以满足产品对现场环境的特殊要求。

(6) 对关键工序、特种工艺的操作者进行技术培训。

(7) 加强现场的质量控制，设置过程质量控制点或推行控制图管理；开展 QC 小组活动；加强质检工作。

3. 修订容差范围

修订容差范围，其前提条件是必须保证放宽容差范围不会影响产品质量。在这个前提下，可以对不切实际的过高的容差要求进行修订，以提高过程能力。

实践证明，在过程能力分析中，减少中心偏移量的防误措施在技术上、操作上比较容易实现，同时不必为此花费太多的人力、物力和财力，因此把它作为提高过程能力的首要措施。只有当偏移量等于 0，而 C_p 仍然小于 1 时，才考虑提高过程能力，减少过程加工分散程度或考虑是否有可能放宽容差范围。放宽容差范围必须保证不影响用户使用的效果。提高过程能力，往往需要对现场的生产进行工艺上的改进和改造，技术难度较大，需要花费较多的时间和费用，但提高过程能力则提高了制造质量水平，对于企业来说是十分重要的。

第四节　控制图

从过程能力研究中可见，一方面，一个过程可能具有相应的能力，也可能不具有相应的能力；另一方面，过程可能受控，也可能失控，每一种状态都独立存在。显然，我们可能希望每个过程既具有能力又受控。如果一个过程既不具备能力也不受控，我们必须首先通过消除变异的特殊原因而使过程处于受控状态，然后针对一般原因来改进能力。如果一个过程有能力而不受控，我们应该采取行动使过程回到受控状态。

在 20 世纪 20—30 年代，美国的统计技术与质量管理专家休哈特在西方电器公司工作期间，成功地将统计学、工程学和经济学结合在一起，发明了控制图法，开创了统计质量控制这一新的领域，提出统计过程控制（SPC）的理论和方法。1936 年他发表的《产品制造质量的经济控制》一书全面阐述了质量控制的基本原理，是一部具有里程碑意义的著作，为现代意义上的质量管理奠定了坚实的理论基础，对以后质量管理的研究和实践产生了巨大的影响。第二次世界大战以后，SPC 从军工领域迅速扩展到工业界，在过程质量控制、过程诊断和改进方面得到广泛的应用。

SPC 就是利用统计技术监视过程，识别变异的特殊原因以及在适当时采取纠正措施的方法论。SPC 的基本观点是如果过程变异只是一般原因引起，则认为过程是受控的。当过程中出现特殊原因时，将会超出控制图的控制限。统计控制状态的实际含义是过程平均值和方差二者都随着时间变化而保持恒定。SPC 的基本工具是控制图。

控制图是通过对过程或工序的质量特性进行测定、记录，对过程进行监测和控制的一种质量管理工具。控制图又称为管理图，用来区分一般原因引起的变异和特殊原因引起的变异，或者说是由过程固有的随机原因引起的偶然波动的工具。

一、控制图的原理

典型的控制图如图 12 - 3 所示，在该图中，纵轴为样本统计量值，横轴为时间或样本序列号，标有根据统计数据确立的中心控制限（*CL*）、上控制限（*UCL*）和下控制限（*LCL*），图上是按照时间顺序抽取的样本统计量值的描点序列。如果控制图中的描点落在上、下控制限之外，或者描点的分布不呈随机状态，表明过程存在异常原因变异，处于非受控状态。

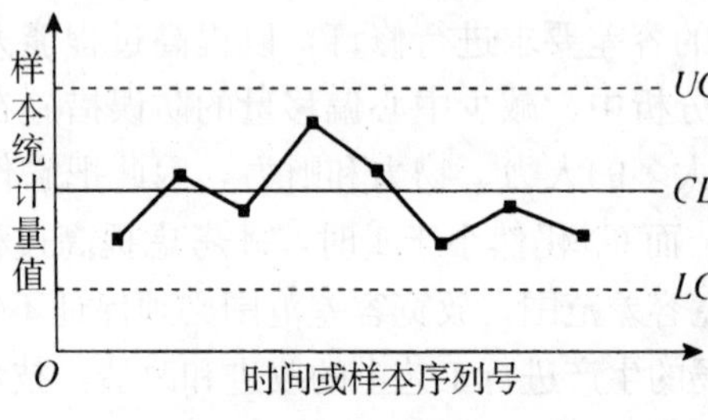

图 12 - 3 控制图示例

根据统计学的变异理论，当一个过程中的某个质量特性（以连续随机变量为例）只受到一般原因变异影响时，其量值范围（或这个随机变量的取值）呈正态分布，而正态分布随机变量取值落在 $\mu\pm3\sigma$ 之间的概率为 99.73%，落在 $\mu\pm3\sigma$ 之外的概率为 0.27%。显然，0.27%是小概率事件，根据概率统计原理，可以认为小概率事件是不发生的，如果发生，则认为存在特殊原因的变异。控制图的中心控制限为样本的平均值，上控制限和下控制限是根据所控制质量特性的分布规律，按照类似 3σ 原理设计，如图 12 - 4 所示。

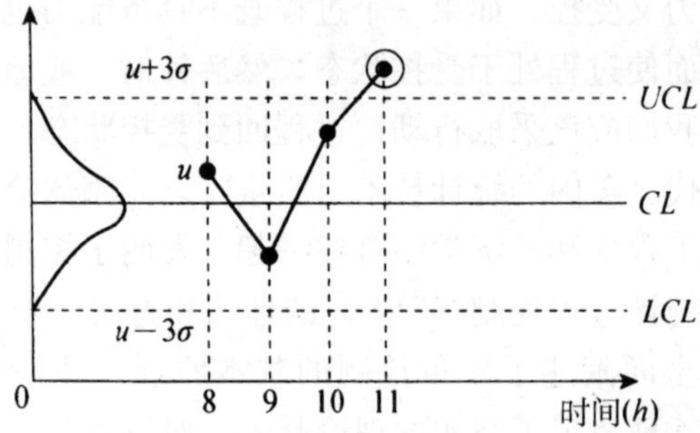

图 12 - 4 控制图的 3σ 原理

二、控制图的用途

控制图与其他质量改进工具一样，使用起来比较简单。控制图的基本用途有三个：

（1）确立统计控制状态。根据描点的位置和分布状况监视过程状态。

（2）监视过程并在过程超出控制限时提供报警信号。即发现异常变异，启动必要的调查和纠正措施。

（3）确定过程能力。在一个较长的时期里，比较控制图所显示的过程的统计控制状态或比较不同过程的控制图，显示和提供关于过程能力、过程稳定性的证据。

基于以上三种基本应用，控制图在质量诊断方面，可以用来度量过程的稳定性，即过程是否处于统计控制状态；在质量控制方面，可以用来确定什么时候需要对过程加以调整，什么时候需要使过程保持相应的稳定状态；在质量改进方面，可以用来确认过程是否得到了改进。

三、控制图的类型和适用情况

控制图的具体应用如表 12 - 7 所示。根据建立控制图的统计量的性质，可以分为计量值控制图和计数值控制图。计量值控制图包括平均值-极差控制图（$\overline{X}-R$ 图）、中位数-极差控制图（$\widetilde{X}-R$ 图）、单值-移动极差控制图（$X-Rs$ 图）；计数值控制图包括不合格品数控制图（P_n 图）、不合格品率控制图（P 图）、缺陷数控制图（c 图）、单位缺陷数控制图（u 图）。各种类型的控制图有其特点和具体的适用场合。

表 12 - 7　　控制图种类及适用场合

类别	名称	控制图符号	特点	适用场合
计量值控制图	平均值—极差控制图	$\overline{X}-R$	最常用，判断过程是否正常的效果好，但工作量大	适用于产品批量较大，且稳定、正常的过程
	中位数-极差控制图	$\widetilde{X}-R$	计算简便，但效果较差	适用于产品批量较大，且稳定、正常的过程
	单值-移动极差控制图	$X-Rs$	简便省事，并能及时判断过程是否处于稳定状态。缺点是不易发现过程分布中心的变化	由于各种原因（时间、费用等），每次只能得到一个数据或希望尽快发现并消除异常因素
计数值控制图	不合格品数控制图	P_n	较常用，计算简单，操作工人易于理解	样本数量相等
	不合格品率控制图	P	计算量大，控制限凹凸不平	样本数量可以不等
	缺陷数控制图	c	较常用，计算简单，操作工人易于理解	样本数量相等
	单位缺陷数控制图	u	计算量大，控制限凹凸不平	样本数量不等

四、控制图的应用程序

建立和应用控制图的一个完整过程，通常包括以下几个步骤：

（1）选取控制图拟控制的质量特性，如重量、不合格品数等。

（2）选用合适的控制图种类。

（3）确定样本组、样本大小和抽样间隔。在样本组内，假定波动只由偶然原因所引起。

（4）收集并记录至少20～25个样本组的数据，或使用以前所记录的数据。

（5）计算各组样本的统计量，如样本平均值、样本极差和样本标准差等。

（6）计算各统计量的控制限。

（7）绘制控制图并标出各组的统计量。

（8）研究在控制限以外的点和在控制限内排列有缺陷的点，并标明异常（特殊）原因的状态。

（9）决定下一步的措施。

在这个过程中，相关计算可以从以下实例中得到深入了解。

1. 计量值控制图的应用实例

某公司新安装一台产品装填机，该机器每次可将5 000克的产品装入固定容器。规范要求每次不得装入多于5 000克的产品。

使用控制图的程序如下：

（1）将多装量（克）看成应当加以研究并由控制图加以控制的重要质量特性。

（2）由于要控制的装入量是计量特性值，因此选用了 $\overline{X}-R$ 图。

（3）以5个连续装填的容器为一个样本组，于是样本大小 $n=5$。每小时抽取一个样本。

（4）收集25个样本组数据，即组数（k）为25，并按观测顺序将其记录于表12-8中。

表12-8　多装量（克）和样本统计量

组号	X_1	X_2	X_3	X_4	X_5	$\sum$	$\overline{X}$	R
1	47	32	44	35	20	178	35.6	27
2	19	37	31	25	34	146	29.2	18
3	19	11	16	26	44	116	23.2	33
4	29	29	42	59	38	197	39.4	30
5	28	12	45	36	25	146	29.2	33
6	40	35	11	38	33	157	31.4	29
7	15	30	12	33	26	116	23.2	21
8	35	44	32	11	38	160	32.0	33
9	27	37	26	20	35	145	29.0	17
10	23	45	26	37	32	163	32.6	22
11	28	44	40	31	18	161	32.2	26
12	31	25	24	32	22	134	26.8	10
13	22	37	19	47	14	139	27.8	33
14	37	32	12	38	30	149	29.8	26
15	25	40	24	50	19	158	31.6	31
16	7	31	23	18	32	111	22.2	25
17	38	0	41	40	37	156	31.2	41
18	35	12	29	48	20	144	28.8	36
19	31	20	35	24	47	157	31.4	27

续前表

组号	X_1	X_2	X_3	X_4	X_5	$\sum$	$\overline{X}$	R
20	12	27	38	40	31	148	29.6	28
21	52	42	52	24	25	195	39.0	28
22	20	31	15	3	2	71	14.2	28
23	29	47	41	32	22	171	34.2	25
24	28	27	22	32	54	163	32.6	32
25	42	34	15	29	21	141	28.2	27
累计							746.6	686
平均							$\overline{\overline{X}}=29.86$	$\overline{R}=27.44$

（5）计算每组的样本统计量 X（5 个观测值的平均值）和 R（5 个观测值的极差）。例如，第一组：

$$\overline{X}=\frac{47+32+44+35+20}{5}=35.6\text{（克）}$$

$$R_1=47-20=27\text{（克）}$$

其余的可类推。

（6）计算各统计量的控制限。在表 12 - 9 中，可查出统计量 X 和 R 的控制限计算公式。

表 12 - 9　　控制图控制限的计算公式表

图别		中心控制限（CL）	上控制限（UCL）	下控制限（LCL）
$\overline{X}-R$	$\overline{X}$	$\overline{\overline{X}}$	$\overline{\overline{X}}+A_2\overline{R}$	$\overline{\overline{X}}-A_2\overline{R}$
	R	$\overline{R}$	$D_4\overline{R}$	$D_3\overline{R}$
$\widetilde{X}-R$	$\widetilde{X}$	$\overline{\widetilde{X}}$	$\overline{\widetilde{X}}+m_3A_2\overline{R}$	$\overline{\widetilde{X}}-m_3A_2\overline{R}$
	R	$\overline{R}$	$D_4\overline{R}$	$D_2\overline{R}$
$X-Rs$	X	$\overline{\widetilde{X}}$	$\overline{X}+2.659\overline{Rs}$	$\overline{X}-2.659\overline{Rs}$
	Rs	$\overline{Rs}$	$3.267\overline{Rs}$	不考虑
P		$\overline{P}$	$\overline{P}+3\sqrt{\frac{\overline{P}(1-\overline{P})}{n}}$	$\overline{P}-3\sqrt{\frac{\overline{P}(1-\overline{P})}{n}}$
P_n		$\overline{P}_n$	$\overline{P}_n+3\sqrt{\overline{P}_n(1-\overline{P})}$	$\overline{P}_n-3\sqrt{\overline{P}_n(1-\overline{P})}$
u		$\overline{u}$	$\overline{u}+3\sqrt{\frac{\overline{u}}{n}}$	$\overline{u}-3\sqrt{\frac{\overline{u}}{n}}$
c		$\overline{c}$	$\overline{c}+3\sqrt{\overline{c}}$	$\overline{c}-3\sqrt{\overline{c}}$

$$\overline{\overline{X}}=\sum\overline{X}/k=746.6/25=29.86\text{(克)}$$

$$\overline{R}=\sum R/k=686/25=27.44\text{(克)}$$

计算各统计量的中心值和控制限：

$\overline{X}$ 图：

$CL=\overline{X}=29.86$（克）

$UCL=\overline{\overline{X}}+A_2\overline{R}$，$A_2$ 为随样本 n 大小而变化的系数，可由表 12-10 选取。本例中 $n=5$，查表得 $A_2=0.577$。

表 12-10　　控制图系数选用表

系数 n	2	3	4	5	6	7	8	9	10
A_2	1.880	1.023	0.729	0.577	0.483	0.419	0.373	0.337	0.308
D_4	3.267	2.575	2.282	2.115	2.004	1.924	1.864	1.810	1.777
E_2	2.660	1.772	1.457	1.290	1.134	1.109	1.054	1.010	0.975
m_3A_2	1.880	1.187	0.796	0.691	0.549	0.509	0.430	0.410	0.360
D_3	—	—	—	—	—	0.076	0.136	0.184	0.223
d_2	1.128	1.693	2.059	2.326	2.534	2.704	2.847	2.970	3.087

$UCL=29.86+0.577\times27.44\approx45.69$（克）

$LCL=29.86-0.577\times27.44\approx14.03$（克）

R 图：

$CL=\overline{R}=27.44$（克）

$UCL=D_4\overline{R}=2.115\times27.44\approx58.04$（克）

$LCL=D_3\overline{R}$。由于 $n=5$，D_3 为负值，所以 LCL 取 0。

（7）绘制控制图。使用坐标纸或控制图专用纸。一般在上方位置安排 $\overline{X}$ 图，对应的下方位置安排 R 图，横轴表示组号，纵轴表示质量特性值（平均值或极差）。中心控制限用实线，上下控制限用虚线绘制，并在各条线的右端分别标出对应的 CL、UCL、LCL 符号和数值，在上控制限的左上方标记 n 的数值。本例的控制图见图 12-5。

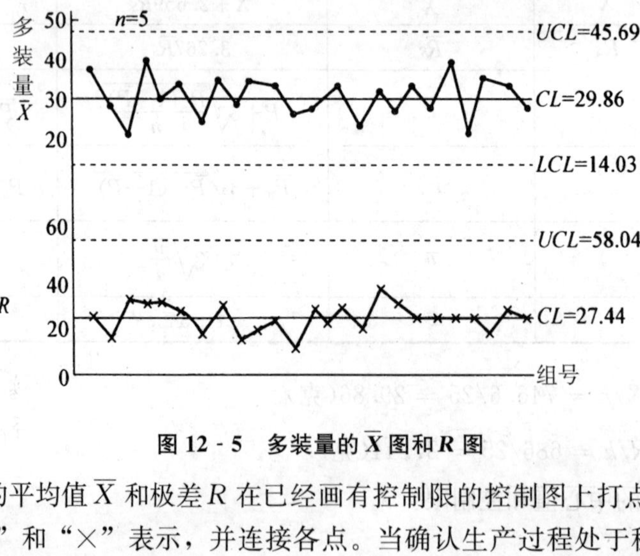

图 12-5　多装量的 $\overline{X}$ 图和 R 图

把各样本组的平均值 $\overline{X}$ 和极差 R 在已经画有控制限的控制图上打点，一般在 $\overline{X}$ 图和 R 图上分别用“.”和“×”表示，并连接各点。当确认生产过程处于稳定状态时，就可以将此图用于控制工序质量的变化。如果发现点的排列有缺陷，则用大圈把异常部分圈起来以便观察分析，借此进行工序过程的动态质量控制。

(8) 控制图没有出现越出控制界线的点，也未出现点排列缺陷（即非随机的迹象或异常原因），可以认为该过程是按预计的要求进行，即处于统计控制状态（受控状态）。

(9) 在不对该过程做任何调整的同时，继续用同样的方法对多装量抽样、观测和描点。如果在继续观测时，控制图显示存在异常原因，则应对过程进行调整。

2. 计数值控制图的应用实例

某录像带制造商为了控制磁带表面的不合格疵点数，连续对来自某工序的 20 盘磁带（每卷长 400m）进行检查，发现的不合格疵点数如表 12-11 所示。试利用控制图研究录像带生产过程的受控状态。

表 12-11 样本中的不合格疵点数

盘号	1	2	3	4	5	6	7	8	9	10
不合格疵点数	1	1	3	5	0	2	2	4	1	2
盘号	11	12	13	14	15	16	17	18	19	20
不合格疵点数	0	4	4	2	4	5	7	3	4	5

建立录像带不合格疵点数控制图的程序如下：

(1) 将不合格疵点数作为磁带的重要质量特性并利用控制图加以研究。

(2) 由于不合格疵点数是计数特性值，因此选用 c 控制图。

(3) 计算控制限，根据控制限计算公式，得出：

中心控制限：$CL=\bar{c}=\dfrac{1+1+\cdots+5}{20}=3$

上控制限：$UCL=\bar{c}+3\sqrt{\bar{c}}=3+3\sqrt{3}=8.2$

下控制限：$LCL=\bar{c}-3\sqrt{\bar{c}}=3-3\sqrt{3}=-2.19$

(4) 画出 c 控制图，如图 12-6 所示。LCL，不可能为负，故不标出。

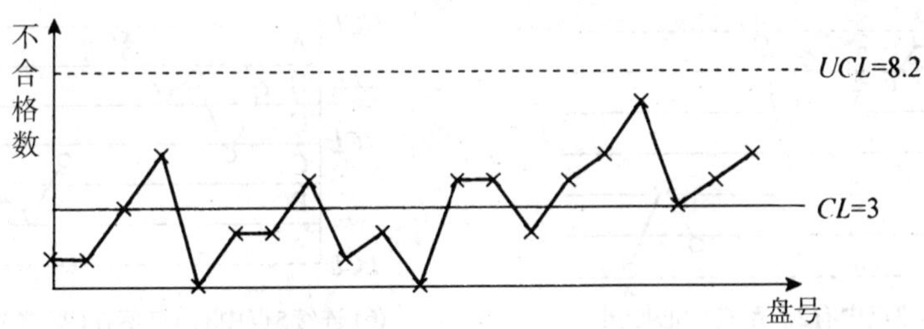

图 12-6 不合格疵点数控制图

(5) 从控制图中点的分布情况看，没有点超出上控制限，但存在连续 3 个点在中心控制限一侧的现象，可划分区域，根据判定规则进一步分析，判定过程中是否存在异常变异。

五、控制图的观察和分析

控制图上点及其排列状况，反映出生产过程的稳定程度，据此可决定是否采取措施。

观察分析控制图有以下两类基本的判定原则，同时在应用中需要避免经常发生的错误。

1. 判稳准则

点没有超出控制限，控制限内的点排列无缺陷，反映过程处于控制状态，生产过程稳定，不必采取措施。

2. 判异准则

控制图的点超出控制限，或者处于控制限内或控制限内点的排列出现非随机状态，即表示生产过程异常，需要分析原因，有针对性地采取措施。根据控制图判定过程异常，是一项专业性较强的工作，需要更多的知识和技巧。这里以常规控制图为例，介绍国标 GB/T4091—2001《常规控制图》中规定的 8 种典型的差异准则。为了应用这些准则，将控制图等分为 6 个区域，每个区宽为 1σ，分别标记为 A、B、C、C、B、A，其中两个 A 区、两个 B 区和两个 C 区关于中心控制限 *CL* 对称。基本控制图的 8 个判异准则如图 12 - 7 所示。

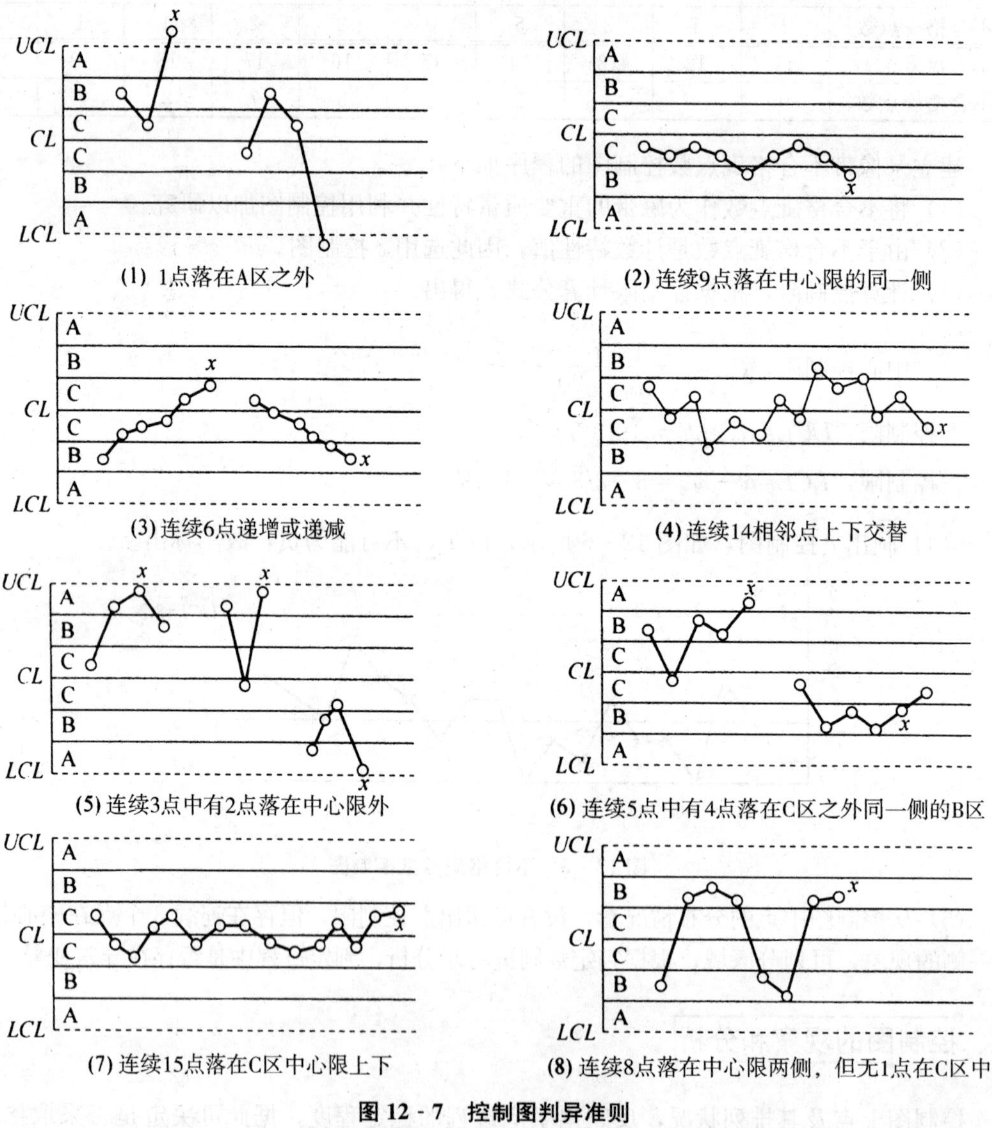

(1) 1点落在A区之外

(2) 连续9点落在中心限的同一侧

(3) 连续6点递增或递减

(4) 连续14相邻点上下交替

(5) 连续3点中有2点落在中心限外

(6) 连续5点中有4点落在C区之外同一侧的B区

(7) 连续15点落在C区中心限上下

(8) 连续8点落在中心限两侧，但无1点在C区中

图 12 - 7　控制图判异准则

3. 控制图应用中的常见错误

应用控制图时经常发生的错误有如下几种，在实际工作中，对于这些错误应加以避免：

(1) 在 5M1E 因素未加控制，过程处于不稳定状态时就使用控制图管理过程。

(2) 在过程能力不足，即在 $C_p<1$ 的情况下使用控制图。

(3) 用公差线代替控制限，或用压缩的公差线代替控制限。

(4) 仅打“点”而不做分析判断，失去控制图的报警作用。

(5) 不及时打“点”，因而不能及时发现过程异常。

(6) 当 5M1E 发生变化时，未及时调整控制限。

(7) 画法不规范或不完整。

(8) 在研究分析控制图时，对已弄清有异常原因的异常点，在原因消除后未剔除。

本章小结

本章介绍统计过程控制的主要内容——抽样检验、过程能力、过程可控性与控制图，以及质量检验、抽样方法等知识，说明统计过程控制的理论基础、工具和方法。本章旨在让学员了解统计技术和方法的应用，理解变异理论及统计过程控制的基本技术和方法，同时通过过程能力、过程能力指数的计算和控制图的应用，加深上述基本概念和统计思想的理解。

复习思考题

1. 举例说明两类变异现象。
2. 区分两类不同性质的变异对管理者有什么启示？
3. 质量检验的主要作用有哪些？
4. 试分析如何设计抽样方案来减少使用方风险。
5. 根据统计过程控制思想，如何评价一个过程的绩效？
6. 如何提高过程能力？
7. 如何使过程达到稳定状态？
8. 提高过程能力与达到过程受控状态有什么关系？

案例

NBA 持续改进罚球技术

1924 年，美国质量专家休哈特发明了一种解决质量问题的方法，即 SPC。这种方法通过减少变异（波动）来持续改进质量。为了帮助指导改进工作，休哈特概括了质量改进过程，提出了“计划—实施—检查—处置（PDCA）”循环。正是利用了 PDCA 循环方法以及传统的决策理论和解决问题的方法，才使得NBA的A球员的罚球水平不断得到提高。

认识问题的严重性

1. 正视现实。在NBA 1991—1993年三个赛季的篮球比赛中，笔者注意到A球员的平均罚球命中率为45%～55%。

2. 识别和确定罚球动作。A球员罚球的动作很简单：(1) 走到罚球线；(2) 拍球四次；(3) 瞄准；(4) 投篮。

预期的目标：命中率要更高。最理想的结果是100%命中率，且均为空心球，球的着地点每次都相同，着地后直接返回到投球手所处的位置。

3. 瞄准点选择。为验证观察的A球员罚球的结果，在球队训练场测量和收集A球员罚球的数据，观察罚球命中率的现状。A球员投罚球五组，每组10次投篮，共50次投篮。他的平均命中率是42%，投篮结果被记录在一张趋势图上（见图12-8）。根据这些信息和以前的观察结果，估计A球员的罚球水平稳定在45%左右。

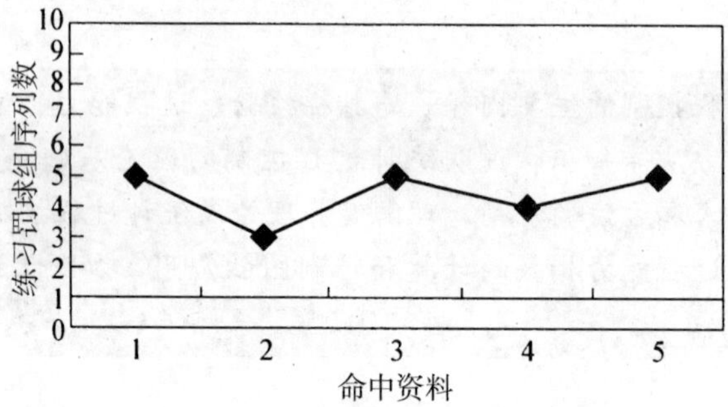

图12-8 罚球命中率趋势图

采取改进措施

首先，明确原因。通过把影响过程的因素分成人员、设备、材料、方法、环境和测量等几大类，可识别在每一过程中产生变异的原因。使用因果分析图可从图形上展示不良结果——罚球命中率低与主要原因之间的关系（见图12-9）。

在分析A球员的投球动作时，我注意到他不是每次都站在罚球线的同一位置。我认为投球位置的不一致影响了投球方向。如果球偏左或偏右，仍有可能会幸运地弹一下，然后入篮。我还注意到，他的瞄准点也不固定。

其次，分析、设计并选择投篮方法。A球员是一个右手投篮的队员。可让他把右脚紧贴在罚球线的中间位置，瞄准篮圈前面部分的中间位置，在球出手的瞬间想象是一个空心球。改变后的投球动作是：

(1) 站在罚球线的中心位置；

(2) 拍球四次；

(3) 瞄准篮圈前面部分的中间位置，并想象是一个空心球；

(4) 投篮。

最后，制订和实施行动计划。这时，要做的是让A球员采用新的投球动作，再来五组罚球，每组10次投篮，以此来检验改变投篮动作的效果。

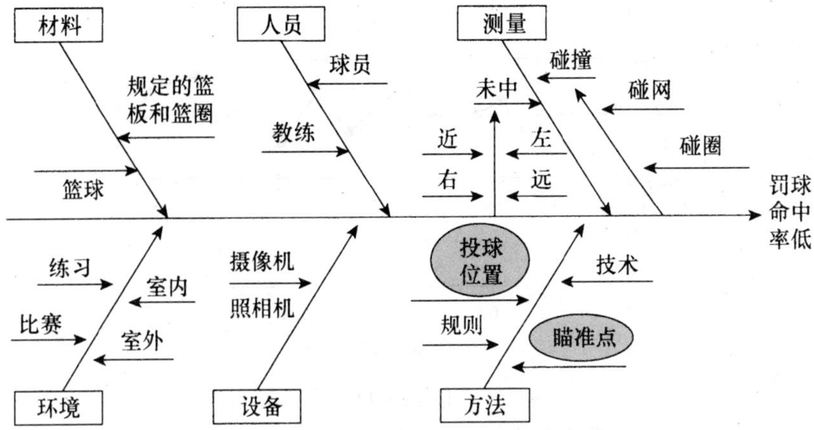

图 12－9　罚球命中率因果分析图

确认解决方案

采用新的投篮方法，并比较实际结果和预期结果。采用新的投篮方法后，A 球员练习时的平均罚球命中率提高了 36%，实际命中率达到 57%（见图 12－10）。新的投篮方法在 1994 赛季快要结束时首次应用于正式比赛。在最后三次比赛中，A 球员有 13 次罚球机会，命中了 9 次，平均命中率为 69%。

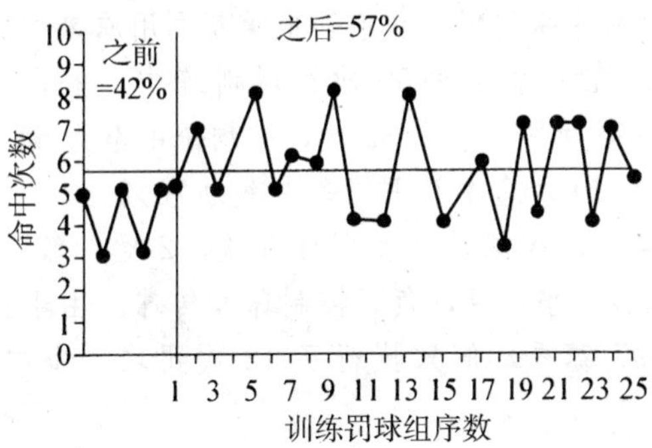

图 12－10

在 1995 赛季期间，A 球员有 52 次罚球机会，命中 37 次，平均命中率为 71%。有一次，比赛双方比分极其接近，对方被迫采取犯规动作以便努力夺回控球权，结果自然是罚球。A 球员 7 罚 7 中，帮助自己的球队赢得了比赛。在球队平时训练时，教练让队员进行轮流两次罚球训练。整个 1995 赛季，A 球员在训练中共罚球 169 次，其中命中 101 次，平均命中率为 60%。

我们检查了 A 球员自 1994 年 3 月 17 日到 1996 年元月 18 日近两年的罚球情况。在休哈特计数特性值控制图中，我们描出训练中每 50 次罚球的命中次数（见图 12－11）。该控制图是一个带上控制界限和下控制界限的趋势图。罚球中出现偏差是由于正常的或共同的原因而引起的。从图 12－11 中我们可得出结论：罚球的命中率是不可预测的，但是稳定的，或者说是在特定的预期范围之内。换句话说，如果平时怎么做你就怎么做，那么一般来说，平时你得到的，你将总能得到。

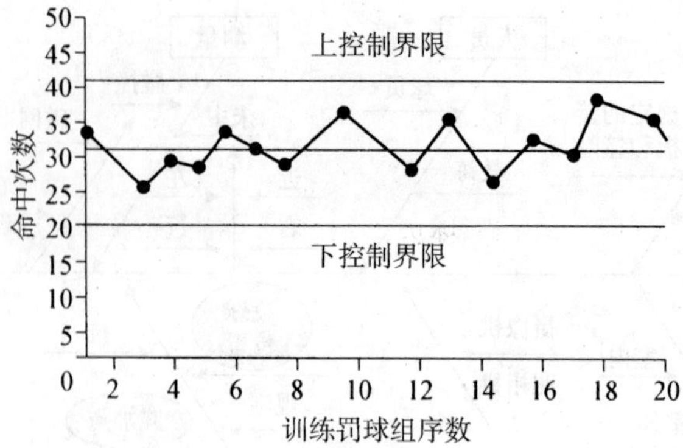

图 12-11

如果有观测点落到控制界限以外，就表明变异是由于特殊的、不稳定的原因造成的。特殊原因可能是那些暂时的或转瞬即逝的原因。对这种原因只能通过控制的方法解决，平时不需要过多地关注，甚至没必要去克服它们。而要纠正由于一般原因而引起的变异，就要求持续不断地改进操作过程中的各个动作。在操作过程稳定的情况下，很容易确认改进所取得的成效。

在 1995 年春季晚些时候，A 球员回到球队。在那里，有人建议他改变投球动作。这一投球动作上的变化导致 A 球员 1996 赛季的投篮命中率降到了 50%。这引起他对自己的投球能力丧失信心，结果命中率更低。我们让他重新利用原来的方法投篮，结果他的命中率回升到了以前的水平。在一系列的 50 次罚球训练中，他命中 35 次，平均命中率为 70%。在另一组训练中，50 次罚球命中 32 次，平均命中率为 64%。在其他时候进行的球队训练中，罚球 20 次，有 14 次命中，平均命中率为 70%。

在最后的三次比赛期间，A 球员执行罚球 3 次，2 次入篮，平均命中率为 67%。在 1996 和 1997 赛季，A 球员充当后卫，负责控制球和传球。由于充当这个角色，他很少有罚球的机会，所以在 1997 赛季，他只执行了 12 次罚球，命中了 9 次，平均命中率高达 75%。

除了看得见的收获，如提高了罚球水平，间接的收获也很大。A 球员的自信心提高了，并且他掌握了改变投篮动作的时机。在戴明看来，这种理性上的认知才是深远的。

持续改进

根据结果分析，采取适当行动。在准备 1998 赛季的比赛时，A 球员要做的主要是继续体会自己的罚球动作，确保罚球命中率稳定并提高 2 分球和 3 分球的命中率。

知识改变了人们的世界观

A 球员的方法论代表着解决问题和做出决策的过程，它要求彻底改变人们的思考方式。传统上总是训练人们根据自己的感觉或相对少数事实来做出决策，而 PDCA 过程则要求人们首先判断过程的结果是由一般原因造成的还是由特殊原因造成的。只有了解了这些情况，才能据此做出决策。理性的决策只有通过改变描点和投球动作的方法，并使其稳定才可得到。扩大知识面，并了解变异的原因，将彻底改变你的世界观，并能使质量达到空前水平。

资料来源：根据美国质量协会同名资料整理。

思考：

1. 该改进项目中运用了哪些质量管理工具？应用得是否恰当？还可以使用哪些工具？
2. 在该案例中，如何理解一般原因变异与特殊原因变异？
3. 通过分析该改进项目，你对质量改进有哪些新的认识？
4. 在这个项目中，如何表明 A 球员已经掌握了特定的新的投球方法？

第十三章　可靠性管理

可靠性是指在特定的条件下，产品或系统在预期的时间内发挥特定功能的能力。它是质量的一个基本指标或关键维度，是持续满足要求的能力。可靠性是产品、过程和系统设计的关键问题之一。今天，设施设备日益复杂化、精密化，功能极大地增强，环境和条件不确定性不断增加，可靠性要求越来越高。可靠性不仅关系到产品和系统的质量，也关系到人身和财产安全。高可靠性是现代企业和产品提高竞争力的关键因素。

可靠性这个课题在第二次世界大战时期受到人们的密切关注。半个多世纪以来，可靠性理论与实践不断丰富和发展。与可靠性有关的活动包括可靠性技术（可靠性工程）和可靠性管理。可靠性技术是指在产品设计、制造和使用过程中提高可靠性的各种工程技术和方法。

本章将定义可靠性及其相关的基本概念，说明度量可靠性的方法，介绍可靠性工程的常用方法和技术、可靠性管理的基本活动和要求等。

第一节　可靠性及其相关概念

与质量的概念相联系，可靠性表现为人们对产品满意地发挥预定效能或者防止失效的能力的一种信任感。当然，在质量管理实践中，对可靠性需要进行更客观、量化的界定和分析。同时，还需要与维修性、可用性等对照来理解可靠性。

一、可靠性的含义

所谓可靠性，是指元件、产品或系统在特定的运行条件下、在规定的时间内，发挥其预定功能的能力。为了方便起见，一般在不需要特别强调的情况下，将元件、产品或系统的可靠性笼统地称为产品的可靠性。该定义包括四个基本要素：能力或效能、可能性或概率、规定的时间、特定的运行条件。这是理解可靠性概念的基本方面。

1. 能力或效能

可靠性表现为是否具有特定的功能、能力和发挥相应的效能。可靠性是产品在特定条件下、在规定的时间内发挥其预定功能，即发挥效能，满足使用要求的能力。这种能力属于产品质量的功能特性，是产品质量特性的重要组成部分。这种能力或效能是制造产品或建立系统的目标。产品正常发挥其预定的功能，则具有相应的能力和效能；终止发挥其功能，则不具有相应的能力或效能，而称其为失效或故障。失效的元件、产品或系统经过维修，有可能排除故障，恢复其能力或效能，继续发挥预定的功能。

与可靠性相对应，所谓失效，可以定义为元件、产品、系统或其一部分（元件）不能完成预定功能的事件或状态。失效有两种类型：一是在产品寿命的开始，由于制造缺陷或原材料缺陷而出现的功能性失效，如失去连接或有瑕疵的元件；二是使用了一段时间以后的可靠性失效。失效的实例包括：装置根本不能工作（如轿车不能启动）；装置运行不稳定（轿车无原因地空转）；或者装置的性能恶化（如轿车变速越来越困难）。由于每种情况的失效特性不同，所以必须清楚地定义失效。

可修复产品的失效，通常称为故障，这种故障有的是由偶然性因素引起的偶然故障，有的是由于产品预定性能随着时间推移而逐渐衰退引起的损耗故障。在大多数情况下，可以用“失效”一词指代故障，本书在不需要特别说明的情况下，统一使用“失效”一词。

2. 可能性或概率

可靠性是发挥特定功能的可能性。元件、产品或系统能否发挥其效能，在多大程度上发挥其效能，元件、产品或系统是否具有相应的能力，是随机变量，是一种可能性或概率。它们可以用 0 与 1 之间的值表示。这个精确的、数字化的度量指标，称为可靠度。用这种方式表示可靠性为产品、元件或系统的不同设计方案之间的比较提供了基础。比如，可靠度为 0.97，表明从平均意义上，在特定的运行条件下，在给定的时期内，100 个项目中有 97 个会发挥其效能。通常可靠性（可靠度）简单地表示为一个比例。

3. 规定的时间

任何元件、产品或系统有其寿命，正常发挥其效能总有一定的时间范围，最终总是会失效直到彻底损耗的。在发挥效能的不同时期内，可靠性是不同的。显然，在规定的时间内不发生失效或发生失效的次数少，则可靠度高，或者不发生故障正常运行的时间长，则可靠性高，反之亦然。假设一个装置的寿命是有限的，则具有 0.97 的可靠性、运行 1 000 小时的装置肯定劣于具有相同可靠性、运行 5 000 小时的装置。这个时间还可以等效为与时间相关的量，比如车辆行驶里程、装置使用次数等。

4. 特定的运行条件

运行条件这个要素涉及产品使用的量和使用的条件，是产品使用的环境条件和工作条件。比如，某品牌电子手表的运行条件和环境表现为在手腕上使用、包装运输条件、使用的极端温度、湿度与海拔高度、意外冲击等各个方面。值得注意的是，其可靠性必须包括极端的以及典型的环境情况和条件。产品可靠性与它所处的条件有密切的关系，同一产品在不同的条件下表现出不同的可靠性水平。产品的可靠性与它所处的条件有密切的关系，在不同的条件下工作表现出不同的可靠性。比如，汽车在柏油路上行驶与在沙石路上行驶，发生故障的可能性会有很大差别。所以，我们使用的可靠性概念是在特定运行条件下的可靠性。

相应地，在产品设计、生产和销售过程中，通过确定产品的预定使用环境、效能特征、寿命时间，制造商可以设计并进行试验，测量产品生存（或失效）的概率，通过对试验数据的分析，更好地预测可靠性，改进产品和过程的设计。

二、可靠性的分类

通常为了可靠性管理的方便，可以将可靠性加以区分。

从可靠性分析和研究的层次及对象看，有元件可靠性、产品可靠性和系统可靠性。元件可靠性影响着系统可靠性，不同的产品和系统，又使元件处于不同的工作和运行条件之下；元件或产品在系统中不同的结合方式，影响着系统整体的可靠性。不同层次的可靠性之间存在着复杂的相互作用。

从可靠性设计的角度，可靠性技术人员经常将可靠性区分为固有可靠性和实现可靠性。固有可靠性是由产品或过程设计赋予的、可预测的可靠性。实现可靠性是在使用中观察到的实际的可靠性。由于制造过程和使用条件的影响，实现可靠性可能低于固有可靠性。

三、可靠性与维修性、可用性

导致设备停机和停工的失效迟早会发生。当产品或系统失效时，顾客的主要期望是有能力使其恢复到运行状态，就像计算机的复位键，一按就恢复到原始状态。由于停工时间的长短受到诊断失效原因所要求的举措、找到元件是否方便、维修程序以及备件的可用性的影响，因此采用维修检测措施，减少失效的机会，或者及时纠正所发生的失效，使产品或系统处于工作状态或可用状态是关键所在。这也是追求高可靠性的真正目的所在。因此，与可靠性密切相关的概念是维修性和可用性。

1. 维修性

所谓维修性，就是在特定的条件下和规定的时间内，系统或产品按照规定的程序和方法进行维修可以保持或恢复到其规定状态的能力。维修性取决于两类维修活动：预防性维修和纠正性维修。

预防性维修是指通过对正常产品或系统的监视、检查、检测，发现失效征兆，防止失效（故障）发生，使产品或系统保持在规定的状态所进行的活动。比如，为设备加润滑油、定期检查、日常维护等，可以降低失效的风险，当然这需要一定的停工时间，但是在经济上通常是合理的。

纠正性维修是指产品或系统发生失效（故障）后，使其恢复到规定状态所进行的活动。这种维修的过程一般是：故障诊断→定位→隔离→部件分解→更换→重新安装→调准与检测等。纠正性维修是对失效的响应，这种维修的发生是可靠性的函数。

良好的维修性水平通过增加设备在一定的时期内满足要求地运行的概率来提高。在管理和工程实践中，需要在可靠性与维修性之间折中。更高的可靠性通常会导致很少的维修，但需要更高的设计和生产成本。在设计上采用频繁地修理和更换的方案，可能是一种更经济的选择；在设计上采用模块化结构和标准化的方法，可以提高产品的维修性；采用现代信息技术和人工智能技术，开发自动化失效诊断程序，在设备诊断中协助人员，是现代维修的重要特征。

2. 可用性

可用性是指设备不因失效而停机的可能性或概率。它是产品或系统在任一时间执行任务时，处于工作状态和可使用状态的程度。可用性有两个基本定义：运行可用性和内在可用性。

（1）将运行可用性定义为：

$$A_O=\frac{MTBM}{MTBM+MDT}$$

这里，$MTBM$ 为两次维修之间的平均间隔时间（Mean Time Between Maintenance），既包括纠正性维修时间，又包括预防性维修时间。MDT 为平均停工时间（Mean Down Time），也称为平均延误时间（Mean Delay Time），是纠正性和预防性维修时间与等待时间之和。

这个定义对于运营经理在计划设备使用时很有用，但是在设计中难以使用。取而代之的是内在可用性。

（2）将内在可用性定义为：

$$A_t = \frac{MTBF}{MTBF + MTTR}$$

正如前面所定义的，这里，*MTBF* 为平均失效间隔时间（Mean Time Between Failure）；*MTTR* 为平均修理时间（Mean Time to Repair）。

这个定义中假设不存在维修停工时间、等待时间等。因为这些变量在设计环境中不能确定。内在可用性假设为理想条件，并可用于保持可靠性（由 *MTBF* 度量）与维修性（由 *MTTR* 度量）之间的平衡。为了便于说明，假设内在可用性为 0.99，则：

$$0.99 = \frac{MTBF}{MTBF + MTTR}$$

或

$$MTBF = 99MTTR$$

因此，如果 $MTTR=2$ 小时，则 *MTBF* 必等于 198 小时。设计师可以利用这样的信息，评价所提出的一项设计并进行适当的修改。此外，在给定可靠性时，这个信息还可用于通过改进维修性来减少 *MTTR*。

第二节　可靠性的度量

可靠性水平或相应的能力可以通过可靠度、失效率、平均失效时间、平均失效间隔时间等来度量。可靠性随时间变化的规律可以通过可靠度函数、产品寿命曲线、累积失效函数、失效概率密度等来表示。系统的可靠性，可以通过分析各个元件的构成形式及可靠性来计算和预测。

一、单元可靠性的度量

实际上，可靠性可以通过在所考虑的持续期内，单位时间内发生的失效数量（称为失效率）来确定。失效率的倒数可以用作另一个可选的度量指标。它分两种情况：一是对于当出现失效时必须更换的项目，失效率的倒数（每个失效出现的时间单位数）称为平均失效时间（*MTTF*）。二是对于出现失效可以返修的项目，则使用平均失效间隔时间（*MTBF*）。

1. 失效率（λ）与失效率曲线

（1）理想的失效率和失效率曲线。

在考虑一个产品的失效率时，对大量的项目进行试验或使用，直到出现失效，并记录每个项目的失效时间。按照时间在图中描出累计失效百分率，则形成一个曲线，称为累积失效曲线，如图 13 - 1 所示。曲线上任何一点的斜率（亦即切线的斜率）或导数表示这一时刻的失效率（单位时间的失效数）。

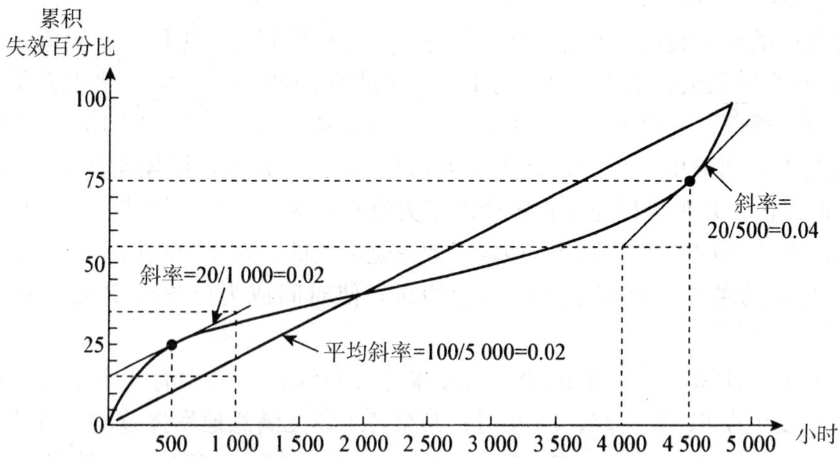

图 13 - 1　某电子元件的累积失效曲线

图 13 - 2 所显示的是失效率曲线，通常称为产品寿命曲线，它与图 13 - 1 中的累积失效曲线相对应。失效率曲线是通过对累积失效曲线斜率描点形成的。从图 13 - 2 中可以看到，曲线斜率或相应的失效率可能随时间发生变化。所以，在图 13 - 2 中，500 小时的失效率为每小时 0.02 个失效，而 4 500 小时的失效率为每小时 0.04 个失效。在任何时间间隔内的平均失效率是曲线上时间间隔的两个端点连线的斜率。正如图 13 - 1 所示，在 5 000 小时这个时期内，平均失效率为每小时 0.02 个失效。许多研究机构和大型制造商展开了广泛的研究，以识别失效随时间变化的独特范式。

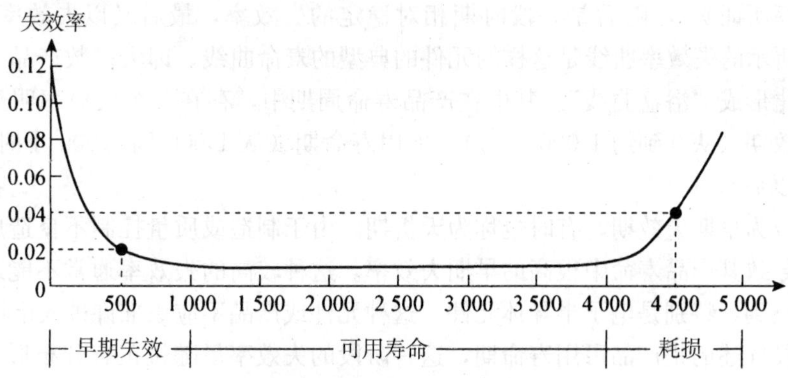

图 13 - 2　某电子元件失效率曲线

（2）实际失效率的计算。

在实际中，由于所能收集到的数据有限，产生如图 13 - 1 所示的光滑的累积失效曲线通常是不可能的。如果仅有有限的数据，可以利用下列公式计算失效率：

$$\lambda=\frac{\text{总失效数}}{\text{总单元运行时数}}$$

或

$$\lambda=\frac{总失效数}{试验单元数\times试验时数}$$

这个定义中的基本假设可以有不同的解释。因为总单元运行时数＝试验单元数×试验时数，所以10个单元试验100小时，与1个单元试验1 000个小时，二者在总单元运行时数上没有区别。然而，失效率随产品生命周期中的不同时期而变化，图13－2中反映的失效率的差别是十分明显的。比如，有用的寿命从10小时开始，损耗期从200小时开始，在1 000小时以前，几乎可以完全肯定会出现失效，而在100小时的试验中，几乎不可能失效。然而，在产品的有用寿命期，假定失效率是不变的，这个时期内不同的试验长度只可能显示出微小的差别。也正是这样一个假设，使时间成为可靠性定义中的一个重要因素。

为了说明λ的计算，假设有10个单元试验了100小时，其中有4个单元失效，各单元的失效分别发生在6、36、76、70小时；其余各个单元满意地发挥效能到试验结束。总单元运行时数为776（1×6＋1×35＋1×65＋1×70＋6×100）。所以，失效率为：

λ＝（4个失效）/（776个单元运行时间）
＝0.005 15个失效/小时

换言之，在1个小时内，可能大约有0.51%的单元失效。另一方面，在100个小时内，大约有0.515（0.005 15×100）或51.5%的单元可能失效。而在实际试验中，只有40%的单元发生失效。

（3）失效率曲线的特点。

像半导体这样的电子元件，在其寿命初期通常表现出较高的但下降的失效率（正如陡直的曲线斜率所证明），随后是一段时期相对稳定的失效率，最后又以失效率增高结束。图13－2中所示的失效率曲线是这样的元件的典型的寿命曲线，即大多数产品失效率随其寿命周期变化形成"浴盆曲线"。其中在产品寿命周期中，存在3个失效率明显不同的阶段：早期失效期（从0到约1 000小时）、可用寿命期（从1 000到4 000小时）、耗损期（4 000小时以后）。

第一阶段为早期失效期，有时也称为夭折期。由于制造或质量控制不良造成的不耐用元件，通常导致其产品寿命中很高的早期失效率。这种较高的失效率通常不能通过正常的试验程序探查到，特别是电子半导体元件。这种元件或产品不应该准许进入市场。

第二阶段描述的是产品可用寿命期，这一阶段的失效率呈随机正态分布形式。这一时期通常具有较低的、相对稳定的失效率。这个时期的失效通常由不可控因素引起，诸如各种复杂作用的原材料或环境引起的突然的、非预期的压力。这些因素通常不能逐个得到预测。然而，正如后面的章节所表明的，可以对这种失效的累积表现建立统计模型。

最后，像岁月流转一样，产品使用相当长时期以后，耗损期开始，失效率增高，产品失效率大量增加，直到最后报废。

新轿车车主通常经历过这种现象：在拥有轿车的起初几个月里，车主可能不得不将车退回给销售商以消除由于不良的工艺或制造过程产生的瑕疵，诸如车轮调准时格格作响。

这些缺陷可以利用初期质量测度指标来监视。你可能了解这个测度指标。在可用寿命期内，轿车可能只有少量的失效；然而，当零件开始磨损时，失效数和失效率开始增加直到需要更换。

(4) 失效率曲线的应用。

了解特定产品的寿命特性曲线，有助于可靠性工程师预测其行为并相应地做出决策。比如，如果制造商知道微处理器的早期失效期为 600 小时，则可以在投放市场之前在实际或模拟运行下测试芯片 600 小时（或 600 小时以上）。

产品可靠性的知识在确定产品担保时间方面很有用。为了说明这个问题，以轮胎制造商的情况为例，轮胎制造商必须为一种新的轮胎系列确定里程担保政策。根据工程师的试验数据，所建立的可靠性曲线如图 13 - 3 所示。该图所显示的是在特定的里程之内，轮胎胎纹磨平的概率。有一半的轮胎到 36 500 千米会出现失效，87%的轮胎到 42 000 千米时磨损，只有 14%的轮胎到 31 000 千米就开始磨损。因此，如果确定 31 000 千米为担保里程，管理者可以计算出预计的成本是更换 14%的轮胎。需要注意的是，在这个实例中，没有按编年方式度量时间，只是根据产品使用的情况进行度量。

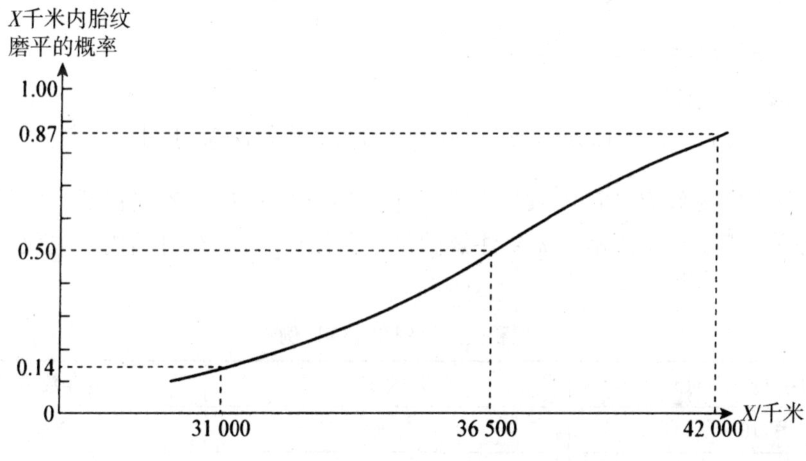

图 13 - 3　与轮胎里程对应的累积概率分布

2. 可靠度函数 [R (t)]

本章前面将可靠性定义为产品（或者元件、系统）在规定的时间内不发生失效的概率。即 $R(t)=P(t<T)$，其中 t 为时间变量，T 为发生失效的时间，有时为产品的寿命周期。

然而，在可靠性计算中，失效概率分布通常更便于使用。回想一下，假定产品在可用寿命期内失效率是稳定的，所以在任何时期内，良好项目的失效比例是不变的。那么，人们假定可以利用一种指数概率分布来建立失效率随时间变化的数学模型。这种数学模型不仅成立，而且得到许多可观察现象的证实，比如玻璃灯泡、电子元件以及汽车、计算机和工业机械的失效。

(1) 失效概率密度函数[$f(t)$]、累积失效分布函数[$F(t)$]、可靠度函数[$R(t)$]。

如果 λ 是失效率，通常可以使用以下的指数密度函数来表示失效概率密度函数：

$$f(t)=\lambda e^{-\lambda t}\qquad(t\geqslant 0)$$

在时间区间（t_1，t_2）的失效率如下所示：

$$F(t)=\int \lambda e^{-\lambda t}dt$$

$$F(t_1<t<t_2)=\int_{t1}^{t2}\lambda e^{-\lambda t}dt=\lambda e^{-\lambda(t_2-t_1)}$$

特别是，在区间（0，t）的失效率可以由下列累积分布函数给出：

F（t）$=1-e^{-\lambda t}$

由于可靠性为生存概率，所以可靠度函数可以通过下式计算：

R（t）$=1-F$（t）$=e^{-\lambda t}$

这个函数表示在t个单位时间内，该项目不出现失效的概率。

比如，假设一个项目在100个小时的正常使用条件下，具有0.97的可靠性。通过解关于λ的方程$R=e^{-\lambda t}$确定失效率λ。将$R=0.97$和$T=100$代入方程得：

$0.97=e^{-\lambda(100)}$

$\ln 0.97=-100\lambda$

$\lambda=-(\ln 0.97)/100=0.034/100=0.000\ 3$（个故障/小时）

所以，可靠度函数R（T）$=e^{-0.0003T}$。经过10小时以后，各项目预计的累积失效比例和生存比例如表13-1所示。需要注意的是，在任何10小时时间内，失效的比例保持不变。

表13-1　　累积失效比例和生存比例

时间（t，小时）	失效数F（t）	生存数R（t）
10	0.003	0.997
20	0.006	0.994
30	0.009	0.991
40	0.012	0.988
50	0.015	0.985
60	0.018	0.982
70	0.021	0.979
80	0.024	0.976
90	0.027	0.973
100	0.030	0.970

（2）F（t）、R（t）与失效时间的关系。

在可靠性计算中，经常用到失效率的倒数。对于非维修项目，$\theta=1/\lambda$定义为平均失效时间（$MTTF$）。所以，在以前的例子中，$\lambda=0.000\ 3$个故障/小时，$\theta=1/0.000\ 3=3\ 333$

小时。也就是说，预计平均 3 333 小时发生一次失效。这时的累积分布函数和可靠度函数可以利用 *MTTF* 分别表示为：

$$F(t)=1-e^{-t/\theta}$$
$$R(f)=e^{-t/\theta}$$

比如，假设一个电子元件的失效率为 $\lambda=0.0001$ 个失效/小时，$MTTF=1/0.0001=$ 10 000 小时，在 15 000 小时中，元件不失效的概率为：

$$R(15\,000)=e^{15\,000/10\,000}=e^{-1.5}=0.223$$

对于可维修项目，通常称 θ 为平均失效间隔时间（*MTBF*）。比如，假设一台机器运行了 10 000 小时，发生了 4 次失效，每次失效都得到及时修理，则平均失效时间为：

$$MTBF=10\,000/4=2\,500\text{（小时）}$$

失效率为：

$$\lambda=1/2\,500=0.0004\text{（个失效/小时）}$$

在许多管理决策中，*MTBF* 是一个有用的统计量。例如，施乐公司在全美国出租复印设备还雇有一批维修职员，这种情况下，*MTBF* 可用于预计电话请求维修的数量，确定服务劳动力要求和地理分布，并计划备用件的采购和制造。事实上，施乐公司已经在使用一个分析模型来确定服务员工的规模。这个模型的参数之一是机器所需维修的平均比例。图 13 - 2 所示的失效率分布还可用于制定可维修系统的预防性维修政策。

(3) $f(t)$、$F(t)$、$R(t)$ 的关系。

根据三个函数的物理意义和微积分的知识，不难发现 $f(t)$ 与 $F(t)$、$R(t)$ 之间是概率密度与概率的关系或者密度函数与其积分之间的关系。$F(t)$ 与 $R(t)$ 存在一种互余的联系，即 $F(t)+R(t)=1$。三者的关系如图 13 - 4 所示。

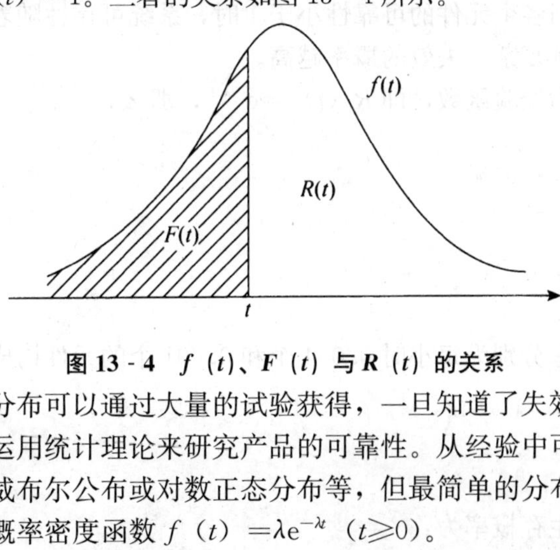

图 13 - 4　$f(t)$、$F(t)$ 与 $R(t)$ 的关系

产品的累积失效分布可以通过大量的试验获得，一旦知道了失效分布的规律即失效概率密度函数，就可以运用统计理论来研究产品的可靠性。从经验中可知，产品累积失效分布可以是指数分布、威布尔分布或对数正态分布等，但最简单的分布是指数分布，正如本节所举例说明的失效概率密度函数 $f(t)=\lambda e^{-\lambda t}$ $(t\geqslant 0)$。

理论上可以证明，一个由若干部分（项目）组成的产品，不论其各个组成部分的失效是什么分布，只要发生失效后即予以维修，修后如新，则较长时间后，产品失效分布就近似于指数分布。

二、系统可靠性的度量与预测

虽然产品在可用寿命期的随机失效是不可控的，但是可以利用概率分布来描述。许多系统由已知可靠性的单个零件所组成。单个零件的可靠性数据可以用于预测系统的可靠性。系统中各个零件可能以串联、并联方式配置，或以混联方式配置。模块图是表示系统的有用方式，其中各个模块代表元件或子系统。相应地，有每种情况下确定系统可靠性的公式和技术。

1. 串联系统

图 13 - 5 所示的是一个串联系统。在这样的系统中，所有的元件必须正常发挥作用，否则系统将失效。

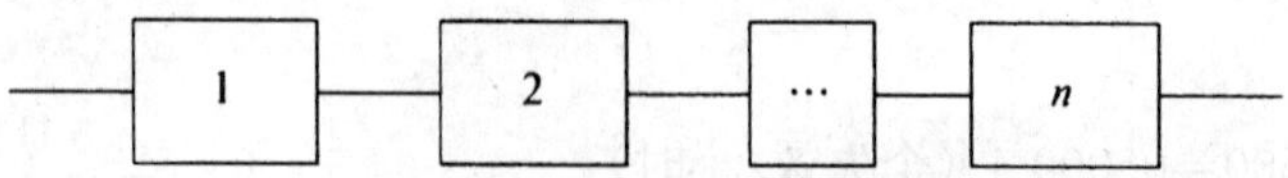

图 13 - 5　串联系统

如果元件 i 的可靠性为 R_i，系统的可靠性由各个元件可靠性共同生成，则根据概率乘法定律，串联系统的可靠性为：

$$Rs=R_1R_2\cdots R_n$$

比如，假设一台个人计算机由处理单元、调制解调器和印刷电路板构成，其可靠性分别为 0.997、0.980 和 0.975。那么，系统的可靠性为：

$$Rs=0.997\times0.980\times0.975=0.953$$

需要注意的是，当各个元件的可靠性小于 1 时，系统可靠性随着串联单元的增加而降低。因此，一个系统越复杂，失效的概率越高。

如果可靠度函数为经验函数，即 $R(t)=e^{-\lambda_i T}$，那么，

$$\begin{aligned}Rs&=e^{-\lambda_1 t}e^{-\lambda_2 t}\cdots e^{-\lambda_n t}\\&=e^{-\lambda_1 t-\lambda_2 t\cdots-\lambda_n t}\\&=e^{-(\sum_{i=1}^{n}\lambda_i)t}\end{aligned}$$

假设由两个失效率分别为每小时 0.004 个和 0.001 个的元件构成串联系统，那么，

$$\begin{aligned}Rs(t)&=e^{-(0.004+0.001)_t}\\&=e^{-0.005t}\end{aligned}$$

则 100 个小时的生存概率为：

$$Rs(100)=e^{-(0.004+0.001)\times100}=e^{-0.5}=0.6065$$

2. 并联系统

图 13-6 所示的是一个并联系统。在这样的系统中，某个单元的失效不如在串联系统中重要；只要一个单元正常发挥作用，系统将成功地运行。

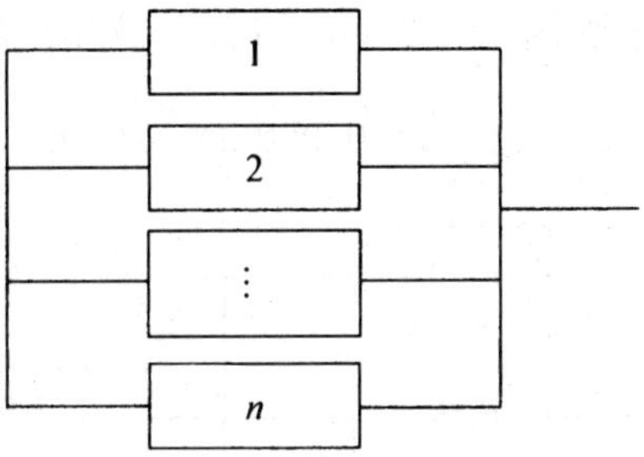

图 13-6　并联系统

在并联系统中，额外的单元是冗余的，通常利用内建冗余来改进其可靠性。不过，如前所述，使用冗余提高可靠性时必须考虑成本、尺寸、重量等因素。

下面将推导出图 13-6 中所示的并联系统的可靠性。如果 R_1，R_2，…，R_n 分别为单个元件的可靠性，失效率分别为 $1-R_1$，$1-R_2$，…，$1-R_n$。因为只有当每个元件都失效时，系统才失效，故系统的失效率为：

$$(1-R_1)(1-R_2)\cdots(1-R_n)$$

因此，系统可靠性的计算公式为：

$$Rs=1-(1-R_1)(1-R_2)\cdots(1-R_n)$$

如果所有的元件具有等同的可靠性，那么，

$$Rs=1-(1-R)^n$$

美国航天飞机上的计算机在设计上内建了冗余，以防失效。5 台计算机并行设计，如果每台计算机的可靠性为 0.99，则系统的可靠性为：

$$Rs=1-(1-0.99)^5=0.999\,999\,999\,9$$

3. 串联一并联系统

绝大多数系统是由串联系统和并联系统构成的。第一种串联-并联系统如图 13-7（a）所示。要确定这样一个系统的可靠性，首先计算并联系统 B 的可靠性。

$$R_B=1-(1-0.9)^3=0.999$$

这一可靠性水平相当于用一个与元件 A、C、D 串联的具有 0.999 可靠性水平的元件 B 取代三个并联的元件 B，如图 13-7（b）所示。下一步，计算这个等效系统的可靠性：

$$Rs=0.99\times0.999\times0.96\times0.98=0.93$$

第二种串联一关联系统如图 13-8（a）所示。可以通过计算串联系统 A、B、C 的可靠性和串联系统 D、E 的可靠性来计算系统的可靠性。

$R_{ABC}=0.95\times0.98\times0.99=0.92169$

$R_{DE}=0.99\times0.97=0.9603$

这个系统的等效并联系统如图 13 - 7（b）所示。该系统的可靠性计算如下：

$Rs=1-(1-0.92169)\times(1-0.9603)=0.9969$

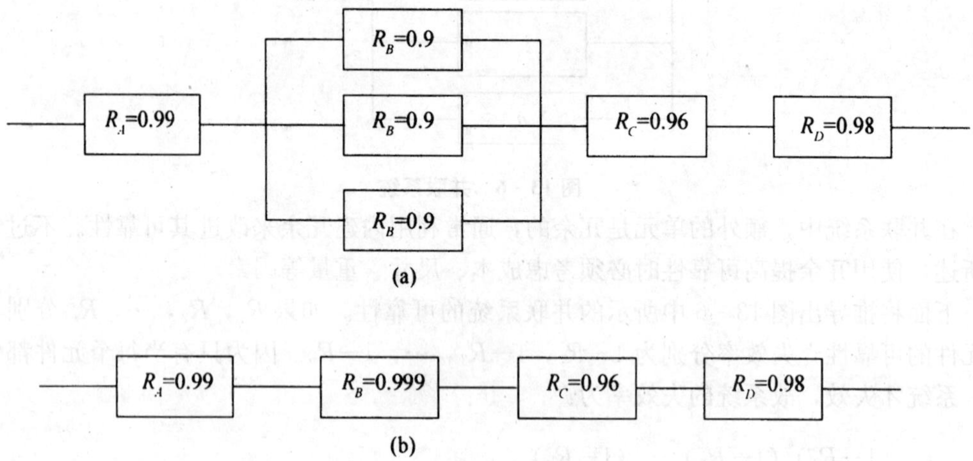

图 13 - 7　串联-并联系统及其等效串联系统（1）

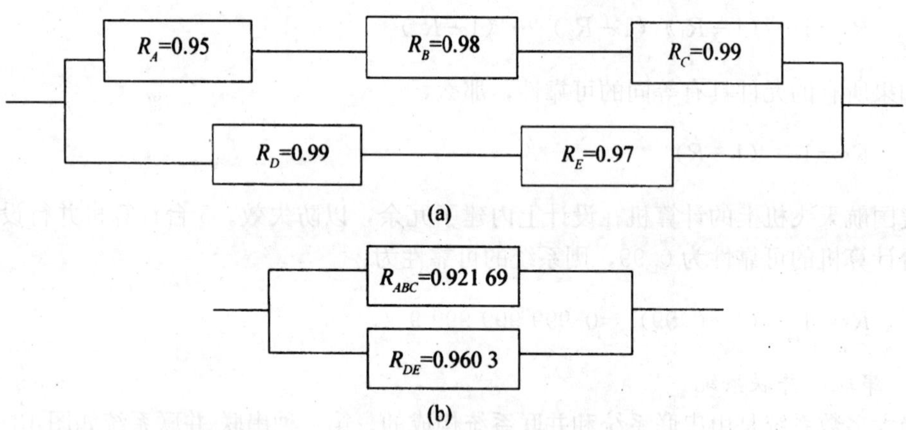

图 13 - 8　串联-并联系统及其等效串联系统（2）

第三节　可靠性工程

可靠性工程是关于设计、制造和保证产品具有高可靠性的知识和技术。可靠性工程中的许多技术已经得到开发。可靠性技术最初是通过统计研究直接度量和预测产品的可靠性，主要的关注点集中在确定单个元件的失效率。运用元件失效率的知识，预测由这些元件组成的复杂系统的可靠性。可靠性技术的发展，涉及产品设计、制造、使用和维修等产品寿命周期的各个环节，逐步形成一门提高产品质量的工程技术学科——可靠性工程。相应地，有设计可靠性、制造可靠性、使用和维修可靠性等，其中的技术和方法又可分为可靠性设计方法、可靠性分析方法、可靠性试验方法等。

一、可靠性设计

产品设计极大地影响产品的固有可靠性，可靠性设计与分析在产品设计中具有重要的地位和作用。

1. 可靠性设计的主要工作

可靠性设计过程是明确可靠性要求，运用可靠性设计技术试验、预测、评估可靠性，选择和控制产品元件及其结构关系，分配和实现可靠性的过程。

（1）规定产品的可靠性要求，即可靠性指标，如 *MTBF*、*MTTF* 等。

（2）建立可靠性模式，预测和估计产品可靠性。典型的可靠性模型有串联模型和并联模型。这些模型可用于在产品整体层次上和分系统层次上定量地分配、估计和评价产品的可靠性。

（3）分配可靠性。即将产品总的可靠性指标分配到特定的产品子系统层次。

（4）预测可靠性。在产品设计阶段对系统可靠性进行定量估计，根据相似的产品可靠性数据、系统构成和结构特点、系统的工作环境等因素，估计产品系统及子系统的可靠性，同时将预测可靠性与要求比较，发现设计改进的环节。

（5）正式确定产品可靠性设计的原则和要求，形成设计标准和规范。

（6）选择和控制元件。

（7）必要时进行耐环境设计、电磁兼容性设计、热设计、维修性设计等。

2. 提高可靠性的方法

（1）选择标准化的元器件。保证高可靠性的方法之一是采用有多年实际使用可靠性记录的元件。如果元件的失效率可以确定，那么可以在设计过程中选择和使用标准化元件。利用标准化元件不仅可以实现高可靠性，而且可以因标准化元件用于各种不同的产品而降低成本。此外，差额使用元件或者采用高安全系数的零件，也是提高产品可靠性的方法。

（2）使用冗余技术。冗余提供的是各种可用的备份元件。当系统中的任何一个元件失效，可能引起整个系统出现一次失效时，可以使用备份元件。上一节举出了冗余元件如何大幅度提高可靠性的实例。在设计上，冗余元件可以采用待命的方式，也可以采用并联的方式进行配置。在待命系统中，一旦运行单元失效，则转换到待命单元；在并行配置中，两个单元都正常运行，但只需要一个单元正常发挥作用。对于那些失效的代价极高的系统，诸如飞机和卫星通信系统，冗余十分重要。然而，冗余会增加系统的成本、尺寸和重量，所以设计人员需要根据需要增加的可靠性来权衡这些因素。

(3) 耐环境设计。许多故障是由于环境不断恶化造成的，比如因温度、湿度、尘埃和霉菌的影响而加重。了解材料的特性及对环境影响的响应，有助于消除潜在的故障，或者使产品对影响可靠性的各种环境条件有更强的适应性。可靠性工程师必须与化学家、材料科学工程师及其他有助于了解故障机制的人密切合作来提高可靠性。

(4) 维修性设计。在产品设计开始时，就要考虑通过设计和分析维修性来保证产品的高可靠性。其中包括简化设计、互换性与模块化设计、防误与安全设计、故障检测设计和人机工程的动用等。

二、可靠性分析

在产品设计、使用和维护过程中，都需要分析可靠性，掌握可靠性水平和内在规律性。常用的可靠性分析方法有故障模式及影响分析（FAEM）和故障树分析（FTA）两种。

1. 故障模式及影响分析

故障模式及影响分析（FAEM）是在产品设计过程中，分析产品各个组成单元潜在的各种故障模式及其对产品功能的影响，进而提出可能采取的纠正、预防措施，以提高产品固有可靠性的一种系统化方法。其目的在于识别故障发生的所有可能的方式，确定其影响及严重程度，并推荐纠正设计的措施。

(1) FAEM 的基本过程。

FAEM 过程是一个调查、分析、测算和判定的过程。其主要活动如下：

1) 了解和掌握产品资料，包括结构、功能、运行、操作、维修和运行条件的资料。

2) 确定产品的功能要求，选择分析的层次，区分整机还是单元。

3) 找出所有的故障模式。

4) 分析故障原因和影响。

5) 制定纠正措施。

6) 分析和评价产生危害的严重程度。

(2) FAEM 的分析内容。

对于一个具体的元件，FAEM 通常需要明确下列信息：

1) 故障模式。产品故障的一种表现形式，表明产品如何发生故障，通常是一种观察到的现象，比如电路接触不良、腐蚀等。

2) 故障原因。

3) 故障影响。产品或产品的子系统在其所运行的领域对产品或系统的影响，包括对产品功能、产品安全性的影响以及造成停工、要求维修等。

4) 纠正措施。说明根据影响程度需要采取的纠正措施，如设计更改、编写更好的用户说明书。

5) 点评。评价影响程度，特别是危害严重度分析。

表 13 - 2 是关于普通家用电灯插座的 FAEM，这是一个典型的 FAEM 实例。

表 13-2　　家用电灯插座 FAEM

产品：某型号电灯插座　　　　日期：2017 年 1 月 10 日

元件名称	故障模式	故障原因	故障的影响	纠正措施	点评
插销 零件号：P-3	接线松动	使用振动、加工	将会不导电；可能产生热	浇铸插头和接线	不纠正可能导致火灾
	插销本身没有故障	用户在插拔时接触管脚	可能引起严重的电击或致人死亡	对浇铸插头扩大安全性附加物	
金属底部和茎部	倾斜或缺口	坠落、撞击、搬运	外观降级	严控工序、改进包装	表面
灯泡插座	破裂	过热、撞击、强力	如果接触金属底部和茎部，可能导致电击；更换灯泡时可能产生电击	改进金属底部和茎部	危险
接线	灯泡与插销之间断路、磨损	疲劳、受热、粗心大意	不导电；可能产生热、断路或导致电击	采用符合预定环境的、寿命时间的导线	危险。在说明书中警示
	内部短路	过热、隔热层易碎	导致电击或灯泡断开不能使用	采用符合预定环境的、寿命时间的导线	
	内部导线断路	插座脱落、导线扭曲	导致电击或灯泡断开不能使用	采用齿形边或凹槽，以防插座从旋转处脱落	

2. 故障树分析

故障树分析（FTA）是一个逻辑性的程序，它从一个潜在危害或不期望发生状态、工作变坏清单开始，构建一个故障原因或来源的清单。FTA 的目的在于显示故障和原因之间的关系，类似于因果分析用的鱼骨图。通过这种方式，可以发现避免潜在危险的方法。FTA 的基本过程包括选择分析事项（潜在危害或不期望发生状态）、建立故障树、进行定性及定量分析等。

图 13-9 是某工业制动器的 FTA 实例。其中假设它像常规的鼓形汽车制动器那样运行。这个故障树由连接在两类不同的节点之间的分枝组成。其中一类节点为“与(AND)”节点，用符号⌓表示；另一类是“或（OR)”节点，用符号⋂表示。

如果一组事件连接在“与”节点下面，那么必须所有的这些事件都发生，节点上面的事件才发生。如果一组事件连接在“或”节点下面，那么必须至少有一个事件发生，节点上面的事件才发生。所以，在图 13-9 中，只有满足下列任何一个条件，“制动器不能释放”这件事就会发生：弹簧折断；或液压不能自如地松开；或相对于刹车鼓，闸瓦尺寸过大（宽度）；或弹簧弹力弱；或闸瓦接触面上没有润滑油与弹力弱。

三、可靠性试验

产品的可靠性主要由设计可靠性和产品元件可靠性决定，不过可靠性十分复杂，通常

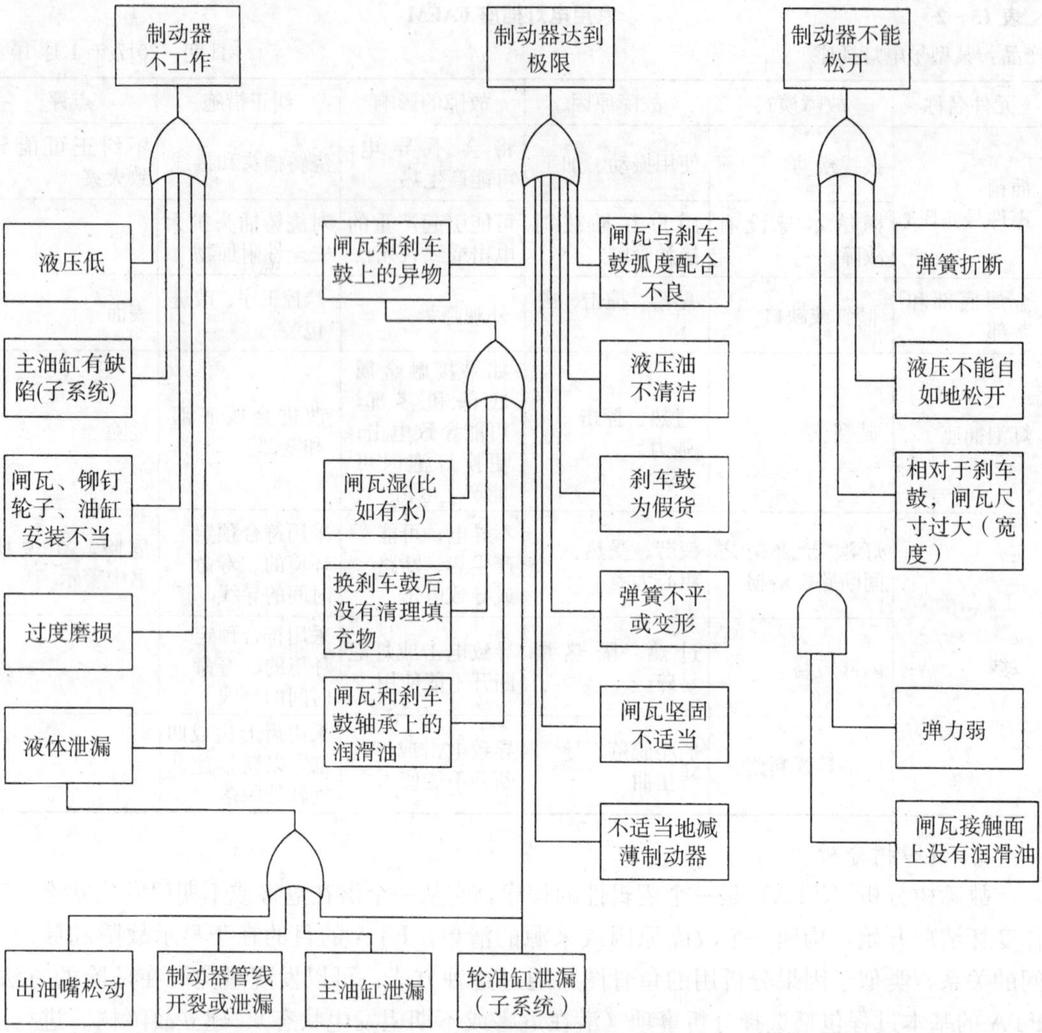

图 13 - 9　某工业制动器的 FTA

不能单纯地根据对设计的理论分析来确定。因此，需要进行正式的试验，其中涉及确定产品性能的环境条件、运行时间和故障模式等。

产品可靠性试验是对产品可靠性进行调查、分析和评价的手段。通过试验发现产品设计、元器件、原材料和工艺方面的缺陷或潜在故障，以采取有效措施，提高产品可靠性。

实践证明，可靠性试验十分有用。可靠性数据在产品责任保护、评估设计可靠性和供应商可靠性，以及在过程策划和选择过程中，通常都是必需的。在军用品合同中，通常要求有可靠性数据。在供应商可靠性评价中，试验的数据可以作为产品合格与不合格、产品接收与拒收的依据。

可靠性试验有多种方式。可靠性试验可以在实验室进行，也可以在现场进行。从试验的目的来看，通常有下述几种。

1. 可靠性测定试验

该试验用于测定产品的可靠性水平，确定可靠性的各项指标。这种试验中，通常到规定的时间即停止，或故障数达到一定数量时即停止。比如在寿命试验中，产品在特定的条件下运行，直到发生故障为止。其目的是测量故障的分布，以更好地了解和消除原因。

2. 可靠性鉴定试验

该试验是一种针对代表性的产品，在规定条件下进行试验，获得产品可靠性是否满足要求的数据，鉴定和证明产品可靠性的试验。

3. 可靠性验收试验

该试验是从交付的产品中抽取规定的样品，在标准的试验环境下进行试验，验证可接受的性能基准，以确定产品符合规定的可靠性要求。

4. 环境应力筛选试验

该试验通过对产品施加一定的环境应力，以剔除不良元件或工艺缺陷引起的产品早期故障的一个工序。其中包括模拟温度、湿度、压力等环境条件。比如半导体产品的烤机试验，通过将产品暴露在高温下来强制缺陷发生。烤机后生存下来的元件很可能拥有更长的、无故障的运行寿命。

5. 可靠性增长试验

该试验是在一定的环境应力下，为了暴露产品的薄弱环节，同时证明改进可靠性的措施是否有效而进行的再现试验。通过在规定的产品实际工作环境应力、模拟环境应力或加速变化的环境应力条件下试验，发现故障，分析和纠正故障，验证纠正措施的有效性，以提高产品的可靠性。

第四节　可靠性管理

可靠性管理是指为确定达到要求的产品或系统可靠性特性所进行的各项管理活动，包括领导、策划、组织、控制与改进等，其目的在于利用最少的资源，实现用户所要求的产品或系统的可靠性。实现产品或系统的可靠性要求，需要在设计、制造、存储、运输以及采购、现场服务、维护等各项活动中明确可靠性目标，开展策划、控制和改进活动，将各项组织职能融为一个有机的整体，有效和高效地达成可靠性。可靠性管理与可靠性工程有密切的联系和共同目标，但又有不同的侧重点和达成方法。前者重在通过优化技术活动来保证可靠性，后者重在通过优化活动目标、程序和方法来保证可靠性。

一、可靠性管理原则

可靠性管理的总要求是贯彻预防为主的思想，从产品研发开始就将性能、可靠性、进度、费用等进行综合权衡，同时特别重视可靠性管理和信息工作，与设备技术状态管理相结合，建立故障分析、报告和纠正措施。

可靠性管理作为一项管理活动，应该遵循管理的基本原则，比如质量管理原则，这是管理不能违背的要求。结合可靠性管理理论要求和实践特点，可靠性管理的原则可以归纳为下述几方面。

1. 明确方向，激发创新

发挥领导作用，明确可靠性管理的宗旨和方向，制定目标和策略，保证资源和活动的协调一致；营造重视可靠性的组织氛围，激发员工勇于变革、勇于创新的精神，创造性地开展各项可靠性工作。

2. 面向市场，创造品牌

了解国内外市场的需求和期望，基于创造品牌，保持和提高市场竞争力的要求，校准可靠性管理的各项职能和活动，提升产品和系统的可靠性，增强持续满足要求的能力，增强中国制造、中国品牌的国际竞争力。

3. 早期投入，预防为主

从产品策划与设计阶段着手可靠性管理，在寿命周期前端开始投入资源，关注设计、制造、基础零部件及原材料等的可靠性，制定预防措施，提高产品可靠性管理的效率、有效性和经济性。

4. 过程方法，系统集成

在产品全生命周期，采用系统方法，集成机械、电子、信息、网络与数字化技术，集成可靠性工程、可靠性技术和可靠性管理，全面提高可靠性管理成熟度和总体绩效。

5. 基于事实，持续改进

基于数据、信息和对事实的分析，明确目标和问题，识别和把握改进机会，做出决策并采取措施，持续改进产品和系统的可靠性。

二、可靠性管理的内容

可靠性管理是一个计划、组织、实施、控制和不断改进的过程。可靠性管理贯穿于产品可靠性形成乃至产品生命周期的全过程。每个过程都有具体的目标、活动、技术、方法和工具。

1. 可靠性目标的确立

根据日本质量专家田口玄一博士的质量损失函数，高可靠性的产品可以带来较低的社会成本。消费者一定期望产品 100%可靠，而对各个制造商而言，这是个很费钱的目标。通常，要求所有产品在所有条件下都拥有完美的可靠性，有时是不现实的。为了实现高可靠性，必须采用更好的原材料和更加精确的制造过程。这些改进将会增加成本，从而达到消费者不愿意支付的价格。当然，新的现象是，当前快速消费品和时尚产品更替淘汰频繁，使用寿命可能不再是关键要求。

因此，管理者一方面必须时刻牢记过低的可靠性会危害公司声誉，导致销量损失，招致产品责任诉讼；另一方面，需要权衡技术和成本因素，兼顾各个相关方的利益，平衡经济、技术和环境等方面的因素，做出可靠性决策，明确可靠性目标。这样的决策必须由高层管理者从经营战略上考虑，系统地部署。

2. 设计可靠性管理

可靠性应该作为质量特性之一，在设计时就定义到产品和系统之中。产品和系统的效能特性、运行条件、生命周期可靠性等是设计的输入，决定着产品和系统的设计决策及设计方案。产品和系统效能还因其使用方式和环境条件而变异。比如，由于化学成分、振动、压力、温度和湿度的变化，使原材料的膨胀或收缩随时发生。

当然，产品和系统失效迟早会发生。创造出永不失效的产品和系统几乎是不可能的。真正的问题不是产品和系统是否失效，而是要掌握何时失效，失效的影响和风险如何。设计人员必须确定失效在多大程度上是可接受的，并建立可靠性规范，以便在设计参数中体现。

许多消费者通常不会始终正确地使用产品或遵从所建议的维护程序。设计人员还必须考虑到操作差错所导致的失效，必须在发生失效时确保安全。防误设计可以防止在系统出现操作错误时继续运行。例如温度控制可以通过不允许加热开关在风扇开关闭合之前闭合来控制温度，预防过热。

上述方法设计策划是可靠性管理中必须考虑的因素，并在可靠性目标中明确体现，可靠性必须在产品和服务的设计阶段进行系统策划，科学地、经济地预测和分配可靠性，制定可靠性保证方案，在产品和系统的设计评审、设计确认、设计验证过程中，评审和验证各项可靠性要求，以保证其落实。这些是设计可靠性管理的关键活动。

3. 制造可靠性管理

制造系统特性、制造过程中的各项活动，以及产品“质量环”上的各项因素，都会影响最终产品的质量和可靠性。要想制造出符合设计要求的、良好的可靠产品，必须利用好的原材料、维护良好的设备、经过培训的工人以及正确的方法，还要考虑环境和条件的影响，从而保证和实现产品可靠性。其中，过程能力和过程稳定性是关键。过程能力越强、过程越稳定，越能保证产品满足设计规范和设计目标的要求，包括可靠性的要求，产品才越可能具有高可靠性。

管理者和员工必须全员参与制造过程，履行职责，跨部门密切合作，通过有效地利用和管理制造中的5M1E，包括采用新的技术和方法，投入充分的资源和财务，增强制造能力，控制过程波动，制造高质量的产品，以保证实现可靠性目标。

4. 包装、运输和防护可靠性管理

可靠性管理不能忽视包装和运输管理，以保证可靠的包装和运输。不良的防护和搬运，可能严重影响交付产品的可靠性。比如有一家公司在一个4米长的车厢里装了半车没有恰当包装的计算机。各个箱子从2米高处掉下来，翻倒散落在长途行驶的卡车里，硬纸盒全部破坏，人们以为所有的计算机全部毁坏，然而，有一台计算机由于经过精心包装和包装测试而没有损坏。

在精心策划和设计的基础上，选择良好的产品包装、运输和防护方式、方法、工具及技术，制定必要的预防措施，并保证其有效实施，以经济、高效地保持产品的固有可靠性，是包装、运输和防护可靠性管理的主要工作。

5. 采购可靠性管理

采购在一个产品的最终质量方面发挥着重要的作用，也是决定产品可靠性的重要环节。采购可靠性管理要求采购人员不仅要了解采购品目的性能、价格、供货等要求，还必须按照可靠性设计的要求，了解所购原材料和零部件的可靠性要求，并与供应商明确地沟通，选择合格供应商及其产品，检验和测试采购品目的可靠性及配套要求。现场服务人员必须了解采购零部件的失效特性，以开展预防性维修并保有适当的备件和替换零部件。现场失效的反馈促成产品改进循环，从而带来市场知识的改进和更好的设计，以实现在整个价值和产品生命周期全面保证可靠性。

6．使用可靠性管理

设计过程定义和规定可靠性，制造过程建造和保证可靠性，使用阶段则维护和保持设施、设备原有的可靠性水平。在产品使用阶段，要求根据设施、设备的使用环境和条件、故障模型，设计和选择适当的维修维护模式（包括预防性维修和纠正性维修），制定维修维护方针和政策，开发维修维护人员、维修技术和方法，制订维修维护计划，组织实施并不断改进，以保证设施、设备可靠地发挥其预定功能，提高效率，降低成本，保证生产和服务过程正常运行，并提高生产效率。

源于日本制造企业，得到广泛采用的系统化设备保全和提高生产力的方法——全面生产性维护（TPM）运动，利用一套系统化的预防性维护去覆盖设备的全寿命周期，保全设备，消减故障和失效，使其效率最大化。TPM关注设备在整个生命周期中的各种成本，采用各种工具和技术来改进设备的维护，帮助预防和预测设备故障。TPM以维护设备正常状态，改进设备，使设备在全寿命周期有效性最大化为目标，结合可视化管理、团队式工作、5S等活动，调动所有部门、所有人员保全设备，提高设备总有效性。设备总有效性定义为设备可用性、设备效率以及合格产出率的乘积。

TPM的主要工作包括：（1）识别和确定保证设备有效性最大化的方法；（2）建立全面生产性维护系统，在设备全生命周期中开展维护维修；（3）协调工程设计、运营和维护部门的员工的工作；（4）赋予工人维护所操作设备的责任。

TPM取得很大成效，不仅维护和保持了设备的可靠性，而且提高了劳动生产效率，开发了现有工人。20世纪80年代初期，获得日本“生产维护杰出工厂奖”的凌赖工厂在3年时间内，提高劳动生产率32%；设备故障数量下降81%；工具安装时间下降50%～70%；设备运行率提高11%；残次品质量成本下降55%；库存周转率提高50%。通过TPM全面提高了生产率，提高了公司绩效。

三、计算机软件的可靠性管理

随着计算机信息技术的发展，更多的产品和系统依赖于计算机（严格地讲是微芯片）控制，相应地依赖于控制软件系统。现实中，“高、精、尖”生产、生活和科学研究系统的出现，对复杂环境下系统运行的可靠性要求越来越高，软件系统结构和功能越来越复杂，容量和规模越来越庞大，保证可靠性越来越困难。在诸如航空、航天、交通、医疗、能源、电力等领域，其可靠性要求尤为重要；在银行等服务性行业，软件系统的可靠性直接关系到自身的声誉和生存发展竞争能力。计算机软件的失效引起的系统失效乃至崩溃，后果可能是灾难性的。软件可靠性管理与硬件或制品的可靠性管理有许多共通之处，但也有很多特别的问题和要求。

1．软件可靠性管理的特殊性

软件作为知识产品，更像无形的服务，不同于有形的硬件。软件由极大数量的符号和代码组成，出差错的概率很高，其可靠性依赖于程序人员自身的能力，难以通过外部硬性的严密控制来保证质量或正确性，其使用过程的无形性、与多种硬件环境的适应性和兼容性要求，还需要软件有更高的健壮性。

首先，软件失效通常是由内在的设计缺陷引起，这些缺陷只有在适当的运行环境中才能暴露出来。常见的软件“虫”就是由设计规范缺陷、程序编码差错、测试差错或者与硬件及其他支持软件不兼容所引起的。估计和预测软件的可靠性并不容易，对于计算机软件而言，简单地检验最终产品是不符合实际的。一旦程序完成并存贮到磁介质中，所有的软件“虫”已经包含在产品中。因此，必须在设计阶段给予特别关注。不幸的是，许多软件厂商在充分的测试完成之前，都面临着巨大的交货压力，这带来昂贵的上市后支持，更不用说对公司声誉的损害了。

其次，软件生产环境中存在影响其质量的特殊的现实问题。比如程序员参差不齐的技术水平；项目工作人员规模小（常常一个人）；没有经验的顾客通常只对软件输出感兴趣，难以提出明确的需求；定义不良且通常高度复杂的顾客目标；程序员经常面临成本和时间限制。技术和限制使现有软件总是验证以满足全部实际要求等。这些问题需要充分调动人员的积极性和创造性去解决，需要强有力的项目管理来保证。事实上，在许多软件项目开发过程中，缺少明确的可靠性要求，开发商或开发部门也不在可靠性方面投入更多的精力，往往更注重速度、结果的正确性和用户界面的友好性等，而忽略可靠性。在投入使用后才发现大量可靠性问题，这增加了软件维护的难度和工作量，严重时软件根本无法投入实际使用。

最后，开发可靠的软件代价是昂贵的。最具雄心的项目之一无疑是航天飞机软件。据有关统计，NASA（美国国家航空航天局）为每一行程序代码支付 1 000 美元，合计为 5 亿美元。然而，已经发现在航天飞机软件中，每 1 000 行程序含有 0.1 个差错。纠正软件缺陷是十分昂贵的，以至于完全重写程序代码比修改它更省钱。没有清除的差错在使用维护阶段才去纠正的费用比在编程阶段早期发现并纠正的费用要多 10 倍。现今，在公司数据处理部门的预算中，50%以上的支出用于软件维护。

显然，进入 21 世纪，互联网、大数据、人工智能快速发展，而软件是上述各项技术的基础与核心，如何通过有效的软件可靠性管理，提高软件的质量和可靠性，同时降低开发成本，缩短软件开发和上市周期，是许多公司的当务之急。

2. 软件可靠性管理的具体方法

对软件质量和可靠性进行管理必须建立系统的方法，CMM（软件能力成熟度模型）为系统化的软件质量管理与质量保证提供了有效的方法。CMM 融合了全面质量管理的思想，把软件开发视为一个过程，并根据质量管理原则对软件开发和维护进行过程监控及研究，以使其更加科学化、标准化，使企业能够更好地实现商业目标。同时，以此为基础建立了软件认证制度，保证软件质量并促进软件质量持续改进。它强调软件质量和可靠性管理始于良好的质量计划。软件质量保证系统必须集成到当前的实践和软件开发过程之中，基于国际公认的标准，将软件质量与可靠性管理建立在科学的基础之上。

在软件质量与可靠性管理实践中，人们开发了几种用于指导和控制软件开发过程，确保软件质量和可靠性的管理技术和方法。包括：(1) 技术状态管理、系统的独立评审与审核；（2）人工与自动化测试和验证方法。

软件质量与可靠性管理，特别依赖于选择和使用有效的技术工具和方法。软件项目或公司的管理者，必须分析和识别各种技术和方法的特点、适用性和局限性，以及可能的风险，结合程序开发人员的能力和特点，指导采用、推广并保证效率和有效性。常见的提高软件可靠性的方法包括：（1）面向对象的系统开发方法；（2）结构化程序设计方法；（3）可视化、智能化的开发工具；（4）基于自动和人工智能的辅助增强系统、测试系统；（5）推行良好的设计实践和设计风格；（6）软件复用；（7）容错设计、健壮设计；（8）缺陷探测与防误系统；（9）基于计算机的软件项目管理工具；（10）敏捷软件开发方法等。

本章小结

本章详细介绍了可靠性及其相关的基本概念，说明了可靠性的度量和预测方法，明确了可靠性工程的主要工作和方法，重点说明了故障模式及影响分析、故障树分析方法及其应用，简要介绍了可靠性管理的过程、内容和要求，并引出了计算机软件可靠性管理的问题。本章旨在让学员理解相关概念，掌握可靠性度量与分析方法，了解可靠性工程和可靠性管理活动内容。

复习思考题

1. 如何全面理解可靠性的含义？
2. 产品可靠性对产品质量有什么影响？
3. 可靠性与可用性之间的关系是怎样的？
4. 举例说明并联系统是如何提高系统可靠性的。
5. 通过故障树分析可以得出什么结论？
6. 在可靠性设计中，采用了哪些提高可靠性的方法？

案例

美国航天飞机“挑战者”号失事

1986年1月28日，美国航天飞机“挑战者”号在进行第10次飞行时，从发射架上升空73秒后发生爆炸，航天飞机化作碎片坠入大西洋，7名机组人员全部遇难。其中的女宇航员克丽斯塔·麦考利夫是太空教学计划的第一名成员。她原本准备在太空中向学生授课，因此有许多学生在观看挑战者号的发射直播。这次事故的媒体报道的覆盖面极为广泛，调查显示有85%的美国人在事故发生后一个小时内就已经知悉了这次事件。

事发后，美国总统罗纳德·里根于白宫椭圆形办公室发表声明，形容这如同是一场民族灾难，并引用了一首诗《高高飞翔》作为结尾：“我们永远缅怀他们，我们不会忘记今晨最后看到他们的情景。他们整装待发，向我们挥手致意，然后脱离了大地执拗的束缚飞上天际，亲近上帝慈爱的面容。”

里根总统下令组织一个特别委员会——罗杰斯委员会，负责此次事故的调查工作。调查发现“挑战者”号发生意外的原因是右侧固体火箭推进器尾部 SRB 部件一个密封接缝的 O 形环失效，导致加压的热气和火焰从紧邻的外加燃料舱的封缄处喷出，造成结构损坏。O 形环的失效归因于设计上的缺陷，以及发射那几天的低温。调查报告也考虑了 NASA 与承包商的疏忽，强烈地批评了“挑战者”号发射的决策过程，认为它存在严重的瑕疵。

据说，制造固态燃料火箭助推器的莫顿-瑟奥科尔公司高级工程师罗杰・博伊斯乔利和其顶头上司鲍勃・埃比林在前一天傍晚曾通过电视会议，力劝 NASA 推迟“挑战者”号发射，因为他们被告知，佛罗里达的气温已降至 0℃以下。他们知道，这样的条件对火箭助推器的性能将产生重大影响。然而，莫顿-瑟奥科尔公司的高层却向宇航局做出了“可以发射”的建议。

罗杰斯委员会中的一位著名的成员是理论物理学家、诺贝尔奖得主理查德・费曼。在一场听证会上，费曼将材料浸泡在一杯冰水中之后，展示了 O 形环如何在低温下失去韧性而丧失密封的功能。他认为 NASA 管理层对安全与可靠性的评估，不同于数以千计参与实际工作的工程师的评估，是粗糙且不切实际的。他总结说：“想要在技术上成功，实情要凌驾于公关之上，因为大自然是不可欺骗的。”

虽然事故后 NASA 做出了重大改革，但许多评论者仍然认为它在组织文化与管理结构上的改变不够深入与持久。在 2003 年“哥伦比亚”号遇难之后，“哥伦比亚”号事故调查委员会认为，NASA 未能从“挑战者”号的事故中总结足够多的教训，导致“挑战者”号事故的“有瑕疵的决策过程”或许在 17 年后同样对“哥伦比亚”号失事负有责任。

思考：

1. 试从可靠性管理的角度评价“挑战者”号事件。
2. 可靠性理念、可靠性管理、可靠性工程和技术的关系是怎样的？

第十四章　标准化与认证制度

在质量管理活动中有一些系统化的、基础性的工作。其中包括标准化、计量、质量培训、质量信息、质量责任制等，部分内容已有所介绍。本章简要介绍标准化、质量认证的相关概念、基本活动及实施要求。

第一节　标准化

标准与质量是两个密切联系的概念。标准化的活动贯穿于质量管理的全过程，包括科学地制定标准、发布标准和实施标准。标准化是推动质量管理的重要举措。

一、标准化及有关概念

半个世纪以来，“标准化”这个概念不断地发展和完善。从单纯的建立标准发展为一门新的学科，成为质量管理发展不可或缺的途径和思想方法。

1. 标准化

标准化是指为了在一定范围内获得最佳秩序，针对实际的或潜在的事务或概念，制定共同的和重复使用的规则的活动。这一活动包括制定、发布和实施标准等。标准化的含义体现在：

（1）标准化的对象是共同的、重复发生的活动及其结果，是重复发生的事务或概念。在质量管理中，作为标准化对象的通常是在一定范围内重复使用的概念、产品、过程和体系。

（2）标准化的内容包括使对象达到标准化状态的全部活动，主要有制定标准、发布标准和实施标准。在达到标准化的过程中，通常采用统一、简化、系列化、通用化、组合化等途径。

（3）标准化的本质是统一。标准化就是在混乱中建立秩序，达到统一的状态。

（4）标准化的目的是获得最佳秩序。通过在一定范围内建立最佳秩序来获得最大的社会效益和经济效益。

2. 标准

标准是标准化活动的产物。所谓标准，就是为了在一定范围内获得最佳秩序，对活动及其结果规定共同的和重复使用的规则、导则或特性文件。该文件在协商一致的基础上制定，并经公认的机构批准。我国标准化法中定义的标准是指农业、工业、服务业以及社会事业等领域需要统一的技术要求。

标准最基本的含义就是“规定”。它是在一定的范围和时限里，针对特定对象做出的一致的规定的文件。产品标准是在特定的范围里对产品的质量特性和参数要求做出的规定；概念标准是在特定的范围内对概念的内涵和外延做出的统一规定；管理标准和工作标准则是对管理活动和业务活动的职权、任务、时间、质量、原则等做出的统一规定，这种规定不同于一般的规定。标准的特殊性表现在：

（1）标准的制定和贯彻以科学技术和实践经验的综合成果为基础，以促进最佳社会效益为目的。标准中所规定的技术要求、安全卫生要求等都是在总结先进经验和先进技术成果的基础上提出来的，是在分析和验证的基础上做出规定的。

（2）标准是协商一致的结果。标准规定的内容是通过相关方充分协商，在解决分歧、达成一致或基本同意后确定的，相应地，标准的要求代表各方面的利益。

（3）标准通过特定的形式颁布。标准的制定有一套科学、完善的程序，在内容表述和格式等方面都有严格要求，并通过有影响的权威机构正式发布。为了便于管理和使用，一个典型的标准通常规定特定的代码、编号、批准发布年限或版本等各项属性。如质量管理体系认证标准 GB/T19001—2016《质量管理体系——要求》。

二、标准化的作用和意义

标准化的重要意义是改进产品、过程和服务的适用性，减少和消除贸易技术壁垒，并促进技术合作。标准化是人类进步的阶梯。具体体现在：

（1）在一定范围内获得最佳秩序，实现最大的社会效益和经济效益。在社会化大生产和分工日益复杂的今天，标准作为实现协调和统一的重要手段，极大地促进了生产、生活和贸易活动的有序化，从而获得最大的效益。

（2）为科学管理奠定基础。首先，标准为管理提供了目标和基础，技术标准和管理标准是计划、组织、控制和改进活动的依据。其次，标准化使不同的组织和个人实现合作、沟通，是实现共同目标的前提和手段。

（3）推动质量改进循环，提升产品和服务质量。在 PDCA 循环中，标准化是处置阶段（A）的核心内容和必要环节，没有标准化，就不能总结改进的成果，使质量活动在更高水平上运行。

（4）保护消费者的利益。通过建立标准，可以保证产品和服务的基本适用性；消费者通过了解产品和服务满足特定的标准，来做出理性的采购决策。标准化的产品和服务，可以更便于发挥特定的功能，方便消费和处理。

（5）促进贸易的发展。标准提供了交流和沟通的依据，通过标准化特别是广泛地采用国际标准，极大地促进了贸易的发展；通过国际贸易协议，规范标准和技术法规的制定与实施，消除不必要的贸易技术壁垒，推动国际贸易的顺利展开。

（6）保证人类安全、健康和保护环境。近年来，世界各国通过在安全、健康和环境保护领域制定、发布和实施标准，推行安全、环境保护认证等活动，改进和开发新产品，减少有害物质排放，保护人类健康、安全，保护自然环境。

三、标准体系

标准化工作的一个重要目标是建立标准体系，也只有将一定范围内的标准按照其内在的联系形成科学的有机整体，才能充分发挥标准化的作用。

在这个体系中，一方面，从纵向层次和应用范围看，有国际标准、国家标准、行业标准、企业标准等；从标准所规定的内容看，有技术标准、管理标准和工作标准；从标准化的领域看，有工业标准、农业标准、商业标准、建筑业标准、教育标准、卫生标准等；从标准推行的效力和要求的性质看，有强制性标准、推荐性标准；从时间维度上看，标准在制定、发布、修订和废止这个周期中，又有不同的存在状态。另一方面，每个维度的标准又会形成它的子系统。各个维度的标准以及各个维度内部的标准相互统一、协调、配套，形成具有一定集合程度和水平的整体结构。

1. 我国的标准体系

我国的标准体系，也称为标准化体制，通常按照如表 14 - 1 所示的几个维度加以区分。其中，有关内容和要求在《中华人民共和国标准化法》（以下简称《标准化法》）中有明确规定。2018 年 1 月 1 日正式实施的修订后的《标准化法》规定，我国的标准包括国家标准、行业标准、地方标准、团体标准、企业标准；国家标准分为强制性标准、推荐性标准，行业标准、地方标准是推荐性标准；强制性标准必须执行；国家鼓励采用推荐性标准。其中将团体标准作为国家标准体系的组成部分，旨在鼓励具备相应能力的学会、协会、商会、联合会等社会组织和产业技术联盟协调相关市场主体，共同制定满足市场和创新需要的标准，供市场自愿选用，以增加标准的有效供给。

表 14 - 1　　我国常用的标准体系分类

分类依据	种类	界定	内容和相关规定
要求的性质	强制性标准	指具有法律属性，在一定范围内通过法律、行政法规等强制手段强制执行的标准。	强制性标准中有的是全文强制的，有的是部分条文强制的。强制规定的内容范围主要涉及国家安全；人体健康、人身与财产安全；动植物安全和环境保护；产品技术衔接和配套；通用的试验、检验方法等方面的技术要求；以及防止欺骗和保持消费者利益方面的要求。 强制性标准的要求必须执行。
	推荐性标准	指生产、交换和使用等方面，通过经济手段自愿采用的一类标准，也称为自愿性标准。它是强制性标准以外的标准。	推荐性标准可以自愿采用，任何单位都可以决定是否采用；违反这类标准不承担经济和法律责任。然而一旦声明接受采用，或纳入合同内容之中，则成为双方必须遵守的技术依据，必须执行并具有法律约束力。
标准的层次（标准分级）	国家标准	指由国家的官方标准化机构或国家政府授权的有关机构批准、发布，在全国范围内统一和适用的标准。	国家标准由国务院标准化行政主管部门编制计划和组织草拟，并统一审批、编号和发布。 国家标准规定的是需要在全国范围内统一的、对国民经济和技术发展有重大意义的技术要求。 国家标准由国家标准代号（强制性标准的代号为 GB，推荐性标准的代号为 GB/T）、发布顺序号和发布年号组成，如 GB/T393.1—1996《标准和有关领域的通用术语》。

续前表

分类依据	种类	界定	内容和相关规定
标准的层次（标准分级）	行业标准	指全国性的在各行业内统一的标准。	它是对没有国家标准，但又需要在全国某个行业范围内统一的技术要求。行业标准是对国家标准的补充，当相应的国家标准实施后自行废止。 行业标准由国务院有关行政主管部门编制计划和组织草拟，并统一审批、编号和发布，并报国务院标准化行政主管部门备案。 行业标准代号由国务院标准化行政主管部门规定，如机械行业的“JB”。
	地方标准	指在某个省、自治区、直辖市范围内需要统一的标准。	它是对没有国家标准和行业标准，又需要在省、自治区、直辖市范围内需要统一工业产品的安全和卫生要求。 地方标准由某个省、自治区、直辖市人民政府标准化行政主管部门编制计划和组织草拟，并统一审批、编号和发布，并向国家、行业两级标准化行政主管部门备案。
	团体标准	国家鼓励学会、协会、商会、联合会、产业技术联盟等社会团体协调相关市场主体共同制定满足市场和创新需要的团体标准。	团体标准由本团体成员约定采用或者按照本团体的规定供社会自愿采用。 国家鼓励社会团体制定高于推荐性标准相关技术要求的团体标准。 国家支持在重要行业、战略性新兴产业、关键共性技术等领域利用自主创新技术制定团体标准。 国务院标准化行政主管部门会同国务院有关行政主管部门对团体标准的制定进行规范、引导和监督。 国家鼓励团体通过标准信息公共服务平台向社会公开团体标准。
	企业标准	指由企业制定的产品标准和为企业内需要协调统一的技术要求及工作要求所制定的标准。	企业的产品在没有相应的上级标准或上级标准不适用时，制定企业标准。 国家鼓励企业在不违反相应的强制性标准的前提下，根据市场和顾客的要求，制定严于上级标准的企业标准，在企业范围内施行。 企业标准由企业人代表或法人代表授权的主管领导批准、发布和授权的部门统一管理。 国家鼓励企业通过标准信息公共服务平台向社会公开企业标准。
标准内容的性质	技术标准	是对标准化领域中，需要协调统一的技术事项所制定的标准。	它主要是产品和服务形成过程中必须满足的技术要求。如产品标准、工艺标准、检测试验标准、安全卫生环境保护标准等。
	管理标准	是对标准化领域中，需要协调统一的管理事项所制定的标准。	它主要规定管理过程中的各种职能关系，是组织和管理生产和经营活动的依据和手段。如管理基础标准、经济管理标准、技术管理标准、行政管理标准、生产作业管理标准等。

续前表

分类依据	种类	界定	内容和相关规定
标准内容的性质	工作标准	是对标准化领域中，需要协调统一的工作事项所制定的标准。	它是对工作范围、构成、工序、要求、效果和检验方法等所做的规定，通常包括工作范围和目的、工作组织和构成、工作程序和措施、工作监督和质量要求、工作效果与评价、协作关系等。
标准规定的内容	标准规定的内容可以分为： • 基础标准 • 产品标准 • 方法标准 • 安全标准 • 卫生标准 • 环境保护标准 • 管理标准		

2. 国际标准体系

20 世纪 80 年代以来，随着经济和全球贸易的发展，国际性标准化活动十分活跃，在国际标准化组织（ISO）和专业性国际组织的推动下，在原有大量的产品和技术标准的基础上，人们逐步开发了一系列管理标准，如 ISO9000 质量管理体系标准、ISO14000 系列环境管理体系标准，形成了由国际标准、区域性标准或先进国家和地区标准组成的国际标准体系。标准化推动了社会、经济的发展，促进了国际贸易和交往。

（1）国际标准，是指国际标准化组织（ISO）、国际电工委员会（IEC）和国际电信联盟（ITU）制定的标准，以及国际标准化组织确认并公布的其他标准。国际标准由各个成员国所承认，在世界范围内统一使用。目前，被国际标准化组织确认的其他国际组织，如国际卫生组织（WHO）、联合国教科文组织（UNESCO）、国际原子能机构（IAEA）、国际航空运输协会（IATA）等，在相应的领域制定和公布相关国际标准。

（2）区域性标准，是指由未经 ISO 确认并公布的其他国际组织的标准、发达国家标准、区域性组织的标准、国际上有影响的团体标准和企业标准构成的先进标准。如欧洲标准化委员会（CEN）标准、太平洋地区标准大会（PASC）标准、英国国家标准（BS）、日本工业标准（JIS）、美国食品与药品管理局（FDA）标准等。

3. 采用国际标准

目前，国际标准逐步成为世界各国进行贸易的基本准则和要求。世界贸易组织（wTO）为了促进贸易顺利进行，在贸易技术壁垒协议（WTO/TBT）中对于各个会员国在制定技术法规（类似于通常所称的强制性标准）、标准和合格评定程序等方面，提出了处理原则和要求。可见，采用国际标准越来越普遍。

所谓采用国际标准，就是国家标准的制定以国际标准为依据，或者认可国际标准享有与国家标准等同的地位。采用国际标准和国外先进标准就是把相应标准的内容，经过分析研究，不同程度地加到我国标准中并贯彻执行。它不同于在生产和贸易领域一般地应用国际标准，它包括两个方面：一是对国际标准文本的采用；二是将其内容付诸实施。

《标准化法》中鼓励积极采用国际先进标准，将采用国际标准作为一项重要的技术经济政策，作为技术引进的一条重要途径。其中规定了采用国际标准的基本原则，包括：符合我国法律法规，遵循国际惯例；技术先进、经济合理、安全可靠；尽可能采用国际标准、与相应国际标准同步制定，全国尽可能采用一个国际标准等。

采用国际标准的方法通常有：

(1) 认可法。国家标准化行政机关直接宣布某项国际标准具有国家标准同样的地位，并发布认可通知。

(2) 封面法。在国际标准上增加采用国国家标准的封面出版，并在封面上标出采用国的识别编号及其他有关情况的说明，包括所做的修改及技术上的差异等。

(3) 完全重印法。将国际标准翻译或不翻译重新印刷作为国家标准，并在标准正文前面由采用国做必要的说明。

(4) 翻译法。国家标准是国际标准的译文，也可同时用原文和译文出版。通常附引言说明编辑性修改或技术上的差异。

(5) 重新起草法。凡是没有真正采用国际标准的原文，即使在结构上修改，也应视为重新起草。重新起草应在前言中说明与国际标准的差异。

(6) 引用法。国家标准中含有国际标准。一种情况是国家标准的应用领域比国际标准更广，其中没有差异地采用了国际标准，应用于相应领域，并增加了内容；另一种情况是国家标准比国际标准的应用领域狭窄，国家标准含在国际标准之中，只在有限范围内被采用，没有完全采用该国际标准的内容。

从采用国际标准的程度上看，目前有两个程度：

等同采用，指与国际标准在技术内容和文本结构上相同，或者与国际标准在技术内容上相同，只存在少量编辑性修改。等同采用通常用符号“≡”表示，其程序代码是“idt”或“IDT”。如我国等同采用 ISO9001 标准时的表示方法是 GB/T19001—2000 idt. ISO9001：2000。

修改采用，指与国际标准之间存在技术性差异，并需要清楚地标明这些差异并解释其原因，允许包含编辑性修改。修改采用不包括只保留国际标准中的少量或其中不重要的条款的情况。修改采用时，在文本结构上应当对应，只有在不影响国际标准与国家标准的比较时，才允许修改文本结构。修改采用通常用符号“=”表示，其程序代码是“mod”或“MOD”。我国修改采用国际标准时的表示方法是 GB××××mod. ISO××××。

四、标准化的途径

形成标准内容，达到标准化的目的，可以有许多途径、方式和方法，即标准化过程的形式通常有简化、统一化、通用化、组合化、系列化。这些标准化形式既有区别又有内在的联系，在产品标准化过程中得到广泛应用。

1. 简化

简化是指在一定范围内缩减对象（事务）的类型数目，使之在既定时间内满足一般需要的标准化形式。也就是在不改变对象的性质、不降低对象功能的前提下，减少对象的多样性、复杂性。简化的目的是通过消减数量，减少不必要的重复，提高工作效率，满足一般的需求。简化是对客观系统的构成（类型）进行有意识的自我控制和调节的标准化形式。

简化这种标准化形式随处可见。比如产品系列品种的减少，零部件的品种、规格的缩减，术语、符号的减少等。简化一般是事后进行，即在事务多样性发展到一定规模之后，才对事务的类型数目加以缩减。简化的基本要求是“合理、适度”。简化必须保证在规定的时间内满足一般的需要，不能因简化而导致必需品的短缺；简化后的类型、产品系列总体功能最佳。

2. 统一化

统一化是把同类事务两种以上的表现形态归并为一种或限定在一个范围内的标准化形式。统一化的实质是使对象的形式、功能及技术特性具有一致性，并把这种一致性通过标准确定下来。统一化与简化的不同之处在于：简化肯定某些个性同时并存，着眼于精炼；统一化着眼于取得一致，即在多个性中提炼共性。简化的目的并不是简化为一种，而是保留若干合理的种类；统一化的目的是消除由于不必要的多样化造成的混乱，为正常活动建立共同遵守的秩序。

统一化是一种古老的标准化形式。人们熟知的度量衡统一、文字统一、货币统一等都是典型的实例。在统一化的过程中，可以在需要统一的对象中选择并确定一个来统一其余对象，即选择性统一；可以博采众长，融合成一种新的更好的“等效”的形式，替代原来的不同形式，即融合性统一；还可以用完全不同于统一对象的崭新的形式来统一，即创造性统一，产生质的飞跃，如集成电路与晶体管电路。

统一化有两种类型：一类是绝对统一，它不允许有灵活性，如各种编码、代号、标志、计量单位的统一；另一类是相对统一，它的出发点和总趋势是统一，但统一中还有一定的灵活性，可以根据情况区别对待，如产品质量指标有一定的公差范围。

统一化的基本要求是“适时、适度”。所谓适时，即把握时机，过早统一，有可能将不完善、不稳定、不成熟的类型以标准的形式固定下来，不利于技术的发展和更优异的类型出现；过迟统一，当低效能的类型已经大量出现并形成习惯时，统一的难度加大，并可能需要付出较大的经济和社会代价。所谓适度，就是在充分调查研究的基础上，综合考虑绝对统一和相对统一，把握灵活性程度。过高要求，会在执行中造成不必要的损失；过低要求，不利于生产和技术水平的提高。

3. 通用化

通用化是指在独立的系统中，选择和确定具有功能互换性和尺寸互换性的子系统或功能单元的标准化形式。通用化的目的是最大限度地扩大同一子系统（如产品的零部件）的使用范围，从而最大限度地减少在设计和生产过程中的重复劳动。

通用化的对象可以是“物”，如产品零部件，也可以是“事”，如方法、规程、技术要求。通用化的效果体现在简化管理程序、缩短产品设计和试制周期、扩大批量、提高专业化水平和维护性，最终实现活劳动和物化劳动的节约。

互换性是通用化的前提。对产品的通用化而言，要求有：一是尺寸的互换性；二是功能的一致性；三是使用的重复性；四是结构的先进性。

4. 组合化

组合化是按照标准化的原则，设计并形成一系列通用性很强且能多次重复应用的单元，根据需要拼合成不同用途的产品的一种标准化形式。组合化是通用化的进一步发展，当通用件（部分）的通用性达到一定程度时，则可以从具体产品（总体）中分化出来，变成独立的、标准的组合单元。组合化是组合与分解的统一，它将分立的基本单元组合为具有新功能的系统。组合化的效益取决于组合单元的统一化，以及对这些单元的重复利用，因此，也可以说组合化是多次重复利用统一化的单元构成产品（整体）的标准化形式。

建筑用的砖块、古代的活字印刷、现代模块化设计的产品都是组合化的典型。有效的组合取决于标准单元或通用单元的合理选择，还依赖于结构和功能上的可组合性，以及组织单元重复利用带来的效益。

5. 系列化

系列化通常指产品系列化，它是对同类产品的结构形式和主要参数进行标准化的一种形式。它通过对同一类产品的发展规律、市场要求进行预测，在一定技术条件下将产品的主要参数、尺寸等做合理的安排和科学规划，协调系列产品和配套产品之间的关系。它是同一类产品结构优化、功能最佳化的过程。

系列化是标准化的高级形式。它是简化的延伸，但不同于简化之处在于，简化是在品种盲目泛滥超过一般需要时才进行，而系列化则是为防止品种泛滥而预先做出科学的安排，它不仅可以简化现存的不必要的多样化，而且能够有效地规划未来的多样性，使同类产品的系统结构保持一个相对稳定的状态。目前的系列空调、系列微机以及管理过程中的“一揽子（系列化的）”治理措施等，都是系列化的表现。

系列化已经成为一种经济合理的产品开发策略。在市场调查的基础上，选择适用的方法，精心设计不同规格、价格水平的产品，满足广泛的市场需要。产品系列化的工作包括制定产品参数系列标准、编制系列型谱和开发系列设计，它是一项专业性要求比较高的技术，其中优先系数在各行业的各类产品系列之间发挥着重要的协调统一作用。

五、标准的制定程序

制定标准是标准化工作的关键环节，标准制定得是否合理、先进、可行，直接影响实施标准所获得的社会效益和经济效益。在明确标准制定的要求、对象和内容的情况下，科学地制定标准程序，是标准制定水平和效率的基本保证。ISO 和 IEC 发布的《ISO/IEC 导则第 1 部分：技术工作程序》为制定标准提供了指导，我国的 GB/T16733—1997《国家标准制定程序的阶段划分及代码》中也做出了说明；《GBT1. 1—2009 标准化工作导则》第 1 部分规定了标准的结构和编写要求。一个完整的标准制定程序主要包括以下阶段：

（1）预备。在充分研究和论证的基础上，提出新的标准制定工作项目建议。

（2）立项。对新工作项目建议的必要性和可行性进行充分的分析、论证、审查和协调，提出新工作项目。

（3）起草。按照编写标准的基本规定（GB1—2000）编制标准草案征求意见稿，编写编制说明和有关附件。

（4）征求意见。向有关单位发送标准草案征求意见稿，广泛征求意见，修改草案，形成标准草案送审稿。

（5）审查。以会议或函件的形式对标准草案稿进行审查，修改标准草案，形成标准草案报批稿。

（6）批准。对标准草案报批稿进行审查、批准和编号，提出标准出版稿。

（7）出版。提供标准的出版物。

（8）复审。定期对标准进行复审，确定其适用性，提出修订、废止的必要性。

（9）废止。根据复审的结果，通过一定的形式宣布标准废止。

六、企业标准化的任务和要求

企业标准化工作是以提供经济效益为中心，以企业的生产、技术、经营活动的全过程为内容来制定标准和贯彻标准的一种有组织的活动。标准化工作是企业提高产品质量和发展品种的重要手段，而且为企业实现各项管理职能提供了共同遵守的准则和依据。

1. 企业标准化任务

企业标准化工作的基本任务是为企业的生产经营活动建立一定的秩序，使企业的各部门相互提供的条件符合各自的要求，使各个生产环节的活动协调一致，使企业的各种经济活动遵循共同的准则，使复杂的管理工作系统化、规范化、简单化，保证企业生产经营活动能够高效、准确、连续不断地进行。

企业标准化的具体工作包括：贯彻有关标准化的法规政策；实施有关的技术法规和标准；制定、修订和贯彻企业标准；建立和完善标准化体系；受委托承担制定上级标准的任务；监督检查标准的实施情况等。

2. 企业标准化工作的要求

首先，企业开展标准化工作，必须以“顾客第一”的思想为指导。企业标准化的目的是为企业的生产经营活动建立秩序，使企业生产适销对路的、满足顾客需要的产品。执行标准的目的是生产满足顾客需要的产品，达到标准的产品是合格品，但并不一定是顾客满意的产品，产品质量最终只能由顾客评价。因此，企业的标准必须随着经济、技术的发展和顾客需要的变化而及时修订。

其次，企业的标准化工作必须坚持“系统化”原则。企业标准化的对象是企业生产经营活动全过程中具有多样性、相关性特征的重复事物。这些重复事物之间不是孤立的，而是彼此相互作用、存在一定联系的。因此，企业标准化工作必须坚持系统化原则，具体表现在：企业的标准与标准之间，企业标准与企业外部相关标准之间必须协调统一；企业的标准还必须做到完整配套。例如，一种产品之所以存在，正是由于它的功能、耐用性、安全性、经济性等方面符合顾客对该产品的多方面要求，这就要求有技术标准、安全标准和管理标准等一整套标准。

最后，企业的标准化工作必须符合以下具体要求：（1）权威性，标准就是“法”，在企业内应该有专门部门监督检查，保证标准的贯彻实施；（2）科学性，要充分运用现代化专业技术和管理技术使制定的标准有客观依据；（3）群众性，要在总结经验的基础上，依靠群众自己来制定和贯彻标准，尤其是制定管理标准时要自下而上，多次反复，取得一致后贯彻执行；（4）连贯性，各种标准要连续一致，相互配合协调，同时，标准既不能“朝令夕改”，也不能长期不修改，修订标准时要考虑前后协调一致；（5）明确性，标准是企业的法规，要严格审核成文，要有一定的管理程序，内容要明确，要求要具体，不能抽象和模棱两可。

第二节　质量认证

认证活动是随着市场经济的发展而逐步发展起来的。认证作为一种制度，正在不断完善和发展，成为国际通行的规范和促进社会经济发展的重要手段，在推进国际贸易中发挥着日益重要的作用。

一、认证制度的由来

19 世纪末，随着资本主义市场经济的成熟，特别是随着科学技术的发展，新产品层出不穷，并且越来越复杂，普通消费者在购买产品时已经不可能自行鉴别产品的质量了。与此同时，对于涉及人身安全、健康的产品实行政府控制，以保证社会秩序正常运行的要求也提出来了。

1903 年，英国创立了世界上第一个认证标志，即使用 BS 字母组成的“风筝标志”，标注在钢轨上，表明钢轨符合质量标准，该标志以英国国家标准为检验依据，具有公正性和科学性。此后，许多国家纷纷效仿，建立起以本国标准为依据的认证制度。

第二次世界大战以后，世界经济格局发生了较大的变化，国际贸易迅速增长，以欧盟和关贸总协定（现为世界贸易组织，WTO）的建立为标志，世界经济呈现出国际化和区域化的趋势。在这种情况下，国家认证制度的局限性暴露出来，一些国家的政府为了推动本国产品的出口，开始谋求双边以至多边的认证制度，以区域性标准为依据的认证制度首先在欧盟出现。这种区域性认证制度的建立，克服了欧盟各成员之间标准不统一和管理技术上的差异，简化了贸易手续，保护了各成员的利益。但是这对非欧盟成员形成了非关税贸易壁垒。在这种背景下，国际电工委员会（IEC）考虑建立国际性的质量评定制度。

1976 年，IEC 成立认证管理委员会（Certification Management Committee，CMC）。CMC 成立以后，完成了国际电工委员会电子元器件国际标准认证制度的基本章程和程序规则的制定和颁布工作。受关贸总协定的影响，1971 年，国际标准化组织（ISO）成立认证委员会，并于 1985 年改名为合格评定委员会（CASCO），开始从技术角度协调各国认证制度的内容，促进各国认证机构和检验结果的相互认可，以消除各国由于标准、检验、认证过程中存在的差异所带来的贸易困难，并进一步制定出国际性的认证制度。1994 年结束的“乌拉圭回合”谈判，将质量认证扩展为“合格评定程序”。

我国于 1983 年 4 月正式加入 IEC 的认证管理委员会，现已成为检查协调委员会的成员。实行认证制度已经成为一种世界潮流。

二、认证制度的含义

认证制度，又称为合格评定程序，是指任何直接或间接确定技术法规或标准中相关要求被满足的程序。它是为进行认证工作而建立的一套程序和管理制度。其中包括认证和认可两类活动，如表 14 - 2 所示。

表 14 - 2　合格评定的主要活动

合格评定（认证）	认证	产品认证
		管理体系认证/注册
	认可	实验室认可
		认证机构认可
		审核机构认可
		审核员和审核培训机构认可

1. 认证

所谓认证，是指认证机构证明产品、管理体系符合相关技术法规或者标准的合格评定活动。其中包含四种含义：

(1) 认证是由认证机构进行的一种合格评定活动。这里的认证机构是指具有可靠的执行认证制度的必要能力，并在认证过程中能够客观、公正、独立地从事认证活动的机构。即认证机构是独立于制造厂、销售商和使用者（消费者）的、具有独立的法人资格的第三方机构，故称认证为第三方认证。

(2) 认证的对象是产品和管理体系。产品可分为服务、软件、硬件和流程性材料。管理体系可分为质量管理体系、环境管理体系、健康安全管理体系等。相应地，有按照产品标准和技术规范实施的产品认证，按照管理体系标准进行的管理体系认证。

(3) 认证的依据是相关技术法规或者标准。这里的技术法规是指规定执行的产品特性或相关工艺和生产方法，包括适用的管理规定在内的文件，在我国通常指强制性标准和技术规范。这里的标准是指公认机构批准的、规定非强制执行的、供通用或重复使用的产品或相关工艺生产方法的规则、指南或特性的文件。

(4) 认证的内容是证明产品、管理体系符合技术规范要求或标准。即通过审核，确认产品或管理体系符合标准、技术规范的要求，通过认证证书或认证标志给予证明并公示。相应地，有按照质量标准进行的质量认证，有按照环境标准进行的环境认证，还有按照安全卫生标准进行的安全、卫生认证。

2. 认可

认可是指由认可机构对认证机构、检查机构、实验室以及从事审核、评审等认证活动人员的能力和职业资格予以承认的合格评定活动。它包含三层意思：

(1) 认可是由认可机构进行的一种合格评定活动。我国的认可机构是由国务院认证认可监督管理部门确定，包括三个机构：中国认证机构国家认可委员会（CNAB）、中国认证人员和培训机构国家认可委员会（CNAT）和中国实验室国家认可委员会

(CNACL)。

(2) 认可的对象是认证机构、检查机构、实验室以及从事审核、评审等认证活动的人员。目前，经我国认可机构认可的认证机构有100多家，包括产品认证和体系认证；认可的实验室已过千家；认可的注册审核员培训机构有20多家；注册认可的审核员有近3万人。

(3) 认可的内容是对上述机构以及从事认证活动的人员和执业资格予以承认。

3. 我国认证制度总体架构

我国的认证制度起步于1981年，即我国参加国际标准化组织两年之后。西方认证制度主要是由民间机构负责，而我国实行统一的认证认可监督管理制度，由国务院主管部门直接负责。同时，我国的质量认证制度也注意与国际惯例接轨，最大限度地实现国际协调，保证我国在国际贸易中与别国的平等地位。

2003年8月我国制定并通过了《中华人民共和国认证认可条例》，规定国家对认证认可工作实行在国务院认证认可监督管理部门统一管理、监督和协调下，各有关方面共同实施的工作机制。相应地形成了我国认证制度的总体架构，表现为四个层次：

第一层是授权机构或管理机构。依据认证认可条例，国务院认证认可监督管理部门为授权机构，授权机构的职能是授权认可机构负责对认证机构的认可，并批准认可的结果；同时管理认证的国际合作和交流。

第二层是认可机构。认可机构的职能是制定认可准则并依次开展对认证机构、检查机构、实验室和审核人员的资格认可。认可机构由各个利益有关方面的代表以及一批熟悉业务的专家组成。

第三层是从事认证实践的机构和人员，包括认证机构、检查机构、实验室以及从事审核、评审等认证活动的人员。所有的机构都应是独立的，是具有法人地位的实体，在获得认证资格以后独立开展认证活动。

第四层是寻求认证的企业或组织。企业或组织申请自愿认证或强制认证以后，按认证的程序文件接受认证机构的检验、评审以及事后的监督。

三、认证的分类

在认证实践中，人们从认证的各个层面区分、认识和实施认证活动，如表14－3所示。其中每次具体的认证，经常具备几种类型的综合特征。

表14-3 常见的认证分类

分类标志	类型及特征		
认证对象和适用的标准	产品认证	•产品质量认证 •产品安全认证 •产品绿色、节能认证	依据产品标准和相应的技术规范，经认证机构确认并通过颁发认证证书和认证标志证明某一产品符合相应的标准和技术规范的活动

续前表

<table>
<tr><th>分类标志</th><th colspan="3">类型及特征</th></tr>
<tr><td>认证对象和适用的标准</td><td>管理体系认证</td><td>• 质量管理体系认证（ISO9001）
• 环境管理体系认证（ISO14001）
• 职业健康安全管理体系认证（OHSAS 18001或 GB/T28001 或 ISO45001）
• 信息系统安全管理体系认证（ISO/IEC27001）
• 能源管理体系认证（ISO50001）</td><td>依据国际通用的管理体系标准，经过认证机构对组织的特定管理体系进行审核，并以颁发认证证书的形式，证明企业的特定管理体系和特定的保证能力符合相应要求，授予合格证书并予以注册的全部活动，又称管理体系注册</td></tr>
<tr><td rowspan="2">认证的性质</td><td>自愿性认证</td><td colspan="2">自愿性认证是企业自愿申请接受认证，它适用于一般性产品和质量管理体系（除非法律要求）</td></tr>
<tr><td>强制性认证</td><td colspan="2">强制性认证是必须接受国家指定机构的认证，它适用于有关人身安全、身心健康和具有重大经济价值及关系国计民生的产品的认证（如产品安全认证）。产品未经认证，不许销售，否则依法惩处。
适应我国加入 WTO 的要求，2001 年 11 月，原国家质量监督检验检疫总局制定并发布了《强制性产品认证管理规定》，于 2002 年 5 月 1 日起实施。其中规定了列出认证产品目录、认证模式或类型组合、认证组织、实施与监督管理等。这个认证的名称为“中国强制认证”（英文缩写为“CCC”，简称“3C”认证）</td></tr>
<tr><td rowspan="3">认证的范围</td><td>国际认证</td><td colspan="2">以国际标准（如 ISO、IEC 标准）为基础的认证</td></tr>
<tr><td>国家认证</td><td colspan="2">以本国批准颁布的技术标准为基础的认证</td></tr>
<tr><td>区域认证</td><td colspan="2">以一个地区的参加国共同制定的标准为依据，例如欧洲标准化委员会认证委员会有自己的标准和认证标志</td></tr>
<tr><td rowspan="2">认证标志</td><td>合格标志认证</td><td>以技术标准、技术规范为基础的自愿性认证，认证合格后，发给“合格认证标志”</td><td rowspan="2">二者是密不可分的，只是具体要求有所不同，对一个产品而言，这两个方面要求的认证都是必不可少的。没有合格认证的产品则无从谈起安全认证，没有安全认证的产品通常也不可能获得合格认证</td></tr>
<tr><td>安全标志认证</td><td>以安全标准为基础的强制性认证，认证合格后发给“安全认证标志”</td></tr>
</table>

需要明确的是，通常在产品质量认证的同时，往往要检查和评定企业质量管理体系。这意味着产品认证包含了质量管理体系的认证。实践证明，仅仅依靠对最终产品的抽样检验的质量认证是不可靠的，它只能证明一个产品批的质量，不能证明持续批的质量。然而认证最重要的目的是保证到达用户手中的产品的质量是可靠的，这就需要解决产品持续符合标准要求的问题，通过检查、评定企业的质量管理体系，来证明企业具备持续稳定地生产符合标准要求的产品能力，这是一种较经济、简单的方法。

四、认证的过程与认证模式

认证制度自产生以来，本身经历了多次演变。在 ISO 和 IEC 公布的导则和指南中，推荐了典型的认证实施过程和认证模式。不同的认证模式，其适用对象和保证模式有所不同。各国的认证制度和认证模式通常是在这个基础上建立的。

1. 认证过程

认证的基本过程包括寻求认证的组织，向认证机构提出认证申请，认证机构受理申请，认证机构指定审核人员实施认证审核或审查，认证评价与批准，认证机构实施认证后监督和检查等。两个典型的质量认证过程如表 14 - 4 所示。

表 14 - 4 认证过程举例

中国强制性产品认证（3C）	质量管理体系认证（ISO9001）
（1）认证申请与受理；	（1）认证申请与受理；
（2）型式试验；	（2）审核启动；
（3）工厂审查；	（3）文件评审；
（4）抽样检测；	（4）现场审核的准备；
（5）论证结果评价与批准；	（5）现场审核的实施；
（6）获得认证后的监督。	（6）审核报告的编制、批准和分发；
	（7）纠正措施的验证；
	（8）颁发认证证书；
	（9）监督审核与复评。

获得认证的产品或管理体系，通常通过认证证书和认证标志来确认和证明，向产品消费者和社会传递正确可靠的质量信息。

产品认证证书是认证机构证明产品质量符合要求的标准和技术规范的具有法律效力的文件。产品质量认证标志是认证机构为了证明某个产品符合认证标准和技术要求而设计、发布的一种专用质量标志。我国已颁布的产品质量认证标志可分为三类，即方圆标志及其变形，PRC 标志和 3C 标志。

申请质量管理体系认证的企业经过审核和评定，若批准通过认证，则认证机构向获准企业颁发体系认证证书，以及带有该认证机构专有标志的认证标志。

认证证书和认证标志是具有法律效力的文件，关于其制定、颁发、使用和管理有着严格的规定。产品认证证书通常由国家认证认可监督管理部门统一制定和管理。管理体系认证证书和标志一般由认证机构颁发和监督使用。

2. 认证模式

根据不同的认证对象和认证要求，世界各国现行的认证制度主要有八种模式（也称为类型）。为了提供更完善的信任，认证的类型总是在原有类型的基础上逐渐趋于完善的。当然，由于每一种类型认证的对象各有侧重，因此它们适用于不同的认证要求，提供的信任程度也各不相同。

（1）型式试验，又称为典型检验。它按照规定的试验方法对样品进行试验，以证明样品符合技术标准，而无任何监督措施。这是一种最简单和最有限的产品认证形式。认证机构只能证明样品符合技术标准，不能证明以后生产的同样的产品是否继续符合技术标准。因此认证机构只能向申请企业颁发合格证书，不准企业使用认证标志，主要是证明产品设计符合技术标准规范的全部要求，一般又称此种认证为型式认可。

(2) 型式试验加市场抽样检验。这是一种带有监督措施的型式试验。监督办法是从市场上购买样品或从批发商、零售商的仓库中随机抽样进行监督检验，以证明认证产品的质量持续符合标准或技术规范的要求。显然，这种类型的认证能向购买方提供更多的质量信息，并能取得购买方较高程度的信任。

(3) 型式试验加工厂抽样检验。这种认证制度和第(2)种相类似，只是监督的方式有所不同，不是从市场上抽样，而是从生产厂发货前的产品中随机抽样进行检验。

(4) 型式试验加认证后监督(市场和工厂抽样检验)。这种认证制度是上述第(2)、第(3)种认证制度的综合，监督检验所用的样品既从市场上购买，又从工厂中随机抽取。

(5) 型式试验加工厂质量管理体系评定加认证后监督(质量管理体系复查、市场和工厂抽样检验)。这种认证制度的显著特点是，在批准认证资格的条件中增加了对产品生产厂质量管理体系的检查和评定，在批准认证后的监督措施中也增加了对生产厂质量管理体系的复审。这种制度比前四种更完善，能够向购买方提供更详尽的信息，便于取得购买方更高程度的信任。

(6) 工厂质量管理体系评定。这种认证制度是对生产厂按所要求的技术标准生产产品的质量保证能力进行检验、评定，因此也称为质量保证能力的认证。这种类型认证的对象不是产品，而是质量管理体系、质量保证能力，因而按这种认证审核批准的企业，不能在产品上使用认证标志。

(7) 批检。根据规定的抽样方案，对一批产品进行抽样检验，并据此做出该批产品是否符合标准或技术规范的判断。对于这种类型的认证，只是对认证合格的这批产品颁发认证证书，但不授予认证标志。

(8) 百分之百检验。经认可的独立检验机构对每一件产品依据标准进行检验。这种类型的认证使认证人员担负的责任较大，对被认证的每件产品都要承担风险，而且所需要的费用是很高的。因此，除非由政府专门规定，一般不采用这种类型的质量认证制度。

表14—5中将八种认证制度进行了对比，就提供产品质量信任程度而言，第(5)种类型的认证制度是一种最完善的产品质量认证制度，因此被各国最常采用；第(6)种类型的认证制度就是我们通常所说的质量管理体系认证制度。

表14-5　认证模式的构成要素

认证模式	型式试验	质量管理体系评审	认证后监督		
			工厂抽查	市场调查	质量管理体系复审
(1)	▲				
(2)	▲			▲	
(3)	▲		▲		
(4)	▲		▲	▲	
(5)	▲	▲	▲	▲	▲
(6)		▲			▲
(7)	▲				
(8)	▲		▲		

3. 质量审核过程

审核是认证的核心环节。在 ISO19011 标准中审核（Audit）被定义为：为获得审核证据并对其进行客观的评价，以确定满足审核准则的程度所进行的系统的、独立的并形成文件的过程。审核活动包括启动审核、文件审核、现场审核至实施跟踪等内容。《ISO19011 质量和（或）环境管理体系审核指南》中说明了审核活动的总体架构和主要活动。

审核活动的含义和特征表现在：

（1）审核是为了获得证据，要获得证据，就需要仔细地检查和核对。

（2）审核是由审核员（Auditor）以审核组（Audit Team）的方式，按照审核计划（Audit Plan），对受审核方（Auditee）的产品或管理体系展开的正式的、计划的、系统化的活动。

（3）审核需要对查核的证据进行客观评价。审核不是简单地报告检查的发现，而是需要通过评价来说明被审核对象符合审核准则的程度。

（4）审核是一个过程，它输入的是审核方案、审核准则（Audit Criteria）；过程是获取审核证据（Audit Evidence and Objective Evidence）、提出审核发现（Audit Findings）、做出审核结论（Audit Conclusion）；输出的是包含审核发现和审核结论的文件，主要是审核报告（Audit Report），并将报告提交审核委托方（Audit Client）。

（5）审核具有系统性、独立性的特征。审核的系统性是指按照审核方案确定的计划，对受审核方的活动进行系统的审查，然后根据证据进行系统的分析和评价，确定与审核准则符合程度的评价结果。审核的独立性是指执行审核的机构或人员必须与被审核的组织或部门没有行政隶属或经济利益关系。这种独立性的特征是为了能公正、客观地提供审核结果。

审核结论通常涉及被审核对象的符合性、有效性和充分性三个层面。符合性是指质量活动及其有关结果是否符合审核准则；有效性是指审核准则是否被有效实施；充分性是指审核准则实施的结果是否达到预期目标。

审核的委托方是指要求进行质量审核的组织或个人。但最终接受审核的不一定是要求进行审核的组织或个人，相应地有三种审核类型：

（1）第一方质量审核。组织或人员希望通过自己的审核员或雇请人员进行内部质量审核，按照自己选定的质量体系或产品、服务规范，对自己的质量体系或产品、服务进行审核，则该组织自身就是委托方。

（2）第二方质量审核。为满足顾客要求及保护组织自身的利益，在众多可以选择的供方中挑选合适的供应商，由组织自己的审核员或委托外部代理机构代表组织对供方的质量体系标准或产品服务规范进行审核，这里的组织及顾客就是委托方。

（3）第三方质量审核。由与组织和顾客无利益关系的独立的机构授权，考察该组织质量体系是否符合要求，其所提供的产品或服务是否符合相应的标准，生产和服务提供过程是否符合计划的要求并得到有效控制。这些独立的机构一般是指国家行政主管部门或被其授权的管理机构（如食品、医药、核能或其他管理机构）或得到授权和认可的质量认证机构。

质量管理体系审核是质量管理体系认证的过程部分，它们之间有着密切的关系，但又有所不同：

（1）质量管理体系认证包括了质量管理体系审核的全部活动。

（2）质量管理体系审核是质量管理体系认证的基础和核心。

（3）通常审核只需要提交审核报告，而认证需要颁发认证证书。

（4）当审核报告发出后，审核即告结束，而颁发认证证书后，认证活动并未终止。

（5）纠正措施的验证通常不视为审核的一部分，而对于认证来说，却是一项必不可少的活动。

（6）质量管理体系审核不仅只有第三方审核，而对于认证来说，所进行的审核就是一种第三方审核。

五、实行质量认证制度的作用

随着我国加入 WTO 以及市场经济和全球贸易的不断发展，特别是供过于求的市场正在形成，人们从追求数量向追求质量转变。实施认证制度的具体作用体现在下述方面。

1. 帮助消费者选购商品，维护消费者利益

普通消费者一般总是凭借自己的经验和有限的知识去选购商品。在现代科学技术突飞猛进的今天，由于商品种类越来越多，结构越来越复杂，许多商品的电子化、自动化水平越来越高，消费者由于缺乏必要的选购知识和检测手段，常常处于茫然被动的地位，有时甚至上当受骗。实行认证制度之后，凡是认证合格的产品均标有认证标志，这就向消费者表明，该商品是经过认证机构鉴定过的、符合国家规定的技术标准的合格产品，因此，消费者可以放心地购买，这就有效地维护了消费者的利益。

2. 推动先进标准的贯彻执行，实现扶优限劣的政策

技术标准和技术规范是认证制度的基础，标准水平越高，被认证的产品的质量水平越高。我国认证制度的基本政策之一是：凡是申请认证的产品，必须采用具有国际水平的标准或国外先进标准，这就能推动国家标准的贯彻执行，实现国家的扶优限劣政策，促进技术进步。

3. 促进企业建立健全质量管理体系，提高质量管理水平

质量管理体系是全面质量管理的基础，只有建立和健全质量管理体系，才能保证企业持续稳定地生产出合格的产品。一个科学的认证制度，在批准认证之前，应对企业质量管理体系的有效性做出审查和评价。只有当质量管理体系符合认证机构规定的要求时，才能取得产品认证的资格，这是批准认证的基本条件之一。另外，产品取得认证证书和认证标志之后，要想经得起认证后的监督检验，使产品长期稳定地保持认证合格时的质量，甚至有所提高，必须有一个有效运行的质量管理体系。认证机构组织专家对申请认证的企业的质量管理体系进行审核和评价，实质上是帮助企业建立和健全质量管理体系的过程，是促进企业提高质量管理水平的重要手段。

4. 促进国家计量水平的提高

凡是申请认证的产品，都必须由国家认可的检验机构对其进行型式试验。这就促使这种检验机构不断采用和开发最先进的计量器具、测试设备，把自身建设成为一个具有公正

性、科学性和权威性的检验机构，真正发挥第三方的作用。

5. 减少社会的重复检验和试验，节约大量的试验费用

在社会化大生产的今天，每个企业既是生产者，又是消费者和顾客。当它作为消费者和顾客购买大量的原材料、零部件和元器件时，往往需要对其进行质量检验，以保证本企业的产品质量。如果产品经过认证，取得认证标志后，企业或有贸易往来的国家信任这种认证，那么就可以将购买到的带有认证标志的元器件、零部件和产品不经检验而直接使用。这样就可以减少大量重复检验和试验的工作量，为企业和国家节约了这方面的支出。

6. 提高产品在国际市场上的竞争能力

实行认证制度是当今国际上保证产品质量的一种颇受欢迎的制度。取得认证标志的产品不仅在本国受到欢迎，而且在国外也享有很高的声誉。不少国家之间签订了双边认证合作协议，相互承认对方出口产品的检测数据和结论。特别是通过国际认证的产品，将得到各国的普遍承认，出口时可以享受一定的优惠待遇，甚至可以在国际市场上适当提高销售价格。

7. 增强企业信誉，增加经济利益

无论是生产企业还是贸易企业、服务企业，由于带有认证标志的产品是经第三方检验机构严格检验和使用过的，而且要接受日常的监督检验，因此消费者对这种产品比较信赖，愿意购买。企业建立质量管理体系并通过认证以后，会在更高程度上为消费者提供长期信任，创造和保持更多的顾客。这样就能够提高这种产品的市场占有率，为销售者带来较多的经济利益。

8. 实现国家对产品质量的宏观管理

为了在我国有计划、有步骤地实行认证制度，对有关国计民生的产品、关系人身安全和健康的产品实行强制性认证，详细规划其适合的认证标准水平、标准的制定期和实施期，以及认证结束期，并编制实施认证的产品目录。通过认证，向社会提供符合规定要求的产品。

9. 降低承担产品责任的风险

按照我国《产品质量法》的规定，产品存在不合理的风险，致使消费者和用户遭受人身损害或财产损失，生产者要承担产品侵权损害赔偿的责任。企业经过质量管理体系认证，提高了企业质量管理水平，建立健全了质量管理制度，因此降低了产品出现缺陷以致承担产品侵权赔偿责任的风险。

六、《WTO/TBT 协议》与合格评定

与标准化、质量认证制度相关联的另一个重要内容是世界贸易组织（WTO）的《贸易技术壁垒协议（TBT 协议）》，简称《WTO/TBT 协议》。

WTO 是处理政府间贸易关系的国际组织，其成员经过长期的多边贸易谈判，使得关税和配额对于国际贸易的影响越来越小。然而，非关税壁垒，特别是技术壁垒对国际贸易的影响日益突出。为了减少和消除不必要的贸易技术壁垒，实现自由贸易，WTO 各缔约方签署了《贸易技术壁垒协议》。协议对各成员在制定、采用和实施技术法规、标准和合格评定程序时应遵守的规则和义务做了明确的规定，以保证成员企业在国际贸易中处于平等竞争的环境。

1. 贸易技术壁垒

所谓贸易技术壁垒（TBT），是指各国或地区制定或实施的技术法规、标准、合格评定程序及标签、标志等技术要求，如果制定或实施得不当，可能给国际贸易造成的障碍。

在《WTO/TBT 协议》中，技术法规是指强制执行的规定产品特性或加工生产方法的文件（在我国称为强制性标准）。标准则是指非强制的、为了通用和重复使用的目的，为产品或生产方法提供规则、导则或特性的文件；标准的相符合是自愿性的。如果一个进口产品不符合技术法规的要求，则不能进入市场销售，不符合标准（自愿性）的进口产品则可以在市场销售。当然，消费者有可能更偏爱符合当地标准的产品。合格评定程序是确定产品是否符合技术法规和标准的技术程序。比如认证、认可、检查、试验等。不透明、不公正的合格评定程序会对国际贸易造成障碍。

2.《WTO/TBT 协议》的核心内容

《WTO/TBT 协议》是 WTO 大约 30 项协定协议文件之一。它是一个帮助各成员减少和消除贸易技术壁垒的市场准入工具，是唯一的专门处理技术法规、标准和合格评定程序规则的协议。《WTO/TBT 协议》分为前言和总则、技术法规和标准、符合技术法规和标准（合格评定程序）、信息及援助、机构磋商和争端解决、最后条款 6 个部分，共包含 15 条 129 款，另有 3 个附件。

《WTO/TBT 协议》覆盖所有的工业产品和农产品。为了减少和消除国际贸易中因对产品的技术要求不同而形成的贸易障碍，《WTO/TBT 协议》规定世贸组织各成员在制定、采用和实施技术法规、标准和合格评定程序等方面应当遵守的行为准则，包括权利与义务。其核心内容可以概括为：(1) 各成员要保证制定、批准和实施技术法规、标准和合格评定程序时，不给国际贸易造成不必要的障碍；(2) 各成员要保证其技术法规、标准和合格评定程序的透明度。

《WTO/TBT 协议》规定了制定和实施技术法规的 6 个正当目标：(1) 国家安全要求；(2) 保护人身安全和健康；(3) 保护动植物生命和健康；(4) 保护环境；(5) 阻止欺诈行为；(6) 其他目的，如保证质量、技术协调和促进贸易。除为了实现正当目的所必需的条款外，不应有额外限制贸易的条款。

《WTO/TBT 协议》要求每个 WTO 成员都要建立国家级的 WTO/TBT 咨询点，负责把本国中央和地方政府机构、非政府机构采用或拟定的技术法规、标准和合格评定程序向 WTO 总部进行通报，并有责任回答其他 WTO 成员的政府机构或其境内有关团体的所有合理询问。实行通报咨询制度的目的是实现 WTO 成员之间在技术法规、标准和合格评定程序等技术要求方面的协调统一，以便最大限度地减少和消除国际贸易中的技术障碍。

3.《WTO/TBT 协议》的基本原则

《WTO/TBT 协议》中的条款系统地阐述了该协议的宗旨和基本原则，包括避免不必要的贸易技术壁垒原则、非歧视和国民待遇原则、协调一致原则、同等效力原则、相互承认原则、透明度原则等。

(1) 避免不必要的贸易技术壁垒原则。《WTO/TBT 协议》明确规定制定技术法规必须出于正当目的，法规对贸易的限制不应越过达到正当目的所需的内容，保证技术法规的制定、采用和实施在目的和效果上不会给国际贸易带来不必要的障碍。避免不必要的贸易技术壁垒原则也适用于合格评定程序，对产品是否符合进口国法律和技术法规进行评定的程序中所规定的条件或所需的时间不应超过合格评定所需的必要条件和时间。

（2）非歧视和国民待遇原则。《WTO/TBT 协议》要求各成员承诺 WTO 最惠国待遇和国民待遇义务，规定各成员在技术法规方面给予来自任何一个成员境内的产品和待遇，不低于本国生产的同类产品或来自其他国家的同类产品的待遇。在合格评定程序方面，WTO 成员进口的产品应当享受本国类似产品或来自其他国家的类似产品的同等待遇。

（3）协调一致原则。各成员在制定标准时要考虑生产者的利益和消费者的利益，有必要在国际范围内对标准进行协调，以减少由于标准差异产生的贸易技术壁垒。《WTO/TBT 协议》鼓励各成员依据现行的国际标准制定其技术法规或法规中的有关部分，除非这些国际标准对达到该成员所追求的正当目标无效或不适用。《WTO/TBT 协议》鼓励各成员在资源允许时，参与国际标准和合格评定指南的建立或制定，允许发展中国家采用某些旨在保护与其发展相适应的本国技术、生产方法和工艺的技术法规、标准或检测方式。

（4）同等效力原则。鉴于国际标准的制定过程旷日持久，耗资颇巨，各成员采用和执行国际标准的时间不一致，存在时间差，《WTO/TBT 协议》提出了一个弥补办法以期达到技术上的协调一致，即同等效力原则。各成员应考虑将其他成员的技术法规作为等效法规加以接受，即使这些法规不同于自己的法规，只要它们确信这些法规足以实现与自己法规相同的目标即可。如果各成员都这么做，国际贸易的技术壁垒就会消除。

（5）相互承认原则。产品是否符合技术法规或标准可能会阻碍国际贸易，尤其是当某种产品要输往多个市场时就会遇到重复检验的情况，这使得生产商在出口其产品时会遇到多种困难，《WTO/TBT 协议》鼓励成员之间就合格评定结果相互承认问题进行谈判，在可能时接受其他成员的合格评定结果，即使合格评定程序不同，也可以同样保证产品符合相应的技术法规和标准。

（6）透明度原则。协议要求各成员建立通报制度，当所制定的技术法规或与合格评定程序相关的国际标准、指南或建议的内容不一致或不存在，且对其他成员的贸易有重大影响时，该成员必须通过 WTO 秘书处通知其他成员，并提供必要的说明。作为通报义务的一部分，各成员应建立咨询点，保证其他成员能够从咨询点索取该成员采用或即将采用的标准和合格评定程序，与标准有关的协议，区域标准化机构及合格评定体系的信息和文件。另外，WTO 成员可以就涉及协议的任何事务向 TBT 委员会咨询。

复习思考题

1. 标准化、质量认证、质量审核之间有什么联系？
2. 标准化的本质是什么？
3. 本章所述标准化形式的关系是怎样的？
4. 结合实际，谈谈各种标准化的形式。
5. 结合实际，谈谈认证制度的作用。
6. 认证与认可的关系是怎样的？

7. 质量审核的一般过程是怎样的？

案例

中石化森美的标准化之旅

2007 年，中石油、埃克森美孚、中石化、沙特阿美共同出资 50 亿美元，成立了国内第一家合资省级成品油销售企业——中石化森美（福建）石油有限公司（以下简称中石化森美）。成立之初，中石化森美首先确立了公司的使命：创造最佳客户体验——快捷、舒适、便利。为了在公司拥有的近千个加油站和数百家便利店中全面贯彻公司使命，为顾客提供统一的优质体验，中石化森美找到了“标准化”这一法宝，建立了全新的“标准化运营管理模式”。

中石化森美的标准化工作始终围绕两条主线进行：一是通过对企业的规章制度进行梳理、整合、补充、完善，建立以技术标准为核心、以管理标准和工作标准为主体的企业标准体系；二是以企业使命、愿景、核心价值观、战略目标为基点，建立起部门职能说明书、岗位说明书和岗位工作手册的文本管理体系。

2010 年 7 月，中石化森美标准化运营管理平台正式投入运行。这个平台将企业技术标准、管理标准、工作标准、适用法律规章输入到信息系统中，将各项经营业务的办理流程规范固化，不同岗位的工作人员在系统中享有不同权限。员工快速登录后便进入一个清爽的个人界面，上面列有员工的个人信息、部门说明、岗位职责、工作关系、晋升方向等多个指标。主界面是各种待办事项，员工可以清楚地了解哪些是当下急办、待办的工作；点击相关待办事项，员工即可直接进行岗位办公。

以财务报销为例，原先的流程需要经过财务处等多个部门审批，最后由公司分管副总或以上领导审核，流程分散，等待时间长。在标准化运营管理平台上，整个流程最快 2 小时就可以完成。

标准化运营管理平台在优化加油站的建设工作中也发挥了重要作用。通过标准化运营管理平台，可以在标准文档库的技术标准体系中查到公司制定的《加油站建设规范》。这个中石化森美自主设计的加油站建设标准体现了模块化的设计理念，针对不同的地形可以选择不同设计模块，应该设置几台加油机、开几条车道，都有明确的规定。从方便顾客快速进站加油的一体化消费流程的角度出发，对加油站和便利店的布局做出科学、合理的设计。

同时，系统对加油员的工作也有相应设置，加油站最好的加油员可将本人的作业方式分享出来，通过信息平台在所有加油站推广最佳加油员的作业方式。同时，系统中还会对加油员的岗位内容、岗位培训、认定资格、工作标准、工作绩效等进行清晰描述。中石化森美将加油员的服务流程总结为“八步法”，便利店则实行“销售九步法”的标准化服务。通过制度的标准化及信息化，中石化森美实现了由“人治”向“制治”的转型。

思考：

1. 中石化森美的标准化管理模式有何特点？
2. 中石化森美推行标准化过程中采用了哪些标准化形式？

参考文献

1. 焦叔斌. 管理的 12 个问题. 北京：中国人民大学出版社，2013.

2. 焦叔斌. 企业组织变革管理. 北京：中国人民大学出版社，2003.

3. 詹姆斯・埃文斯，威廉・林赛. 质量管理与质量控制. 北京：中国人民大学出版社，2010.

4. 弗雷德里克・泰勒. 科学管理原理. 上海：上海科学技术出版社，1982.

5. 苏米塔拉・杜塔，让弗朗索瓦・曼佐尼. 过程再造、组织变革与绩效改进. 北京：中国人民大学出版社，2001.

6. 大野耐一. 丰田生产方式. 北京：中国铁道出版社，2006.

7. 石川馨. 日本的品质管理. 东京：日本科学技术联盟出版社，1981.

8. 久米均. 质量经营. 东京：日本科学技术联盟出版社，1993.

9. 日本能率协会. Benchmarking. 东京：日本能率协会，1995.

10. 沃尔特・J. 萨门特，等. 公司治理. 北京：中国人民大学出版社，2001.

11. 威廉・拉扎克，大卫・桑德斯. 戴明管理 4 日谈. 北京：中国商业出版社，2003.

12. 吉姆・柯林斯. 从优秀到卓越. 北京：中信出版社，2002.

13. 杰克・R. 梅雷迪斯，斯科特・M. 谢弗. MBA 运营管理. 北京：中国人民大学出版社，2007.

14. 爱德华兹・戴明. 戴明论质量管理. 海口：海南出版社，2003.

15. Rafael Aguayo，Dr. Deming. The American Who Taught the Japanese About Quality. New York：Simon & Schuster，1990.

16. Mikel Harry，Rdchard Schroeder. Six Sigma. New York：Random House，Inc.，2000.

17. Soumitra Dutta，Jean Francois Manzoni. Process Reengineering，Organizational Change and Performance Improvement. New York：McGraw Hill，1999.

18. Michael Hammer，James Champy. Reengineering The Corporation—A Manifesto for Business Revolution. New York：Linda Michaels Literary Agency，1993.

19. John Drew，Blair McCallum，Stefan Roggenhofer. Journey To Lean. New York：Palgrave Macmillan，2004.

20. Joseph M. Juran，Joseph A. De Feo，Juran. Quality Handbook. 6th edition. New

York：McGraw Hill，2010.

21. International Organization for Standardization. ISO 9000-Quality management. https：//www. iso. org/iso-9001-quality-management. html，2018—02—10.

22. NIST. Baldrige Performance Excellence Program. https：//www. nist. gov/baldrige，2018—02—10.

后 记

经全国高等教育自学考试指导委员会同意，由经济管理类专业委员会负责高等教育自学考试工商企业管理专业教材的审定工作。

《质量管理学》（2018 年版）自学考试教材由中国人民大学焦叔斌教授担任主编（编写第一至四章），北京交通大学陈运涛副教授担任副主编（编写第十一至十四章），中国人民大学李晓光副教授（编写第五、六章）、张雁副教授（编写第七至九章）参与编写。全书由主编焦叔斌统稿。

参加本教材审稿讨论会并提出修改意见的有国家行政学院李雪峰教授及中国人民大学徐京悦副教授。

对于编审人员付出的辛勤劳动，在此一并表示感谢。

全国高等教育自学考试指导委员会
经济管理类专业委员会
2018 年 6 月